EUL VERLAG

EINZELSCHRIFTEN

Richard Vahrenkamp
The Logistic Revolution – The Rise of Logistics in the Mass Consumption Society
Lohmar – Köln 2012 • 292 S. • € 59,- (D) • ISBN 978-3-8441-0118-8

Andreas Förster
Internationaler Dienstleistungshandel – Auswirkungen auf Löhne und Beschäftigung
Lohmar – Köln 2012 • 336 S. • € 63,- (D) • ISBN 978-3-8441-0124-9

Achim Schiebel
Dynamische Ressourceneinsatzplanung bei administrativen Workflow Management Systemen
Lohmar – Köln 2012 • 212 S. • € 55,- (D) • ISBN 978-3-8441-0131-7

Anja Itzenplitz
Klimaschutz als nationales und internationales Politikfeld – Zwischenstaatliche Kooperation und nationalstaatliche Implementierung
Lohmar – Köln 2012 • 248 S. • € 56,- (D) • ISBN 978-3-8441-0134-8

Carmen Kühn
Psychopathen in Nadelstreifen
Lohmar – Köln 2012 • 244 S. • € 56,- (D) • ISBN 978-3-8441-0138-6

Eva Fischer (Hrsg.)
Führen im Ehrenamt – Ehrenamtliche Führungskräfte aus jungen, wirtschaftsnahen Organisationen berichten über ihre Erfahrungen
Lohmar – Köln 2012 • 156 S. • € 29,- (D) • ISBN 978-3-8441-0139-3

Harald F. O. von Kortzfleisch (Hrsg.)
Norbert Szyperski – Laudationes zum 80. Geburtstag
Lohmar – Köln 2012 • 96 S. • € 25,- (D) • ISBN 978-3-8441-0141-6

Caspar G. Schauseil
Strategische Geschäftsfelderweiterung deutscher Zeitschriftenverlage – Eine empirische Untersuchung mithilfe der Anwendung von Scoring-Modellen
Lohmar – Köln 2012 • 264 S. • € 57,- (D) • ISBN 978-3-8441-0145-4

JOSEF EUL VERLAG

Dr. Caspar G. Schauseil

Strategische Geschäftsfelderweiterung deutscher Zeitschriftenverlage

Eine empirische Untersuchung mithilfe der Anwendung von Scoring-Modellen

EUL VERLAG

Bibliografische Information der Deutschen Nationalbibliothek

Die Deutsche Nationalbibliothek verzeichnet diese Publikation in der Deutschen Nationalbibliografie; detaillierte bibliografische Daten sind im Internet über <http://dnb.d-nb.de> abrufbar.

Dissertation, Bauhaus-Universität Weimar, 2012

ISBN 978-3-8441-0145-4
1. Auflage Mai 2012

JOSEF EUL VERLAG GmbH
Brandsberg 6
53797 Lohmar
Tel.: 0 22 05 / 90 10 6-6
Fax: 0 22 05 / 90 10 6-88
E-Mail: info@eul-verlag.de
http://www.eul-verlag.de

Bei der Herstellung unserer Bücher möchten wir die Umwelt schonen. Dieses Buch ist daher auf säurefreiem, 100% chlorfrei gebleichtem, alterungsbeständigem Papier nach DIN 6738 gedruckt.

Vorwort

Der Plan für eine Promotion im Bereich der medienökonomischen Diversifizierungsforschung entstand während meiner Tätigkeit als Unternehmensberater, wo ich auf Strategieprojekten für mehrere deutsche Medien- und Verlagsunternehmen tätig war. Während der Promotionsphase stand mir mein früherer Arbeitgeber für eine unternehmensinterne Befragung zur Verfügung und unterstützte mein Forschungsvorhaben tatkräftig. Der zweite empirische Baustein der vorliegenden Arbeit besteht in den Ergebnissen aus den Experteninterviews, die im Zeitraum von Dezember 2010 bis einschließlich April 2011 mit diversen strategieverantwortlichen Entscheidungsträgern diverser Zeitschriftenverlage geführt wurden. Für das mir entgegen gebrachte Vertrauen, die Bereitschaft, sich für die Interviews zur Verfügung zu stellen und den teilweise erheblichen Zeitaufwand möchte ich mich an dieser Stelle recht herzlich bei den teilnehmenden Verlagsunternehmen und Personen bedanken.

Zum weiteren Gelingen dieser Arbeit haben viele Menschen beigetragen, denen ich an dieser Stelle sehr herzlich danken möchte. Zunächst gilt mein herzlicher Dank meinem Doktorvater und akademischen Lehrer Prof. Dr. Armin Rott. Er hat die vorliegende Arbeit durch alle Phasen begleitet und stand mir als kritischer Ansprechpartner stets zur Verfügung. Die gemeinschaftlich initiierten und durchgeführten Projekte sowie die Mitarbeit am Lehrstuhl haben mir fachlich wertvolle Erfahrungen ermöglicht und sehr viel Freude bereitet. Dank gebührt ferner Prof. Dr. Wolfgang Seufert für die Übernahme des Zweitgutachtens. Während meiner Forschungen erhielt ich die tatkräftige Unterstützung zahlreicher Lehrstuhlmitarbeiter und Mitdoktoranden. Im Besonderen möchte ich mich jedoch bei meinen Kolleginnen und Kollegen der Hamburg Media School, der Universität Hamburg und der Bauhaus Universität Weimar bedanken sowie dem befreundeten und assoziierten wissenschaftlichen Mitarbeiter der Helmut-Schmidt-Universität. Das Feedback der Doktorandenkolloquien und Konferenzen, der regelmäßige Austausch über unsere Dissertationsprojekte und die konstruktive Zusammenarbeit waren eine große Motivationshilfe und haben die Qualität der vorliegenden Arbeit nachhaltig gesteigert.

Einen sehr herzlichen Dank möchte ich schließlich meinen Eltern und meinem Bruder aussprechen, die mich während der Dissertation in vielerlei Hinsicht unterstützt haben. Ihnen danke ich für das Korrekturlesen der Arbeit sowie für die vielfältige Unterstützung und moralische Ermutigung. Zuletzt möchte ich meiner Freundin für ihre uneingeschränkte Unterstützung und die liebevolle Aufmunterung von ganzem Herzen danken. Die Kraft spendende Zweisamkeit mit ihr war die grundlegende Voraussetzung für die erfolgreiche Bewerkstelligung dieser Arbeit.

München, den 01.04.2012 Caspar G. Schauseil

Inhaltsverzeichnis

Abbildungsverzeichnis

Tabellenverzeichnis

Symbolverzeichnis

A	Elementenmenge
a	Paarvergleichswert
$C.I.$	Konsistenzindex
C_i	Spaltensumme der Evaluationsmatrix
$C.R.$	Konsistenzverhältnis
i, j, k	Element
G	Gewichtungswert
GAK	Gesamtattraktivitätskennziffer
MAK	Marktorientierte Attraktivitätskennziffer
N	Nutzwert
n	Anzahl der Elemente
P	Evaluationsmatrix
R	Zufallskonsistenz
RAK	Ressourcenorientierte Attraktivitätskennziffer
RU	Relativer Unsicherheitsfaktor
ri	Zeilensumme der normalisierten Matrix bzw. Durchschnittsmatrix
SR	Strategische Relevanz
w	Gewicht
$rel\,w$	globales Gewicht
λ	Eigenwert
λ_{max}	maximaler Eigenwert
Z	Zielwert

Abkürzungsverzeichnis

AHP	Analytical Hierarchy Process
ARPU	Average Revenue Per User
B-2-B	Business-to-Business
B-2-C	Business-to-Consumer
BDZV	Bundesverband deutscher Zeitungsverleger
bspw.	beispielsweise
bzw.	beziehungsweise
ca.	circa
CAGR	Compound Annual Growth Rate
CEO	Chief Executive Officer
CFO	Chief Financial Officer
CP	Corporate Publishing
CpI	Cost per Interest
CpO	Cost per Order
CMS	Customer Management System
CPS	Cost per Subsciber
CRM	Customer Relationship Management
CS	Content Syndication
d.h.	das heißt
Dr.	Doktor
DSL	Digital Subscriber Line
EBITDA	Earnings before interest, taxes, depreciation and amortisation
EM	Event Management
eP	ePublishing
etc.	et cetera
evtl.	eventuell
GDP	Gross Domestic Product
GEZ	Gebühreneinzugszentrale
GfK	Gesellschaft für Konsumforschung e. V.
ggf.	gegebenenfalls
GmbH	Gesellschaft mit beschränkter Haftung
Hr.	Herr
i.d.R.	in der Regel
i.e.	id est
i.e.S.	im engeren Sinne
inkl.	inklusive
IP	Internet Protocol
IPTV	Internet Protocol Television
ISA	Internet Service Agency

IVW	Informationsgemeinschaft zur Feststellung der Verbreitung von Werbeträgern e.V.
k.A.	keine Angabe
LE	Line Extension
Ltd.	Limited
M	Merchandising
M&A	Mergers & Akquisitions
Mbit	Megabit
Min.	Minute
Mio.	Million
MMS	Multimedia Messaging Service
Mrd.	Milliarde
NWA	Nutzwertanalyse
o.g.	oben genannt
OP	Online Portal
PP	Professional Publishing
PI	Page Impression
Prof.	Professor
PR	Public Relations
ROA	Return on Assets
ROS	Return on Sales
RPU	Revenue per User
SIC	Standard Industrial Classification
SMS	Short Message Service
sog.	sogenannt/e/er
TKP	Tausender Kontakt Preis
Tsd.	Tausend
TV	Television
u.a.	unter anderem
UMTS	Universal Mobile Telecommunications System
USP	Unique Selling Point
usw.	und so weiter
u.U.	unter Umständen
v.a.	vor allem
v. Chr.	vor Christus
VDZ	Verband deutscher Zeitschriftenverleger
vgl.	vergleiche
z.B.	zum Beispiel
z.T.	zum

1. Einleitung

A. Hintergrund der Arbeit

Die deutsche Medienlandschaft durchlebt wegen des rapiden technologischen Fortschritts und veränderter ökonomischer Realitäten eine Phase strukturellen Wandels, der zu nachhaltigen Veränderungen in den Medienteilmärkten geführt hat.

Die aktuelle Situation des deutschen Zeitschriftenmarktes stellt den Ausgangspunkt der vorliegenden Untersuchung dar. Die jüngere Entwicklungsgeschichte der deutschen Zeitschriftenbranche demonstriert eindrucksvoll, wie die Implementierung neuer Technologien, Medienträger und Verbreitungswege zu einer Erosion bestehender Geschäftsmodelle führen kann, die die Akteure des Marktes vor neue Realitäten stellt und beschäftigt. Diese Arbeit soll konkrete Handlungsempfehlungen zur Erschließung neuer, auf dem Kerngeschäft aufbauender Geschäftsfelder und -modelle formulieren und eine Diskussion über die zukünftige strategische Positionierung deutscher Zeitschriftenverlage im Diversifizierungsgeschäft anregen.

Zur Beurteilung der aktuellen Ausgangsposition erscheint die Skizzierung folgender Fakten und Entwicklungen notwendig. Erstens, der Anteil der Internetnutzung am gesamten Medienzeitbudget wächst kontinuierlich auf Kosten der traditionellen Medien. Die Print-Reichweiten deutscher Zeitschriftentitel sind rückläufig und ihre Leser weichen auf die ihnen zur Verfügung stehenden Online-Angebote aus.[1] Diese sind ortsungebunden, bislang überwiegend kostenlos und werden regelmäßig aktualisiert. Zweitens, die Erodierung der Werbeumsätze aus dem Print-Geschäft bedroht das duale Geschäftsmodell deutscher Zeitschriftenverlage. Aufgrund rückläufiger Reichweiten sinkt das Interesse der werbungtreibenden Wirtschaft am klassischen Anzeigengeschäft. Der Markt für Online-Werbung und crossmediale Kampagnen kompensiert die Einbrüche des Werbeumsatzvolumens bislang nicht.[2] Drittens, die allgemeine, wirtschaftliche Lage ist trotz positiver Zukunftsindikatoren noch immer instabil, deutsche Verbraucher bleiben vorsichtig und reagieren verunsichert. Die Auswirkungen der Finanz- und Weltwirtschaftskrise haben zu einer Schwächung des allgemeinen Konsumklimas geführt – eine Entwicklung die den Reichweitenrücklauf deutscher Zeitschriftentitel zusätzlich befeuert und zu einem stärkeren Verfall der Werbeumsätze beigetragen hat.[3]

Die Entwicklungsgeschichte der Medienteilmärkte, von der Entstehung der Printmedien über den Aufbau neuer Verbreitungswege mittels Hörfunk und TV bis hin zur Entwicklung digitaler Transmissionstechnologien zeugt von einer hohen Dynamik

---

[1] Vgl. Beck (2006), S. 34 ff.

[2] Vgl. Mahrdt (2008), S. 54.

[3] Vgl. Pointner (2010), S. 41.

und Innovationskraft. Dabei verkleinerten sich die Entwicklungszyklen neuer Medienprodukte kontinuierlich, die Marktstrukturen des Print-Geschäftes wurden durch die Schaffung zusätzlicher Verbreitungswege von Content neu definiert. Das Mediennutzungsverhalten ändert sich indessen dahingehend, dass eine allmähliche Verschiebung des Medienzeitbudgets zu Lasten der traditionellen Medienträger zu beobachten ist, während die Nutzung digitaler Inhalte indessen kontinuierlich ansteigt. Die steigende Frequentierung sowohl stationärer als auch mobiler, digitaler Nutzungsumgebungen lässt sich, wie in Abb. 1 dargestellt, an der steigenden Anzahl deutscher Breitbandhaushalte, der Breitbandpenetration (gemessen an den Breitbandhaushalten) in Deutschland und der wachsenden Anzahl mobiler Internetnutzer, die in 2011 die Anzahl der Breitbandhaushalte sogar überholen könnte, ablesen.[4]

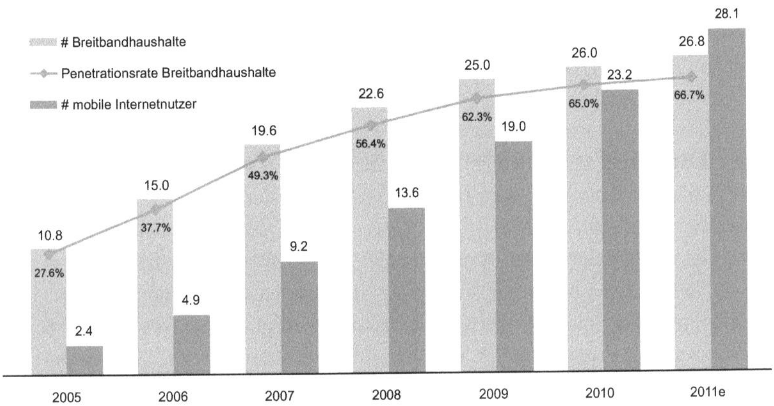

<u>Abbildung 1:</u> Anzahl der Breitbandhaushalte (in Mio.), Breitbandpenetration und Anzahl der mobilen Internet-Nutzer (in Mio.) in Deutschland

Quelle: eigene Darstellung, Statistisches Bundesamt, PricewaterhouseCoopers, Wilkofsky Gruen Associates

Für die Print-Branche stellte die Entwicklung des Internets eine Zäsur dar, da sich das Angebot Content-basierter Produkte seither vervielfacht hat und die Erschließung digitaler Verbreitungswege alte Lesergruppen abwirbt, gleichzeitig aber auch neue Nutzergruppen mobilisiert. Die Digitalisierung hat das Kerngeschäft von Zeitschriftenverlagen nicht nur neu definiert, sondern auch zu einer Intensivierung des Wettbewerbs geführt. Mithilfe neuer, digitaler Verbreitungstechnologien und Darstellungsformen konnten sich zusätzliche Marktteilnehmer eine Präsenz verschaffen und

[4] An dieser Stelle sei auf den negativen Effekt der erhöhten Parallelnutzung von stationärem und mobilem Inte net hingewiesen, der die durchschnittliche Nutzungsdauer deutscher User insgesamt verlängert. Die ansteigende Parallelnutzung mehrerer Medienträger erschwert die akkurate Messbarkeit der Medienzeitbudgets, eine Entwicklung, die die Diskussion um neue Erfassungsmethoden und -standards anheizt. Für eine ausführliche Diskussion, vgl. Gerhards und Klingler (2007b), S. 75-80.

im Wettbewerberumfeld etablieren. die deutschen Zeitschriftenverlage betrieben die Online-Transferierung ihrer Inhalte derweilen konsequent. Dabei stand der Synergiegedanke im Mittelpunkt ihrer Bestrebungen, Geschäftsmodelle zur Monetarisierung des Contents basierten fast ausschließlich auf den Erlösen aus dem digitalen Anzeigengeschäft. Der Anstieg vorhandener Online-Angebote, die eine Erweiterung zum bestehenden Print-Produktportfolio darstellen, steht indessen einer Zielgruppe gegenüber, deren Rezipienten- bzw. Käuferbasis – betrachtet man den deutschen Kernmarkt – nicht nur geographisch begrenzt, sondern auch bedingt zahlungswillig ist. So hat sich der Wettbewerb um die Aufmerksamkeit der Nutzer kontinuierlich intensiviert und viele Zeitschriftenverlage in der Vergangenheit dazu verleitet, „als Folge der Umsetzung von fragwürdigen Konzepten [...] (*follow the free*) von Anfang an den Verkauf der Aufmerksamkeit der User an die werbungtreibende Wirtschaft als einzige Erlösquelle [...] zu institutionalisieren“[5]. Der Entwicklung tragfähiger Geschäftsmodelle wurde zunächst nur am Rande eine Bedeutung zugemessen. Zusätzlich „[erhöhte] die geringe Zahlungsbereitschaft der Konsumenten für aktuelle Informationen und Unterhaltung im Internet [...] die Abhängigkeit der Verlage von Werbeeinnahmen“[6]. Es gilt festzuhalten, dass der Kampf um die Aufmerksamkeit der Nutzer auch in Zukunft eine zentrale Rolle spielen wird. Hier stellt auch die steigende Heterogenität der Zielgruppen in der digitalen Welt, die durch das steigende Online-Angebot zur Individualisierung ihres Nutzungs- und Konsumverhaltens ermutigt werden, eine zentrale Herausforderung dar.

Nachhaltige, auf journalistischem Content aufbauende Monetarisierungschancen bieten sich im Internet bislang nur vereinzelt. Die Notwendigkeit, dem Nutzer den Vorteil kostenpflichtigen Contents, bspw. in Form eines bequemen Zugriffs oder detaillierter Hintergrundberichte, aufzuzeigen, fußt auf der Hoffnung der Zeitschriftenbranche, eine steigende Penetration navigierbarer, mobiler Endgeräte herbeizuführen. Die in Abb. 2 dargestellte Entwicklung zeugt von steigenden Absatzzahlen, einem wachsenden Datentransfer im mobilen Internet und einer damit einhergehenden, steigenden UMTS-Penetration in Deutschland. Dennoch bietet dieser Markt noch viel Wachstumspotenzial.

Betrachtet man das Monetarisierungspotenzial für digitale Inhalte, drängt sich eine zentrale Frage auf: Deuten die skizzierten Entwicklungen auf eine zu erwartende Steigerung der Zahlungsbereitschaft deutscher Nutzer im mobilen Nutzungsumfeld hin bzw. befördern diese? Technische Innovationen zur Verbesserung des Datentransfers und günstigeren Tarifstrukturen sowie die steigende Verbreitung leistungsfähigerer, mobiler Endgeräte gelten als wichtige Voraussetzungen dafür. Gleichzeitig ist eine

[5] Trappel (2007), S. 12.

[6] Förster und Schlereth (2009), S. 36-39.

steigende Nutzerakzeptanz für bezahlbaren Content nur dann zu erreichen, wenn sich universelle, bequeme und nutzerorientierte Abrechnungsmodelle durchsetzen.[7]

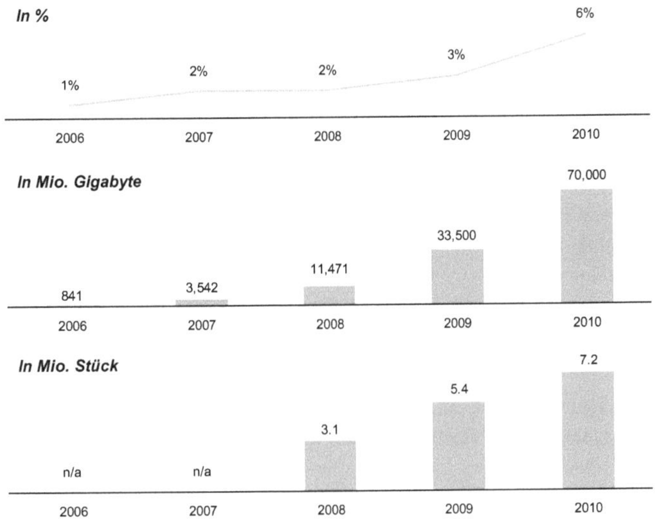

Abbildung 2: **UMTS-Penetrationsrate, Datenvolumen und Anzahl der Smartphones in Deutschland**

Quelle: eigene Darstellung, Bitkom, Bundesnetzagentur, Eurostat

Die Reichweitenverluste aus dem Print-Geschäft haben den Kostendruck in vielen deutschen Zeitschriftenverlagen jüngst verstärkt. Die Implementierung von Restrukturierungsprogrammen war die vielerorts zu beobachtende Konsequenz, die in einem nachweislichen Qualitätsverlust des redaktionellen Contents einiger Zeitschriftentitel resultierte. Das branchentheoretisch fundierte Phänomen der „Anzeigen-Auflagen-Spirale" führte für diverse Verlagsunternehmen zu weiteren Reichweitenverlusten.[8] Aufgrund der nachweislichen Interdependenz von Werbe- und Rezipientenmarkt, die die negativen Konsequenzen der Entwicklung eines Marktes auf die Erfolgsaussichten eines anderen beschreibt,[9] verschlechterte sich die Lage des Zeitschriften-Werbemarktes weiter. Durch die primär renditeorientierte Wirkungsrelevanz dieser Sparmaßnahmen, die zu einer Zusammenlegung von Unternehmensbereichen und ei-

7 Vgl. Clemons (2009), S. 21.

8 Eine Reduzierung der Ausgaben zur Generierung von Content führt durch die dadurch geminderte Qualität der Zeitschriftenformate und -titel zu einem Rückgang der Reichweiten. Werbungtreibende verlagern schließlich ihre Budgets auf andere Werbeträger und tragen somit zu einem erneuten Umsatzrückgang bei, dem dann mit neuen Sparmaßnahmen begegnet wird.

9 Vgl. Rott (2003), S. 49 f.

ner Streichung von Arbeitsplätzen führte, litten neben der Qualität der Zeitschriftenprodukte auch deren individuelle Markenwerte.

Die Konvergenz zwischen dem Content von Zeitschriftenverlagen und dessen Verbreitung über eine Mehrzahl digitaler Medienträger einerseits sowie innovativer Telekommunikations- bzw. Informationstechnologien andererseits stellt dagegen eine erkennbare Chance dar, dessen Potenzial sich an der Innovationskraft dieser Industrien hinsichtlich ihrer Produktvielfalt und ihrem Kooperationsverhalten untereinander ablesen lässt.[10] Neben der Erosion der traditionellen Geschäftsmodelle deutscher Zeitschriftenverlage existieren hier neue Chancen zur Konzipierung innovativer Medienprodukte, die nicht nur auf eine bestehende, aus dem Print-Geschäft tradierte Nachfrage treffen, sondern auch neue Absatzmärkte im Online-Bereich schaffen. Die Erlöse aus Diversifizierungsaktivitäten haben eine für Zeitschriftenverlage zentrale Rolle eingenommen,[11] insbesondere auch vor dem Hintergrund der sich intensivierenden Wettbewerberlandschaft unter den im Markt agierenden Unternehmen.[12] Aufgrund der mangelnden Umsatzpotentiale im Kerngeschäft stellt sich die Frage nach einer zukunftsweisenden Wachstumsstrategie, die dem veränderten Nutzungsverhalten der Konsumenten Rechnung trägt.

Konjunkturelle Schwankungen sowie die gesamtwirtschaftliche Entwicklung beeinflussen in einem hohen Maße die Umsatzleistung des deutschen Werbemarktes. Während sich über die vergangenen Jahre hinweg die Wachstumsraten des deutschen Nettowerbemarktes an denen des nationalen Bruttoinlandsproduktes orientierten, so stellte sich in Zeiten wirtschaftlicher Rezession immer auch ein überproportionaler Rückgang des Werbeumsatzvolumens ein.[13] So hat die Entwicklung der deutschen Werbemarktumsätze seit dem Beginn der weltweiten Finanz- und Wirtschaftskrise in 2008 einen dramatischen Verfall erlitten. Seit Ende 2010 erholt sich der deutsche Werbemarkt jedoch kontinuierlich, wobei die einsetzende Belebung und Dynamisierung insbesondere auf die volkwirtschaftliche Erholung und einer Steigerung des Bruttoinlandproduktes von 4% in 2010 zurückzuführen ist.[14] *Der Zentralverband der deutschen Werbewirtschaft e.V.* (ZAW) prognostiziert die Investitionen in Werbung (für Werbemittel-Produktion, Werbestreuung in den Medien, Honorare und Gehälter) für 2011 auf 30,29 Mrd. Euro und errechnet somit eine Steigerung von 2,7% oder 0,79

[10] Vgl. Jenkins (2006), S. 15 f.

[11] Chan-Olmsted und Chang schreiben in Bezug auf die Medienindustrie: „As the global media market entered a period of economic and technological uncertainty in the early 2000s, media firms are faced with an increasing need to be less reliant on traditional advertising revenues and to develop additional revenue opportunities in new media systems". Vgl. Chan-Olmsted und Chang (2003), S. 230.

[12] Vgl. Bea und Haas (2005), S. 22.

[13] Vgl. Feldmeier (2009), S. 41, 62.

[14] Vgl. Statistisches Bundesamt (2011).

Mrd. Euro zum Vorjahr.[15] Proportional dazu stieg auch das medienrelevante Volumen der Werbeaktivitäten. Die Netto-Werbeeinnahmen der Medien für 2010 werden auf 18,72 Mrd. Euro geschätzt – eine Steigerung von 0,35 Mrd. Euro im Vergleich zum Jahr 2009.[16] Auch wenn die prognostizierte Steigerung des Netto-Werbeinvestitionsvolumens der Medien von 2010 auf 2011 bei insgesamt 1,2 Mrd. Euro liegen könnte, so ist das Vorkrisenniveau von 2007 noch nicht erreicht worden (siehe Abb. 3).

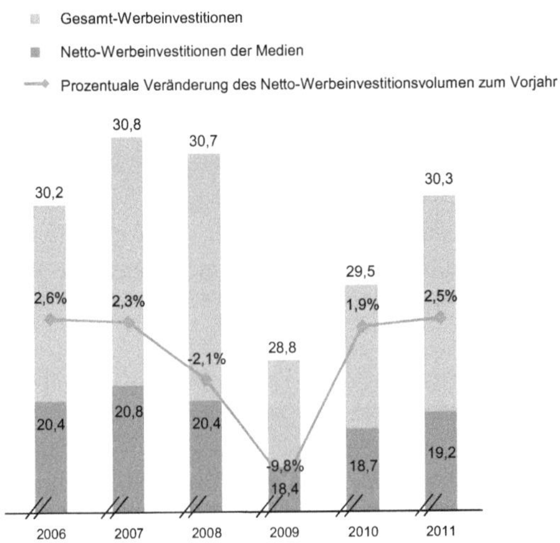

Abbildung 3: Deutsches Werbeinvestitionsvolumen in Mrd. €

Quelle: eigene Darstellung, ZAW

Dieses Ergebnis ist dennoch und vor dem Hintergrund des kräftigen Einbruchs aus dem Jahr 2009, das einen Netto-Verlust von 2,0 Mrd. Euro auswies und somit einen Rückgang zum Vorjahr von -9,8%, als Trendwende zum Besseren zu deuten. Die starke Abhängigkeit des deutschen Werbemarktes vom volkswirtschaftlichen Trend lässt bei einer länger andauernden Erholung der konjunkturellen Wachstumsindikatoren nur einen sukzessiven Anstieg der Investitionen in Werbung vermuten. Des Weiteren profitierten die einzelnen Medienteilmärkte mit Hinblick auf ihre individuellen Abhängigkeitsverhältnisse vom Werbemarkt in jeweils sehr unterschiedlichem Ausmaß. Da die Wirtschaftlichkeit von Print-Produkten von einer starken Abhängigkeit der Werbeeinnahmen geprägt ist und neben den Vertriebserlösen die zweite, zentrale Erlösquelle darstellen, unterliegen sie der Gesetzmäßigkeit des dualen Marktes, des

15 Vgl. ZAW (2010).

16 Der ZAW kommt in einer Umfrage mit 41 seiner Verbände zu diesem Ergebnis. Vgl. ZAW (2010).

Werbe- und Rezipientenmarktes.[17] Nach vergleichsweise starken, krisenbedingten Einbrüchen profitierten Zeitungen, Fach- und Publikumszeitschriften in einem noch sehr viel niedrigerem Ausmaß von der Erholung als Fernsehen und Internet, die von 2008 auf 2009 Jahr verhältnismäßig hohe Investitionsanteile zurück gewinnen konnten (siehe Abb. 4).

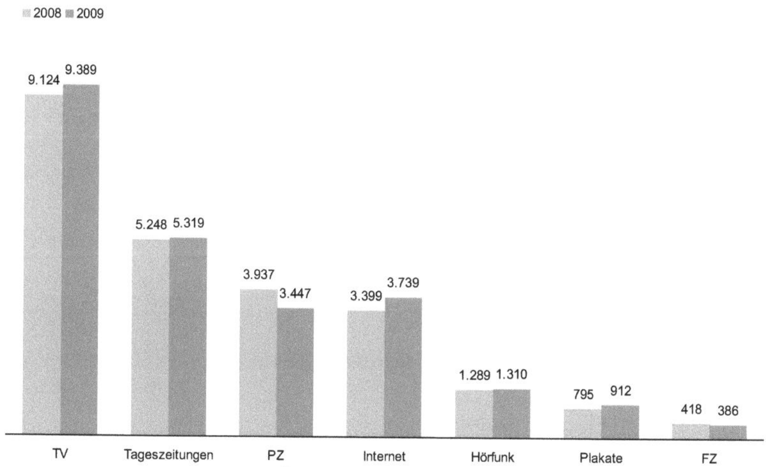

Abbildung 4: Entwicklung der deutschen Bruttowerbeausgaben bei den klassischen Medien in Mrd. € (2008 vs. 2009)

Quelle: eigene Darstellung, Nielsen Media Research

So lässt sich zwar festhalten, dass die traditionellen Medien nach der Werbemarktkrise weiterhin Marktanteile an digitale Medienträger verlieren, die Wirkungsqualität der traditionellen Werbeträger jedoch auch in Zukunft als von der werbungtreibenden Wirtschaft relevant eingeschätzt und daher auf absehbare Zeit den deutschen Werbemarkt dominieren wird.[18] *Weisert und Kramp* konstatieren in diesem Zusammenhang, dass eine ähnliche solide Finanzierungsbasis, wie sie durch Werbung und Vertrieb lange Zeit für Druckerzeugnisse gültig war, [...] im Internet noch immer nicht in Sicht ist“[19]. Aus Abb. 5 geht hervor, dass der Werbemarktanteil von Publikums- und Fachzeitschriften in 2009 16% betrug und somit eine vergleichbare Größe zur Internetwerbung bildet.

---

17 Vgl. Rott (2003), S.47ff; Wirtz (2009), S. 27 f.

18 Vgl. ZAW (2010).

19 Weichert und Kramp (2009), S. 32.

Parallel dazu steigt die Nachfrage der werbungtreibenden Wirtschaft nach crossmedialen Kampagnen aufgrund von Effizienzgewinnen, besserer Effektivitätsraten[20] und einer erhöhten Erfolgsmessbarkeit von Online-Werbung.

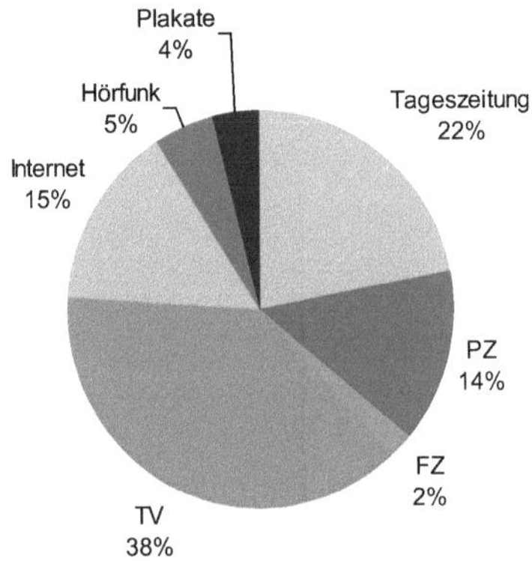

Abbildung 5: Anteil der klassischen Medien am deutschen Werbemarkt (2009)

Quelle: eigene Darstellung, Nielsen Media Research

Die Abnahme der Zeitschriftenauflage von durchschnittlich 10% stellt für den Vergleichszeitraum 1990 bis 2010 eine branchenübergreifende Zäsur dar.[21] Die Reichweitenentwicklung der Publikumszeitschriften blieb während dieses Vergleichszeitraums stabil, die der Fachzeitschriften entwickelte sich leicht rückläufig. Das Gros der deutschen Zeitschriftenverlage reagierte auf die spürbaren Auflagenrückgänge mit einer vermeintlich präventiven Strategie. Dem Digitalisierungstrend folgend, begannen viele Zeitschriftenverlage sukzessive, ihre Inhalte in entsprechende Online-Angebote zu transferieren, ohne jedoch über nachhaltige Ansätze möglicher Monetarisierungsstrategien zu verfügen. Stattdessen mussten diese Aktivitäten größtenteils quersubventioniert werden. Den Reichweitenverlust aus dem Print-Geschäft vermochten diese Maßnahmen zwar zu kompensieren, gegen den durch Werbe- und Vertriebseinbußen verursachten Umsatzrückgang konnten sie sich jedoch nicht erwehren. Abb. 6 dokumentiert diese Entwicklung und zeigt eine auffällige Korrelation zwischen konjunkturellem Klima bzw. Kaufverhalten einerseits und Reichweitenentwicklung von Zeitschriftentiteln andererseits, insbesondere im Hinblick auf Publikumszeitschriften. Während die Reichweite von Fachzeitschriften eine vergleichsweise stabile Entwick-

[20] So erlaubt die zunehmende Konvergenz aller Werbeträger, die die ihnen zur Verfügung stehenden Medienkanäle nutzen können, eine bspw. spezifischere Segmentierung der Zielgruppen und zielgruppengenauere Ansprache durch die (crossmediale) Nutzung der zur Verfügung stehenden Werbeträger. Vgl. weiterführend Neuberger, C., Nuernbergk, C. et al. (2009).

[21] Vgl. VDZ (2011)

lung vollzieht, passt sich die der Publikumszeitschriften dem historischen Konsumklima in Deutschland stärker an.

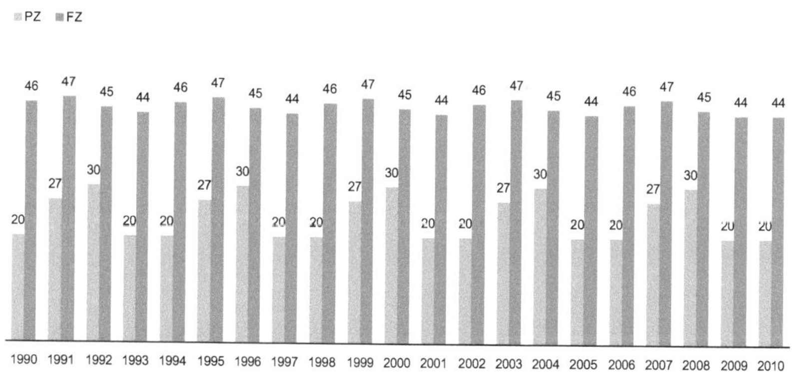

Abbildung 6: Reichweitenentwicklung von Publikums- und Fachzeitschriften in Deutschland
Quelle: eigene Darstellung, IVW

Die Gründe für die zu beobachtende Divergenz sind zweigliedrig. Einerseits ist dieser Kontrast mit der unterschiedlichen Zusammensetzung, Beschaffenheit und dem damit verbundenen Konsumverhalten der jeweiligen Zielgruppen zu begründen. Leser von Fach- bzw. Special-Interest-Zeitschriften, wiesen in der Vergangenheit ein sehr viel resistenteres Kaufverhalten auf, als die von Publikumszeitschriften.[22] Des Weiteren haben die Publikumszeitschriften durch die Schaffung entsprechender Online-Präsenzen eine sehr viel offensivere digitale Transferierungsstrategie ihrer Inhalte verfolgt. *Ramge* hält in diesem Zusammenhang fest, dass die Mehrzahl deutscher Publikumszeitschriftenverlage zunächst der Handlungsmaxime „erst Reichweite, dann Monetarisierung" folgten,[23] ohne jedoch ein tragfähiges Geschäftsmodell zur Monetarisierung ihrer Inhalte zu besitzen.

Wenngleich der durchschnittliche Medienkonsum aufgrund des komplementären Nutzungsverhaltens angestiegen ist und das Umsatzpotenzial hat erweitern können, ist die technische Komplexität dieses Marktumfeldes angestiegen und stellt durch die Fragmentierung der Nutzerschaft neue Herausforderungen dar. Das rasante Wachstum der digitalen Medienmärkte sowie die hohe Volatilität konfrontieren die Zeitschriftenverlage mit einer hochgradig diskontinuierlichen Dynamik. Dabei geriet die Entwick-

[22] Das Genre der General-Interest-Zeitschriften ist im Vergleich zu dem der Special-Interest-Zeitschriften dasjenige, das eine breitere Zeitschriftenzielgruppe adressiert und daher Themen von höherem öffentlichem Interesse behandelt. Vgl. Middelweerd, J., van der Donk, M. (2008), S. 44.

[23] Vgl. Ramge (2008), S. 3.

lung adäquater Online-Strategien nicht nur zur vermeintlichen Überlebensfrage deutscher Verlagsunternehmen,[24] sondern verschleierte die Gefahr, dass der einsetzende Kannibalisierungseffekt zu Lasten der bestehenden Lesergruppe und zu einem weiteren Rückgang der Print-Reichweite führen könnte. Außerdem agieren deutsche Zeitschriftenverlage in einem gesättigten Print-Kernmarkt, deren Umsatzvolumen während der Finanz- und Wirtschaftskrise weiter eingebrochen ist.[25] Diese Entwicklung schlägt sich insbesondere in der Eintritts- und Austrittsbilanz deutscher Publikumszeitschriften nieder (siehe Abb. 7). Während 2004 noch 178 Eintritte zu verzeichnen waren und im Vergleich zu 91 Austritten des selben Jahres zu einer positiven Bilanz von 87 neu erscheinenden Publikumszeitschriftentiteln auf dem Markt führten, lag der Eintrittswert im Jahr 2009 bei 117, der Austrittswert bei 80 und die Bilanz neu erscheinender Publikumszeitschriftentitel bei nur 37.

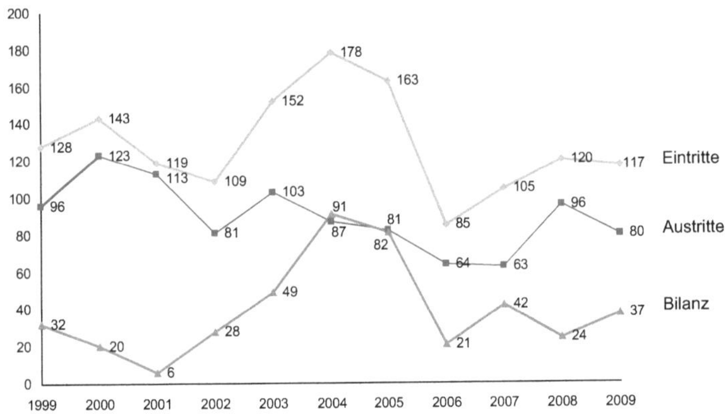

Abbildung 7: Eintritte und Austritte von Publikumszeitschriften in Deutschland

Quelle: eigene Darstellung, WIP Köln, www.presseforschung.de

Auch die Internationalisierungsprozesse gelten als guter Indikator für die unternehmerische Aktivität und die gesamtwirtschaftliche Stimmung einer Branche. Wie in Abb. 8 dargelegt, zeugen die in Deutschland zwischen 1999 und 2008 getätigten *M&A*-Transaktionen im Zeitungs- und Zeitschriftenbereich von einem hohen Konsolidierungsdruck in diesen Branchen. Der Vergleich mit dem internationalen Transaktionsvolumen des Vergleichszeitraums legt jedoch auch das Potenzial im Ausland befindlicher Akquisitionsziele nahe.

---

[24] Vgl. Discherl und Eichhorn (2007), S. 32.

[25] Eine Verschlechterung des Konsumklimas wirkt sich überproportional negativ auf den Umsatz der Medien- und insbesondere der Zeitungs- und Zeitschriftenindustrie aus, da Konsumenten tendenziell eher bei den Ausgaben für diese Medienprodukte sparen. Vgl. Schrag (2007), S. 32-37.

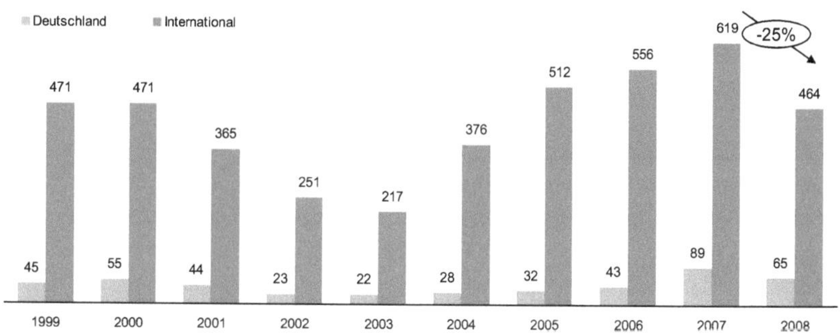

Abbildung 8: Anzahl der M&A-Transaktionen von Zeitungs- und Zeitschriftenverlagen

Quelle: eigene Darstellung, VDZ

Es bleibt daher festzuhalten, dass diese Phase des strukturellen Umbruchs und der neuen ökonomischen Realitäten in der Medienbranche auch zu einer Veränderung der Ausgangslage im Zeitschriftenmarkt führte. Dabei stehen die drei in diesem Kapitel erörterten Kernherausforderungen deutscher Zeitschriftenverlage in starker Abhängigkeit zueinander. Die erste wichtige Einkommenssäule von Zeitschriftenverlagen aus dem Vertriebsgeschäft ist wegen des weitgehend gesättigten, deutschen Print-Kernmarktes und der Veränderung des Mediennutzungsverhaltens hierzulande gefährdet – insbesondere in einem krisengefährdeten, makroökonomischen Euro-Umfeld, das die konjunkturellen Folgen der globalen Finanz- und Wirtschaftskrise trotz positiver Zukunftsindikatoren noch immer nicht überwunden hat. Der dadurch verursachte Einbruch der Werbeumsätze hat die umsatzgetriebene Abhängigkeit deutscher Zeitschriftenverlage vom Werbemarkt erneut belegt. Zumal sich neue Werbeträger als Wettbewerber um die Budgets etabliert haben, ist eine Reduzierung dieses Abhängigkeitsverhältnisses u.U. ratsam. Aufgrund der hohen Interdependenz der skizzierten Entwicklungen, plädiert die vorliegende Arbeit für einen aus dem Kerngeschäft erwachsenden Ansatz der Geschäftsfelddiversifizierung Die Erschließung neuer, auf dem Kerngeschäft aufbauender Geschäftsfelder stellt vor diesem Hintergrund den wichtigsten Schritt zur Etablierung neuer Erlösquellen dar.

B. Problemstellung und Zielsetzung der Arbeit

Im Rahmen der vorliegenden Dissertation soll ein Modell zur systematischen Planung und Bewertung von Diversifizierungsstrategien deutscher Zeitschriftenverlage entwickelt werden.

Die nachhaltigen Veränderungen des Mediennutzungsverhaltens, die Fragilität des Werbemarktes und der Rückgang der Zeitschriftenauflage in Deutschland haben die Notwendigkeit der Geschäftsfelddiversifizierung stärker in den Vordergrund gestellt. Die Kernherausforderung besteht hier in der Realisierung innovativer Konzepte zur Abhängigkeitsreduzierung der bestehenden Erlösquellen und der Schaffung neuer Umsatzpotenziale durch die Identifizierung aussichtsreicher Diversifizierungsmärkte und -strategien.

Diversifizierungserlöse können einen wichtigen Beitrag zum nachhaltigen Unternehmenserfolg leisten, bzw. ein entscheidendes Kriterium zur Wachstumsgenerierung darstellen.[26] Bei der Identifizierung neuer Diversifizierungsmärkte – dem Entscheidungsprozess pro oder contra einzelne Diversifizierungsaktivitäten – kommt jedoch in der Mehrzahl der Medienunternehmen bislang kein systematischer, an spezifischen Entscheidungskriterien ausgerichteter Planungsprozess zustande.[27] Vielmehr werden viele für den Diversifizierungsprozess relevante Entscheidungen nach dem *Trial & Error* Prinzip getroffen, die wiederum oftmals zu suboptimalen Ergebnissen führen bzw. ein unkalkulierbares Risiko für das Unternehmen darstellen können.[28] Konzentriert man sich auf den Medienteilmarkt der deutschen Zeitschriften, so stellt die Entwicklung eines Rahmenmodells zur systematischen Entwicklung, Überprüfung und Optimierung von Diversifizierungsstrategien, mit deren Hilfe Verlagsmanager nachhaltigere und der Erschließung neuer Erlösquellen verpflichtete Entscheidungen treffen können, einen interessanten Untersuchungsrahmen dar.

Die Herleitung des vorliegenden Rahmenmodells soll den strategischen Optionsraum potenziell sinnvoller Diversifizierungsaktivitäten aufzeigen und deren strategische Bewertung aus Sicht eines idealtypischen, deutschen Zeitschriftenverlages vornehmen. Mithilfe eines transparenten, mehrstufigen Bewertungskonzeptes, wird die einfache Anpassung des allgemeinen Diversifizierungsrahmenmodells an das jeweilige Verlagsunternehmen ermöglicht. Im weiteren Verlauf werden erste Normstrategien für deutsche Zeitschriftenverlage abgeleitet.

Die Bearbeitung des geplanten Forschungsvorhabens setzt eine dreigliedrige inhaltliche Abgrenzung voraus. Zum einen liegt der industriespezifische Betrachtungsschwerpunkt dieser Arbeit auf der deutschen Verlags-, bzw. Zeitschriftenbranche, d.h. auf dem Print-Segment der deutschen Publikums- und Fachzeitschriftenverlage. Ziel dieser Arbeit ist die Identifizierung attraktiver Diversifizierungsmärkte für die im deutschen Zeitschriftenmarkt etablierten Akteure.[29] Wenngleich die vorgestellten Un-

[26] Die Untersuchung des Zusammenhangs zwischen Diversifikation und Unternehmenserfolg stellt einen zentralen Bestandteil der Forschungsdisziplin des strategischen Managements dar. Für eine detaillierte Diskussion, vgl. Kinzler (2005), S. 1 ff.

[27] Vgl. Chan-Olmsted und Chang (2005), S. 226.

[28] Vgl. Dorenkamp (2003), S. 67 f.

[29] Als deutsche Zeitschriftenverlage gelten hier diejenigen Unternehmen, die in der Zeitschriftenproduktion ihr Kerngeschäft sehen und deren Hauptabsatzmarkt sich in Deutschland befindet. Aufgrund des integrativen, grundsätzlich breiten Aktivitätsprofils von Medienunternehmen, flossen auch Verlagsunternehmen mit erweitertem, über die Zeitschriftensparte hinweg angelegtem Unternehmensportfolio in das Untersuchungs-

tersuchungsergebnisse eine vergleichbar hohe Relevanz für ausländische, mglw. innereuropäische Verlagsunternehmen implizieren könnten, so sei in diesem Zusammenhang doch darauf verwiesen, dass sich das Untersuchungssample auf die am deutschen Markt etablierten Wettbewerber konzentriert hat. Da branchenspezifische sowie medien- bzw. kartellrechtliche Strukturen des hiesigen Zeitschriftenmarktes den Planungsprozess konkreter Diversifizierungsoptionen sowie die Konzeption und Umsetzung entsprechender Geschäftsmodelle der Verlagsunternehmen prägen, sollten bei einer den Bezugsrahmen erweiternden Anwendung der Forschungsergebnisse notwendige Anpassung vorgenommen, bzw. Einschränkungen akzeptiert werden.

Des Weiteren konzentriert sich diese Arbeit auf die Bewertung von Diversifizierungsaktivitäten aus ressourcen- bzw. marktorientierter Sicht und bedient sich dabei zweier grundlagentheoretischer Ansätze aus der strategischen Management-Lehre. So gilt die klassische Geschäftsfelderweiterung mithilfe des strategischen Diversifikationsmanagements als grundlagentheoretischer Betrachtungsschwerpunkt dieser Arbeit, bei dem für die Attraktivitätsbewertung der Diversifizierungsaktivitäten ein weiterführender Ansatz gewählt wird, der die Integration von markt- und ressourcenorientierten Kriterien ermöglicht. Die Berücksichtigung beider Kriteriengruppen soll neue Erkenntnisse für den strategischen Planungsprozess einer Unternehmung liefern. Darauf aufbauend ließen sich zwei Untersuchungsziele formulieren:

1. Die Identifizierung attraktiver und strategisch sinnvoller Diversifizierungsmärkte für deutsche Zeitschriftenverlage.

2. Auf der Grundlage dieser Analyse, die Ableitung konkreter Handlungsempfehlungen für deutsche Zeitschriftenverlage und Skizzierung spezifischer Normstrategien.

Schließlich kamen im Rahmen der empirischen Analyse zwei ausgesuchte methodische Verfahren der Entscheidungstheorie zur Anwendung, mit deren Hilfe die empirischen Ergebnisse zur Bewertung der Marktattraktivität einerseits sowie des Ressourcen- und Synergiepotenzials andererseits generiert wurden und auf denen die Konzeption des Diversifizierungsrahmenmodells fußt. Aufgrund des spezifischen Forschungsdesigns dieser Arbeit, das im folgenden Kapitel inhaltlich umrissen werden soll, bestand daher neben dem inhaltlichen auch ein methodisches Erkenntnisziel, das die kombinierte Anwendung dieser Methodiken unter Ausnutzung ihrer individuellen Stärken und Möglichkeiten zum Ziel hatte.

sample ein. Die empirische Analyse der vorliegenden Untersuchung konzentrierte sich jedoch in diesen Fällen auf den Unternehmensbereich des Zeitschriftengeschäftes.

C. Forschungsdesign und Aufbau der Arbeit

Die Arbeitsschritte zur Herleitung des Diversifizierungsrahmenmodells deutscher Zeitschriftenverlage gliedern sich in die Erarbeitung der notewendigen inhaltlichen und methodischen Grundlagen der vorliegenden Untersuchung (zweites Kapitel) sowie die empirische Analyse der generierten Untersuchungsergebnisse (drittes Kapitel).

In Kapitel zwei erfolgt die Erarbeitung der theoretischen Grundlagen, die für die wissenschaftliche Fundierung der Untersuchung notwendig waren. Hier wurde eine dreiteilige Gliederung vorgenommen. Zunächst wurden die Grundlagen der Strategieforschung erläutert, zum einen hinsichtlich der Aufgaben des strategischen Managements und des markt- und ressourcenorientierten Ansatzes, zum anderen hinsichtlich der Integration zu einem theoretisch fundierten und verwertbaren Modell. Des Weiteren wurde eine Klärung der Begrifflichkeit des strategischen Diversifikationsmanagements als Teilgebiet der Strategieforschung vorgenommen. Ein besonderer Betrachtungsfokus wurde aufgrund des Forschungsschwerpunktes dieser Arbeit auf medienökonomische Diversifikationsprozesse gelenkt. Schließlich wurden die Grundlagen der Entscheidungstheorie umrissen und der Einsatz der methodischen Verfahren diskutiert. Die Untersuchung bediente sich insgesamt zweier, wissenschaftlicher Methodiken, dem *Analytic Hierarchy Process* (AHP) und der Nutzwertanalyse (NWA), die in einem integrierten Forschungsdesign zur Anwendung kamen. Die vorliegende Arbeit folgte einem sowohl empirisch orientierten als auch qualitativen Untersuchungsdesign.

Das dritte Kapitel umfasst die Skizzierung der empirischen Untersuchung, den Datenerhebungsprozess und die Diskussion der finalen Ergebnisse. Dabei setzt sich der Gang der empirischen Untersuchung aus einem vierstufigen Prozess zusammen, i.e. der Identifikation potenziell relevanter Diversifizierungsmärkte, der Herleitung der markt- und ressourcenorientierten Kriterien, der empirischen Erhebung und der Auswertung und Integration der Ergebnisse:

Zunächst wurde der Optionsradius der für die Zeitschriftenbranche relevanten Diversifizierungsmärkte abgesteckt und übergeordnete Diversifizierungsmuster identifiziert. Anschließend wurden die markt- und ressourcenorientierten Kriterien mithilfe eingängiger Literaturrecherchen und zusätzlichen Expertenbefragungen zu deren Validierung identifiziert. Im nächsten Schritt wurde die Bewertung zur Marktattraktivität der identifizierten und auf *Porter's Five Forces*[30] aufbauenden, marktorientierten Kriterien vorgenommen. In Vorbereitung auf die Experteninterviews der strategieverantwortlichen Verlagsmanager und -geschäftsführer, dem dritten Schritt der empirischen Untersuchung, erfolgte eine Herleitung der ressourcenorientierten Kriterien, die mithilfe des *Wirtz*schen Modells zur Abbildung der Kernressourcen und -kompetenzen

[30] Porter (1990), S. 25 ff.

von Medienunternehmen[31] industriespezifisch verdichtet wurden. Mithilfe einer Befragung branchenvertrauter Vertreter aus Wissenschaft und Praxis konnte eine Validierung dieser Bewertungskriterien erfolgen und eine Zuschneidung auf deutsche Zeitschriftenverlage durchgeführt werden. Zur Herleitung der markt- und ressourcenorientierten Attraktivitätsprofile wurden die anfangs identifizierten Diversifizierungsmärkte entlang der beiden Kriteriengruppen bewertet. Die marktorientierte Bewertung wurde mithilfe einer anonymisierten Befragung von Unternehmensberatern vorgenommen, die ressourcenorientierte Bewertung erfolgte mithilfe von Tiefeninterviews, in denen strategieverantwortliche Verlagsmanager und -geschäftsführer der deutschen Zeitschriftenbranche befragt wurden. Im letzteren Fall wurde die quantitative Befragung um jeweils einen qualitativen Teil ergänzt. Nachdem die Diversifizierungsmärkte der Marktattraktivitätsanalyse unterzogen worden waren, konnte diese um die Darstellung der ressourcenorientierten Bewertungsprofile, die insgesamt neun Kapitel umfassen und das Ressourcen- und Synergiepotenzial der Diversifizierungsmärkte analysieren, ergänzt werden. Mithilfe der qualitativen Ergebnisse, konnten diese Befunde um weitere Erkenntnisse zur Operationalisierung, d.h. der Planung und Umsetzung von Diversifizierungsstrategien deutscher Zeitschriftenverlage, ergänzt werden. Außerdem dienten sie zur Stützung der empirischen Untersuchungsergebnisse und Validierung der Kernthesen. Auf Basis der vorliegenden Untersuchungsergebnisse entstand schließlich ein Diversifizierungsrahmenmodell, das die Ergebnisse der Befragung unter Berücksichtigung der ressourcen- und marktorientierten Kriterien abzubilden imstande war und eine weiterführende Analyse der Befunde zuließ.

Auf der Grundlage der Bewertungsergebnisse konnten schließlich erste Handlungsempfehlungen und Normstrategien für deutsche Zeitschriftenverlage formuliert sowie darauf aufbauende Überlegungen und Ansätze zur weiteren Forschung im Bereich des strategischen Diversifizierungsmanagements von Zeitschriftenverlagen formuliert werden (viertes Kapitel).

[31] Wirtz (2009). S. 34 ff.

2. Allgemeine Grundlagen

Das Grundlagenkapitel folgt der in Abb. 9 dargestellten Struktur und ist in drei inhaltliche Teilbereiche untergliedert, den Ausführungen zur Strategieforschung, der Erarbeitung notwendiger Grundlagen zum strategischen Diversifikationsmanagement und der theoretischen Verortung der in der vorliegenden Untersuchung angewendeten Methodiken.

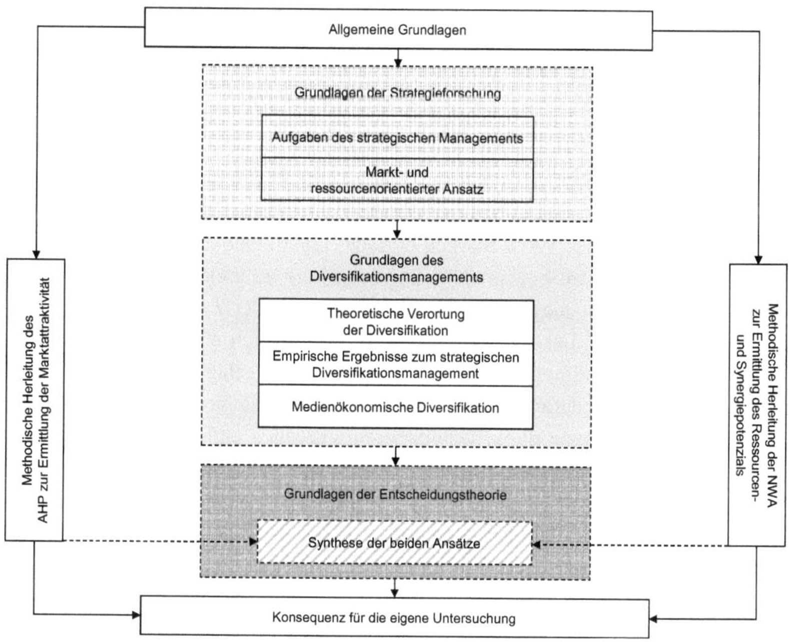

Abbildung 9: Struktur des Grundlagenkapitels

Quelle: eigene Darstellung

A. Grundlagen der strategischen Unternehmensführung

I. Grundlagen der Strategieforschung

Die Lehre des strategischen Managements hat sich in den 60er und 70er Jahren des 20. Jahrhunderts etabliert und stellt somit eine verhältnismäßig junge Wissenschaftsdisziplin dar.[32] Dank der spieltheoretischen Forschung erhielt der Strategiebe-

[32] Für eine ausführliche Erläuterung vgl. Bain, (1956).

griff zu einem frühen Zeitpunkt Einzug in die Wirtschaftswissenschaften.[33] *Ansoff* verwendete ihn in diesem Zusammenhang erstmals im Jahr 1965 und gilt seither als Begründer dieser Disziplin.[34] Im Jahr 1976 hielt er in seinen Studien „From Strategic Planning to Strategic Management", die bis heute einen Grundstein für die wirtschaftswissenschaftliche Strategieforschung darstellen,[35] fest, dass Strategien Maßnahmen zur Sicherung des langfristigen Erfolges einer Unternehmung sind.[36] Aufgrund der Tatsache, dass heutzutage eine Vielzahl an Strategie-Definitionen besteht, die eine klare Abgrenzung der Begrifflichkeit erschweren,[37] erscheint es umso wichtiger den Strategiebegriff im Rahmen dieser Arbeit deutlich zu definieren und abzustecken.

In der vorliegenden Untersuchung bezieht sich der Strategiebegriff ausschließlich auf Unternehmen, bzw. Teile eines Unternehmens, so dass sich die Definition des Begriffs „Unternehmensstrategie" nach *Kreikebaum* als übergeordneter Bezugsrahmen anbot, wonach Unternehmensstrategien erläutern, „wie ein Unternehmen seine vorhandenen und seine potentiellen Stärken einsetzt, um Veränderungen der Umweltbedingungen zielgerichtet zu begegnen"[38]. Im Gegensatz zu anderen, offeneren Strategiedefinitionen übergeht diese Abgrenzung den Prozess der Zielbildung als Teil der Strategieformulierung.[39] Dieser Vorgang wurde hier folglich als separater Schritt angesehen, der dem Gestaltungsprozess einer Strategie vorgelagert ist. *Voigt* weist in diesem Zusammenhang darauf hin, dass Unternehmensstrategien stets langfristig ausgelegt sind und noch keine direkt ausführbaren Vorgaben enthalten, aber durch entsprechend abgeleitete Feinplanungen konkretisiert werden. Demnach „legt die Unter-

---

33 Vgl. Dowling / Lechner (1998), S.1 ff. An dieser Stelle sei auf die einflussreichsten Modelle der Industrieökonomie verwiesen, nämlich das von Cournot hergeleitete Oligopol („Cournot-Oligopol"), welches später von Bertrand zu einem Wettbewerbsmodell weiterentwickelt wurde („Bertrand-Wettbewerb"). Das Cournot-Oligopol (auch bekannt als Cournot-Duopol und Nash-Cournot-Gleichgewicht) stellt eine modellhafte Marktsituation dar, in der das Verhalten zweier Konkurrenten in einem unvollkommenen, heterogenen Marktumfeld beschrieben und in Hinblick auf die simultane Bestimmung der Angebotsmenge untersucht wird, bevor markt- und preistheoretische Rückschlüsse gezogen werden. Bei Bertands Wettbewerbsmodell wird der Angebotspreis (im Gegensatz zur Angebotsmenge wie bei Cournot) als strategische, vom Unternehmen bestimmte Variable festgesetzt, so dass das Nash-Equilibrium erst dann erreicht wird, wenn beide Konkurrenten zu ihren Grenzkosten anbieten. Vgl. hier Pfähler und Wiese (2003).

34 Ansoff sah in diesem Zusammenhang von einer expliziten Definition des Strategiebegriffs ab. Vgl. Reichert (2004), S. 87 et al.

35 Vgl. Bea und Haas (2005), S. 51.

36 Vgl. Ansoff (1965), S. 23 ff. An dieser Stelle seien stellvertretend auch Declerk und Hayes genannt, die ihn in seinen Forschungsvorhaben maßgeblich unterstützten.

37 Kreikebaum merkte bereits in den Achtzigerjahren des 20. Jahrhunderts an, dass die Begriffe „Strategie" und „strategisch" zu Modewörtern „verkommen" seien und in zahlreichen Variationen verwendet werden. Vgl. Kreikebaum (1987), S. 24.

38 Kreikebaum (1987), S. 27.

39 Eine solche enge Begriffsdefinition wird u.a. auch von Ansoff vertreten, wohingegen vorzeitliche Definitionen nach Chandler (1962), S. 13, u.a. die Zielformulierung als Teil des Strategiebegriffs sehen. Vgl. hier auch Kreikebaum (1997), S. 19.

nehmensstrategie die Grundlinien für die künftige Unternehmensentwicklung"[40], der Aktionsraum eines Unternehmens wird definiert und im Rahmen spezifischer Prämissen eingegrenzt, die von den übrigen Unternehmensbereichen beachtet werden müssen.[41] Wenngleich Unternehmensstrategien gewissen Modifikationen unterliegen können und oftmals im Nachhinein korrigiert werden, so besteht der Anspruch einer gewissen Langfristigkeit, der sich dadurch ableiten lässt, dass eine für ein gesamtes Unternehmen geltende Strategie verschiedene Bindungen nach sich zieht. Hierzu zählen zum einen die Bindungen des eingesetzten Kapitals, zum anderen aber auch vertragliche Bindungen mit Personal, Lieferanten, Vertriebspartnern, etc.[42] Anzumerken ist hier, dass der zeitliche Rahmen in der wissenschaftlichen Betrachtung von Unternehmensstrategien über einen langen Zeitraum nicht hinreichend berücksichtigt wurde,[43] schließlich aber als primäres Unterscheidungsmerkmal zwischen operativer und strategischer Planung eingeführt wurde.[44] *Kreikebaum* geht auf die Langfristigkeit einer Unternehmensstrategie in der hier zitierten Kurzdefinition nicht explizit ein, stellt aber in seinen ergänzenden Ausführungen klar, dass „Unternehmensstrategien die allgemeine Richtung angeben, in die hinein sich ein Unternehmen langfristig entwickelt und deshalb durch nachfolgende Maßnahmen [...] ergänzt bzw. ausgefüllt werden"[45]. Ausgehend vom Betrachtungsschwerpunkt eines idealtypischen, deutschen Zeitschriftenverlags, stellt die Identifizierung ebendieser Maßnahmen die Herausforderung dieser Arbeit dar.

a) Aufgaben des strategischen Managements

Strategische Planung bildet die Grundlage unternehmerischen Handelns und bemüht sich um die Schaffung und Erhaltung unternehmerischer Erfolgspotenziale mithilfe einer Unternehmensstrategie, die die Liquiditäts- und Rentabilitätsplanung eines Unternehmens untermauert bzw. ergänzt. Nach *Thielmann* hat das strategische Management eine inhaltliche und eine prozessuale Dimension und wirft deshalb insbesondere zwei Grundfragen auf:[46]

1. Wo und in welchen Produkt-Markt-Kombinationen, bzw. Geschäftsfeldern will das Unternehmen tätig sein?

[40] Voigt (1993), S.35-36.
[41] Vgl. Voigt (1993), S. 36 ff.
[42] Vgl. Voigt (1993), S. 36.
[43] Vgl. Eschenbach und Kunesch (1996), S.5.
[44] Vgl. Gälweiler (2005).
[45] Kreikebaum (1997), S. 19.
[46] Vgl. Thielmann (2000), S. 43.

2. Wie und mithilfe welcher Unternehmensstrategie will es gegen den Wettbewerb bestehen?

Aufgrund der steigenden Dynamik im Unternehmensumfeld bzw. anspruchsvollerer unternehmensinterner Prozesse, rückt die kritische Auseinandersetzung mit den Unternehmenszielen und den dafür erforderlichen, strategischen Handlungsmustern in den Fokus der betriebswissenschaftlichen Debatte.[47] Strategische Planung muss sich daher auf kontinuierliche Umweltveränderungen einstellen mit dem Ziel, trotz interner Widerstände und komplexer betrieblicher Strukturen, nachhaltige Wettbewerbsvorteile zu generieren.

Nach *Steinmann und Schreyögg* konzentriert sich das strategische Management auf den strategischen Planungsprozess, den sog. „strategischen Managementprozess", mit seinen Bestandteilen der internen und externen Analyse, deren Strategieoptionen und -auswahl, aber auch deren Implementierung und strategischen Kontrolle.[48] Ziel soll die effektive Steuerung sowohl des operativen Managementprozesses und somit der klassischen Managementfunktionen (Planung, Organisation, Personal, Führung und Kontrolle) als auch der Realgüterprozesse innerhalb des Unternehmens sein.

Trotz einer Vielzahl divergierender Einschätzungen über die Bedeutung von strategischem Management in der Unternehmensführung, haben sich selektive Arbeiten im Rahmen des wirtschaftswissenschaftlichen Diskurses als Standardwerke etabliert und bilden heute die Grundlage diverser Definitionen und Theorieansätze.[49] Aufgrund der dynamischen Marktstruktur von Medienmärkten und des hohen Veränderungspotenzials dieser Branchen, stellen sich besondere Anforderungen an das Management der entsprechenden Unternehmen.[50] Zur systematischen Untersuchung dieser Anforderungen erscheint der Ansatz des „strategischen Managementprozesses" ein sinnvoller Ausgangspunkt zu sein, da er ein holistisches Konzept zur Überwindung operativer und funktionaler Hürden anbietet. Die Aufgaben des strategischen Managements können mit seiner Hilfe eindeutiger identifiziert, besser geplant und effizienter implemen-

---

47 Aufgrund der zentralen Rolle, die das strategische Management zur Lenkung eines Unternehmens einnimmt, hat sich auch die ökonomische Forschung, und im Speziellen die empirische Wirtschafts- und Wettbewerbsforschung, intensiv mit ihr beschäftigt. Seitdem der Zugang zu und die Qualität der empirischen Daten, die auf dem Mikrolevel eines Unternehmens generiert werden können, nachhaltig verbessert wurde, erfolgte eine Abkehr von rein theoretischen Modellen zur Erklärung betriebswirtschaftlicher Kausalitäten und Zusammenhänge hin zu empirisch fundierten Erklärungsansätzen. Vgl. hier Pfähler und Wiese (2003).

48 Im Sinne eines Lösungsvorschlages zur Bewältigung neuer Herausforderungen, wie gesteigerter Dynamik, Unsicherheit und Komplexität im Unternehmensumfeld. Für eine genauere Beschreibung des strategischen Managementprozesses, vgl. Steinmann und Schreyögg (1991), S.132 ff.

49 Für einen Überblick der methodischen Forschungsansätze der mikroökonomischen Forschung, vgl. König und Lechner (1994), Heckman und Leamer (2001) sowie Franz, Ramser und Stadler (2003). Für eine detaillierte Übersicht und eine Klassifizierung der existierenden Theorieansätze des strategischen Managements siehe Eschenbach und Kunesch (1996).

50 Vgl. Beck, (2006), S. 225 ff.

tiert werden. Er bildet daher die Grundlage für Nachhaltigkeit und fortschrittliches Unternehmensmanagement, auf denen die weiteren Ausführungen dieser Arbeit aufbauen.

Das Ziel ein grundsätzliches Begriffsverständnis zur Definition des strategischen Unternehmensplanungsprozess zu erreichen, rückte die Betrachtung der interdependenten Beziehungen zwischen den verschiedenen Elementen (und Entscheidungsparametern innerhalb des Unternehmens) in den Mittelpunkt und folgte schließlich dem theoretischen Ansatz, dass die Unternehmensstrategie die Markt- bzw. Industriestrukturen beeinflusst und die Marktstrukturelemente zu Aktionsparametern bzw. Variablen der Unternehmensstrategie werden.[51] Daher liegt dem Begriff der Unternehmensstrategie einerseits die unternehmensinterne, ressourcenorientierte Sichtweise zugrunde. Andererseits kann (in Einklang dazu und ergänzend) auch eine unternehmensexterne, marktorientierte Betrachtung hinzugezogen werden. Die den beiden Sichtweisen anhängigen Ansätze sollen im folgenden Teilkapitel dargestellt und in Bezug auf den Begriff der Unternehmensstrategie erläutert werden.

b) Markt- und ressourcenorientierter Ansatz

Wie bereits angedeutet, stellte neben dem markttheoretischen Ansatz (*Market Based View*) die Ressourcentheorie (*Resource Based View*) des strategischen Managements eine ebenso wichtige Theoriegrundlage dieser Forschungsarbeit dar. In Hinblick auf die empirische Untersuchung war die Kombination dieser beiden Theorieansätze erforderlich, da dadurch eine Berücksichtigung der als sinnvoll erachteten Kriterien zur Bewertung relevanter Diversifizierungsaktivitäten von Zeitschriftenverlagen sichergestellt werden konnte.

Der Betrachtungsfokus des marktorientierten Ansatzes liegt auf dem Absatzmarkt und der damit einhergehenden, von den unterschiedlichen Akteuren getriebenen Dynamik. Die Positionierung eines Unternehmens sowie dessen Fähigkeit, die Kundenbedürfnisse zu erkennen und zu bedienen, tragen diesem Ansatz zufolge zur Sicherung eines nachhaltigen Wettbewerbsvorteils bei.[52] Demnach nehmen die wettbewerbsstrategischen Vorgaben einen großen Einfluss auf die Gestaltung des internen Erfolgspotenzials.[53] Der Unternehmenserfolg ist demnach „eine Funktion von fundamentalen Branchencharakteristika, die die ‚Struktur', das Verhalten des Unternehmens und das Marktergebnis weitestgehend determiniert"[54]. Die Industrieökonomik stellt den Ausgangspunkt der marktorientierten Betrachtungsweise dar, die sich am *Struc-*

[51] Vgl. Brandenburger und Nalebuff (1996), S. 28 ff.; Prahalad und Hamel (1994), S. 9.

[52] Vgl. Kinzler (2005), S. 17.

[53] Vgl. Buchholz und Olemotz (1995), S. 34.

[54] Zu Knyphausen-Aufseß (1995), S. 53.

ture-Conduct-Performance Paradigma orientiert. Demnach lassen sich Wettbewerbsvorteile (*Performance*) alleine durch das strategische Verhalten (*Conduct*) eines Unternehmens innerhalb einer Branche sowie durch die Beschaffenheit der Markt- bzw. Branchenstruktur (*Structure*) erklären.[55] Um auf die Chancen und Risiken der eigenen Umwelt adäquat reagieren zu können, erfolgt die Konzipierung von sog. Produkt-Markt-Strategien[56]. Ausgehend von dieser Betrachtung stellt der marktorientierte Ansatz die theoretische Grundlage des klassischen Marketings dar[57].

Porter ist der bekannteste Vertreter des marktorientierten Ansatzes, der Anfang der achtziger Jahre des 20. Jahrhunderts den Begriff der *Competitive Strategy* einführte und somit einen entscheidenden Beitrag zur Erweiterung der neueren Strategieliteratur leistete[58]. Nach *Porter* muss die Entwicklung einer erfolgreichen Wettbewerbsstrategie die Beziehung des Unternehmens zu seinem Umfeld, das im Kern aus der Branche bzw. den Branchen besteht, in denen das Unternehmen konkurriert, berücksichtigen.[59] Er definierte fünf zentrale Wettbewerbskräfte, deren Ausprägungen die im marktorientierten Ansatz dargelegte Branchenattraktivität bestimmen:[60]

1. **Rivalität zwischen den etablierten Branchenanbietern**

2. **Bedrohung durch die neuen Marktteilnehmer**

3. **Verhandlungsmacht der Zulieferer**

4. **Verhandlungsmacht der Käufer**

5. **Bedrohung durch Substitutionsprodukte oder -dienstleistungen**

Die Ausprägungsintensität dieser Wettbewerbskräfte gibt Aufschluss über die Beschaffenheit des Wettbewerbs und darüber, wie gut die Erfolgsaussichten für die in dieser Branche agierenden Unternehmen sind.[61] Je schwächer die Ausprägung des Wettbewerbs ist, desto besser sind die Ertragsaussichten für Unternehmen, die durch die Marktstruktur und das Marktverhalten determiniert werden.[62]

---

[55] Vgl. Bea und Haas (2005), S. 26, und die dort genannten Quellen. Für eine detaillierte Beschreibung der Grundzüge der Industrieökonomik, vgl. Schreyögg (1984), S. 50 ff.

[56] Vgl. Bea und Haas (2005), S. 26.

[57] Vgl. Kinzler (2005), S. 17.

[58] Vgl. Bea und Haas (2005), S. 26.

[59] Vgl. weiterführend Porter (1990), S. 25.

[60] Vgl. im folgenden Porter (1990), S. 29 ff., sowie die Sekundärquellen Hagen (1995), S. 25 f.; Breyer-Mayländer (2004), S. 80-83; zu Knyphausen-Aufseß (1995), S. 53 f..

[61] Vgl. Bea und Haas (2005), S. 27.

[62] Vgl. Nonnenmacher (2008), S. 16, und die dort genannten Quellen.

Kinzler sieht hier einen doppelstufigen Prozess, der zum einen in der „Identifikation möglicher attraktiver, neuer Kundensegmente oder Märkte" liegt, zum anderen aber auch „die damit verbundenen organisatorischen Konsequenzen für das Management in die Entscheidungsfindung"[63] einbezieht. Laut *Kinzler* bietet der *Market Based View* für eine derartige Betrachtung keine Grundlage. *Bea und Haas* argumentieren, dass Unternehmensstrategien, die auf die Erschließung neuer Märkte ausgerichtet sind, vom marktorientierten Ansatz nicht ausreichend berücksichtigt werden.[64] *Krüger und Homp* kritisieren die Vernachlässigung von Wettbewerbsvorteilen, die durch die Bereitstellung unternehmensinterner Ressourcen entstehen, da die Kompetenzen und Stärken eines Unternehmens sowie potentielle Kunden und Märkte nicht als den Wettbewerb bestärkende Kräfte anerkannt werden.[65]

Der marktorientierte Ansatz besagt demnach, dass die unternehmensinternen Eigenschaften keine zentrale Rolle für den Erfolg eines Unternehmens spielen, zumal die Unternehmensressourcen innerhalb einer Branche zwischen den Akteuren als austauschbar und allgemein verfügbar gelten. Sie können also nicht zur Erklärung der Rentabilitätsunterschiede herangezogen werden.[66] Stattdessen geht der Erfolg eines Unternehmens auf die Attraktivität einer Branche zurück, bzw. der Positionierung eines Unternehmens in der jeweiligen Branchenstruktur. Der Handlungsspielraum der Unternehmen spielt hier eine zentrale Rolle: „Die Branchenwahl und die Abstimmung des strategischen Repertoires auf die jeweilige Branchensituation stehen im Vordergrund"[67].

Der ressourcenorientierte Ansatz konzentriert sich dagegen auf die Qualität der dem Unternehmen zur Verfügung stehenden Ressourcen sowie der entsprechenden Ressourcenallokation.[68] Diese beiden Faktoren entscheiden laut *Proff* über den langfristigen überdurchschnittlichen Unternehmenserfolg.[69] Der ressourcenorientierte Ansatz zeichnet sich durch eine offensive Positionierung und eine proaktive Denkweise aus, die im Kompetenztransfer – dem Transfer von Know-How und Erfahrung also – zum Ausdruck kommen. Nur so lassen sich die Weiterentwicklung alter und der Aufbau neuer Märkte vorantreiben und Wettbewerbskräfte beeinflussen.[70]

[63] Kinzler (2005), S. 15.

[64] Vgl. Bea und Haas (2005), S. 27, und weiterführend Hamel und Prahalad (1994), S. 30: „The tools of segmentation analysis, industry structure analysis, and value chain analysis are eminently useful in context of clearly defined markets, but what help are they when the market doesn't yet exist?"

[65] Vgl. Krüger und Homp (1996b), S. 2.

[66] Vgl. Eschenbach und Kunesch (1996), S. 7.

[67] Eschenbach und Kunesch (1996), S. 7.

[68] Vgl. Proff (2002), S. 23: „Als Ressource eines Unternehmens werden grundsätzlich alle Vermögenswerte und Fähigkeiten bezeichnet, über die ein Unternehmen verfügen kann".

[69] Vgl. Proff (2002), S. 23.

[70] Vgl. Krüger und Homp (1996b), S. 5.

Der ressourcenorientierte Ansatz basiert auf der von *Penrose* formulierten ökonomischen Theorie, die in der Schaffung von Innovationen durch neuartige Ressourcen die Hauptaufgabe des Unternehmens sieht[71] und damit den Grundstein für die ressourcenorientierte Erklärung des hier diskutierten Ansatzes bildet.[72] Nach *Kinzler* muss eine erfolgreiche Strategie dem ressourcenorientierten Ansatz zufolge spezifisch und maßgeschneidert sein, und zwar in Hinblick auf die Ressourcen der jeweiligen Unternehmung, um die höchsten Gewinne in spezifischen Umwelten erreichen zu können.[73] „Das Hauptaugenmerk des Managements muss sich gemäß dieser Denkschule auf die Kultivierung von Ressourcen und Fähigkeiten richten. Der Wettbewerb findet nicht mehr auf Ebene der Geschäftsfelder, sondern auf der Unternehmungsebene statt"[74].

Während der marktorientierte Ansatz von einer *Outside-In* Perspektive ausgeht, so liegt dem ressourcenorientierten Ansatz eine *Inside-Out* Perspektive zugrunde.[75] Die graduelle interdisziplinäre Verlagerung einer Fokussierung von markt- hin zu ressourcenorientierten Kriterien des strategischen Managements[76] unterstreicht die Notwendigkeit, vier grundlegende Grundannahmen dieses Ansatzes aufzuführen:[77]

1. **Unternehmensspezifität:** Die Ressourcenproduktivität wird durch die langfristig gewachsene Einbindung einer bestimmten Ressource in den spezifischen Unternehmenskontext nachhaltig gesteigert. Konkurrierende Unternehmen können eine vergleichbare Produktivität mit dieser Ressource nicht erreichen. Durch die Unternehmensspezifität ergibt sich also ein besonders hohes Rentenpotenzial bestimmter Ressourcen.

2. **Unvollkommener oder nicht existenter Faktormarkt:** Da die Marktteilnehmer unterschiedliche Erwartungen hinsichtlich des zukünftigen Wertes einer bestimmten Ressource haben, können Unternehmen durch die Fehlbewertung spezifischer Ressourcen seitens konkurrierender Firmen Renten generieren. Diese Informationsasymmetrie gilt als wesentliche Ursache für die Entstehung eines unvollkommenen Faktormarktes[78] und kann vor allem im Zusammenhang mit Res-

---

[71] Vgl. Penrose (1959); zu Knyphausen-Aufseß (1995), S. 82; Bea und Haas (2005), S. 28.

[72] Penrose stellt in seiner grundlegenden Arbeit „The Theory of the Growth of the Firm" einen kausalen Zusammenhang zwischen Ressourcen und Fähigkeiten eines Unternehmens und dessen Wettbewerbsvorteilen her. Vgl. Penrose (1959); Kor und Mahoney (2004), S. 184.

[73] Vgl. Kinzler (2005), S. 36.

[74] Krüger und Homp (1996b), S. 3.

[75] Vgl. Bea und Haas (2005), S. 28.

[76] Stellvertretend sei hier auf die Arbeiten von Dierickx und Cool (1989), Barney (1991) und Rasche (1994) verwiesen.

[77] Vgl. im Folgenden Habann (1999), S. 3-6 und die dort genannten Quellen.

[78] Habann (1999) erklärt in Bezugnahme auf Wied-Nebbeling (1994), dass sich ein vollkommener Markt u.a. durch eine vollkommene Markttransparenz, die Homogenität der Güter und die Abwesenheit von persönli-

sourcen auftreten, die eine hohe Dynamik des Preises, der Qualität am Beschaffungsmarkt sowie der Nutzenstiftung auf Absatzmärkten aufweisen. Es gibt bestimmte Ressourcen, die sich keinem Faktormarkt zuordnen lassen, da sie eine hochspezifische Nutzungskorrelation aufweisen und ihr Wert in einer bestimmten Nutzungssituation dauerhaft höher als in jeder anderen ist. Als Beispiel hierfür nennt *Habann* mit Bezug auf *Dierickx* die Ressource einer ausgeprägten Unternehmensreputation.[79]

3. **Ressourcenimmobilität:** Ein dauerhafter Wettbewerbsvorteil wird durch eine Ressource generiert, wenn diese beim Verteilungsprozess eine gewisse Immobilität aufweist. Demnach darf die Unvollkommenheit des Faktormarktes langfristi ger Natur sein. Bei immateriellen Ressourcen spielen die Verfügungsrechte über eine spezifische Ressource eine zentrale Rolle in Hinblick auf ihren Einsatz und ihre Mobilität. Verfügungsrechte sind demnach in das Recht zur Nutzung des Gutes, das Recht zur Einbehaltung der daraus resultierenden Erträge, das Recht zur Modifikation des Gutes und das Recht zur Veräußerung des Gutes zu unterteilen. Sie schützen den Ressourcenbesitzer vor unerlaubter Nutzung einer immateriellen Ressource seitens der Konkurrenz und können wiederum zu einem dauerhaften Wettbewerbsvorteil führen.

4. **Ressourcenheterogenität:** Die Heterogenität zwischen den vom Unternehmen kontrollierten und strategisch wichtigen Ressourcen ist eine wichtige Voraussetzung zur Generierung von weiteren Wettbewerbsvorteilen. Imitationshürden dieser Ressourcen halten die Heterogenität der Ressourcen innerhalb der Unternehmen aufrecht. Laut *Wernerfelt* weisen diese Hürden, die sog. *Resource Positon Barriers*, mit den für den marktorientierten Ansatz bedeutenden Markteintrittsbarrieren einen Zusammenhang auf. Demnach resultiert eine *Resource Positon Barrier* in einer Markteintrittsbarriere, wenn aus ihr ein dauerhafter Wettbewerbsvorteil resultieren soll.[80] In diesem Zusammenhang hebt *Habann* die Entwicklungslinie von branchenbezogenen Markteintrittsbarrieren hin zu unternehmenseigenen, wertvollen Ressourcenbarrieren hervor[81].

Wenngleich der Begriff der Kernressource das zentrale Konzept des ressourcenorientierten Ansatzes darstellt, so hat sich bislang kein einheitliches Begriffsverständnis durchsetzten können noch existiert eine in sich geschlossene Gesamtdarstellung. Es ist daher nicht gelungen, eine deutliche Abgrenzung der Begriffe „Kernressource“ und „Kernkompetenz“ vorzunehmen, bzw. eine individuelle Begriffsbestimmung in der

chen, zeitlichen oder räumlichen Präferenzen kennzeichnet. Für eine ausführliche Beschreibung aller Merkmale eines vollkommenen Marktes, vgl. Gabler Wirtschafts-Lexikon (1997), S. 4229-4230.

79 Vgl. Habann (1999), S. 5; Dierickx und Cool (1989), S. 1505.

80 Vgl. Wernerfelt (1984), S. 172 ff.

81 Vgl. Habann (1999), S.6.

Wissenschaft zu manifestieren. Dennoch zeugt die Literatur von zahlreichen Versuchen, ein grundlegendes Begriffsverständnis zu erzeugen und eine plausible Gesamtdarstellung herzuleiten.[82]

Die Begriffsvielfalt, die sich sowohl in der Literatur als auch in der Praxis rund um das Konzept der Kernressource niederschlägt, legt die Notwendigkeit einer weiteren Systematisierung der unter diesem Begriff zusammengefassten Unternehmenswerte nahe. Aus diesem Grunde legt sich diese Arbeit auf die von *Habann* hergeleitete Definition der Kernressource, die im englischen Sprachraum auch als *Strategic Asset* bezeichnet wird, fest.[83] Demnach kann man die Kernressourcen in zwei wesentliche Gruppen unterteilen, in die Kernkompetenzen eines Unternehmens einerseits und in alle strategischen Vermögenswerte eines Unternehmens andererseits.[84] Diverse Vertreter dieses Forschungsgebietes treffen ebendiese konzeptionelle Unterscheidung in Kompetenzen und Vermögenswerte. So klassifiziert *Hall* in seinen Ausführungen die immateriellen Ressourcen in *Skills und Assets*;[85] auch *Aaker* nimmt diese Differenzierung vor.[86] *Habann* vertritt die Hypothese, „dass besonders wertvolle Kernressourcen durch eine Interaktion dieser beiden Kernressourcentypen entstehen, d.h. immer dann, wenn Kernkompetenzen für das Management strategischer Vermögenswerte eingesetzt werden“[87]. Als unbestritten gilt, dass Kombinationen aus mehreren (Kern-)Ressourcen zu sog. Ressourcenbündeln die Imitation durch Wettbewerber deutlich erschwert, da die Interaktion verschiedener Ressourcen die Intransparenz der Kausalitätsbeziehung zwischen den Einzelressourcen und dem Unternehmenserfolg steigert. Daher kann das

[82] Viele Autoren haben den Begriff der Kernkompetenzen in den Mittelpunkt des ressourcenorientierten Ansatzes gestellt. Sein Ursprung geht auf die Ausführungen von Prahalad und Hamel zurück, die im Wesentlichen die Beherrschung von Basistechnologien beschreiben (Prahalad und Hamel, 1990, 79 f.). Hier soll der eindeutigen Abgrenzung zwischen Kernkompetenzen und Vermögenswerten gefolgt werden: Unter den Kernkompetenzen sind all diejenigen Vorgänge innerhalb eines Unternehmens zu verstehen, in denen es spezifische Fähigkeiten aufweisen kann, wie bspw. eine besondere Innovationsfähigkeit oder ein effektives Qualitätsmanagement. Als strategische Vermögenswerte werden dagegen alle Vermögensgegenstände eines Unternehmens bezeichnet, durch die es sich im Vergleich zu seinen Wettbewerbern auszeichnet bzw. von ihnen absetzt, wie z.B. spezifische Schutz- und Patentrechte oder ein besonders bekannter Markenname mit guter Reputation. Im Gegensatz dazu stellen nach Rasches Definition die Kernkompetenzen die Gesamtmenge von Fähigkeiten und Ressourcen einer Unternehmung dar (Rasche, 1994, S. 32). Nach Krüger und Homp ist die Kernkompetenz „die dauerhafte und transferierbare Ursache für den Wettbewerbsvorteil einer Unternehmung, die auf Ressourcen und Fähigkeiten basiert“ (Krüger und Homp, 1996a, S.1 f.). Buchholz und Olemotz weisen durch diese Diskussion auf die starke Präsenz und Bedeutung des Begriffes der Kernkompetenzen in Wissenschaft und Praxis hin: „Einer der schillerndsten und meistgebrauchten Begriffe der aktuellen Managementdiskussion ist zweifelsohne der Begriff der Kernkompetenzen“ (Buchholz und Olemotz, 1995, S. 35). Aus Verständlichkeits- und Konsistenzgründen wird im empirischen Teil der vorliegenden Arbeit ausschließlich auf den Begriff der „strategischen Kernressource“ zurückgegriffen, auch wenn der gängigen definitorischen Abgrenzung folgend der Begriff der Kernkompetenz terminologisch passender wäre.

[83] Habann definiert das Konzept der Kernressource entlang dreier konstituierender Merkmale: die Fähigkeit zur Nutzenstiftung, die Nicht-Imitierbarkeit sowie die Nicht-Substituierbarkeit. Vgl. Habann (1999), S. 7 ff.

[84] Vgl. Habann (1999), S.22.

[85] Vgl. Hall (1992), S. 136.

[86] Vgl. Aaker (1989), S. 91.

[87] Habann (1999), S. 23.

Nutzenpotenzial eines solchen Ressourcenbündels die Summe der einzelnen Ressourcen übersteigen.[88] Für das strategische Management besteht die zentrale Bedeutung von Kernressourcen in Unternehmen aus dem Zusammenhang, dass aufgrund ihrer Einmaligkeit ein dauerhafter Wettbewerbsvorteil entstehen kann. Dieser Zusammenhang spielt aus ressourcenorientierter Sicht auf der Entscheidungsebene von Unternehmen eine tragende Rolle und bedeutet, dass der Fokus des strategischen Managements auf die Entwicklung und Erhaltung von Kernressourcen gelenkt werden sollte.

Auf der Grundlage wirtschaftswissenschaftlicher Analysen zur Bildung wichtiger Synergieeffekten durch die Ausnutzung von Skaleneffekten mithilfe proprietärer Unternehmensressourcen[89] drängte sich ein von *Wirtz* an das vorliegende Untersuchungsobjekt des Medien- bzw. Zeitschriftenunternehmens angepasste Rahmenmodell auf, in dem der er dessen Kernressourcen bzw. -kompetenzen herleitet und sinnstiftend verortet.[90] Es eignet sich auch insofern, als das sein Entwurf des *Resource based View* schließlich um die Kernkompetenzen des *Dynamic Capability based View*[91] und die Wissensperspektive des *Knowledge based View*[92] ergänzt wird und somit einen integrativen Gesamtansatz zur Abbildung der relevanten Kernressourcen und -kompetenzen eines Medienunternehmens aufweist. Demnach werden die Kernressourcen eines Medienunternehmens, die sog. *Core Assets*, durch die Kernkompetenzen komplementiert. Wie in Abb. 10 dargestellt, können diese in Abhängigkeit voneinander so kombiniert werden, dass sich dadurch ein besonderer Kundennutzen ergibt und Wettbewerbsvorteile entstehen.[93] Die vorliegende Arbeit folgt dieser Definition.

Abbildung 10: Core Assets und Kernkompetenzen-Modell von Medienunternehmen in Anlehnung an *Wirtz*

Quelle: eigene Darstellung, Wirtz (2008)

88 Vgl. Collis und Montgomery (1995), S. 123.

89 Für eine gute theoretische Ausarbeitung, vgl. Lindstädt und Hauser (2004), 15 f.

90 Vgl. Wirtz (2009). S. 34, 38.

91 Vgl. Prahalad und Hamel (1990), S. 78 ff.

92 Vgl. Burmann (2002), S. 34 ff.

93 Wirtz (2009), S. 23.

Seit Anfang der neunziger Jahre haben sich jedoch auch viele Kritiker des ressourcenorientierten Ansatzes zu Wort gemeldet. Der ressourcenorientierte Ansatz griffe bei der Erklärung von Wettbewerbsvorteilen nicht weit genug, da Ressourcen nur dann einen Wert darstellen können, wenn sie im Rahmen des Herstellungsprozesses marktfähiger Produkte eingesetzt werden, konstatierten *Krüger und Homp.*[94] Laut *Buchholz und Olemotz* steht fest, dass der ressourcenorientierte Ansatz (im Gegensatz zur marktorientierten Sichtweise) eine in sich schlüssige Gesamtdarstellung aller Zusammenhänge vermissen lässt und durch die intern ausgerichtete Betrachtungsweise die Dynamik der Umwelt vernachlässigt würde.[95] Des Weiteren kritisieren sie die terminologische Vielfalt und die uneinheitliche Begriffsverwendung.[96] Ferner vernachlässige der ressourcenorientierte Ansatz die Existenz von jungen Unternehmen bzw. Unternehmen, die sich noch in der Gründungsphase befinden, den sog. Start-ups, da er auf deren spezifische Situation nicht oder nur in geringen Mengen vorhandener Ressourcen einzugehen imstande ist.[97] So vermag der ressourcenorientierte Ansatz keine fundierten Hinweise auf die systematische (Weiter-)Entwicklung von Ressourcen zu geben und beschränke sich stattdessen im Kern auf die Erklärung des Zusammenhanges zwischen (gegebenen) Kernressourcen und Unternehmenserfolg.[98]

Wenngleich die Fachwissenschaften den ressourcen- und marktorientierten Ansatz als alternative Erklärungen zur Generierung von Wettbewerbsvorteilen ansehen und theoretisch klar voneinander abgrenzen, argumentiert diese Arbeit, dass beide eine nachweisliche Existenzberechtigung besitzen. Der theoretische Ansatz dieser Arbeit besteht daher aus einer Symbiose beider Theorieansätze. Dabei wird die Gegensätzlichkeit der beiden Ansätze, sowohl in Bezug auf ihren Ursprung als auch auf ihre Kernaussage, überwunden. Die Theorien werden nicht mehr als singuläre Ansätze betrachtet, sondern als komplementäre Konzepte, die sowohl bei der Strategiefindung als auch -implementierung integriert werden müssen.

Wernerfelt hält in diesem Zusammenhang fest: „For the firm, resources and products are two sides of the same coin (…). Both perspectives on the firm are reflected in the literature on strategic management. The traditional concept of strategy (…) is phrased in terms of the resource position of the firm, whereas most of our formal eco-

94 Krüger und Homp stellen in diesem Zusammenhang fest: „Über die Relevanz von Ressourcen und Fähigkeiten entscheidet der Markt". Krüger und Homp (1996b), S. 7.

95 Vgl. Buchholz und Olemotz (1995), S. 14.

96 Vgl. Buchholz und Olemotz (1995), S. 15 f.

97 Vgl. Montgomery (1995), S. 262; Habann (1999), S. 263.

98 Der Frage, wie ein Unternehmen zu Kernressourcen gelangt, hat die Wissenschaft bislang vergleichsweise geringe Aufmerksamkeit gewidmet. Vgl. Fey (2000), S. 280; Rasche (1994), S. 159 f. Allgemein wird die Existenz von Meta- und Basiskompetenzen als Grundlage für die Herausbildung von Kernkompetenzen angeführt. Vgl. Fey (2000), S. 281, und die dort genannten Quellen.

nomic tools operate on the product-market side"[99]. Laut *Krüger und Homp* besteht die Notwendigkeit der Integration beider Ansätze in der zentralen Rolle des strategischen Managements, „am Beginn des Strategieprozesses sowohl eine Umfeldanalyse wie eine Analyse der eigenen Stärken und Schwächen“[100] zu absolvieren. Darüber hinaus merken sie an, dass sich die Sichtweise eines Unternehmens situationsbedingt ändern kann, und das Stadium innerhalb des Markt- und Produktlebenszyklus die Orientierung entweder hin zu einer ressourcen- oder einer marktorientierten Betrachtungsweise beeinflusst.[101] Außerdem erklären sie, dass eine Synthese der beiden Ansätze insofern sinnvoll ist, als dass die aktuelle und zukünftige Marktentwicklung die Relevanz von Ressourcen bestimmt und gerade deshalb der ressourcenorientierte Ansatz auf die Marktperspektive nicht verzichten kann.[102] Schließlich bleibt anzumerken, dass für die von Vertretern des ressourcenorientierten Ansatzes geforderte Auswahl derjenigen Marktumfelder, in denen die entwickelten Ressourcen einen Wettbewerbsvorteil generieren,[103] auch eine Betrachtung externer Marktcharakteristika notwendig ist. Nach *Buchholz und Olemotz* muss der zentrale Prozess der Strategiebildung – und im Besonderen der Prozess der formalen Geschäftsstrategieplanung nach *Hax und Majluf*, in eine externe (Umfeldanalyse) und eine interne (Unternehmensanalyse) Dimension gliedert werden, um eine nachhaltige Wirkung zu entfachen.[104]

Nach der theoretischen Herleitung muss der nächste Schritt aus der instrumentellen Integration dieser beiden Ansätze bestehen. Hier kann der Portfolio-Ansatz nach *Buchholz und Olemotz* einen wichtigen Beitrag und einen guten Ausgangspunkt zur Konzeptionalisierung der weiteren Vorgehensweise liefern. Sie halten fest, dass die beiden Matrixdimensionen i.d.R. eine externe, von der Unternehmung nicht unmittelbar zu beeinflussende Umfelddimension (Erfolgsdimension) und eine interne, beeinflussbare Unternehmensdimension (Erfolgspotential) repräsentieren.[105] Anhand dieses Schemas vereinen sie den ressourcen- und marktorientierten Ansatz in einem Geschäftsfeld-Kernkompetenzen-Portfolio.[106] Um eine realistischere Bewertung der externen Dimension sicherzustellen, empfehlen sie, problemangepasste Beurteilungskriterien zugrunde zu legen, zur Bewertung der Verfügbarkeit von Kernkompetenzen

99 Wernerfelt (1984), S. 171. Auch Buchholz und Olemotz (1995), S. 27, sprechen von „zwei Seiten derselben Medaille" und Krüger und Homp (1996b), S. 6, meinen: „Ein Streit darüber, welcher der beiden Ansätze "richtig" sei, wäre ebenso sinnlos wie die Frage, ob das rechte oder linke Auge für das Sehen wichtiger ist“.

100 Krüger und Homp (1996b), S. 6.

101 Vgl. Krüger und Homp (1996b), S. 7.

102 Vgl. Krüger und Homp (1996b), S. 7.

103 Vgl. z.B. Aaker (1989), S. 92: „The essence of strategic management is the development and maintenance of meaningful assets and skills and the selection of strategies and competitive arenas such that those assets and skills form SCAs develop". SCA steht dabei für *Sustainable Competitive Advantage*, also einen dauerhaften Wettbewerbsvorteil.

104 Vgl. Buchholz und Olemotz (1995), S. 29; Hax und Majluf (1991), S. 34.

105 Buchholz und Olemotz (1995), S. 30 f.

106 Vgl. Buchholz und Olemotz (1995), S. 30 ff.

ziehen *Buchholz und Olemotz* die Analyse der Ausprägung von zugrunde liegenden Kerneigenschaften heran, ohne dabei auf die inhaltliche Ausgestaltung einer solchen Analyse spezifisch einzugehen.[107] *Krüger und Homp* greifen schließlich den Begriff der Kerneigenschaften als konzeptionelles Bindeglied zwischen „Ressourcen" und „Markt" auf und entwickeln daraus den in Abb. 11 wiedergegebenen Ansatz marktorientierter Kernkompetenzen.

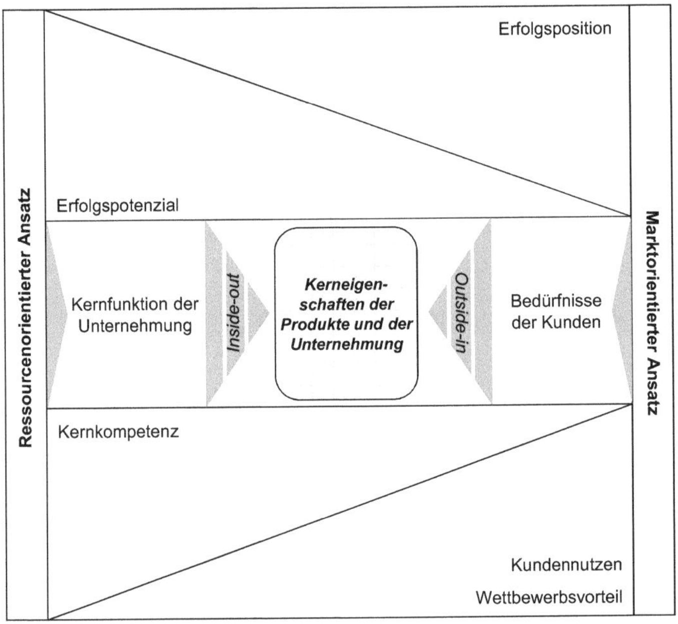

Abbildung 11: Theorie der marktorientierten Kernkompetenzen in Anlehnung an *Krüger und Homp*

Quelle: eigene Darstellung, Krüger und Homp (1996b)

Die Kerneigenschaften bezeichnen sie als „diejenigen Merkmale der Produkte und Leistungen einer Unternehmung, die einen besonderen externen Nutzen stiften und dadurch die Kernbedürfnisse der Kunden befriedigen"[108]. Die daraus resultierenden Kernkompetenzen müssen die Kerneigenschaften dauerhaft gewährleisten. Der von *Krüger und Homp* entwickelte Ansatz legt schließlich die Abhängigkeit potenzieller Kernressourcen von den Kernbedürfnissen der Kunden offen, die wiederum die Fähigkeit einer (Kern)Ressource zur Nutzenstiftung bestimmen. Der Ansatz vermag

[107] Vgl. Buchholz und Olemotz (1995), S. 32. In diesem Zusammenhang wird auf die Verwendung der von Porter eingeführten Triebkräfte verwiesen (*Porter's Five Forces*). Inwieweit diese sich als Bewertungskriterien eignen, hängt allerdings von der Möglichkeit der Operationalisierung der einzelnen Parameter ab.

[108] Krüger und Homp (1996b), S. 28.

die markt- und ressourcenorientierte Sichtweise miteinander zu verbinden und deren Kohärenz zu visualisieren.

Die Diskussion der Konzepte zur Synthese der markt- und ressourcenorientierten Sichtweise verdeutlicht die Vielfalt der theoretischen Konzepte, mithilfe derer die Integration der beiden Denkschulen erreicht werden soll. Für die Evidenz dieses integrativen Ansatzes spricht die zunehmende Beliebtheit im Bereich der Strategieforschung, die nicht mehr nur strategische Planungsvorgänge betrachtet, sondern auch Aussagen über die Realisierbarkeit und Kontrolle zu treffen versucht.[109] Die Frage der Operationalisierung dieses integrativen Denkgerüsts bleibt an dieser Stelle dagegen weitgehend unbeantwortet. Bislang hat sich daher keine allgemeingültige, konzeptionelle Grundlage für die Integration der beiden Ansätze in der Wissenschaft herausbilden können. Des Weiteren befindet sich die Entwicklung entsprechender methodischer Verfahren zur empirischen Überprüfung auf einem eher rudimentären Stand.

II. Grundlagen des Diversifikationsmanagements

Die Ursachen für die zunehmenden Diversifikationsbestrebungen[110] von Unternehmen lassen sich sowohl aus makro- als auch mikroökonomischer Sicht heraus analysieren. Aus makroökonomischer Sicht hängen sie sowohl mit der Sättigung der Kernmärkte auf nationaler Ebene zusammen als auch mit dem Abbau von Handelshemmnissen innerhalb der Wirtschaftsblöcke und -regionen dieser Welt. Auf betriebswirtschaftlicher Ebene wirkt eine Vielzahl intrinsischer Kräfte und Einflüsse, wie z.B. die Einführung neuer Technologien, die Hoffnung auf Verbundeffekte durch eine erfolgreiche Diversifikation oder unternehmerische Motive wie bspw. die Verdrängung des Wettbewerbs durch Marktkonsolidierung, die die Unternehmen in ihren Diversifikationsvorhaben bestärkt. Ein Großteil der wirtschaftswissenschaftlichen Diversifikationsforschung hat sich in der Vergangenheit mit diesen Themenkomplexen beschäftigt, der Erforschung der Ursachen von Diversifikationsstrategien und deren Implementierung.

Im folgenden Teilkapitel sollen die wichtigsten Untersuchungsergebnisse der Diversifikationsforschung diskutiert und deren theoretische Grundlagen erarbeitet werden. Die Begrifflichkeit der Diversifikation, die in der vorliegenden Untersuchung durch den Begriff der Diversifizierung ersetzt wird, soll hier herausgearbeitet werden. Während bei der Begriffsverwendung der Diversifikation die Betrachtung des betriebswirtschaftlichen, bereits abgeschlossenen Phänomens im Vordergrund steht,

[109] Vgl. Voigt (1993), S. 45.

[110] Im vorliegenden Kapitel wird auch aus Konsistenz- und Referenzgründen sowie in Bezug auf die vorliegenden wirtschaftswissenschaftlichen Quellen der Begriff der Diversifikation, nicht der der Diversifizierung verwendet. Es sei daher darauf verwiesen, dass in der einschlägigen Wirtschaftsliteratur die Begrifflichkeit der Diversifikation eher Verwendung findet.

konzentriert sich die Diversifizierung auf den Prozess der herbeigeführten strategischen Geschäftsfelderweiterung. Die sich anschließenden Teilkapitel widmen sich der Diskussion der empirischen Befunde sowie dem Phänomen der medienökonomischen Diversifikation, in dem die Motive und Ausprägungsformen medienökonomischer Diversifikationsstrategien erarbeitet werden.

Im Zentrum des strategischen Managements steht die Gestaltung der Unternehmensstrategie.[111] Strategien dienen aus betriebswirtschaftlicher Sicht der Erlangung dauerhafter Unternehmensvorteile und der Sicherung langfristiger Erfolgspotenziale.[112] So finden die Desinvestitionsstrategie, die Stabilisierungsstrategie und die Wachstumsstrategie finden hier ihre theoretische Verortung.[113] Im Jahr 1965 entwickelte *Ansoff* eine Systematik, die vier verschiedene Wachstumsstrategien hinsichtlich der angebotenen Produkte und der bedienten Märkte voneinander unterscheidet, und in sog. Produkt-Markt-Kombinationen unterteilt.[114] In diesem Zusammenhang führte er die Differenzierung zwischen den Strategien der Marktdurchdringung, der Produktentwicklung, der Marktentwicklung und der Diversifikation ein (siehe Abb. 12).[115]

Abbildung 12: Produkt-Marktkombinationen nach *Ansoff*

Quelle: Ansoff (1965); Bea und Haas (2005)

111 Vgl. Hungenberg (2000), S. 7 ff.; Hutzschenreuter (2001), S. 3.

112 Vgl. Proff (2002), S. 14; Welge und Al-Laham (1999), S. 13.

113 Vgl. Bea und Haas (2005), S. 170.

114 Vgl. Ansoff (1965), S. 132. Vgl. hierzu auch Bea und Haas (2005), S. 168.

115 Vgl. weiterführend auch Jacobs (1992), S. 7 ff.

Das *Ansoff'sche* Schema stellt die in dieser Arbeit herangezogene theoretische Grundlage für alle weiteren Schritte zur Klärung des strategischen Diversifikationsbegriffes dar und bildet das allgemeine Begriffsverständnis der vorliegenden Arbeit dar.

a) Theoretische Verortung der Diversifikation

Steinmann und Schreyögg beschreiben die Diversifikation als eine Strategie des Übergangs von einem zu einer Mehrzahl von Geschäftsbereichen.[116] Damit ist zunächst eine Ausweitung der Unternehmensaktivitäten auf neue Bereiche gemeint, unabhängig davon, ob diese Ausweitung einen Bezug zum Kerngeschäft aufweist oder nicht. *Kinzler* erläutert den Begriff der Diversifikation wie folgt: „Mit dem Begriff der Diversifikation wird klassischerweise der Eintritt einer Unternehmung in ein neues Geschäftsfeld bezeichnet. Dieses bestimmt sich i.d.R. anhand der Produkt- und Marktcharakteristika sowie der Merkmale des Leistungserstellungsprozesses“[117]. Des Weiteren weist *Kinzler* darauf hin, dass der Begriff der Diversifikation in der Literatur sehr unterschiedlich interpretiert wird.[118]

Eine Diversifizierungsstrategie eignet sich zur Erreichung unterschiedlicher Ziele. Legt man eine darwinistische Betrachtungsweise zugrunde, lässt sich das primäre Ziel der Diversifikation eines Unternehmens eher allgemein als die Verminderung des unmittelbaren Wettbewerbs und der Existenzsicherung der Organisation definieren.[119] Bei detaillierter Betrachtung können die unterschiedlichen Richtungen einer Diversifikation in drei Motive unterteilt werden:[120] Das Wachstumsziel, das Risikominderungsziel und das Synergieziel.[121] Diese Ziele sollen sich im Idealfall ergänzen, so dass mithilfe der Diversifikationsstrategie mehr Wachstum bei geminderter Risikobelastung erreicht werden kann.[122] Das Synergieziel stellt jedoch das wichtigste Ziel einer Diver-

[116] Steinmann und Schreyögg (1991), S.194.

[117] Kinzler (2005), S. 11, und die dort genannten Quellen.

[118] Vgl. Kinzler (2005), S. 11 ff.

[119] Vgl. Dorenkamp (2002), S. 9.

[120] Vgl. Kinzler (2005), S. 12 ff., und die dort genannten Quellen. Neben den hier genannten Zielen wird auch ein weiteres Motiv für die Diversifikation von Unternehmen immer wieder in die wissenschaftliche Diskussion eingebracht: Nach der *Agency*-theoretischen Argumentation findet Diversifikation in Unternehmen oftmals auch selbst dann statt, wenn sie zu einem Rückgang des Unternehmenswertes führt. Als Begründung führen Vertreter dieser Theorie an, dass das Topmanagement mit der Diversifikation Eigeninteressen verfolgt, die denen der Anteilseigner entgegenstehen. So steigern Manager ihre Macht und ihr Ansehen, wenn sie großen Unternehmensgruppen mit breitem Portfolio verschiedener Tochterunternehmen vorstehen (*Empire-Building*-Argument). Vgl. hierzu Dautwiz (2006), S. 7.

[121] Vgl. Weil (2011), S. 57 f.

[122] Dorenkamp führt in Hinblick auf mögliche Interdependenzen zwischen Zielen aus: „Auf dreierlei Weise kann zwischen Zielen eine Interdependenz bestehen: Im Falle von komplementären Zielen fördern sich die Ziele gegenseitig, unabhängige Ziele führen zur Zielneutralität und einander negativ beeinflussende Ziele rufen Zielkonkurrenz hervor. Zur Harmonisierung von Zielen bietet es sich an, die wesentlichen Zielinhalte auszuwählen und für nachrangige Ziele Mindestniveaus festzulegen“. Vgl. Dorenkamp (2002), S. 9, und die dort genannten Quellen.

sifikation dar.[123] wenngleich es auch als untergeordnetes Teilziel des Wachstums- und Risikominderungsziels verstanden werden kann.

Da die Gewinnsteigerung in Hinblick auf das Wachstumsziel nicht zwangsläufig die Ausnutzung von Synergieeffekten bedingt, vielfach jedoch darauf aufbaut, lässt sich argumentieren, dass die Ausschöpfung von Synergiepotenzialen durch eine Diversifikation letzten Endes auf eine Verbesserung der Wirtschaftlichkeit der Gesamtunternehmung abzielt und als ein Rendite bzw. Wachstumsziel begriffen werden kann. Das Strategiekonzept der Geschäftsfelderweiterung, das für die erfolgreiche Diversifikation eines Unternehmens notwendig ist, hat bislang vermehrt im Kontext des Kernmarktes von Unternehmen Berücksichtigung gefunden. In dieser Forschungsarbeit soll bewiesen werden, dass es ebenso gut im Kontext eines marktübergreifenden Wirkungsraumes zur Anwendung gebracht werden kann. In diesem Zusammenhang bezeichnet der Begriff der *Business Migration* die "Wanderung" eines Unternehmens in neue Geschäftsbereiche, um mittels einer Rekonfiguration der Leistungsarchitektur branchenübergreifend vom Kunden als wesentlich wahrgenommene Nutzwerte zu adressieren.[124] Grundsätzlich sind zur Erreichung dieses Ziels verschiedene Lösungskonzepte vorstellbar, im Wesentlichen aber beschränken sich diese auf die (a) horizontale bzw. vertikale Integration, (b) die Akquisition oder (c) die kooperative Bildung von Allianzen oder ähnlichen Formen der Zusammenarbeit.

Zur Realisierung der oben beschriebenen Ziele eignen sich unterschiedliche Strategien der Diversifikation, die anhand des Kriteriums der Diversifikationsrichtung bzw. dem Ausmaß der Verbundenheit der Geschäftsfelder auf den Ebenen der Produkte, Märkte und Leistungserstellungsprozesse klassifiziert werden können.[125] Unter der horizontalen Diversifikation versteht man den Eintritt in verwandte Geschäftsfelder, die sich auf derselben Wertschöpfungsstufe befinden. Obwohl es um das Angebot einer neuen Leistung in einem neuen Markt(segment) geht, zeichnet sich die horizontale Diversifikation durch die Gemeinsamkeiten mit den bestehenden Tätigkeitsfeldern aus und bedient sich insbesondere der Nutzung von Synergiepotenzialen.[126] Nach *Rumelt* können je nach Bindungsintensität folgende Subkategorien der horizontalen Diversifikation unterschieden werden: (a) *Specialization*, (b) *Related-Constrained* und (c) *Related-Linked.* Diese können im Weiteren auch um die der lateralen Diversifikation ergänzt werden, um das Vorstoßen in vollkommen neue Produkt- bzw. Marktbereiche,

[123] Kinzler (2005), S. 13, verweist jedoch auch darauf, dass Synergiepotenziale nicht immer zu realisieren, bzw. kein zwingendes Motiv einer Diversifizierung sind. Als problematische Ursache vieler Diversifizierungsstrategien nennt er die angestrebte Machtausweitung des Top-Managements. Vgl. Kinzler (2005), S. 13, und die dort genannten Quellen.

[124] Pauls (1998), S. 134, 141.

[125] Vgl. Palepu (1985), S. 241 f.

[126] Vgl. Kinzler (2005), S. 14.

die als Ergänzung zum Kerngeschäft anzusehen sind, zu beschreiben.[127] Primäres Ziel dieser auch als konglomerate Diversifikation bezeichneten Strategie ist die Risikominimierung, da nicht verbundene Tätigkeiten aufgrund unabhängiger Nachfrageverläufe untereinander einen besseren Risikoausgleich erlauben als verbundene. Bislang ist jedoch nicht abschließend belegt, ob man mithilfe der lateralen Diversifikation eine höhere Risikominimierung als mit der horizontalen Diversifikation erreichen kann.[128] Wenngleich die horizontale Diversifikation die aus der Praxis bekanntere Variante ist, so wurde der lateralen Diversifikation ein höheres Maß theoretischer Bedeutung zuteil.[129] In der Ausprägung der Diversifikation eines Unternehmens lässt sich ein gewisser Zyklus ablesen: Nach anfänglicher Festlegung auf einen breiten Diversifizierungsgrad folgt häufig eine Reduzierung auf weniger Geschäftsfelder, bevor anschließend eine erneut breitere Ausrichtung festzustellen ist.[130] In diesem Zusammenhang stellt *Malik* Folgendes fest: "Every decade or two, corporate chiefs and consultants get into their heads to change the way companies are designed. In the '70s, it was fashionable to be a diversified conglomerate, with interests in cookies, oil wells, and everything in between. The '80s were all about taking those conglomerates apart. But now, just like platform shoes and '50s hairdos, the concept of big is making a comeback"[131].

Außer der horizontalen und lateralen Diversifikation stellt die vertikale Diversifikation eine weitere Möglichkeit der Erweiterung von Geschäftsfeldern dar. Die Erhöhung der Wertschöpfungstiefe steht hier im Fokus, die das Unternehmen durch den Vorstoß in vor- und/oder nachgelagerte Produktions- und Absatzstufen steuert.[132] Mithilfe des erweiterten Leistungserstellungsprozesses soll die Absicherung wichtiger Elemente der bisherigen Wertschöpfungsleistung ermöglicht und eine Verbesserung der Marktposition herbeigeführt werden.[133] Gleichzeitig weisen Kritiker in diesem Zusammenhang auf die Gefahr einer Risikokumulation anstelle einer Risikoreduktion hin.[134] So ist bspw. zu erwarten, dass bei einer Rückwärtsintegration negative Umfeldentwicklungen des ursprünglichen Absatz- bzw. Kernmarktes in einer Kettenreaktion alle Geschäftsfelder einer Unternehmung negativ beeinflussen. Gleichzeitig erhöhen sich die Möglichkeiten der Produktdiversifikation bei einem steigenden Wertschöpfungsanteil, da der vergrößerte Kompetenzbereich ein breiteres Anknüpfungsfeld für mögliche Ressourcenübertragungen darstellt und somit weitere Synergiepotenziale

127 Vgl. Luther und Broich (2003), S. 109 ff.

128 Vgl. zu Knyphausen-Aufseß (1995), S. 54 f.

129 Der Ausgangspunkt für diese Entwicklung liegt in den USA der 1960er Jahre, wohingegen sie in Deutschland erst später einsetzte. In der zweiten Hälfte des 20. Jahrhunderts entwickelten sich einzelne Unternehmen oftmals durch Zukäufe zu sog. Konglomeraten bzw. Mischkonzernen. Vgl. Ramme (2005), S. 139.

130 Vgl. Kinzler (2005), S. 28.

131 Malik (2000), S. 1.

132 Vgl. Jacobs (1992), S. 11.

133 Vgl. Kinzler (2005), S. 15.

134 Vgl. Löbler (1988), S. 34.

realisiert werden können.[135] Im Gegensatz zur vertikalen Integration, bei der lediglich unternehmensinterne Bereiche am Prozess der Leistungsverwertung partizipieren, sind die bei der horizontalen und lateralen Diversifikation zusätzlich in das Leistungsspektrum aufgenommenen Produkte nicht nur für den Eigenbedarf bestimmt sondern auch oder sogar ausschließlich für unternehmensexterne Abnehmer.[136]

Die horizontale Diversifikation ist aus ressourcenorientierter Sicht von besonderer Bedeutung, da sie die Übertragung von Kernressourcen eines Unternehmens in neue Geschäftsfelder ermöglicht.[137] Die Konzeption und Implementierung ressourcenorientierter Strategien knüpft in vielerlei Hinsicht an die Diversifikationsforschung an, so z.B. auch in Bezugnahme auf die Mehrfachverwertung von Kernressourcen zur Nutzung in unterschiedlichen Branchen bzw. Marktumfeldern.[138] Die Zusammenhänge eines effektiven Ressourcenmanagements und der Diversifikation eines Unternehmens wurden bereits 1959 von *Penrose* herausgearbeitet.[139] Später wurde dieser Zusammenhang von *Wernerfelt* noch einmal thematisiert und deutlich herausgehoben: „It turns out that the resource perspective provides a basis for addressing some key issues in the formulation of strategy for diversified firms, such as: (a) On which of the firm's current resources should diversification be based? (b) Which resources should be developed through diversification? (c) In what sequence and into what markets should diversification take place? (d) What types of firms will be desirable for this particular firm to acquire?“[140]. Der Zusammenhang zwischen dem ressourcenorientierten Strategieansatz und der Diversifikation in neue Geschäftsfelder wird schließlich auch von *Buchholz und Olemotz* thematisiert: Ausgangspunkt einer produkt- bzw. marktorientierten Strategiebildung [...] ist ein bereits definiertes, strategisches Geschäftsfeld, das die Unternehmung als ihren wettbewerbsstrategischen Aktionsraum ansieht. Bei einer ressourcenorientierten Strategiebildung ergibt sich hingegen das strategische Geschäftsfeld im Extrem erst aus der Analyse der Kernkompetenzen der Unternehmung“[141].

---

135 Vgl. Porter (1990), S. 393 f.

136 Vgl. Jacobs (1992), S. 11. Jacobs führt als Beispiel für eine vertikale Integration den Kauf einer Zulieferfirma an, welche ausschließlich für die eigene Unternehmung produziert. Mit Hinblick auf die Verlagsbranche kann als Beispiel für eine vertikale Diversifikation die Akquisition eines Direktvermarkters oder Corporate Publishers durch ein Verlagsunternehmen gelten, wenn die Produktionsleistungen weiterhin auf dem freien Markt angeboten werden.

137 Vgl. Habann (1999), S. 192.

138 Vgl. Prahalad und Hamel (1990), S. 79 f.

139 Vgl. Penrose (1959). Vgl. hierzu auch Kor und Mahoney (2004), S. 184.

140 Wernerfelt (1984), S. 172.

141 Buchholz und Olemotz (1995), S. 30. Des Weiteren stellen sie die Eignung einer ressourcenorientierten Sichtweise bei der Planung von Diversifizierungsstrategien heraus: „Im Falle einer *Outside-In*-Betrachtung wäre zu fragen, welche Bedürfnisse der Kunden es gibt und wie diese im Wettbewerbskontext durch eine entsprechende Gestaltung der internen Potenziale am besten zu befriedigen sind, während im Rahmen einer *Inside-Out*-Orientierung die Frage nach den (zusätzlichen) Bedürfnissen im Vordergrund steht, die mit Hilfe der u. U. bereits vorhandenen Kernfähigkeiten (noch) angesprochen werden könnten. Damit eignet sich eine

Grundsätzlich jedoch stellt sich die Kategorisierung von Diversifikationsstrategien aufgrund der unzureichenden Abgrenzung horizontaler von lateraler Diversifikation als schwierig heraus.[142] Da die horizontale Diversifikation auch im Fokus dieser Arbeit liegt, muss diese Einschränkung hier Berücksichtigung finden. Die Ausprägung der Gemeinsamkeiten zwischen dem bisherigen Tätigkeitsbereich eines Unternehmens und dem neuen Geschäftsfeld ist für die Differenzierung zwischen horizontaler und lateraler Diversifikation notwendig. Zur Beantwortung der daraus resultierenden Frage, wie die Gemeinsamkeiten zwischen Geschäftsfeldern definiert und erfasst werden können, wurden diverse Lösungsansätze unter Berufung auf empirische Untersuchungen formuliert. In diesem Zusammenhang wurde auch erforscht, inwieweit eine verbundene oder unverbundene Diversifikation Erfolg versprechender ist. Das nächste Unterkapitel gibt eine Übersicht über die im Zusammenhang stehenden empirischen Befunde.

b) Medienökonomische Diversifikation

Die theoretische Verortung medienökonomischer Diversifikationsprozesse basiert auf der vorab erarbeiteten Theorie des Diversifikationsmanagements in der Strategielehre.[143] Dabei hat sich die Diversifikationsforschung in der Vergangenheit eher auf die Fertigungs- und klassische Dienstleistungsindustrie konzentriert.[144] Durch die Konsolidierungsvorgänge der 1990er Jahre hat die Medienbranche für die besagte Forschungsdisziplin jedoch erheblich an Bedeutung gewonnen. Auch an der Beschaffenheit von Medienprodukten lässt sich die Wichtigkeit medienökonomischer Diversifikationsprozesse ableiten.

Legt man die dargestellten definitorischen Ansätze zugrunde, lässt sich eine Typologie von Diversifikationsstrategien für Medienunternehmen anhand unterschiedlicher Parameter erstellen. Gerade für die medienökonomische Diversifikation leisten sie einen wichtigen Beitrag zur Klassifizierung. Da sich der Betrachtungsschwerpunkt dieser Untersuchung auf die Print-Branche, genauer gesagt auf die Zeitschriftenbranche konzentriert, ist ebendiese auch als Zielbranche zu begreifen. Da es sich bei vielen Medienunternehmen um Unternehmen mit breit diversifizierten Aktivitätsportfolios handelt, ist jedoch eine nach Branchen gefächerte Einteilung nicht immer zielführend. Daher bietet sich ein weiterer Klassifizierungsschritt an, der dem Verwandtschaftsgrad der entsprechenden Produktmärkte, in denen das Unternehmen agiert bzw. in die es diversifizieren möchte, Rechnung trägt. In der vorliegenden Untersuchung wären dann

ressourcenorientierte Vorgehensweise zur Strategieformulierung insbesondere in den Fällen, in denen es um die Suche und den Aufbau neuer erfolgversprechender Geschäftsfelder (Diversifikation) geht". Buchholz und Olemotz (1995), S. 28.

142 Vgl. Jacobs (1992), S. 12.

143 Vgl. Rumelt (1974), S. 23 f.; Reed und Luffmann (1986), S. 123.

144 Vgl. Dautwiz (2006) S. 1 f.

bspw. der Zeitschriften- und Zeitungsmarkt vergleichsweise eng miteinander verwandt, wohingegen der Verwandtschaftsgrad zwischen Zeitschriften und Büchern schwächer und der zwischen Zeitschriften und TV vergleichsweise schwach ausgeprägt wären. Ausgehend vom Kriterium der Branchenverwandtschaft lassen sich demnach für Medienunternehmen drei Diversifikationsvarianten unterscheiden, die intramediäre, die intermediäre und die extramediäre Diversifikation: Wohingegen die intramediäre Diversifikation die Ausweitung des Geschäftsbereiches in einen vor- oder nachgelagerten Bereich der branchenspezifischen Wertschöpfungskette bezeichnet, erfolgt bei der intermediären Diversifikation der Eintritt in eine andere Medienteilbranche, der sich entweder auf ein verwandtes, unverwandtes oder konvergenzgetriebenes Diversifikationsmuster stützt; die extramediäre Diversifikation bezeichnet schließlich die Beteiligung an Unternehmen, die außerhalb der Medien- und Konvergenzbranchen aktiv sind.[145]

Weiterführend argumentiert *Sjurts*, dass die weltweit größten Medienunternehmen grundsätzlich drei spezifischen Diversifikationsmustern folgen, die entweder durch eine konservative, eine prospektive oder eine retrospektive Positionierung gekennzeichnet sind (siehe Abb. 13).[146]

Bevor ein Überblick zum aktuellen Forschungsstand der medienökonomischen Diversifikationsforschung erfolgt, soll an dieser Stelle kurz auf die Besonderheiten von Medienprodukten, und im Besonderen von Zeitschriftenprodukten, hingewiesen werden. *Chan-Olmsted und Chang* heben in diesem Zusammenhang fünf Eigenschaften hervor, die Medienunternehmen und ihre Produkte von denen anderer Branchen unterscheiden:[147] der komplementäre Produktcharakter, die Abhängigkeit von Rezipienten und Werbekunden, die Nicht-Exklusivität und Nicht-Limitierbarkeit, die Vermarktbarkeit über mehrere Absatzkanäle sowie die kulturelle Dimension. Darüber hinaus ließe sich die von *Chan-Olmsted und Chang* generierte Liste um ein weiteres Merkmal zur Kennzeichnung von Medienprodukten ergänzen, nämlich um den Dienstleistungscharakter von Medienprodukten.[148] Dieser stellt einerseits ein Sachgut, andererseits eine Dienstleistung dar, die i.d.R. immaterieller Natur sind.[149] Als konstitutive Merkmale von Dienstleistungen sind hier die Immaterialität des Produkts, die Bereit-

---

145 Vgl. Müller-Kalthoff (2007), S.6 ff.

146 Vgl. Sjurts (2005), S. 474 ff.

147 Vgl. Chan-Olmsted und Chang (2003), S. 217. Explizit werden von Chan-Olmsted und Chang nur vier Eigenschaften hervorgehoben, wenngleich sie aber als zusätzliches Merkmal den kulturellen Charakter von Medienprodukten erwähnen, was hier als fünfte Besonderheit Berücksichtigung findet.

148 Vgl. Weil (2011), S. 82 f.

149 Medienprodukte kann man dann als Sachgüter bezeichnen, wenn sie an ein physisches Trägermedium gebunden sind wie z.B. eine DVD, ein Buch oder eine Zeitschrift. Der Verbrauchernutzen liegt jedoch auch dann größtenteils in der immateriellen, inhaltlichen Komponente der Medienprodukte. Vgl. ähnlich Wirtz (2009), S. 29.

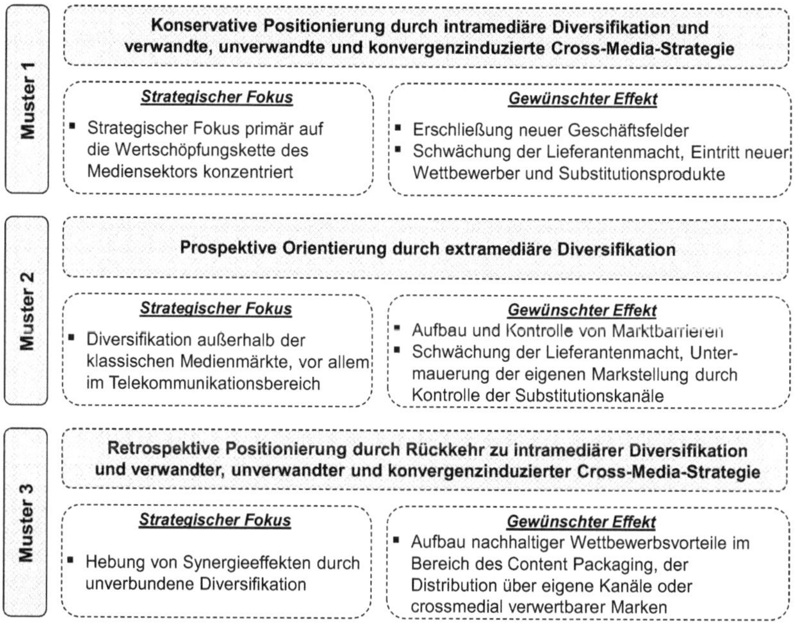

Abbildung 13: Die drei Muster medienökonomischer Diversifikation in Anlehnung an *Sjurts*

Quelle: eigene Darstellung, Sjurts (2005)

stellung von Leistungsfähigkeiten in Form von personellen, sachlichen oder immateriellen Ressourcen und die Integration des externen Faktors wie bspw. des Produktionsumfeldes, in dem die Dienstleistung erbracht wird, oder der Konsumentenumgebung gemeint.[150] Das hohe Immaterialitätsmaß von Medienprodukten führt zu einem in der Folge hohen Erfüllungsgrad der angeführten Kriterien. Daher sind Medienprodukte auch nur mangelhaft lager- und transportfähig.[151] Durch die Speicherung eines Medienproduktes auf einem Trägermedium, geht sein Dienstleistungscharakter in Teilen verloren, bzw. entwickelt sich dann zu einem materiellen Gut. *Wirtz* greift in diesem Zusammenhang auf die Terminologie der „veredelten Dienstleistungen […], die teilweise Sachgut- und teilweise Dienstleistungscharakter aufweisen" zurück.[152] Der Dienstleistungscharakter von Medienprodukten erschwert dem Konsumenten die Qualitätsprüfung vor dem eigentlichen Gebrauch, zumal sich die tatsächliche Qualität oftmals erst während bzw. nach dem Konsum ermitteln lässt. Wie aus Abb. 14 ersicht-

150 Vgl. Meyer (1994), S. 119 f.; Wirtz (2009), S. 29.

151 Vgl. Wirtz (2009), S. 29.

152 Vgl. Wirtz (2009), S. 29.

lich, hat diese Eigenheit zur Folge, dass den immateriellen Ressourcen von Medienunternehmen eine entsprechend hohe Bedeutung beigemessen wird.

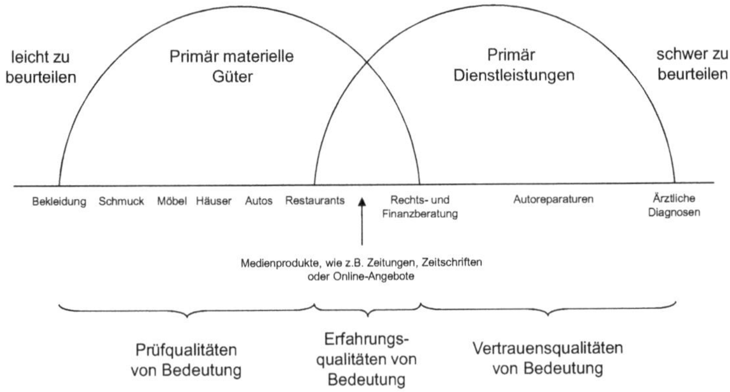

Abbildung 14: Schema zur Qualitätsbewertung von Sachgütern in Anlehnung an *Wirtz*

Quelle: eigene Darstellung, Wirtz (2006)

Der Untersuchungsgegenstand medienökonomischer Diversifikationsforschung beinhaltet zwar auch die Erforschung des Zusammenhangs zwischen Diversifikation und Unternehmenserfolg, befasst sich jedoch primär mit Fragestellungen, die die generellen Gründe für die Diversifikationsentscheidung von Medienunternehmen erforschen und die entsprechende Diversifikationsrichtung in den Untersuchungsmittelpunkt stellen. Die Frage, inwieweit spezifische, unternehmensinterne Synergien beim Diversifikationsprozess eine Rolle spielen, blieben dagegen bislang weitgehend unbeantwortet.[153] Da die im vorangegangenen Kapitel erläuterte „geschäftsfeldübergreifende Nutzung von Kernressourcen als Basis von Diversifikationsmaßnahmen ein für Medienunternehmen im hohen Maße relevantes Thema ist“[154] und auch die (strukturellen) Besonderheiten von Medienmärkten und -produkten evident sind, ergibt sich daher ein eindeutiger Forschungsbedarf, den die vorliegende Arbeit adressiert.

Die einzigartige Beschaffenheit des Medienmarktes hat die Wissenschaft bereits in den 1990er Jahren dazu angehalten, eine eigene, der medienökonomischen Diversifikation geschuldete Forschungsdisziplin zu etablieren,[155] wenngleich einige Autoren deren Notwendigkeit und damit einhergehende theoretische Sonderstellung anzweifelten. *Picard* argumentiert bspw., dass Diversifikationsentscheidungen in Medienunter-

---

153 Dautwiz (2006) weist des Weiteren darauf hin, dass auch der Diversifikationsmodus sowie die strukturellen Auswirkungen der Diversifikation in der medienökonomischen Diversifikationsforschung wenig Berücksichtigung finden. Vgl. Dautwiz (2006), S. 5.

154 Habann (1999), S. 187.

155 Vgl. hier stellvertretend Albarran und Dimmick (1996); Doyle (2002).

nehmen den gleichen externen Einflüssen ausgesetzt sind wie in Unternehmen anderer Branchen.[156] Nach *Stephans* Ansicht ist die Bedeutung der den Medienunternehmen zuzuordnenden Merkmale nicht ausschlaggebend bei der Analyse der Diversifikationsstrategien, wodurch sich der zwingende Unterschied zu anderen wissensbasierten Unternehmen, deren Ressourcen von zentraler Relevanz sind, relativiert.[157]

Entgegen dieser Meinung soll an dieser Stelle ein Plädoyer für die besondere Beschaffenheit des Mediensektors und deren Einfluss auf die medienökonomische Diversifikation erfolgen. Es existieren diverse Argumente, die die medienspezifischen Besonderheiten im Vergleich zu anderen Industrien aufzeigen, deren kumulierte Existenz und Interdependenz legt eine spezifische Betrachtung des Medienmarktes innerhalb der Diversifikationsforschung nahe. Dabei lässt sich bei jedem einzelnen, medienspezifischen Merkmal eine Beeinflussung von Medienunternehmen bei der Diversifikation ableiten. Der komplementäre Produktcharakter und die Vielseitigkeit der Vermarktungsmöglichkeiten über mehrere Absatzkanäle, erhöht das *Cross-Selling*-Potenzial von (diversifizierten) Medienprodukten.[158] Die Anfälligkeit für konjunkturelle Schwankungen ist auf das ausgeprägte Abhängigkeitsverhältnis zwischen Medienprodukten und Werbemarkt zurückzuführen. Dadurch wird die Steuerungseffektivität unternehmensinterner Entscheidungen nicht nur gesenkt, sondern in Zeiten krisenbedingter Werbeausfälle eine Abhängigkeit exogener, nicht beeinflussbarer Entwicklungen verstärkt. Rückläufige Werbeeinnahmen können daher einen positiven Effekt auf das Diversifikationsverhalten von Medienunternehmen haben,[159] da sie durch den Eintritt in neue Geschäftsfelder und die dadurch zusätzlich generierten Einnahmen das Risiko schrumpfender Umsätze im Kerngeschäft reduzieren wollen. Auch aufgrund des nicht-exklusiven und nicht-limitierbaren Charakters von Medienprodukten, kommt es zu einer aktiven Stärkung des Diversifikationsverhaltens. Einerseits kann es zu sog. Sättigungstendenzen in spezifischen Umsatzmärkten und – daraus resultierend – zu sinkenden Umsätzen kommen,[160] andererseits ermöglicht die Nicht-Rivalität auch einen gezielten Mehrfachkonsum von Medieninhalten, die in unterschiedlichen Endprodukten integriert sind, ohne dabei die Qualität des Kernprodukts in Mitleidenschaft zu ziehen. Mithilfe gezielter Diversifikationsmaßnahmen können neue Umsätze generiert werden, denen oftmals nur geringe variable Kosten gegenüberstehen, und die daher die hohen *First Copy Costs* von Medieninhalten zu amortisieren helfen.

Auch der Dienstleistungscharakter von Medienprodukten sowie die Bedeutung der zur Herstellung notwendigen, intangiblen Ressourcen verstärkt die Diversifikati-

156 Vgl. Picard (1996), S. 37.

157 Vgl. Stephan (2005), S. 44 ff.

158 Vgl. ähnlich Dautwiz (2006), S. 9.

159 Vgl. in Bezugnahme auf den Zeitungsmarkt Picard und Rimmer (1999), S. 2.

160 Vgl. Dautwiz (2006), S. 9. Dauwitz führt in diesem Zusammenhang das Beispiel der für den Verkauf bestimmter physischer Tonträger auf.

onsaktivitäten von Medienunternehmen – zumal eine unkomplizierte Übertragung immaterieller Vermögenswerte auf andere Geschäftsfelder wie Medienmarken mit einem vergleichsweise geringen Aufwand verbunden ist.[161]

Schließlich beeinflussen regulatorische Faktoren das Diversifikationsverhalten von Medienunternehmen. Aufgrund nationaler und supranationaler Überlegungen sowie kartell- bzw. wettbewerbsrechtlicher Gründe wird ein protektionistischeres bzw. nutzerfreundlicheres Marktumfeld geschaffen und der Medienmarkt dadurch stärker reguliert. Schließlich stellt neben der monetären Einflussnahme kapitalstarker Medienunternehmen auch die meinungsbildende Autorität eine zweite, wichtige Bezugsebene dar. In der jüngeren Vergangenheit lässt sich jedoch gerade mit Hinblick auf diverse Schwellen- und Entwicklungsländer eine sukzessive Deregulierung des Mediensektors beobachten.[162] Diese Entwicklung bietet neue, attraktive Akquisitionsmöglichkeiten im Ausland und weitet den Investitions- und Diversifikationsradius von Medienunternehmen somit aus.[163]

Vor dem Hintergrund dieser Einflussfaktoren lassen sich auch die Erkenntnisse der allgemeinen Diversifikationsforschung auf den Mediensektor übertragen, ohne ihre Validität zu verlieren. Die Untersuchung von Diversifikationsstrategien aus einer speziell medienökonomischen Sicht stellt jedoch gerade wegen der branchenspezifischen Besonderheiten einen interessanten, wissenschaftlichen Mehrwert dar und lässt sich daher – auch wenn die Intensität einzelner Argumente und Zusammenhänge variiert – rechtfertigen. Somit ist die medienökonomische Diversifikationsforschung trotz ihres verhältnismäßig jungen Alters als ein Gebiet der allgemeinen Diversifikationsforschung, keinesfalls aber als ein paralleler oder in seiner inhaltlichen Ausrichtung konträrer Forschungsstrang zu verstehen.[164]

Die Relevanz der vorhandenen empirischen Ergebnisse der medienökonomischen Diversifikationsforschung wird im Rahmen des wirtschaftswissenschaftlichen Diskurses grundsätzlich eher konträr diskutiert. Wie bereits eingangs in Bezug auf die Unter-

---

161 Chatterjee und Wernerfelt (1986), S. 8, stellen die Hypothese auf, dass sich ein hohes Maß an intangiblen Ressourcen in einem Unternehmen fördernd auf dessen Diversifikationsverhalten auswirkt und finden dafür empirische Belege.

162 Vgl. Chan-Olmsted und Chang (2003), S. 213.

163 Dautwiz (2006) stellt in Bezugnahme auf Luther und Broich (2003) fest, dass Diversifikationsentscheidungen des Öfteren das Ergebnis ebendieser Opportunität sind. Vgl. Dautwiz (2006), S. 11.

164 Dautwiz hat eine gute Zusammenstellung der wichtigsten, themenrelevanten Forschungsbeiträge verfasst, die 15 Untersuchungen unterschiedlicher Themengebiete umfasst und sowohl nach deren konzeptionellem als auch empirischen Mehrwert sortiert, wobei er für seine Analyse die Veröffentlichungen in wissenschaftlichen Fachpublikationen als Grundlage nimmt. Neben den eingängigen wissenschaftlichen Journalen wie dem *Journal of Media Economics* (JME) stammen diese aus den wissenschaftlichen Rechercheplattformen *EBSCO, Business Source Premier*, und *ProQuest, ABI-inform*. Bücher, Konferenzschriften sowie Abhandlungen anderer Herkunft werden in der Untersuchung jedoch nicht berücksichtigt. Auch wenn daher eine ganzheitliche Abdeckung der medienökonomischen Forschung nicht erreicht werden kann, ist davon auszugehen, „dass die identifizierten Artikel den Kern dieses Untersuchungsgebiets bilden und daher geeignet sind, einen Überblick über den allgemeinen Stand der Forschung zu geben“. Vgl. Dautwiz (2006), S. 4.

suchungsergebnisse der allgemeinen Diversifikationsforschung festgestellt, scheint sich auch für die medienökonomische Diversifikation eine Überlegenheit der verbundenen im Vergleich zur unverbundenen Diversifikation durchzusetzen. In diesem Zusammenhang untersuchten *Jung und Chan-Olmsted* mithilfe einer Regressionsanalyse den Zusammenhang zwischen den Diversifikationsaktivitäten von 26 führenden Medienunternehmen und der respektiven Entwicklung verschiedener Performancemaße.[165] Ausgehend von den Profitabilitäts- bzw. Effizienzmaßen ROS (*Return on Sales*) und ROA (*Return on Assets*) bestätigen die Ergebnisse ihrer Forschungen eine Überlegenheit der verbundenen im Vergleich zur unverbundenen Diversifikation. Daher steigt bei intensivierter Produkt- bzw. geografischer Diversifikation die ROS- und ROA-bezogene Performance von Medienunternehmen zunächst an, reduziert sich allerdings mit steigender Unverbundenheit des Produktportfolios bzw. kultureller Unverbundenheit der geografischen Standorte wieder.[166] Stellt man sich diesen Zusammenhang zwischen dem Grad der Diversifikation und dem Unternehmenserfolg grafisch vor, dann gleicht der Verlauf der Leistungskurve demnach einer Parabel (in umgekehrter U-Form), die das folgende Verhältnis beschreibt: geringe Unternehmensleistung bei nicht vorhandener bzw. unverbundener Diversifikation, hohe Unternehmensleistung bei verbundener Diversifikation (siehe Abb. 15).[167]

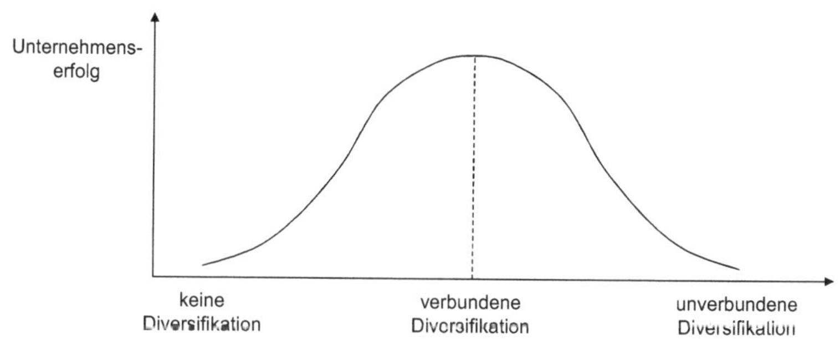

Abbildung 15: Grad der Diversifikation und Unternehmenserfolg in Anlehnung an *Palich*

Quelle: eigene Darstellung, Palich (2000)

Auf der faktischen Grundlage dieser Ergebnisse scheint sich die Überlegenheit der verbundenen gegenüber der unverbundenen Geschäftsfelderweiterung zu erhärten,[168] auch wenn die empirische Bestimmung unternehmerischer, produktbezogener

---

165 Vgl. Jung und Chan-Olmsted (2005).

166 Vgl. Jung und Chan-Olmsted (2005), S. 23 ff.

167 Vgl. Palich (2000), S. 168.

168 Vgl. In diesem Zusammenhang Chan-Olmsted und Chang (2003), S. 217: „The listed characteristics of media products lead to a market environment in which related product/geographic diversification as well as complementary resource alignment are likely to be the preferred diversification strategy".

oder geschäftsfeldübergreifender Verbundenheit bei medienökonomischen Diversifikationsprozessen noch nicht zwingend belegt worden ist.[169] *Dautwiz* geht in seiner Analyse der existierenden medienökonomischen Arbeiten, sogar soweit, zu behaupten, dass „die untersuchten Beiträge [...] keinen empirisch verlässlichen Zusammenhang zwischen der Diversifikation und der Leistung von Medienunternehmen liefern“[170]. Daher haben die vorliegenden Ergebnisse und deren Interpretationen bislang auch nur einen eingeschränkten praktischen Mehrwert. Die eindeutige Beantwortung der Frage, ob die Implementierung einer Diversifikationsstrategie eines Medienunternehmens grundsätzlich auch zum Erfolg führt, bleibt daher auf unabsehbare Zeit unbeantwortet.[171] Das Fazit der von *Dautwiz* initiierten Analyse bisheriger Ergebnisse medienökonomischer Diversifikationsforschung ist für den Forschungsgegenstand der vorliegenden Untersuchung jedoch von großer Bedeutung: „Wegen des informationsbasierten Charakters von Medienprodukten bildet auch der ressourcenorientierte Ansatz im Zusammenhang mit medienökonomischer Diversifikationsforschung eine viel versprechende Perspektive, die in künftigen Arbeiten stärkere Betonung finden sollte“[172].

Schließlich stellen auch die inhärente Komplexität des Untersuchungsgegenstandes sowie die Berechtigung individueller, situationsbedingter Einflussfaktoren, wie bereits in den Ausführungen zur allgemeinen Diversifikationsforschung dargelegt, weitere Gründe dar, warum die Ableitung allgemeingültiger Resultate bislang nicht möglich war.

Nach den Ausführungen zum allgemeinen und medienökonomischen Diversifikationsmanagement sowie der Erarbeitung der relevanten, empirischen Befunde, ist die Grundlagendarstellung abgeschlossen. Das nächste Teilkapitel widmet sich der Erarbeitung des AHP sowie der NWA, die als Methoden zur Bewertung der spezifischen Diversifizierungsmärkte zum Einsatz kommen sollen.

B. Auswahl der empirischen Methoden

Die empirische Untersuchung dieser Arbeit beruht auf den Methodiken des *Analytical Hierarchy Process* (wie erinnerlich im Folgenden AHP) und der Nutzwertanalyse (wie erinnerlich im Folgenden NWA). Der AHP kommt bei der Bewertung des Marktpotenzials der vorab identifizierten Diversifizierungsfelder deutscher Zeitschrif-

---

[169] Vgl. weiterführend van Kranenburg, Hagedoorn, und Pennings (2004).

[170] Dautwiz (2006), S. 17. In diesem Zusammenhang stellt Dautwiz (2006) auch Folgendes fest: „Aus medienökonomischer Sicht ist es nicht nur bedenklich, dass benachbarte SIC-Codes nicht immer eine sachliche Verbundenheit anzeigen und dass durch die Orientierung an den Outputs die Ressourcenperspektive außer Acht gelassen wird. Noch problematischer ist vor allem die Tatsache, dass SIC-Codes den technologischen Wandel und somit einen entscheidenden externen Treiber der gesamten Medienbranche nicht berücksichtigen“. Vgl. Dautwiz (2006), S. 25 ff.

[171] Vgl. Stephan (2005), S. 34 f.

[172] Dautwiz (2006), S. 28.

tenverlage zum Einsatz, mithilfe der NWA wird dann eine ressourcenorientierte Bewertung ebendieser Geschäftsfelder durchgeführt. Die Kombination beider methodischer Verfahren erlaubt es, die Ergebnisse aus unternehmensexterner sowie -interner Sicht darzustellen. Ziel ist die Konzipierung eines Rahmenmodells, mit deren Hilfe ein idealtypischer, deutscher Zeitschriftenverlag, seine Diversifizierungsstrategie planen, überprüfen und ggf. optimieren kann.

Die Auswahl der optimalen Unternehmensstrategie stellt einen wesentlichen Aufgabenbereich der Unternehmensführung dar und beeinflusst wiederum fast alle Bereiche einer Unternehmung. Bislang jedoch hat die Bewertung von unternehmensstrategischen Ansätzen in der Literatur eine verhältnismäßig rudimentäre Berücksichtigung gefunden.[173] Das scheint vor dem Hintergrund, dass Strategiebewertung und Strategiefindung thematisch eng miteinander verwandt sind[174] und letzterer Themenbereich in seiner Gesamtheit in Literatur und Praxis breitere Beachtung findet, umso verwunderlicher. So dienen die meisten Arbeiten, die sich mit der strategischen Unternehmensplanung beschäftigen, der Identifizierung Erfolg versprechender strategischer Optionen.[175] Dieser Sachverhalt resultiert zunächst nur in einer Vorauswahl verschiedener strategischer Alternativen für das Management. Die finale Festlegung auf die richtige Strategie stellt dann den letzten, hochgradig komplexen Entscheidungsprozess dar. *Ramme* erklärt in diesem Zusammenhang, dass entsprechende Bewertungsvorgänge aufgrund der Involvierung menschlicher Entscheidungsträger einer Reihe von Verzerrungen unterliegen.[176] *Wilde* führt in diesem Zusammenhang ein passendes Beispiel an, nämlich die auf persönlichen Präferenzen beruhende Strategieauswahl des Entscheidungsträgers – ein Phänomen, das zumeist in der Bevorzugung des etablierten Geschäftsmodells mit bekannten Chancen und Risiken gegenüber innovativen Strategien resultiert.[177] Seither hat man mithilfe diverser Bewertungsverfahren versucht, strategisch sinnvolle Alternativen aufzuzeigen. Hier ist eine Vielzahl unterschiedlicher Methodiken zur Anwendung gekommen, die eine objektive Bewertung der strategischen Alternativen zum Ziel hatten und insbesondere zur Analyse von Produkt-Markt-Strategien eingesetzt wurden.[178]

---

[173] Vgl. Ramme (2005), S. 153.

[174] Vgl. Reichert (1984), S. 175.

[175] Hax und Mailuff (1991), S. 45 ff.

[176] Vgl. Ramme (2005), S. 153.

[177] Vgl. Wilde (1989), S. 140.

[178] Vgl. Wilde (1989), S. 161. Wilde (1989) führt in diesem Zusammenhang eine Vielzahl von Bewertungsmethoden auf und identifiziert insgesamt neun Methodenfamilien. Ramme (2005) weist dagegen auf drei Methoden hin, die sich zur Bewertung eignen und als analytische Werkzeuge durchgesetzt haben: die Checklisten-Methode, die Strategieprofil-Methode und das Punktwert- bzw. Scoring-Verfahren. Vgl. Ramme (2005), S. 154.

Der methodische Ansatz der vorliegenden Untersuchung stützt sich auf eine explorative Herangehensweise, indem er zwei methodische Bewertungsverfahren zur Konzeption eines Rahmenmodells strategischer Diversifizierung miteinander kombiniert. Dabei orientiert sich das hier zugrunde liegende Forschungsdesign an dem methodischen „Werkzeugkasten" der Entscheidungstheorie. Nach intensiver Recherche konnten zwei geeignete Bewertungsmethodiken identifiziert werden, deren individuelle Stärken eine auf den jeweiligen Untersuchungsgegenstand zugeschnittene Anwendung zuließen und sich im Sinne einer ausdifferenzierten, für die vorliegenden Zwecke sehr gut geeigneten Bewertungsmethodik ergänzten. Die Qualität der Untersuchung konnte somit nachhaltig erhöht werden:

- da die entscheidungstheoretischen Bewertungsverfahren des AHP und der NWA unter Verwendung eines Skalenintervalls ausdifferenzierte Bewertungen (mittels der Experteneinschätzungen) zulassen und deren beidseitige Integration in ein Gesamtmodell ermöglichen, und

- da die Kombination der empirischen Untersuchung mit einem qualitativen Forschungsdesign persönliche Nachfragen im Rahmen der mit den Experten durchgeführten Interviews zuließ, die Klärung von fachlichen Unklarheiten ermöglichte und die numerische Bewertung um einen qualitativen Auswertungsteil ergänzte.

Zur theoretischen Fundierung der angewendeten Methodiken werden die Grundlagen der Entscheidungstheorie kurz umrissen, bevor beide Bewertungsverfahren im Anschluss theoretisch erläutert werden.

I. Grundlagen der Entscheidungstheorie

Die Entscheidung ist die (un)bewusste Auswahl einer von mehreren zur Verfügung stehenden Handlungsalternativen, wobei eine der Alternativen i.d.R. die Beibehaltung des Status quo darstellt. Ein Entscheidungsproblem existiert nur dann, wenn mindestens zwei Alternativen zur Auswahl stehen. Um eine reale Alternative zu schaffen, müssen sie sich in der Art und Weise unterscheiden, dass sie zur Realisierung eines Zieles unterschiedlich gut geeignet sind. Andernfalls existiert lediglich eine Wahlsituation, kein reales Entscheidungsproblem.

Die Literatur unterscheidet zwischen zwei grundlegenden Richtungen der Entscheidungstheorie.[179] Die deskriptive Entscheidungstheorie untersucht reale Entscheidungsprozesse und beschreibt, wie bzw. warum diese gerade so zustande kommen. Ziel ist die Ableitung empirisch gehaltvoller Hypothesen, die in Entscheidungssituationen helfen können, eine Prognostizierung und Steuerung von Entscheidungen herbeizuführen.

---

179 Vgl. Laux (2003), S. 55.

Die präskriptive bzw. normative Entscheidungstheorie, die auch dieser Arbeit zugrunde liegt, erforscht die Rationalität von Entscheidungen. Ziel ist die Herleitung lösungsorientierter Ratschläge, die zur Behebung von Entscheidungsproblemen herangezogen werden und den Entscheider in den Mittelpunkt stellen. Dabei dienen die spezifischen Merkmale des Entscheidungsprozesses als Grundlage der Thesenherleitung. Es existieren drei charakteristische Entscheidungssituationen, mit denen sich die präskriptive Entscheidungstheorie befasst:

1. **Entscheidungen, die hinsichtlich konfliktärer Ziele anstehen,**

2. **Entscheidungen, die sowohl quantitativer als auch qualitativer Art sind, und**

3. **Entscheidungen, die aus einer Unsicherheit heraus getroffen werden.**

Die entscheidungstheoretischen Grundlagen sind für diese Untersuchung von zentraler Bedeutung und kommen innerhalb dieses Befragungsdesigns bei zwei Arbeitsschritten zum Einsatz: Zum einen gilt es die eigenen Zielvorstellungen in ein widerspruchsfreies Zielsystem zu überführen und zum anderen soll darauf aufbauend eine Entscheidung getroffen werden, die mit diesem Zielsystem im Einklang steht.

II. Analytical Hierarchy Process (AHP)

a) Methodischer Ansatz und Durchführung

Der AHP (zu Deutsch auch *Analytischer Hierarchieprozess*) stellt ein systematisches Bewertungsverfahren zur hierarchischen Problemstrukturierung dar, um komplexe Entscheidungsprozesse zu vereinfachen, bzw. multikriterielle Entscheidungsprobleme zu lösen. In den 1970er Jahren von *Saaty* entwickelt und seither insbesondere in Wissenschaft und Praxis für komplexe Entscheidungssituationen herangezogen,[180] entstand der AHP in Anlehnung an bereits etablierte Bewertungsverfahren und gilt deshalb auch als Erweiterung entscheidungstheoretischer Werkzeuge.

Die diesem Verfahren zugrunde liegende Evaluationsmethodik drückt sich in der Namensgebung des AHP aus. So verwendet *Riedl* eine begriffsorientierte Interpretation des AHP: „Analytisch" steht demnach für die umfassende Analyse einer Problemkonstellation in all ihren Abhängigkeiten, „Hierarchie" drückt aus, dass ein Entscheidungsproblem in hierarchischer Form dargestellt und somit in mehrere Ebenen untergliedert wird und „Prozess" bedeutet, dass man zur Lösung eines realen Entscheidungsproblems nach dem Vorgangsmuster des Lernens, der Diskussion und der Revision gelangt.[181] Der AHP unterstützt diesen Entscheidungsprozess, indem er Wider-

[180] Saaty (2000), S. 45

[181] Vgl. Riedl (2006), S.3.

sprüche im Entscheidungsverhalten aufdeckt. Dem AHP liegen vier Axiome zugrunde:[182]

- **Axiom 1 – Reziprozität:** Gegeben seien zwei Alternativen *i* und *j* aus der endlichen Menge *A* sämtlicher Alternativen. Der Entscheidungsprozess setzt einen Vergleich beider Alternativen voraus, der dem Kriterium *c* aus der Menge *C* aller Kriterien zugrunde liegt und auf der Ratioskala mit einem Wert a_{ij} angegeben wird. Indem die Alternativen paarweise miteinander vergleichen werden, entstehen sog. paarweise Vergleichswerte, die wiederum die Bedingung der Reziprozität erfüllen müssen. Somit gilt:

$$a_{ij} = \frac{1}{a_{ji}} \qquad \text{für alle } i, j \in A \qquad (1).$$

- **Axiom 2 – Homogenität:** Werden zwei beliebige Alternativen miteinander verglichen, $i, j \in A$ hinsichtlich eines Kriteriums *c* aus der Menge *C*, so kann Alternative 1 niemals unendlich viel besser sein als Alternative 2, es gilt:

$$a_{ij} \neq \infty \qquad \text{für alle } i, j \in A \qquad (2).$$

- **Axiom 3 – Hierarchisierung:** Das Entscheidungsproblem lässt sich als Hierarchie darstellen, wobei eine Hierarchieebene jedoch nur die jeweils höhere Hierarchieebene beeinflussen und wiederum nur von der jeweils darunter liegenden Hierarchieebene beeinflusst werden kann. Die Elemente innerhalb einer Hierarchieebene dürfen sich nicht beeinflussen.

- **Axiom 4 – Vollständigkeit:** Diejenigen Alternativen, die Einfluss auf das Entscheidungsproblem haben, müssen in der Hierarchie enthalten sein.

Auf der Grundlage dieser vier Axiome lassen sich schließlich die beiden zentralen Untersuchungsziele des AHP ableiten: Zum einen muss der AHP die Erhebung relativer Urteile mittels multipler paarweiser Vergleiche (wie in Axiom eins und zwei dargelegt) leisten, zum anderen muss er den Anforderungen der hierarchischen Problemstrukturierung und -lösung (wie in Axiom drei und vier dargelegt) genügen. An dieser Stelle sei darauf hingewiesen, dass das Bewertungsverfahren des AHP in der Urteilsfindung sowohl qualitative als auch quantitative Daten berücksichtigen kann. Während die auf einer qualitativen Analyse basierenden paarweisen Vergleiche nur

[182] Vgl. Saaty (2003), S. 90.

durch die Partizipation des Befragten in die Untersuchung einfließen können, finden quantitative Daten durch deren explizite Verwendung Eingang in die Untersuchung.[183]

Abb. 16 veranschaulicht eine exemplarische AHP-Grundstruktur mit insgesamt vier Ebenen, wobei sich die Kriterien (Ebene zwei und drei) in übergeordnete und untergeordnete Kriterien untergliedern.[184]

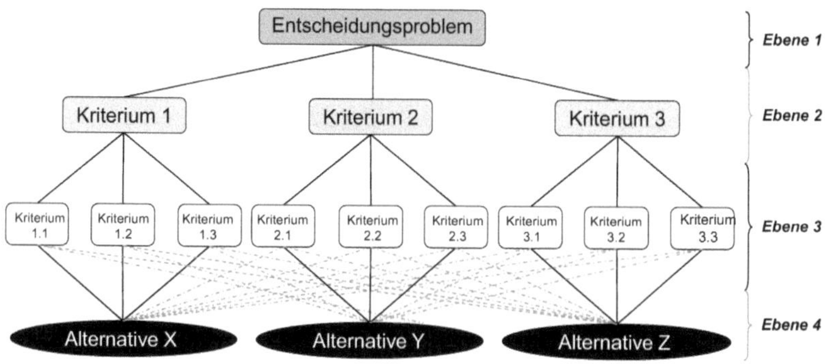

Abbildung 16: Hierarchische Grundstruktur des AHP (exemplarisch)

Quelle: eigene Darstellung

Die Alternativen werden entlang der untergeordneten Kriterien gewichtet. Letztere wiederum werden entlang der übergeordneten Kriterien gewichtet. Das Entscheidungsproblem definiert den Optionsraum der Bewertung, woraus die Wahl der Kriterien (und ggf. Unterkriterien) resultiert.

Der Einsatz des AHP setzt eine Abfolge einzelner Arbeitsschritte voraus. Ausgehend von Abb. 17 werden diese im Folgenden erläutert.

---

183 Ohne auf die Untersuchungsergebnisse der vorliegenden Untersuchung vorweg greifen zu wollen, werden im Rahmen der AHP-Untersuchung auch quantitative Daten berücksichtigt, in diesem Falle Daten zur Marktgröße der neun Diversifizierungsmärkte.

184 Die AHP-Grundstruktur der vorliegenden Arbeit gliedert sich in insgesamt drei Hierarchiestufen: Entscheidungsproblem, marktorientierte Kriterien, Alternativen in Form von insgesamt neun Diversifizierungsmärkten.

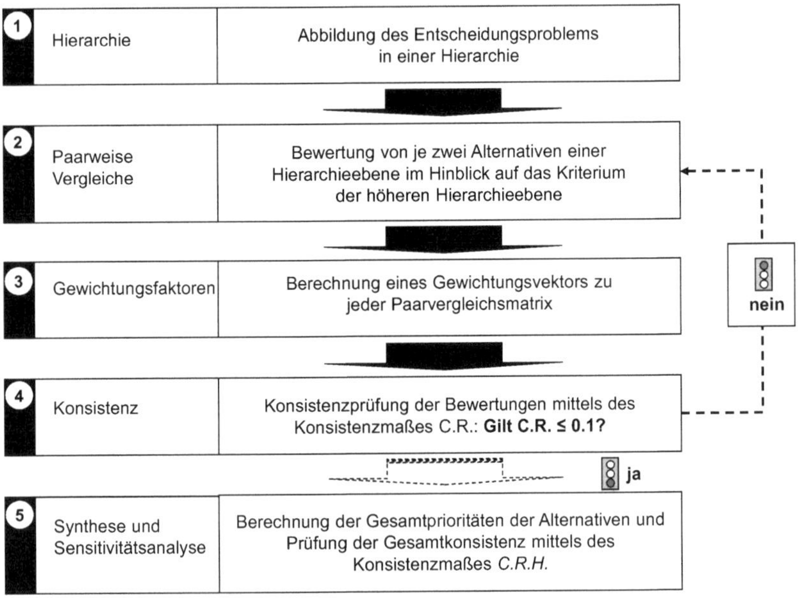

Abbildung 17: Flussdiagram des AHP in Anlehnung an *Werani* und *Riedl*

Quelle: eigene Darstellung, Werani (2004); Riedl (2007)

Das Entscheidungsproblem muss zuallererst sorgfältig formuliert und in Form einer Hierarchie abgebildet werden. Entlang einer *Top-down*-Logik wird es in Kriterien und Alternativen zerlegt, wobei jedem Kriterium jeweils alle Alternativen zugeordnet werden können. Zur sauberen Strukturierung des Entscheidungsproblems müssen sowohl Kriterien als auch Alternativen äußerst genau definiert werden.[185]

Um die Bedeutung aller Alternativen einer Hierarchieebene ermitteln zu können, müssen diese in einem zweiten Arbeitsschritt mit den Kriterien der höheren Hierarchieebene, zu denen man sie jeweils in Beziehung setzt, verglichen werden. Der AHP basiert auf der Annahme, dass eine direkte Zuordnung der entsprechenden Gewichte innerhalb des Entscheidungsprozesses seitens der Befragungsteilnehmer, bzw. des Entscheidungsgremiums, zu einer starken Inkonsistenz der Ergebnisse führen würde. Aufgrund der intrinsischen Komplexität des Bewertungsvorganges, erfolgt die Gewichtung der Alternativen entlang der von *Saaty* entwickelten Skala zur Lösung von

[185] In der strukturellen Erarbeitung und Abbildung eines Entscheidungsproblems kann die Definition von Ausschlusskriterien sinnvoll sein. Nach einer eingehenden Prüfung können diejenigen Kriterien, die den Maßstäben nicht genügen, von der Liste der für das Entscheidungsproblem relevanten Kriterien ausgeschlossen werden. Vgl. hierzu ausführlich Peters und Zelewski (2004), S. 301 f.

komplexen Entscheidungsproblemen mithilfe des AHP.[186] Die Skalierung des Skalenintervalls kann beliebig erweitert werden, sollte den Befragungsteilnehmer jedoch nicht überfordern. I.d.R. richtet sich die Skalenauswahl nach der Komplexität des Entscheidungsproblems. Je differenzierter die Bewertungsanforderungen sind, desto größer muss die Anzahl der notwendigen Skalenintervalle zur vollständigen Abbildung des Bewertungsrahmens ausfallen. Es ist ebenso wichtig, dass der Befragungsteilnehmer die Alternativen hinsichtlich der ihnen unmittelbar übergeordneten Kriterien vergleichen kann. Gleichwohl bedeutet dies, dass eine grundsätzliche Vergleichbarkeit und Zuordnungsmöglichkeit vorhanden sein sollte. Sofern es sich bei den Kriterien um Erfahrungswerte bzw. -qualitäten handelt, die nur schwer quantifizierbar und im Entscheidungsprozess daher nur schwer zu beurteilen sind,[187] kann es hier zu Bewertungsdiskrepanzen und -inkonsistenzen kommen.[188] Daher ist es in gegebenem Fall ratsam, zu einer (zumindest groben) Beurteilungsgrundlage der Kriterien zu gelangen. Zumal diese Bedingung in der Praxis nicht immer vorausgesetzt werden kann, sind auftretende Qualitätsunsicherheiten u.U. zu beachten. Die Problematik der Verarbeitung asymmetrischer Informationen stellt eine wesentliche Herausforderung beim Einsatz des AHP in Entscheidungssituationen dar.[189]

An einem einfachen Beispiel lässt sich die methodische Durchführung des AHP veranschaulichen. Zur Erstellung einer ersten Hierarchieebene wird zunächst das Zielkriterium Z benannt. Des Weiteren werden die Alternativen a_1, a_2 und a_3 ausgewählt und mit Hinblick auf das Zielkriterium Z gewichtet. Die Paarvergleiche stellen sich dann wie folgt dar:

$\Rightarrow$ Bedeutung von a_1 im Vergleich zu a_2 für ein Zielkriterium Z
$\Rightarrow$ Bedeutung von a_1 im Vergleich zu a_3 für ein Zielkriterium Z
$\Rightarrow$ Bedeutung von a_2 im Vergleich zu a_3 für ein Zielkriterium Z

Die Ergebnisse der Paarvergleiche aller Alternativen hinsichtlich des Zielkriteriums Z können dann in Matrizenform dargestellt werden. Unter Zuhilfenahme imaginärer Werte sähe die Paarvergleichsmatrix P für das obige Entscheidungsproblem aus wie in Tab. 1 dargestellt.

---

186 Vgl. Saaty (2003), S. 88 ff. Eine ausführliche Diskussion zur Verwendung der Saaty-Skala findet sich in Saaty (2000), S. 53 ff.

187 Vgl. Nelson (1970), S. 311-329; Darby und Karny (1973), S. 67-88.

188 Der Einsatz des AHP beschränkt sich in der vorliegenden Arbeit daher ausschließlich auf quantifizierbare Schätzwerte bzw. quantitative Daten.

189 Vgl. Gonzalez-Pachon und Romero (2004), S. 354.

		a1	a2	a3
P =	a1	1	½	2
	a2	2	1	4
	a3	½	¼	1

bzw.

$$\begin{bmatrix} 1 & \frac{1}{2} & 2 \\ 2 & 1 & 4 \\ \frac{1}{2} & \frac{1}{4} & 1 \end{bmatrix}$$

Tabelle 1: Paarvergleichsmatrix aller Alternativen

Aus der oben dargestellten Matrix lassen sich dann folgende Aussagen treffen:

⇒ a_1 hat eine etwas geringere Bedeutung als a_2 (1/2)
⇒ a_1 hat eine etwas größere Bedeutung als a_3 (2)
⇒ a_2 hat eine erheblich größere Bedeutung als a_3 (4)

Die Werte links der Hauptdiagonalen resultieren aus Axiom eins und sind zur Vervollständigung in der Matrix enthalten. Entsprechende Matrizen sind grundsätzlich für jede Hierarchieebene in Hinblick auf jedes Element der übergeordneten Ebene zu erstellen. Je komplexer sich das Entscheidungsproblem darstellt, desto höher die Anzahl der erforderlichen Paarvergleiche. Pro Matrix sind schließlich $n \cdot (n\text{-}1)/2$ Vergleiche vorzunehmen. In dem vorliegenden Beispiel liegt eine Matrix mit drei Alternativen vor (*a1*, *a2*, und *a3*). Folglich müssen drei Paarvergleiche vorgenommen werden.

In einem dritten Arbeitsschritt erfolgt die Bestimmung der Gewichtungsvektoren auf der Grundlage der Matrizen. Hier bietet sich bspw. das Nährungsverfahren als geeignete Berechnungsmethode an. Alternativ kann diese Berechung auch mit Hilfe eines iterativen Prozesses vorgenommen werden. Beide Ansätze lassen eine gleichermaßen exakte Berechnung zu. Die Errechung der Gewichtungsvektoren dient als theoretisches Fundament des AHP und wird in der Literatur häufig als Eigenvektormethode bezeichnet.[190] Im Folgenden wird anhand unseres Beispiels ein Nährungsverfahren beschrieben, das bei vollkommen konsistenten Urteilen der Befragten zu exakten Ergebnissen führt. Grundsätzlich ist an dieser Stelle jedoch darauf hinzuweisen, dass eine vollständige Konsistenz nur selten erreicht wird – auch für den Fall, dass es sich bei der Gewichtung nur um wenige Alternativen und Kriterien handelt und das Sample der Befragungsteilnehmer klein gehalten wird. In Tab. 2 sind die Berechnungen aller Eigenvektoren bzw. Gewichte der ersten Kriterienebene dargestellt.

[190] Zur mathematischen Fundierung und Berechnung vgl. Saaty (2000), S. 77 ff.

	P			*P*normiert			∑ Zeile	Gewicht
	a1	*a2*	*a3*	*a1*	*a2*	*a3*		
a1	1	½	2	0,29	0,29	0,29	0,87	0,29
a2	2	1	4	0,57	0,57	0,57	1,71	0,57
a3	½	¼	1	0,14	0,14	0,14	0,42	0,14
∑ Spalte	3,5	1,75	7	1	1	1	3	1

Tabelle 2: Eigenvektormatrix aller Alternativen

Zunächst wurden die Spaltensummen von P gebildet, um auf dieser Grundlage die normierten Ergebnisse ($P_{normiert}$) zu berechnen. So wurde z.B. der Wert des Feldes $c_1 \mid c_1$ mit 1/3,5 = 0,29 berechnet. Im Anschluss wurden die Zeilensummen von $P_{normiert}$ berechnet, um schließlich die Gewichte bestimmen zu können. Für a_1 ergab sich ein Gewicht von 0,87/3 = 0,29 usw.

Nach der Terminologie des AHP werden die Gewichte einer Hierarchieebene als lokale Prioritäten (*local priorities*) bezeichnet.[191] Im vorliegenden Beispiel ist lediglich eine Kriterienebene mit Hinblick auf das Zielkriterium Z enthalten. Im Falle mehrerer Kriterienebenen sind analog zur Gewichtung der Alternativen entlang der ersten Kriterienebene weitere lokale Prioritäten zu berechnen, i.e. die Alternativen a_1, a_2 und a_3 müssen entlang aller zur Verfügung stehenden Kriterienebenen gewichtet werden, um schließlich die globalen Prioritäten (*global priorities*) eines jeden Elementes berechnen zu können. Unter einer globalen Priorität ist dabei jenes Gewicht zu verstehen, das die Bedeutung der Alternative im Kontext der Gesamthierarchie ausdrückt. Die globale Priorität eines Elements der n-ten Hierarchiestufe ist definiert als $w_n \cdot w_{n-1}$, wobei w für die lokale Priorität steht. Wird für Alternative a_1 beispielsweise eine lokale Priorität von 0,6 errechnet, so ergibt sich für diese Alternative eine globale Priorität von $0{,}6 \cdot 0{,}29 = 0{,}174$.

Vorausgesetzt, dass es sich um lineare Präferenzen des Entscheidungsträgers handelt, kann in einem nächsten Schritt die nach *Meixner und Haas* definierte lokale Priorität je Alternative (w_i) der aggregierten Alternativgewichtungen a_i ($i = 1, .., n$) in einer Verhältniszahl ausgedrückt werden.[192] Die Berechnung dieser Verhältniszahl richtet sich danach, ob einer höheren Gewichtung auch eine höhere Bedeutung zugeordnet wird. Bei einem positiven Zusammenhang zwischen Gewichtung und Bedeutung errechnet sich w_i wie folgt:

---

191 Vgl. Saaty (2000), S. 6.

192 Vgl. Meixner und Haas (2008), S. 158 ff.

$$w_i = \frac{a_i}{a_1 + a_r + \ldots + a_n} \qquad i = 1, \ldots, n \qquad (3).$$

während bei einem negativen Zusammenhang gilt:

$$w_i = \frac{\frac{1}{a_i}}{\frac{1}{a_1} + \frac{1}{a_r} + \ldots + \frac{1}{a_n}} \qquad i = 1, \ldots, n \qquad (4).$$

Anstatt der vereinfachten Berechnungsmethode der lokalen Prioritäten je Alternative mithilfe der Formeln (3) und (4), können auch andere Verfahren zur Anwendung kommen. So bietet sich die Möglichkeit, analog zur Ermittlung der lokalen Prioritäten der Alternativen auf der Bewertungsebene der Kriterien paarweise Vergleiche durchzuführen. Letzteres Verfahren bietet sich vor allem bei der Bewertung mithilfe nicht quantitativer Kriterien an.[193] An dieser Stelle sei angemerkt, dass durch die Gewichtung der Kriterien eine interessante Möglichkeit zur Austarierung der individuellen Relevanz eines jeden Kriteriums geschaffen werden kann. Mithilfe dieses Gewichtungsschrittes kann u.U. eine Steigerung der Ergebnisqualität erreicht werden. i.d.R. ist eine objektive Kriteriengewichtung jedoch nur schwer zu erreichen und führt daher eher zu einer Verzerrung der Ergebnisse.[194]

Nach abgeschlossener Berechnung der Alternativgewichte werden schließlich – und nur sofern das Entscheidungsproblem dies zulässt – ihre lokalen Prioritäten mit den globalen Gewichten der darüber liegenden Kriterien multipliziert, um die globalen Gewichte je Alternative zu berechnen. Da es sich im vorliegenden Beispiel lediglich um ein Zielkriterium Z handelt, ist diese Berechnung nicht durchführbar. Schließlich wird die Summe der globalen Gewichte je Alternative gebildet. Somit kann das Gewicht einer jeden Alternative ermittelt werden. Je mehr Gewicht die eine Alternative vergleichen mir dem der anderen Alternativen hat, desto stärker ist sie ihnen vorzuziehen.

Darüber hinaus besteht die Möglichkeit, die Berechnung der Prioritäten mithilfe von Nutzenfunktionen durchzuführen. Beispielhaft können hier die *Multi Attribute Value Theory* (MAVT) bzw. die *Multi Attribute Utility Theory* (MAUT) zum Einsatz

193 Vgl. Meixner und Haas (2008), S. 162.

194 In der vorliegenden Arbeit ist aus diesem Grunde keine individuelle Gewichtung der marktorientierten Kriterien erfolgt. Es wurde stattdessen davon ausgegangen, dass die identifizierten Kriterien eine identische Bedeutung besitzen. Des Weiteren wurde mit Hinblick auf die Einheitlichkeit zur parallel durchgeführten ressourcenorientierten Bewertung, die aus formalen Gründen von einer Kriteriengewichtung absieht, auf diesen Schritt verzichtet.

kommen.[195] Zunächst gibt der Entscheidungsträger die Extremwerte seiner Präferenzen an. Diese werden dann auf 0 und 1 normiert. Anschließend bestimmt er, welche Ausprägung des spezifischen Merkmals die Präferenzmitte beschreibt. In einem weiteren Arbeitsschritt werden dann sukzessive Intervallmitten mit den dazugehörigen Ausprägungen festgelegt, so dass sich schließlich eine hinreichend genaue Interpolation der Funktion vornehmen lässt. Außerdem lässt sich der Funktionstyp hinsichtlich seiner linearen bzw. exponentiellen Ausprägung vorab festlegen. Die Methode der Nutzenfunktionen zur Berechnung der Prioritäten weist zwar exaktere Ergebnisse auf als das vereinfachte Berechnungsverfahren, ist dafür jedoch aufwendiger in der Durchführung.

In einem vierten Arbeitsschritt erfolgt die Überprüfung des Konsistenzmaßes. Erst dann können die Gesamtprioritäten sowie die daraus resultierende Gesamtattraktivität berechnet und im Rahmen einer Sensitivitätsanalyse näher analysiert werden. Diesen beiden Arbeitsschritten ist das folgende Unterkapitel gewidmet.

b) Überprüfung des Konsistenzmaßes

In einem vierten Arbeitsschritt, kann schließlich ein Konsistenzmaß für die gesamte Hierarchie errechnet werden.[196] Da die Konsistenzberechnung der Ergebnisse einen zentralen Auswertungsschritt der vorliegenden Untersuchung darstellt, soll an dieser Stelle jedoch nur ein theoretisches Fundament zum besseren Verständnis geschaffen werden. Eine ausführliche Herleitung des Konsistenzmaßes unter Berücksichtigung der erhobenen Ergebnisse erfolgt im Rahmen Kapitel „Auswertung der marktorientierten Attraktivität der Diversifizierungsmärkte".

Die Konsistenz der Bewertungen ist eine wichtige Voraussetzung für die Qualität der Ergebnisse. Eine Entscheidung ist dann konsistent, wenn sie frei von Widersprüchen ist. *Saaty* unterscheidet in diesem Zusammenhang zwischen ordinaler Transitivität und kardinaler Konsistenz[197]: Ist $a1 > a2$ und $a2 > a3$, dann ist ordinale Transitivität nur dann gegeben, wenn $a1 > a3$ ist. Ist *a1* zweimal größer/besser/bedeutender als *a2* und *a2* dreimal größer/besser/bedeutender als *a3*, dann ist kardinale Konsistenz nur dann gegeben, wenn *a1* sechsmal besser ist als *a3*. Bei der Durchführung einer Vielzahl von Paarvergleichen treten insbesondere kardinale Inkonsistenzen auf. Eine geringe Anzahl von Abweichungen der vollständigen Konsistenz, die sowohl die ordinale Transitivität als auch die kardinale Konsistenz umfasst, ist für die Qualität einer Entscheidung jedoch unerheblich.[198]

195 Vgl. von Nitzsch (1993), S. 113 ff.; Schneeweiss (1990), S.13 ff.

196 Vgl. Saaty (2003), S. 83 ff.; Saaty (2000), S. 126 ff.

197 Vgl. Saaty (2003), S. 86.

198 Die in Tab. 1 dargestellten Beurteilungen weisen zwar ordinale Transitivität auf, da a2 > a1| a1 > a3 | a2 > a3, kardinale Konsistenz ist jedoch nicht gegeben, da a1: a3 = 1:2 | a2: a3 = 4:1 | a1: a3 = 2:1. Kardinale

Bei völliger Konsistenz einer Paarvergleichsmatrix ist deren größter Eigenwert (λ_{max}) gleich der Anzahl der Elemente (*n*) des gesuchten Eigenvektors (*v*). Bei inkonsistenten Bewertungen ist jedoch $\lambda_{max} > n$. Je näher also λ_{max} und *n* beieinander liegen, desto konsistenter sind die vorgenommenen Bewertungen.[199] Es gilt zu beachten, dass ein hohes Maß an Konsistenz bei Paarvergleichen eines kleineren Samples sehr viel einfacher zu erreichen ist als bei einem größeren Sample. Deshalb ist bei der Ermittlung des Konsistenzindexes *C.I.* (*Consistency Index*) die Dimension der Paarvergleichsmatrix zu berücksichtigen, sodass gilt.[200]

$$C.I. = \frac{\lambda_{max} - n}{n - 1} \qquad (5).$$

Den mathematischen Beweis lieferte *Saaty* indem er einen durchschnittlichen Konsistenzindex aus reziproken Matrizen und mithilfe eines Zufallsgenerators ermitteln ließ. Er generierte zunächst bis zu 500 *C.I.*-Werte mit der Matrizengröße $n = 15$. Auf Grundlage der entsprechenden Mittelwerte aller *C.I.*-Werte errechnete er dann den Zufallsindex *R.I.* (*Random Index*). Da bei einer Dimension von $n = 2$ alle Paarvergleiche in einer reziproken Matrix vollständig konsistent sind,[201] gilt:

$$R.I. = 0 \text{ für } n \leq 2$$

Auf Basis der Werte für *C.I.* und *R.I.* ergibt sich als relatives Konsistenzmaß das Konsistenzverhältnis *C.R.* (*Consistency Ratio*), das zur weiteren Entscheidungsunterstützung und zur Klärung inwieweit eine Überarbeitung der Paarvergleiche sinnvoll erscheint, herangezogen werden kann:

$$C.R. = \frac{C.I.}{R.I.} \qquad (6).$$

Saaty konstatiert, dass *C.R.*-Werte $\leq 0{,}10$ akzeptabel sind.[202] Folglich ist eine Bewertung nur dann relevant, wenn sie maximal 10% dessen entspricht, was das Resultat einer Zufallsverteilung wäre. Im Falle inakzeptabler Inkonsistenzen, müssen vor der Durchführung einer neuen Bewertung die Ursachen für das hohe Inkonsistenzmaß

Konsistenz wäre dann gegeben, wenn a1: a3 = 8:1 wäre. Ursache der im Beispiel beschriebenen kardinalen Inkonsistenz können u.U. die beschränkten kognitiven Fähigkeiten des/der Entscheidungsträger/s sein bzw. in der verwandten Skala selbst begründet liegen. Für a_1 kann ein Wert von 8 nämlich gar nicht vergeben werden kann, da es sich nach der Saaty-Skala hier lediglich um ein Zwischenintervall handelt.

199 Für eine genaue Erläuterung der Berechnungsmethodik von λ_{max} vgl. Saaty (2000), S. 47 ff.

200 Vgl. Saaty (1980), S. 21.

201 Vgl. hierzu auch Tab. 2.

202 Vgl. Saaty (1994b), S. 27; Saaty (2000), S. 84 f.; Saaty und Vargas (2001), S. 9.

festgestellt und beseitigt werden. Weisen die Paarvergleiche innerhalb der Matrizen keine bzw. akzeptable Inkonsistenzen auf, so sind die Erträge aller den Alternativen unmittelbar übergeordneten Kriterien zu ermitteln.

Grundsätzlich gilt, dass die *C.I.*-Werte der einzelnen Paarvergleichsmatrizen einer Hierarchie jeweils mit der Priorität desjenigen Elements der Hierarchie, auf das sich der entsprechende Paarvergleich bezieht, zu gewichten sind. Dann werden die gewichteten Werte aufaddiert. Mit den *R.I.*-Werten ist analog zu verfahren. Durch die Bildung des Quotienten aus den aggregierten *C.I.*- und *R.I.*-Werten ergibt sich für die Hierarchie das Gesamtkonsistenzverhältnis *C.R.H.* (*Consistency Ratio of the Hierarchy*), das analog zum *C.R.* zu interpretieren ist. An dieser Stelle sei auch auf alternative Verfahren zur Konsistenzermittlung verwiesen, so z.B. das von *Golden* und *Wang* entwickelte Konsistenzmaß.[203]

Bevor es jedoch zu einer endgültigen Lösung des Entscheidungsproblems kommt, ist in einem fünften und finalen Schritt die Durchführung einer Sensitivitätsanalyse denkbar. Mithilfe einer systematischen Verlagerung von Kriteriengewichten, können somit spezifische Grenzen bestimmt werden, bei denen sich die Reihung der Alternativen umkehrt. Sollte es im Falle einer geringfügigen Veränderung der Kriteriengewichte bereits zu einer starken Umkehr kommen, so ist das ein Hinweis auf ein instabiles Ergebnis, bzw. mangelhafte Ergebnisqualität. In einem solchen Falle ist es ratsam, eine Wiederholung des Bewertungsprozesses vorzunehmen.[204]

III. Nutzwertanalyse (NWA)

Die NWA ist ein vergleichsweise etabliertes Bewertungsverfahren, das bereits seit mehreren Jahrzehnten zur Anwendung kommt. Im Jahr 1971 definierte *Zangemeister* dieses Verfahren wie folgt: „Die Nutzwertanalyse ist die Analyse einer Menge komplexer Handlungsalternativen mit dem Zweck die Elemente dieser Menge entsprechend der Präferenzen des Entscheidungsträgers bezüglich eines multidimensionalen Zielsystems zu ordnen. Die Abbildung dieser Ordnung erfolgt durch die Angabe der Nutzwerte (Gesamtwerte) der Alternativen“[205].

Die NWA stellt demnach ein methodisches Verfahren dar, bei dem die zur Wahl stehenden Alternativen entlang mehrerer Maßstäbe zu bewerten sind.[206] *Bechmann* ergänzt in diesem Zusammenhang: „Das wesentliche Charakteristikum der Nutzwertanalyse ist die Auflösung einer komplexen Bewertungsproblematik in einfache

203 Vgl. Golden und Wang (1989), S. 68-81.

204 Vgl. Meixner und Haas (2008), S. 172 ff.

205 Zangemeister (1971), S. 45.

206 Vgl. Bechmann (1978), S. 20.

Teilaspekte, die Bewertung dieser Teilaspekte und die daran anknüpfende Zusammenfassung der Teilbewertungen zu einer umfassenden Bewertungsaussage: dem Nutzwert“[207]. Somit dient die NWA auch als systematische Bewertungs- bzw. Planungsmethode, die durch ihren multidimensionalen Charakter, der Bewertung unterschiedlicher Entscheidungsalternativen mittels mehrerer Bewertungsmaßstäbe also, eine Komplexitätsreduktion ermöglicht, ohne dabei die persönlichen Präferenzen des Entscheidungsträgers zu eliminieren. Für *Zangenmeister* bedeutet ebendiese Planung „vorausschauendes, systematisches Durchdenken und Formulieren von Verhaltensweisen, Zielen und Handlungsalternativen, deren optimale Auswahl sowie die Festlegung von Anweisungen zur rationellen Realisierung der ausgewählten Alternative“[208]. Diese Definition dient auch als theoretisches Fundament der NWA und als Muster für den herbeigeführten Entscheidungsprozess.

Wenngleich das Gesamtsystem der Bewertung einzelner Alternativen durch die herbeigeführte Multidimensionalität entsprechend umfangreicher wird, kann die Komplexität der Einzelentscheidungen erheblich reduziert werden, indem der Entscheidungsträger bei der Bewertung mit einzelnen, möglichst präzise abgegrenzten Bewertungskriterien konfrontiert wird: Er wird angehalten, diese vorab definierten, entscheidungsrelevanten Bewertungs- bzw. Zielkriterien durch ein entsprechendes Bewertungsverfahren[209] und mithilfe vorab definierter Skalenwerte zu gewichten. Auf der Grundlage dieser Bewertung wird dann zu einem späteren Zeitpunkt ein Projektwert aggregiert, wobei sich die Aggregation dieses Projektwertes eines klar strukturierten Verfahrens bedient. Zur Ermittlung der Nutzwerte muss ein Wertsystem erstellt werden, das sich aus Zielsystem und Präferenzen zusammensetzt. Die drei wichtigsten – formal und inhaltlich zu lösenden – Teilprobleme der Konstruktion einer NWA sind die Begründung des Bewertungsansatzes, die Skalierung und die Wertamalgamation.[210]

Die NWA dient demnach als Hilfsmittel, Alternativen bezüglich ihres subjektiven Wertebegriffs zu ordnen und die beste Alternative für die jeweilige Problemstellung zu ermitteln. Gleichzeitig lassen sich auch objektive Informationen mithilfe der Zielerträge der Alternativen zu einem Projektwert zusammenführen. Somit stellt das Verfahren eine vergleichsweise objektive Bewertung von Strategiealternativen si-

[207] Bechmann (1978), S. 21.

[208] Zangenmeister (1976), S. 34.

[209] Für die Bewertung der einzelnen Alternativen wird mit Zahlenwerten, i.d.R. auf einer Skala zwischen 1 und 10 gearbeitet, wobei die Größe der Zahlenintervalle von der Entscheidungssituation bzw. der intrinsischen Bewertungsproblematik abhängt. Die Kardinalität der Skalierung hat den Vorteil, dass der gemessene Nutzen inhaltlich begründbare Abstandseigenschaften besitzt.

[210] Vgl. Bechmann (1978), S. 23.

cher,[211] die unter Einbeziehung mehrerer Personen in das Bewertungsverfahren weiter gesteigert werden kann. Mithilfe der Ermittlung eines umfassenden Attraktivitätsurteils in Form des finalen Nutzwertes pro Entscheidungsalternative wird das Ergebnis des Bewertungsvorgangs zusammengefasst und eine einfache Vergleichbarkeit der Strategiealternativen geschaffen.

Im Folgenden soll der prozessuale Ablauf zur Durchführung einer NWA dargestellt werden. Auf Basis der Nomenklatur von *Bechmann* werden zunächst folgende Abkürzungen eingeführt:[212]

$Z_1, Z_2, \ldots, Z_n$	die *n* Zielkriterien, bezüglich derer die Bewertung erfolgt.
$a_1, a_2, \ldots, a_m$	die *m* verschiedenen Alternativen, die bewertet werden.
$w_1, w_2, \ldots, w_n$	die Gewichtungsfaktoren der Kriterien.
k_{ij}, $i = 1, \ldots, n$, $j = 1, \ldots, m$	der Zielertrag des *i*-ten Kriteriums bezüglich der *j*-ten Alternative. Dabei gilt es, die individuellen Einheiten zu beachten. So kann es sich bspw. beim Kriterium „Marktwachstum" um eine Prozentzahl, beim Kriterium „Anzahl der Wettbewerber" aber um eine Stückzahl handeln. Der Zielertrag einer zu bewertenden Alternative kann demnach innerhalb der unterschiedlichen Bewertungskriterien unterschiedliche Einheiten aufweisen.
e_{ij}, $i = 1, \ldots, n$, $j = 1, \ldots, m$	der Zielerfüllungsgrad des *i*-ten Kriteriums bezüglich der *j*-ten Alternative. Der Zielerfüllungsgrad kann bspw. in Form eines Wertes auf einer für alle Bewertungskriterien und zu bewertenden Alternativen einheitlichen Punkteskala existieren, in die die ermittelten Zielerträge ggf. transferiert werden, sofern die Zielertragsskala nicht mit der Zielerfüllungsgradskala identisch ist.
N_{ij}, $i = 1, \ldots, n$, $j = 1, \ldots, m$	der Teilnutzwert des *i*-ten Kriteriums bezüglich der *j*-ten Alternative.
N_j, $j = 1, \ldots, m$	Nutzwert der *j*-ten Alternative.

211 Die Nutzwertanalyse ist jedoch nicht auf die Bewertung von Strategien limitiert, sondern stellt durch ihre Orientierung an der Struktur des Grundmodells der Entscheidungstheorie ein allgemeines Bewertungsverfahren für Alternativen aus beliebigen Themenfeldern dar. Vgl. zur Erläuterung des Grundmodells der Entscheidungstheorie Bechmann (1978). Die Übertragung der Nutzwertanalyse auf die Bewertung von Geschäftsfeldstrategien erfolgte teilweise auch unter anderen Bezeichnungen, wie bspw. unter dem Begriff der „Strategischen Programmanalyse" oder der *Expanding Constraint Analysis*. Vgl. Wilde (1989), S. 178, und die dort genannten Quellen.

212 Vgl. im folgenden Bechmann (1978), S. 27-30.

Dabei gilt $N_{ij} = w_i \cdot e_{ij}$ und $N_j = N_{1j} + N_{2j} + \ldots + N_{nj} = \Sigma N_{ij}$[213]

Diese Ausführungen belegen, dass „man bei der Konstruktion einer Nutzwertanalyse von einem inhaltlichen Konzept ausgehen muss“[214]. Wie im weiteren Verlauf der vorliegenden Forschungsarbeit noch zu erläutern sein wird, basiert das dieser Untersuchung zugrunde liegende inhaltliche Konzept auf der Anwendung des ressourcenorientierten Ansatzes des strategischen Managements.

Zwar bietet die nutzwertanalytische Bewertung von Geschäftsfeldstrategien neben den bereits erläuterten Vorteilen der Komplexitätsreduktion und einfachen Vergleichbarkeit der Ergebnisse zahlreiche weitere Vorteile, besitzt jedoch auch Schwächen, die die Grenzen dieser Methodik aufzeigen. In diesem Zusammenhang ist insbesondere auf die Gefahr einer zu analytischen Betrachtung der Ergebnisse hinzuweisen, die die Bevorzugung einzelner Strategiealternativen gegenüber anderen auf Basis von geringen Nutzwertdifferenzen zur Folge hätte. Deshalb sollte der resultierende Nutzwert einer Alternative nicht die alleinige Entscheidungsgrundlage für die Bewertung bilden. *Ramme* führt in diesem Zusammenhang aus: „Punktwertverfahren[215] erfassen nicht alle Aspekte und dienen als ordnender Rahmen und Zusammenfassungs- bzw. Aggregationsinstrument“[216]. *Reichert* betont in diesem Zusammenhang, dass entsprechende Analysen häufig um Prosa-Bewertungen ergänzt werden,[217] wodurch ein vollständigeres Bild und eine tiefer gehende Entscheidungsgrundlage gewährleistet werden. Diesem Aspekt kommt in der Analyse der vorliegenden Untersuchungsergebnisse entsprechende Bedeutung zu.[218] Außerdem sei an dieser Stelle auf die Gefahr der intrinsischen Subjektivität von Entscheidungsprozessen hingewiesen, die durch Vorlieben und Emotionen der Entscheidungsträger die Bewertung beeinflusst und im Einzelfall zu Verzerrungen, falschen Gewichtungen und schließlich fehlerhaften Ergebnissen führen kann. *Zangenmeister* führt in diesem Zusammenhang jedoch an, dass die subjektive Ausrichtung für die Ergebnisqualität auch von Vorteil sein kann, warum er

---

213 Außerdem gilt $N_{(R)i} = \sum_j W_j Y_{ij}$

wobei $N_{(R)i}$ Ressourcenorientierter Nutzwert der Internationalisierungsaktivität i (Gesamtattraktivitätskennziffer)

W_j Gewichtungsfaktor des Erfolgsfaktors j ($0 \leq W_j \leq 1$; $\Sigma W_j = 1$)

Y_{ij} Ausprägung des Erfolgsfaktor j bei Internationalisierungsaktiv tät i ($0 \leq Y_{ij} \leq 5$, geplante Skala)

214 Bechmann (1978), S. 30.

215 Als Punktwertverfahren, im Englischen auch *Scoring Model* genannt, wird die Summe der Befragungsmethoden bezeichnet, die sich zur Bewertung von Alternativen anhand quantitativ und qualitativ messbarer Kriterien eignen, so z.B. die Nutzwertanalyse.

216 Ramme (2005), S. 157.

217 Vgl. Reichert (1984), S. 187.

218 Die ressourcenorientierte Bewertung der neun Diversifizierungsmärkte wurde in der vorliegenden Untersuchung jeweils um eine qualitative Befragung ergänzt.

das subjektive Moment bewusst in den Entscheidungsprozess mit einbezieht.[219] Die zunehmende Komplexität von Entscheidungsprozessen stellt eine weitere, zentrale Herausforderung für die Durchführung von nutzwertanalytischen Verfahren dar. So ist die Gesamtheit der finalen Konsequenzen aller Entscheidungen oftmals nicht abzusehen, bzw. der Befragte fühlt sich überfordert, wenn er mit zu vielen Alternativen konfrontiert wird oder die Beantwortung einer Frage seine Kompetenz übersteigt. Deshalb korreliert die Qualität der Ergebnisse auch mit der formalen Aussagekraft der im Rahmen des Messverfahrens abgegebenen Bewertungen. Aus diesem Grunde legt diese Untersuchung großen Wert auf die Sachkenntnis der zu befragenden Experten bzw. Interviewpartner. Die tragende, argumentative Säule legt eine positive Korrelation zwischen der Aussagekraft der Bewertungsergebnisse und der Hierarchiestufe des Interviewpartners nahe.

Abschließend bleibt zu ergänzen, dass sich die nutzwertanalytische Methode einer hierarchischen Strukturierung[220] bedienen kann, indem:

- einzelne Erfolgsfaktoren wieder nutzwertanalytisch auf eine Reihe von Erfolgsfaktoren zweiter Ordnung zurückgeführt werden, oder
- gesonderte Durchgänge einer NWA für einzelne strategische Ziele durchgeführt werden, deren Nutzwerte über eine übergeordnete NWA zu einem Gesamtnutzwert zusammengefasst werden.

Die NWA der Wertschöpfungsaktivitäten aus ressourcenorientierter Sicht stellt die zweite methodische Grundlage der vorliegenden Untersuchung dar. Sowohl deren Aufbau als auch die dieser Arbeit zugrunde liegende Darstellung und Diskussion der Ergebnisse sind Gegenstand des folgenden Kapitels. Zunächst soll jedoch die für den weiteren Verlauf der Untersuchung relevante Synthese beider methodischer Verfahren erfolgen.

IV. Synthese beider methodischer Verfahren

Bevor der AHP und die NWA als empirische Methoden dieser Arbeit zum Einsatz kommen, muss auf deren Koexistenz in der wirtschaftswissenschaftlichen Bewertungsforschung und innerhalb des vorliegenden Untersuchungsrahmens näher eingegangen werden. Beide Verfahren eigneten sich vor allem insofern zur Durchführung dieser Untersuchung, als dass sie pragmatische Lösungswege zur Komplexitätsreduzierung von Entscheidungsproblemen aufzeigen. Des Weiteren bot sich die NWA ins-

219 Vgl. Zangenmeister, (1976), S. 53 ff.

220 Vgl. Wilde (1989), S. 180 f. In Bezugnahme auf die hierarchisch aufgebaute Nutzwertanalyse verweist Wilde (1989) in seinen weiterführenden Erläuterungen auf die vorhandene Schnittstelle zur strategischen Portfolio-Analyse, die auch im Verlauf der vorliegenden empirischen Untersuchung Anwendung findet. Vgl. Wilde (1989), S. 181 ff.

besondere zur Anwendung in einem eher qualitativ orientierten Forschungsdesign an – ein für diese Untersuchung entscheidendes Kriterium. Schließlich ließen beide Verfahren unter Zuhilfenahme von Bewertungsskalen eine ausdifferenzierte Bewertung zu, ohne den notwendigen, praxisorientierten Bezug zum Bewertungsgegenstand zu verlieren. Gleichzeitig bestanden deutliche Unterschiede zwischen AHP und NWA hinsichtlich der Bewertungsmethodik, Durchführbarkeit und Ergebnisanalyse. Tab. 3 stellt die wichtigsten Unterschiede der Methodiken anhand der wichtigsten sechs Vergleichsparameter zusammen und klassifiziert sie anhand der respektiven Vor- bzw. Nachteile.

Vergleichsparameter	AHP	NWA
Gruppenentscheidungen	▪ Kompromissfindung innerhalb der Gruppe möglich oder alternativ durch Bildung des arithmetischen Mittelwertes aller Einzelwerte zu einem Gesamtwert	▪ Kompromissfindung innerhalb der Gruppe möglich oder alternativ durch Bildung des geometrischen Mittelwertes aller Einzelwerte zu einem Gesamtwert
Nachträgliche Erweiterung um Alternativen	▪ Nachträgliches Hinzufügen weiterer Alternativen eher nicht möglich, da die Gefahr eines *Rank Reversals* besteht	▪ Nachträgliches Hinzufügen weiterer Alternativen führt zu keiner Änderung der ursprünglichen Präferenzrangfolge, daher möglich
Berücksichtigung quantitativer und qualitativer Daten	▪ Kombination quantitativer und qualitativer Daten ist möglich	▪ Kombination quantitativer und qualitativer Daten ist nicht möglich
Vergleichbarkeit der Alternativen untereinander	▪ Durch Paarvergleichsmethode ist eine direkte Vergleichbarkeit gegeben	▪ Herstellung der Vergleichbarkeit durch Transformation führt zu Informationsverlusten
Konsistenzprüfung	▪ Möglich	▪ Mit Einschränkungen möglich
Verständlichkeit der Methode	▪ Grundsätzlich verständlich, wenngleich die Berechnungen der Eigenvektoren ein höheres Komplexitätsmaß darstellt	▪ Gut verständlich, da der Bewertungsprozess und die Berechnung der Nutzwerte gut nachvollziehbar ist
Kosten für entsprechende Evaluationssoftware	▪ Kostenintensiver, da hoher Evaluationsaufwand existiert ▪ Expert Choice (Version 13.0) kostet beispielsweise € 2.550	▪ Kostengünstiger, da die Bewältigung der Arbeitsschritte weniger komplex ist ▪ CelsiEval (Version 2.0) kostet beispielsweise € 490

Indifferenz | Nachteil | Vorteil

Tabelle 3: Gegenüberstellender Vergleich AHP / NWA in Anlehnung an *Riedl*

Quelle: eigene Darstellung, Riedl (2006)

Neben dem explorativen Charakter der vorliegenden Arbeit zur Erprobung der Nutzenstiftung beider Methodiken innerhalb strategischer Entscheidungsprozesse im medienökonomischen Bereich, sollte auch die Kombinationsmöglichkeiten beider Verfahren im Herleitungsprozess eines kohärenten Gesamtergebnisses getestet werden. Der Einsatz der beiden Methodiken hatte daher zum Ziel:

1. die jeweilige Methodik zur Durchführung der Bewertungsdurchgänge möglichst nutzenstiftend, zielgerichtet und effektiv einzusetzen, ausgerichtet am spezifischen Befragungsgegenstand und in Bezug auf das Expertensample,

2. das volle analytische Potenzial der jeweiligen Methodik auszuschöpfen in Bezug auf die Auswertung der Ergebnisse und der abschließenden Konsistenzüberprüfung, und

3. ausgehend von den individuellen Stärken die Vorteile eines integrativen Ansatzes beider Methodiken in der abschließenden Ergebnisanalyse auszunutzen.

Im Erhebungsprozess kamen beide Verfahren unter Berücksichtigung ihrer individuellen Stärken zum Einsatz. Der AHP bot sich zur Abschätzung des Marktpotenzials nach den vorab definierten Kriterien an. Mithilfe der Paarvergleichsmethode konnten auch ohne Kenntnis der spezifischen Marktdaten[221] verlässliche Gewichtungen der abgefragten Kriterien hinsichtlich eines jeden Diversifizierungsmarktes getroffen werden. Außerdem bestand die Möglichkeit, die mittels der AHP-Befragung generierten Paarvergleiche um die verfügbaren Daten externer Quellen zur Beurteilung spezifischer Marktkenngrößen zu ergänzen, ohne dabei die Aussagekraft der bereits abgegebenen Bewertungen zu relativieren.

Zur Beurteilung des Ressourcen- und Synergiepotenzials der Diversifizierungsmärkte eignete sich die NWA insofern, als dass die angeführten Kriterien nicht unbedingt quantifizierbar und daher einen von der subjektiven Einschätzung des Befragten stark abhängigen Charakter besaßen. Mithilfe der nutzwertanalytischen Methodik ließen sich die qualitativen Expertenbewertungen durch die Verwendung einer Ordinalskala problemlos in eine Matrix zur empirischen Analyse überführen. Des Weiteren wäre auch eine rückwirkende Alternativenerweiterung denkbar gewesen, so dass zusätzliche, von Experten als relevant angesehene Diversifizierungaktivitäten, die bislang nicht berücksichtigt wurden, zu einem späteren Zeitpunkt Eingang in diese bzw. die nachfolgenden Bewertungen erlangt hätten.

Beide Methodiken konnten zur Herleitung der vorliegenden Ergebnisse zielführend eingesetzt werden. Die abschließende Attraktivitätsanalyse erfolgte entlang der AHP- bzw. NWA-basierten Vorgehensweise zur Auswertung der Bewertungsergebnisse. Im Rahmen der AHP-Paarvergleichsanalyse erfolgte eine abschließende Konsistenzprüfung. Die Ergebnisse der mittels NWA durchgeführten Expertenbefragung

221 Verlässliche Marktdaten zu den in dieser Untersuchung identifizierten Diversifizierungsmärkten waren nur in den wenigsten Fällen vorhanden.

konnten durch die Ermittlung der jeweiligen Standardabweichungen auf ihre Konsistenz bzw. Bewertungssicherheit hin überprüft werden.

Da die vorliegende Untersuchung einen integrativen Ansatz unter Berücksichtigung beider Verfahrenstechniken aufgreift, stellt sie sich den Anspruch, die individuellen Stärken beider Methodiken zielführend miteinander zu verbinden. Für die finale Auswertung hatte die mittels AHP erfolgte Attraktivitätsbewertung der Diversifizierungsmärkte einen ebenso wichtigen Stellenwert wie die Bewertung der Diversifizierungsmärkte entlang des Ressourcen- und Synergiepotenzials. Beide Teile stellen die zentralen, empirischen Säulen dieser Untersuchung dar. Die ermittelten Paarvergleiche sowie die Nutzwerte wurden schließlich in Abhängigkeit voneinander ausgewertet und in ein Gesamtmodell integriert. Für die integrative Anwendung beider Verfahren existierten zwei wesentliche Motivationsgründe:

1. Am Beispiel dieses Ansatzes soll der theoretische Anwendungsbereich von AHP und NWA um eine neue Dimension ergänzt werden. Die vorliegende Untersuchung soll daher verdeutlichen, dass sich beide Verfahren zur Entscheidungsfindung auf strategischer Unternehmensebene eignen, den individuellen Stärken zur Herleitung und Konzeption eines Diversifizierungsrahmenmodells Rechnung getragen wird und sie sich innerhalb der vorliegenden Untersuchung zur Generierung verwertbarer Ergebnisse miteinander kombinieren lassen.

2. Die Anwendungsmöglichkeiten existierender, entscheidungstheoretischer Verfahren sollen für den medienökonomischen Forschungsbereich aufgezeigt werden. Die Illustration eines gelungenen Anwendungsbeispiels sowie die persönliche Erfahrungsschilderung sollen zur Nachahmung bzw. Übertragung dieser Methodologie auf andere Forschungsbereiche ermutigen.

Bei der Bewertung aller Diversifizierungsaktivitäten wurde auf eine einheitliche Verteilung der Gewichtungsfaktoren zur Bildung der mittels AHP gebildeten Paarvergleiche und der mittels NWA gebildeten Nutzwerte geachtet. Folgende Argumente sind für eine Gleichgewichtung im vorliegenden Falle anzuführen:

1. In der Literatur sind keine Hinweise auf die Allgemeingültigkeit übertragbarer Gewichtungsfaktoren zu identifizieren.

2. In der Realität ist die Gewichtungsausprägung individueller Kriterien abhängig von den Marktcharakteristika bzw. der Struktur der jeweiligen Unternehmen. Die Messung dieser Parameter würde den Forschungsrahmen der vorliegenden Untersuchung sprengen und nicht zwangsläufig zu eindeutigen Ergebnissen führen.

3. Durch die Gleichgewichtung wird eine Erhöhung der Transparenz erreicht, ohne die Ergebnisse dabei zu beeinflussen.

4. Durch die Bestimmung übergreifender Attraktivitätskennziffern werden Gesamtattraktivitäten ermittelt, die im weiteren Verlauf der Untersuchung die Grundlage für mögliche Individualisierungsansätze bilden.

Entsprechend dieser Vorgehenslogik wurde für die mittels AHP durchgeführte Attraktivitätsbewertung ein einheitlicher Gewichtungsfaktor gewählt. Da es sich um insgesamt drei marktorientierte Kriterien handelte, betrug dieser 0,33 bzw. 1/3.

Für den Zweck der vorliegenden ressourcenorientierten Untersuchung – und abweichend von der bereits vorgestellten *Bechmannschen* Nomenklatur – sollten die ermittelten Bewertungen der ressourcenorientierten Befragung als Teilnutzwerte in die Untersuchung einfließen.[222] Daher wurde von einer Einzelgewichtung der Teilnutzwerte mithilfe separate ermittelter Gewichtungsfaktoren abgesehen. Es gilt daher:

$$e_{ij} = N_{ij} \qquad (7).$$

Hier entspricht der Zielerfüllungsgrad *e* des *i*-ten Kriteriums bezüglich der *j*-ten Alternative dem Teilnutzwert *N* des *i*-ten Kriteriums bezüglich der *j*-ten Alternative. Außerdem gilt:

$$N_j = \sum_{i=1}^{n} g_i \cdot N_{ij} \qquad (8).$$

Die Summenbildung der Produkte vom Gewichtungsfaktor eines Kriteriums und Teilnutzwert eines Kriteriums entspricht dem Gewichtungsvektor, wobei hier für alle Kriterien $g_i = 0.2$ (1/5) angenommen werden soll.

Während sich der Einsatz des entsprechenden methodischen Verfahrens an der individuellen Struktur des Entscheidungsproblems orientierte, konnten die mittels AHP und NWA generierten Bewertungsergebnisse schlussendlich zusammengeführt und in ein Bewertungsmodell integriert werden. Ohne auf die Ergebnisse der vorliegenden Untersuchung vorweg greifen zu wollen, eignete sich die oben erläuterte Normierungs- bzw. Gewichtungslogik zur Integration der markt- und ressourcenorientierten Bewertungsergebnisse in ein Gesamtmodell zur strategischen Diversifizierung.

C. Konsequenzen für die vorliegende Untersuchung

Auf Basis der erarbeiteten Grundlagen, lassen sich vier Erkenntnisse, die für den weiteren Gang der Untersuchung von zentraler Bedeutung sind, herausstellen und abschließend zusammenfassen:

---

[222] Vgl. Bechmann (1978), S. 20ff.

1. Ausgehend von der Gegenüberstellung des markt- und ressourcenorientierten Ansatzes wird argumentiert, dass sich beide Theorien als komplementäre Konzepte kombinieren, bzw. vereinen lassen. Nachdem die industrieökonomische Betrachtungsweise der 1980er Jahre durch die Renaissance des ressourcenorientierten Ansatzes abgelöst worden ist, setzt sich seit Mitte der 1990er Jahre eine Tendenz zur verstärkten Integration der beiden Ansätze durch. Die vorliegende Arbeit greift diese auf und nutzt sie als Grundlage für die Formulierung der für das Entscheidungsproblem relevanten Bewertungskriterien.

2. Das Erfolgspotenzial der verbundenen Diversifikation ist größer als das der unverbundenen. Wenngleich die Korrelation zwischen Diversifikationsmodus und unternehmerischem Erfolg seit *Rumelts* Initialstudie aus dem Jahr 1974 sehr kontrovers diskutiert wird, weist die Mehrzahl der akademischen Arbeiten aus den Bereichen des strategischen Managements, der Finanztheorie und der Industrieökonomik auf eine empirische Überlegenheit der verwandten Diversifikation hin[223]. Dementsprechend wird in der vorliegenden Arbeit der Schwerpunkt auf verbundene Diversifikationsstrategien gelegt.

3. Die Verbundenheit der Diversifikation äußert sich primär durch die gemeinsame Nutzung der zur Verfügung stehenden Kernressourcen. Obwohl man in der Diversifikationsforschung zur Beurteilung der Verbundenheit von Geschäftsfeldern lange Zeit fast ausschließlich die Branchencharakteristika zurate gezogen hat, mehren sich die Befürworter des Kernkompetenzansatzes, welcher in der geschäftsfeldübergreifenden Nutzung von Kernressourcen die Voraussetzung für eine erfolgreiche Diversifizierung sieht. Dieser Argumentation wird hier gefolgt, wenngleich die Wichtigkeit der marktorientierten Kriterien zur Beurteilung einer Diversifikationsstrategie ebenso berücksichtigt wird.

4. Der Einsatz der Verfahrenstechniken des AHP und der NWA zur Beurteilung der Marktattraktivität bzw. des Ressourcen- und Synergiepotenzials von Diversifizierungsaktivitäten bietet sich für die vorliegende Untersuchung an. Die Synthese beider methodischer Ansätze lässt die Integration der generierten Ergebnisse im Rahmen eines Gesamtmodells zu. Die Kombination der erwähnten methodischen Verfahren stellt einen modernen Verfahrensansatz dar, dessen beispielhafte Anwendung einen Lösungsansatz für komplexe Entscheidungsprobleme illustriert und die vorliegende Untersuchung daher um ein weiteres methodisches Erkenntnisziel erweitert.

---

[223] Vgl. Rumelt (1982), S. 330 ff.

3. Empirische Untersuchung

D. Präsentation der Forschungsfragen

Wie erinnerlich, sollten im Rahmen dieser Untersuchung zwei zentrale Forschungsfragen beantwortet werden:

1. Welche Geschäftsfelder lassen sich als attraktive und strategisch sinnvolle Diversifizierungsmärkte für deutsche Zeitschriftenverlage identifizieren, mithilfe derer neue Synergien erzielt und Umsatzwachstum generiert werden kann? Auf welche Geschäftsfelder sollten sich deutsche Zeitschriftenverlage im Rahmen des Diversifizierungsprozesses konzentrieren?

2. Welche konkreten Handlungsempfehlungen lassen sich auf der Grundlage dieser Analyse für deutsche Zeitschriftenverlage ableiten und welche Normstrategien ergeben sich daraus?

Die Herleitung der zwei Forschungsfragen basierte auf der Zielsetzung der vorliegenden Arbeit, d.h. der Erstellung eines Rahmenmodells zur Bewertung von Diversifizierungsstrategien deutscher Zeitschriftenverlage und dessen Überprüfung zur grundsätzlichen Eignung der Strategiebildung. Mithilfe der Konzeption eines entsprechenden Modells sollte dann die Attraktivität der vorab identifizierten Diversifizierungsmärkte analysiert werden.

Die Forschungsfragen sollten im Rahmen zweier unabhängig voneinander geführten (wenngleich aufeinander aufbauenden) Befragungsrunden adressiert werden. Sie tragen zur Einengung des strategischen Optionsraums bei und dienen der deutlichen Abgrenzung von anderen Teilgebieten ähnlicher Forschungsansätze. Die im Rahmen der empirischen Erhebung zusammengetragenen Ergebnisse stellen den zentralen Mehrwert dieser Forschungsarbeit dar. Sie liefern den quantitativen Beitrag zur Herleitung des Diversifizierungsrahmenmodells und bilden somit den hauptsächlichen Erkenntnisgewinn der Untersuchung, der dann um die qualitativen Ergebnisse aus den Experteninterviews ergänzt wird.

Die Konzeption dieses Modells basiert vom Aufbau her auf einem plausiblen, logisch nachvollziehbaren Herleitungsprozess, der durch seine Transparenz die allgemein bekannten Schwierigkeiten empirischer Studien zum strategischen Management reduzieren soll.[224]

---

[224] Chan-Olmsted und Chang (2003), S. 218, nennen unter Bezugnahme auf Lockett und Thompson (2001) als primäre Ursachen für diese Schwierigkeiten das für jedes Unternehmen spezifische Set an Möglichkeiten und Chancen sowie die kausale Ambiguität in Zusammenhang mit empirischen Strategiestudien. Unter der kausalen Ambiguität ist der unklare Zusammenhang zwischen Wettbewerbsvorteilen und den Ressourcen eines Unternehmens zu verstehen.

Im Folgenden wird zunächst eine dreigliedrige Eingrenzung des Forschungsgebiets vorgenommen, bevor der methodische Ansatz der Untersuchung erläutert wird, i.e. die vierstufige Herleitung eines Diversifizierungsmodells für Zeitschriftenverlage, die Verfahrenstechnik und der Anwendungsbereich der Methodiken sowie die Auswahl der Untersuchungsobjekte und Experten. Im Anschluss daran werden die Ergebnisse der vorliegenden Untersuchung präsentiert.

E. Eingrenzung des Untersuchungsgebietes

Wie eingangs bereits erläutert, sind Diversifizierungsprozesse mit einer Vielzahl unvorhersehbarer Risiken verbunden, deren Entscheidungsdynamik oftmals hochgradig komplex ist. Daher ist eine systematische Planung für Unternehmen von hoher Bedeutung.[225] Wenngleich bereits die Mehrzahl der Zeitschriftenverlage neue Absatzmärkte und Kundengruppen durch gezielte Diversifizierungsstrategien zu erschließen versuchen, ist das Management mit dem Planungs- bzw. Realisierungsprozess vielerorts überfordert. Stattdessen verfahren viele Verlagsmanager nach dem *Trial & Error* Prinzip, insbesondere dann, wenn sich auf den zur Diversifizierung geeigneten Märkten noch kein nachhaltiges, erprobtes und profitables Geschäftsmodell durchgesetzt hat.[226] Da sich eine Vielzahl der zur Diversifizierung geeigneten Märkte in einem vergleichsweise frühen Entwicklungsstadium befindet, fällt eine fundierte Einschätzung ihrer Erfolgspotenziale bzw. Geschäftsmodelle umso schwerer. Ein breit angelegter Portfolioansatz stellt daher eine für diese Untersuchung grundsätzlich sinnvolle Planungslogik dar, wobei die Beurteilung von Marktpotenzialen und Unternehmensaktivitäten eine wichtige Rolle spielt, um die sinnvolle Allokation der Ressourcen sicherzustellen.

Aufgrund dieser Herausforderung in der Planung und Implementierung von Diversifizierungsaktivitäten bestand das Ziel dieser Untersuchung in der Herleitung eines Rahmenmodells, das Verlagsmanagern die Möglichkeit geben soll, eigene Diversifizierungsstrategien zu entwickeln, bzw. diese zu überprüfen und ggf. zu optimieren. Wie eingangs bereits erläutert, wurden vorab identifizierte, zur Diversifizierung geeignete Geschäftsfelder hinsichtlich ihrer Attraktivität entlang hergeleiteter markt- und ressourcenorientierter Kriterien bewertet und analysiert, um den Optionsraum aller grundsätzlich sinnvollen Diversifizierungsaktivitäten aus Sicht eines idealtypischen Zeitschriftenverlags aufzuzeigen. Durch die transparente Verfahrensmethodologie der mehrstufigen Bewertung soll die Anpassung des verallgemeinerten Diversifizierungsmodells an das jeweilige Unternehmen ermöglicht werden.

---

[225] Schawinski (2007), S. 239.

[226] Vgl. Dorenkamp (2003), S. 72.

Um eine größtmögliche Genauigkeit bei der Interpretation der Ergebnisse zu erzielen und die im vorherigen Teilkapitel gestellten Forschungsfragen abschließend zu beantworten, musste das dieser Arbeit zugrunde liegende Untersuchungsgebiet entlang dreier Dimensionen eingegrenzt werden. Die erste Eingrenzung ist struktureller Natur und bezieht sich auf die theoretische Grundlage des Untersuchungsgegenstandes. Die zweite Eingrenzung wurde in Hinblick auf die Methodik der vorliegenden Arbeit vorgenommen. Die dritte Eingrenzung bezieht sich auf die Auswahl der Untersuchungsobjekte und der zu befragenden Experten bzw. Interviewpartner.

In Hinblick auf die theoretische Fundierung dieser Arbeit, ist mit der Konzentration auf die Ermittlung attraktiver Diversifizierungsoptionen für deutsche Zeitschriftenverlage bereits eine eindeutige, strukturelle Eingrenzung erfolgt. Als Ausgangspunkt des Untersuchungsgegenstandes dient die Lehre des Diversifikationsmanagements, d.h. der Ausweitung bestehender Geschäftsfelder in für das Unternehmen bislang unerschlossene Märkte. Der eindeutig betriebswirtschaftliche Fokus dieser Untersuchung lässt sich auf der Ebene der strategischen Entscheidungsfindung, dem Management eines Unternehmens, verorten und stellt somit eine praktische Entscheidungshilfe für Verlagsmanager dar. Das inhaltliche Erkenntnisziel dieser Arbeit ist auch als Erweiterung der bestehenden Literatur zum Diversifizierungsmanagement in Medienmärkten zu sehen.

Außerdem wurden diverse Eingrenzungen hinsichtlich der methodischen Vorgehensweise vorgenommen. Die in dieser Forschungsarbeit angewendeten methodischen Verfahren sind Bewertungstechniken, die die individuellen Einschätzungen der Befragten in Form sog. Paarvergleiche (AHP) bzw. mithilfe der Transformierung in Skalenwerte (NWA) ermöglichen und spezifische Vorteile bei der Analyse persönlicher Experteneinschätzungen bieten, wie z.B. die Auswertung der individuellen Ergebnisse einer Befragung in aggregierter Form sowie die Überprüfung des jeweiligen Konsistenzmaßes einer Befragung. Wenngleich der numerische Umfang des Befragungssamples verglichen mit dem anderer empirischer Untersuchungen geringer ausfällt,[227] wird die Ergebnisqualität der vorliegenden Untersuchung durch den Zugang zu fachkundigen, bzw. strategie- und entscheidungsverantwortlichen Experten gesichert. Der Expertenstatus spielte sowohl bei der Datenerhebung zur Ermittlung der Marktattraktivität als auch für die unternehmensinternen Befragungen zur Ermittlung des Ressourcen- und Synergiepotenzials eine wesentliche Rolle. Zur Sicherstellung der Ergebnisqualität musste schließlich auch die Kompetenzebene bzw. fachkundige Expertise der jeweiligen Experten Berücksichtigung finden, um eine kompetente Beantwortung der Fragen sicherstellen zu können. Aus diesem Grunde wurde in der vorliegenden Untersuchung sichergestellt, dass der Experte über ein entsprechendes Maß an Markt- und Branchenerfahrung verfügt, bzw. in den Entscheidungsprozess der Diversifizierung

[227] Meixner und Haas (2008), S. 8 f.

eingebunden ist und über den notwendigen Unternehmensüberblick verfügt. Aufgrund des hohen Aussagegehalts der Experteneinschätzungen konnte der vergleichsweise geringe numerische Umfang des Befragungssamples kompensiert und eine hohe Ergebnisqualität sichergestellt werden. Dennoch erscheint eine Abgrenzung zu wirtschaftswissenschaftlichen Forschungsarbeiten, deren empirische Datenmengen um ein Vielfaches größer sind, notwendig. Mit Hinblick auf den unternehmensinternen, auf die Ermittlung des ressourcenorientierten Verbundenheitsmaßes der Geschäftsfelder ausgelegten Untersuchungsgegenstand, erschien jedoch die Konzentration auf eine kleine Gruppe, im Unternehmen etablierter Entscheidungsträger sinnvoll. Die Erhöhung der empirischen Fallzahl hätte mglw. zu einer Reduzierung der Aussagekraft des Befragungssamples geführt. Durch die Auswahl entscheidungsberechtigter, strategieverantwortlicher Mitarbeiter konnte das Wissen an der relevanten Schnittstelle zwischen operativem Geschäft und strategischer Handlungsebene abgefragt werden.

Schließlich wurde auch eine Eingrenzung hinsichtlich der Untersuchungsobjekte vorgenommen. So stellt die vorliegende Untersuchung die deutschen Zeitschriftenverlage in den Betrachtungsfokus. Folgt man der definitorischen Eingrenzung des Zeitschriftenmarktes, der wiederum neben den Zeitungen und Büchern als dritter Bestandteil des Print-Marktes angesehen werden kann, wäre eine weitere Klassifizierung in Publikums- und Fachzeitschriften überlegenswert. Da es sich jedoch bei der Mehrzahl der potenziell relevanten Untersuchungsobjekte um Zeitschriftenverlage handelt, die sowohl Publikums- als auch Fachzeitschriften verlegen, und eine entsprechende Untergliederung keine Minderung der Ergebnisgenauigkeit erwarten lies, wurde von dieser Eingrenzung abgesehen.

F. Methodischer Ansatz der Untersuchung

I. Konzeption und Herleitung eines Diversifizierungsmodells für Zeitschriftenverlage

Die Herleitung des Rahmenmodells zur Planung von Diversifizierungsaktivitäten deutscher Zeitschriftenverlage erfolgte im Rahmen einer vierstufigen Vorgehensweise. In einem ersten Schritt wurden potenziell attraktive Geschäftsfelder identifiziert, um sie anschließend entlang der ressourcen- und marktorientierten Kriterien bewerten zu können. Dafür wurde in einer ersten Befragung ein Sample von 35 Unternehmensberatern der auf die Medien- und Telekommunikationsbranche spezialisierten, strategischen Beratungsfirma *Solon Management Consulting* nach den aussichtsreichsten Diversifizierungsaktivitäten befragt. Anschließend wurden die Antworten bereinigt, hierarchisiert und in einer Liste von Diversifizierungsmustern angeordnet.

Im zweiten Schritt wurden nach Klärung des Diversifikationsbegriffes die relevanten Bewertungsprofile erstellt, um die Markattraktivität sowie das Ressourcen- und

Synergiepotenzial der identifizierten Diversifizierungsaktivitäten bewerten zu können. Hier entstand zunächst ein erstes Bewertungsprofil aus marktorientierter Sicht. Die Herleitung der entsprechenden Determinanten zur marktorientierten Bewertung erfolgte auf Grundlage der von *Porter* hergeleiteten *Five Forces*[228]. Ergänzend wurde ein zweites, ressourcenorientiertes Profil als Bewertungsprofil konzipiert, dessen Kriterien sich im Kern am *Wirtzschen* Modell zur Illustration der Kernressourcen und -kompetenzen von Medienunternehmen orientieren.[229] Um alle potenziell relevanten, ressourcenorientierten Kriterien auf einen idealtypischen Zeitschriftenverlag zu übertragen, auf ihre Wirkungsrelation hin zu untersuchen und entsprechend ihrer Relevanz zu ordnen, wurde eine Expertenbefragung mit Vertretern der Medienwissenschaften sowie der Zeitschriftenindustrie durchgeführt.

Der dritte Schritt, der den wichtigsten Beitrag zur Erhebung der dieser Arbeit zugrunde liegenden Ergebnisse darstellt, bestand in der Gewichtung aller identifizierten Diversifizierungsaktivitäten entlang der vorab definierten Auswahl der markt- und ressourcenorientierten Kriterien. Dazu wurden zwei separate Bewertungsschritte unternommen, die zeitlich parallel zueinander durchgeführt wurden. Der Erhebungszeitraum dauerte von Anfang Dezember 2010 bis einschließlich März 2011. Demnach wurden die vorab identifizierten Diversifizierungsmärkte einer marktorientierten Bewertung unterzogen. Hierbei konnte auf das gleiche *Solon*-Expertensample wie zur Geschäftsfeldidentifizierung zurückgegriffen werden. Zur Erhebung der quantitativen Daten kam der AHP zum Einsatz: Mittels Paarvergleichsmethode wurden die vorab identifizierten Diversifizierungsmärkte entlang der hergeleiteten, marktorientierten Bewertungskriterien gewichtet. Schließlich konnte mithilfe der Errechnung aller Eigenvektoren eine marktorientierte Gewichtung der Diversifizierungsmärkte vorgenommen und die Konsistenz der Ergebnisse überprüft werden. Zur ressourcenorientierten Bewertung der Diversifizierungsmärkte wurden leitfadengestützte Interviews durchgeführt. Dabei gliederten sich die Tiefeninterviews sowohl in einen quantitativen als auch in einen qualitativen Teil. Befragt wurden strategieverantwortliche Entscheidungsträger der führenden deutschen Zeitschriftenverlage. Wie es das hier eingesetzte, methodische Verfahren der NWA vorsieht, mussten die vorgegebenen Diversifizierungsoptionen entsprechend der identifizierten ressourcenorientierten Kriterien auf einer Skala von 1 bis 5 beurteilt werden. Anschließend konnten die individuellen Nutzwerte aller Diversifizierungsoptionen aus ressourcenorientierter Sicht errechnet und entsprechend hierarchisiert werden. Der qualitative Teil ermöglichte ein tiefer greifendes Verständnis der (internen) Diversifizierungsentscheidungen und -prozesse, erlaubte es aber auch, auf spezifische Kernressourcen oder -kompetenzen einzugehen und deren Rolle näher zu beleuchten. Außerdem diente dieser Teil der Klärung letzter Verständnisfragen und ermöglichte die Integration zusätzlicher Diversifizierungsmärk-

228 Vgl. Porter (1990), S. 21-27.

229 Vgl. Wirtz (2009), S. 31-35.

te, die bislang noch nicht abgebildet, vom Interviewpartner aber als relevant eingestuft worden waren und daher rückwirkend in die Bewertung inkludiert wurden.

Abschließend erfolgte die Auswertung der gesammelten Daten. Zur Konzipierung des Diversifizierungsrahmenmodells wurden die Ergebnisse des ersten und zweiten Teils aus dem dritten Untersuchungsschritt miteinander kombiniert.[230] Darauf aufbauend konnte schließlich die Ermittlung der attraktivsten Diversifizierungsrichtungen für deutsche Zeitschriftenverlage unter Berücksichtigung der ressourcen- und marktorientierten Bewertungsprofile abgeschlossen sowie erste Handlungsempfehlungen entworfen und spezifische Normstrategien formuliert werden. Abb. 18 fasst den Gang der empirischen Untersuchung exemplarisch zusammen.

Empirie	**1. Schritt**	**2. Schritt**	**3. Schritt**	**4. Schritt**
	Identifikation der Diversifizierungsräume	**Identifikation der m/r-orientierten Kriterien**	**M/r-orientierte Bewertung der Diversifizierungsräume**	**Auswertung und Integration der Ergebnisse**
Zentrale Fragestellung	▪ Welche Diversifizierungsmärkte lassen sich für deutsche Zeitschriftenverlage identifizieren? ▪ Lässt sich der strategische Diversifizierungsraum deutscher Zeitschriftenverlage abbilden?	▪ Welche markt- und ressourcenorientierten Kriterien lassen sich identifizieren? ▪ Wie lassen sich die markt- und ressourcenorientierten Kriterien herleiten?	▪ Wie attraktiv sind die identifizierten Diversifizierungsmärkte aus ressourcen- und marktorientierter Sicht?	▪ Wie lassen sich die Diversifizierungsmärkte entsprechend der ermittelten AHP- und NWA-Bewertungen kategorisieren? ▪ Lässt sich ein Rahmenmodell für die strategische Diversifizierungsplanung entwerfen?
	Generische Befragung und Recherche	***Literaturanalyse und Expertenbefragung***	***AHP, NWA und qualitatives Forschungsdesign***	***Auswertungsverfahren***
Vorgehen/angewendete Methodik	▪ Unternehmensinterne Befragung bei *Solon Management Consulting* (Fallzahl: 40) ▪ Minifallstudien und Experteneinschätzun gen ▪ Bereinigung, Hierarchisierung und Anordnung der Diversifizierungsmärkte zu sog. Diversifizierungsmustern	▪ Analyse der entsprechenden Fachliteratur ▪ Unternehmensinterne Befragung bei Solon Management Consulting sowie Unternehmensfallstudien ▪ Persönliche Interviews mit Branchenexperten	▪ Unternehmensinterne Befragung bei Solon Management Consulting mittels AHP (Fallzahl: 25) ▪ Persönliche Tiefeninterviews mit Verlagsmanagern auf Basis eines teilstandardisierten Fragebogens mittels NWA (Fallzahl = 17) ▪ Ergänzung um qualitative Befunde aus den Interviews	▪ Auswertung der Ergebnisse und Überprüfung der Konsistenz bzw. Bewertungssicherheit ▪ Einordnung der Diversifizierungsmärkte in das AHP/NWA-Portfolio ▪ Überprüfung der Korrelation aller ermittelten Attraktivitätskennzahlen für die Diversifizierungsmärkte

Abbildung 18: Gang der empirischen Untersuchung

Quelle: eigene Darstellung

[230] Die Generierung der Untersuchungsergebnisse wird im weiteren Verlauf dieses Kapitels näher erläutert. Dabei wird auf die Anwendung der methodischen Verfahrenstechniken genau eingegangen.

II. Verfahrenstechnik und Anwendungsbereich der Methodiken

Der Datenerhebungsprozess, der mit Blick auf den Gang der Untersuchung obenstehend als dritter Schritt gekennzeichnet ist, unterteilt sich in zwei separate, voneinander unabhängige Prozesse, die sich hinsichtlich der Verfahrenstechnik voneinander unterscheiden. Folgt man dem theoretischen Ansatz der empirischen Methodenforschung, so muss man eine grundsätzliche Differenzierung systematischer Erhebungsverfahren vornehmen, die die folgende Unterteilung zu Grunde legt: Befragung, Beobachtung und Inhaltsanalyse.[231] Wegen der methodischen Unterschiedlichkeit beider Verfahren, die bereits im vorherigen Teilkapitel erläutert wurde, kommt es auch zu einer voneinander divergierenden, technischen Umsetzung. Trotz dieser Divergenzen im Bewertungsvorgang, wird eine inhärente Vergleichbarkeit der Ergebnisse gewährleistet.[232]

Beide Erhebungsvorgänge gliedern sich in drei Phasen: die Vorbereitung der Untersuchung, deren Durchführung und eine abschließende Auswertung. Dabei sind aufgrund der voneinander abweichenden Verfahrenstechniken und der dabei zum Einsatz kommenden Methodiken unterschiedliche Arbeitsschwerpunkte zu setzen.

Das Ziel empirischer Erhebungen besteht in der Überprüfung von Arbeitshypothesen, bzw. theoretisch formulierten Annahmen an spezifischen Wirklichkeiten.[233] Hier ist es die Aufgabe von Theorie und Methodik, den bestmöglichen Qualitätsstandard durch eine saubere Generierung der Daten und deren strukturierte Auswertung sicherzustellen. Diese wissenschaftliche Technik stellt im Vergleich zu Befragungen nach qualitativem Forschungsdesign grundsätzlich andere Ansprüche an den Wissenschaftler. Die Herausforderung liegt hier insbesondere darin, das Verhalten in Form von Modellen, Zusammenhängen und zahlenmäßigen Ausprägungen möglichst exakt mit systematisch entwickelten Methoden zu beschreiben.[234] Dabei orientieren sich die Erhebungsverfahren im Kern zumeist an dem deduktiv-empirischen Wissenschaftsmodell, dessen Ziel es ist, eine Theorie auf ihre Validität hin zu überprüfen.[235] Hier kommt ein deduktiver Forschungsansatz zum Einsatz, der ausgehend von der theoretischen Fundierung eine Ableitung von Hypothesen erlaubt, die dann wiederum mithilfe der erhobenen Daten empirisch überprüft werden.[236] Der Schwerpunkt dieses Vorgehens liegt auf der Sauberkeit der Verfahrenstechnik und der Stringenz des For-

231 Vgl. Schnell, Hill und Esser (1999), S. 297.

232 An dieser Stelle scheint ein erneuter Hinweis auf die Differenzierung zwischen Vorgehensweise und angewendeter Methodik angebracht. Während die Vorgehensweise den Gang der Untersuchung, einschließlich Vorbereitung, Durchführung und Auswertung der Empirie umfasst, konzentriert sich die Methodik auf die zum Einsatz kommende Auswertungstechnik, in diesem Falle – wie bereits dargelegt – AHP und NWA.

233 Vgl. Atteslander und Cromm (2003), S. 5.

234 Vgl. Bortz und Döring (2005), S. 295 f.

235 Vgl. Diekmann (1995), S. 164.

236 Vgl. Strauss (1998), S. 37.

schungsdesign in Form einer standardisierten Erhebung.[237] Vor Durchführungsbeginn sollte in jedem Falle ein Fragebogen-*Pretest* erfolgt sein, da zum Erhebungsbeginn keine nachträglichen Ergänzungen bzw. Korrekturen des Fragebogens mehr möglich sind.

Die Bewertung der identifizierten Diversifizierungsmärkte aus marktorientierter Sicht bediente sich im Vergleich zu den Experteninterviews einer ähnlich umfangreichen Verfahrenstechnik. Das Hauptaugenmerk dieser Befragung lag jedoch auf den Vorbereitungsmaßnahmen, die den anspruchsvollsten Teil dieses Untersuchungsschritts darstellten (siehe Abb. 19).

Abbildung 19: Vorbereitungsschritte eines empirischen Fragebogens

Quelle: eigene Darstellung

Zunächst lag das Hauptaugenmerk auf der Konzipierung eines ersten Fragebogenentwurfs, die gemessen am restlichen Vorbereitungsprozess anspruchsvollste Aufgabe. Gleich zu Anfang stellten sich drei Kernfragen, die nach Einschätzung von *Atteslander und Cromm* die Grundlage einer jeden empirischen Forschungsleistung darstellen sollten und für die Benennung des Forschungsproblems, bzw. der zu überprüfenden Hypothese unabdingbar sind: „Was soll erfasst werden?, Warum soll erfasst werden? und Wie soll erfasst werden?“[238]. Mithilfe der bereits identifizierten Diversifizierungsmärkte konnte die erste Dimension des Befragungshorizonts abgesteckt werden. Die Herleitung der marktorientierten Kriterien stellte den nächsten Verfahrensschritt dar. Mit Hinblick auf die Forschungsfragen der vorliegenden Arbeit konnte nun der Bewertungsgegenstand festgelegt und die Bewertungsfragen formuliert werden. Dabei galt es die Diversifizierungsmärkte entlang der marktorientierten Kernressourcen zu bewerten. Als passendes Bewertungsschema wurde die Anwendung der Paarvergleichsmethode identifiziert. Der Einsatz der AHP-Methodik beantwortete schließlich die Frage nach dem „Wie“.

Im gesamten Vorbereitungsprozess lag das Hauptaugenmerk auf den von *Diekmann* als wesentliche Gütekriterien identifizierten Verfahrenscharakteristika:[239]

[237] Vgl .Mayer (2008), S. 44.

[238] Atteslander und Cromm (2003), S. 4.

[239] Vgl. Konrad (2001), S. 115 ff.

1. **Verständlichkeit**: Zunächst bestand die Herausforderung in einer klaren und präzisen Formulierung der Aufgabenstellung, die dem Befragten genug Informationen zur gewissenhaften Bearbeitung der Bewertungsaufgaben gibt, ihn aber gleichzeitig nicht überfordert. Zur Generierung verwertbarer Bewertungsergebnisse musste die Aufgabenstellung außerdem verbal sehr gut verständlich sein.[240] Außerdem sollte eine kurze Einführung in den Untersuchungsgegenstand zu einem besseren Hintergrundverständnis führen.

2. **Realisierbarkeit**: Das Anforderungsprofil der Bewertungsaufgaben durfte den Befragten in keinem Fall überfordern. Die Anzahl der zu bearbeitenden Fragen sollte dabei einen Bearbeitungsrahmen von zwanzig Minuten nicht überschreiten, das grafische Design übersichtlich und ansprechend sein. Die Bewertungsmethodik sowie die Verwendung der Bewertungsskala mussten in jedem Falle gut verständlich sein. Außerdem sollten die Bewertungsaufgaben lösbar sein ohne dabei die Kompetenz der Befragten zu überschreiten.

Mithilfe vorab durchgeführter *Pretests* konnte die Stringenz und Klarheit in den Frageformulierungen sowie das grafische Design nachhaltig verbessert werden.[241] Erst nach Abschluss aller *Pretests* und der Einarbeitung notwendiger Verbesserungsvorschläge erfolgte die Kontaktaufnahme zu *Solon Mangement Consulting*. Die Teilnehmer der Befragung wurden sowohl persönlich als auch per eMail kontaktiert und aufgefordert, den jeweiligen Fragebogen auszufüllen. Zur Bearbeitung des Fragebogens waren zehn Tage vorgesehen, nach diesem Zeitraum erfolgte eine Erinnerungs-eMail an alle im Sample enthaltenen Personen. Nach vierzehn Tagen war die Erhebung abgeschlossen.[242] Für die Befragung wurde die Anonymisierung aller Antworten sowie die ausschließliche Verwendung der Ergebnisse im Rahmen der vorliegende Forschungsarbeit fest zugesagt. Die finale Datenanalyse orientierte sich schließlich an dem methodischen Auswertungsverfahren des AHP, der deutliche Arbeitsschritte zur Herleitung der Ergebnisse definiert.

Aufgrund der inhärenten Komplexität des zentralen Untersuchungsgegenstandes wurde für die ressourcenorientierte Beurteilung der Diversifizierungsmärkte eine gegenstandsnahe, qualitativ orientierte Vorgehensweise gewählt. Seit den 1970er Jahren

[240] Die vorab identifizierten Diversifizierungsmärkte und zur Beurteilung herangezogenen marktorientierten Kriterien wurden im Rahmen des Fragebogendesigns daher kurz und deutlich erläutert.

[241] Zur Durchführung der *Pretests* konnte sowohl auf diverse Lehrstuhlmitarbeiter / Mitarbeiter der *Hamburg Media School* sowie weitere persönliche Kontakte des Autors, die im akademischen Betrieb tätig und mit dem Gebiet des empirischen Fragebogendesigns vertraut sind, zurückgegriffen werden.

[242] Ein Erhebungszeitraum von insgesamt zwei Wochen wird nach Franz, Ramser und Stadler (2003) für unternehmensinterne Datenerhebungen als wissenschaftlich akzeptiertes Zeitintervall angesehen.

setzt sich die qualitative Forschung in Deutschland wieder verstärkt durch.[243] Aufgrund ihrer explorativen Herangehensweise eignen sich qualitative Verfahren besonders gut zur Untersuchung komplexer, unerschlossener Phänomene.[244] Ihnen liegt eine interpretative, gegenstandsnahe Herangehensweise zugrunde, wobei sie sich einer Vielzahl unterschiedlicher Methoden bedienen können.[245] Die Interpretation des Wissenschaftlers stellt dabei einen festen Bestandteil der qualitativen Forschungsmethodik dar und muss – die Einhaltung der Gütekriterien qualitativen Forschens vorausgesetzt – als zentrales Element im Prozess der Erkenntnisgewinnung angesehen werden,[246] auf dessen Grundlage weiterführende Thesen abgeleitet werden können. Hier gilt es einen verantwortungsvollen Umgang mit dem interpretativen Element qualitativer Forschung sicherzustellen: Ein willkürliches Untersuchungsdesign und eine rein subjektive Ableitung vermeintlich relevanter Erkenntnisse würde der Definition des „interpretativen Paradigmas"[247] nicht genügen. Die Einhaltung allgemeiner, wissenschaftlicher Qualitätsstandards ist daher für qualitative Forschungsvorhaben unabdingbar, darf jedoch nicht zu einem Verlust des notwendigerweise offenen und auf den Untersuchungsgegenstand zugeschnittenen Charakters führen. Zusammenfassend erläutern *Gephart und Robert* in Bezugnahme auf das qualitative Forschungsdesign: „It is important to show what was done in the research process and to articulate how research practices transformed observations into data, results, findings, and insights. The methodology used need not be complex, and the methodological account need not dominate the written report. […] While qualitative methods need to be elaborated or modified for each new application, this does not mean that anything goes or that the best method is no method. Researchers need to report their sources and types of data as well as their data analysis practices"[248]. Wie in Tab. 4 dargelegt, existieren nach *Mayring* sechs Gütekriterien qualitativer Forschung, denen beim Design der vorliegenden Arbeit Rechnung getragen wurde, insbesondere in Bezug auf eine saubere, transparente Verfahrensdokumentation und der eindeutigen Regelgeleitetheit.[249]

[243] Mayring nimmt Bezug auf die „qualitative Wende" und beschreibt den Trend zu qualitativen Erkenntnismethoden als eine tief greifende Veränderung der Sozialwissenschaften im 20. Jahrhundert. Vgl. Mayring (2002), S. 9.

[244] Vgl. Lantzsch und Will (2008), S. 153.

[245] Vgl. Gephart und Robert (2004), S. 454, und die dort genannten Quellen.

[246] Vgl. hierzu die Ausführungen Mayring (2002), S. 10, zum „interpretativen Paradigma".

[247] Der Grundgedanke des „interpretativen Paradigmas" besagt, dass der Wissenschaftler selbst Interpret sein muss, da jede soziale Interaktion in der Realität als interpretativer Prozess aufzufassen ist. Vgl. Mayring (2002), S. 10.

[248] Gephart und Robert (2004), S. 458.

[249] Vgl. Mayring (2002), S. 144 ff.

Kriterium	Anspruch	Maßnahmen zur Qualitätssicherung
Verfahrensdokumentation	▪ Genaue Dokumentation des individuellen Forschungsdesigns, um die Nachvollziehbarkeit des Forschungsprozesses zu garantieren	▪ Detaillierte Vorgehensbeschreibung in einem Teilkapitel ▪ Saubere Archivierung aller erhobenen Daten im Anhang der Arbeit
Argumentative Interpreationsabsicherung	▪ Argumentative Begründungen eigener Interpretationen; hier sind ein adäquates Vorverständnis und in sich schlüssige Interpretationen unverzichtbar	▪ Untermauerung der eigenen Interpretationen durch klare Argumentationen und begleitende Zitate
Regelgeleiteheit	▪ Klare Vorgehenssystematik entlang der vorab definierten Analyseschritte ▪ Hinreichende Begründung bei Abweichung von vorab festgelegter Vorgehensweise	▪ Transparente, dreistufige Systematik, die vor der Datenerhebung festgelegt wird ▪ Durchführung entlang der definierten Vorgehensweise
Nähe zum Untersuchungsgegenstand	▪ Datenerhebung in Anknüpfung an die Alltagswelt ▪ Subjekte, bzw. Experten müssen für Themenstellung relevant / geeignet sein	▪ Interviews mit ausgewiesenen, ranghohen Experten des Zeitschriftenverlagwesens und Branchenbeobachtern ▪ Persönliche Datenerhebung vor Ort
Kommunikative Validierung	▪ Ergebnisdiskussion mit den Befragten/Beforschten nach der Analyse ▪ Interviewpartner sind keine Datenlieferanten, sondern Kompetenzträger	▪ Rückspielung der Interviewergebnisse an die entsprechenden Experten ▪ Teilweise weiterführende Kommunikation nach abgeschlossener Datenerhebung
Triangulation	▪ Erhöhung der Forschungsqualität unter Einbeziehung diverser Perspektiven und Datenquellen	▪ Berücksichtigung ergänzender, aktueller und gegenstandnaher Literatur, wenn sinnvoll ▪ Kombination eines standardisierten und eines quantifizierbaren Fragebogenteils

Tabelle 4: Die sechs Gütekriterien qualitativer Forschung nach *Mayring*

Quelle: Mayring (2000)

Die Durchführung der Experteninterviews basiert auf der Grundlage ebendieser Gütekriterien. Um dem Güteanspruch qualitativer Forschung zu genügen, war neben der Einhaltung der entsprechenden wissenschaftlichen Kriterien auch die Befolgung einer stringenten Untersuchungslogik notwendig. Die von *Kohlschein* konzipierte Vorgehensweise zur Interviewvorbereitung kam hier zum Einsatz (siehe Abb. 20).[250]

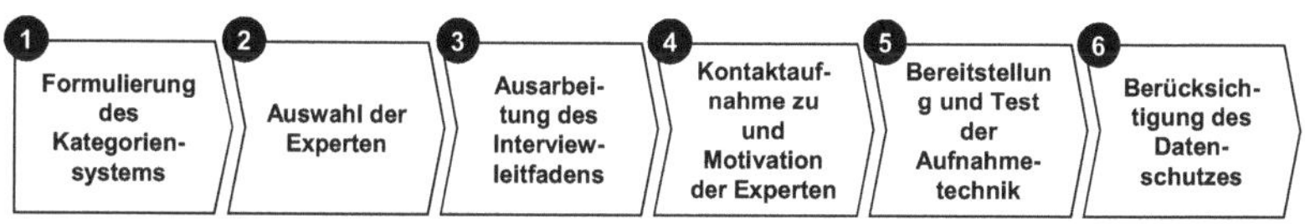

Abbildung 20: Vorbereitungsschritte eines Experteninterviews in Anlehnung an *Kohlschein*

Quelle: Kohlschein (2006)

[250] Vgl. Kohlschein (2006), S. 5.

Da der Erhebung der qualitativen Daten ein standardisierter Teil zur Abfrage quantitativer Daten vorhergehen sollte,[251] wurde ein genauer Interviewleitfaden erstellt. Es erschien sinnvoll, nach einer kurzen Vorstellung der eigenen Person und Umrandung des Forschungsvorhabens den quantitativen Bewertungsteil zu bearbeiten, bevor im Anschluss die qualitativen Fragen adressiert werden konnten. Dieses Vorgehen hatte den Vorteil, dass man spezifische sachliche Vertiefungen oder Nachfragen im zweiten Teil der Untersuchung erneut thematisieren, bisher unzureichend behandelte oder vom Interviewpartner als vorrangig angesehene Schwerpunkte setzen und wertvolles Kontextwissen generieren konnte. Nach abgeschlossener Erarbeitung und Kategorisierung des Fragebogens zu spezifischen Themenbündeln, die sich sowohl aus den Forschungsfragen als auch aus den erarbeiteten theoretischen Grundlagen der Arbeit speisten,[252] kam das von *Helfferich* entwickelte Verfahren zur Generierung von Interviewleitfäden zum Einsatz, das nach der Sammlung aller Fragen, diese auf ihre Verwendbarkeit prüfte und schließlich sortierte.[253]

Aufgrund der verhältnismäßig anspruchsvollen terminlichen Koordinierung der Interviews war die Einhaltung eines genauen Umsetzungsplans, der eine zeitnahe Auswertung der Ergebnisse sicherstellen und deren rechtzeitige Integration in die vorliegende Arbeit garantieren konnte, eine Grundvoraussetzung für das Gelingen dieser Arbeit. Auch aufgrund der zeitlichen Inflexibilität der befragten Experten musste die Kontaktaufnahme und Motivation langfristig geplant werden. Es handelte sich hier um problemzentrierte Interviews: Jeder Experte bekam fünf bis sieben Tage vor Interviewbeginn den Leitfaden sowie das entsprechende Bewertungsschema zugeschickt. Es wurde darauf hingewiesen, dass das Interview ggf. von der vorgegebenen Struktur abweichen würde. Für die Experteninterviews schien der Einsatz eines Tonbandgerätes sinnvoll, insbesondere um alle relevanten Aussagen erfassen zu können. Schließlich wurden alle formalen Gesichtspunkte, wie die Bereitstellung der entsprechenden Aufnahmetechnik, die Voraussetzung zur Transkribierung der Interviews, sowie die Berücksichtigung datenschutzrechtlicher Bestimmungen bei der Interviewvorbereitung beachtet.

---

[251] Aufgrund der Ergänzung um den empirischen Bewertungsteil, enthielt jedes Experteninterview genau zwei Ergebnisbausteine: einen quantitativen Teil, in dem der Interviewpartner aufgefordert war, die identifizierten Diversifizierungsmärkte entlang spezifischer ressourcenorientierter Kriterien zu bewerten und einen qualitativen Teil.

[252] Vgl. Kohlschein (2006), S.6.

[253] Zur Übersicht einer detaillierten Vorgehensskizze, vgl. Helfferich (2005), S. 164. Auch Meuser und Nagel (2006) erläutern in diesem Zusammenhang: „Als angemessenes Erhebungsinstrument wird vielfach ein leitfadengestütztes offenes oder problemzentriertes Interview angewandt. Der Leitfaden wird flexibel und nicht im Sinne eines standardisierten Ablaufschemas gehandhabt, um unerwartete Themendimensionierungen durch den Experten nicht zu unterbinden. Somit wird den Experten die Möglichkeit gegeben, zu berichten, wie Entscheidungen getroffen werden, anhand von Beispielen zu erläutern, wie sie in bestimmten Situationen vorgehen, zu extemporieren etc.“. Vgl. Meuser und Nagel (2006), S. 27.

Die Interviews dauerten zwischen 45 und 60 Minuten und wurden i.d.R. am Unternehmenssitz des Zeitschriftenverlages durchgeführt. Dadurch konnte nicht nur eine besondere Vertrauenssituation geschaffen werden, sondern die Experten nahmen sich, wenn nötig, mehr Zeit zur Beantwortung der Fragen und beteiligten sich sehr viel aktiver an der Untersuchung als dies bei einer schriftlichen oder telefonischen Befragung der Fall gewesen wäre. Die Durchführung der Interviews wurde mit zunehmender praktischer Erfahrung erleichtert. Aufgrund der steigenden Routine im Umgang mit der Befragungssituation und dem verwendeten Interviewleitfaden, konnte die Ergebnisqualität durch gelegentliche fachliche Adjustierungen kontinuierlich verbessert werden. Um dem explorativen Charakter der Untersuchung gerecht zu werden, wurde auf ausgewählte Aspekte, die entweder unklar geblieben waren oder einer thematischen Vertiefung bedurften, gesondert eingegangen.[254] Dabei erschien eine aktive, wenngleich zurückhaltend wirkende Rolle des Interviewers sinnvoll, die den Gesprächspartner zur Teilnahme motivieren sollte und dennoch darauf ausgerichtet war, einen gemeinsamen Interaktionsprozess zu ermöglichen, ohne dabei auf den Gesprächsleitfaden statisch zu beharren.[255]

Zur vollständigen, wörtlichen Transkription der qualitativen Ergebnisse wurde ein Schreibbüro beauftragt. Im Anschluss erfolgte die sprachliche Glättung der Transkripte. Aufgrund der hohen Aussagekraft vieler dokumentierter Zitate, entschied sich der Autor, diese in den Kerntext zu integrieren. Für eine komplette oder auszugsweise Veröffentlichung in der vorliegenden Arbeit war eine Freigabe der entsprechenden Transkripte durch den jeweiligen Experten notwendig. Daher wurden diese in bereinigter und sprachlich geglätteter Form zur Durchsicht an den Interviewpartner zurückgespielt und erst nach Berücksichtigung aller Modifikationen ausgewertet. Die abgegebenen numerischen Bewertungen konnten ohne weitere Bedingungen zur Freigabe in die Auswertung einfließen.

Das qualitative Auswertungsverfahren folgte einer klar definierten Vorgehensweise, die sich im Kern an dem von *Kohlschein* erarbeiteten Manual orientierte.[256] Es orientierte sich dabei an der von *Mayring* hergeleiteten, strukturierten qualitativen Inhaltsanalyse.[257] Zur Auswertung wurden alle transkribierten Expertenaussagen zunächst auf ihre Relevanz zur Beantwortung der Forschungsfragen hin untersucht. Die

[254] Vgl. Busch und Hitz 2002, S. 49.

[255] Vgl. Maindok (2003), S. 74 ff.; Helfferich (2005), S. 10; Mayer (2008), S. 37.

[256] Vgl. Kohlschein (2006), S. 14 ff.

[257] Mayring identifiziert drei Arten der qualitativen Inhaltsanalyse. Bei der Zusammenfassung wird das Material so reduziert, dass die wesentlichen Inhalte erhalten bleiben. Durch Abstraktion wird ein überschaubares Abbild des Grundmaterials geschaffen. Bei der Explikation ist es das Ziel, zu einzelnen Textteilen zusätzliches Material zusammen zu tragen und somit das Verständnis einzelner Textstellen zu erweitern. Bei der Strukturierung werden gezielt bestimmte Aspekte aus dem zu analysierenden Material herausgefiltert, nach vorher festzulegenden Ordnungskriterien ein Querschnitt durch das Material gelegt und/oder das Material hinsichtlich bestimmter Kriterien eingeschätzt.

Zitate wurden dann in paraphrasierter Form den entsprechenden Kategorien, d.h. im vorliegenden Fall entlang der Diversifizierungsmärkte und ressourcenorientierten Kriterien, zugeordnet und in einer *Excel*-Datenbank zusammengetragen. Schlussendlich konnte durch die Auswertung der gesammelten, nach Überschriften sortierten Aussagen eine Herleitung wichtiger qualitativer Erkenntnisse zur Stützung der Kernthesen erfolgen. Auf der Grundlage dieser Ergebnisse wurden außerdem relevante Propositionen und Arbeitshypothesen formuliert, die zur Herleitung der Handlungsalternativen und Normstrategien herangezogen werden konnten.

Grundsätzlich ist festzuhalten, dass quantitativ und qualitativ orientierte Verfahrenstechniken jeweils individuelle Bearbeitungsschwerpunkte setzen und sich vom grundsätzlichen Forschungsdesign her deutlich voneinander unterscheiden. Unterschiede ergeben sich daher im direkten Vergleich der entsprechenden Verfahrenstechniken und deren individuellen Arbeitsschritten (siehe Abb. 21).

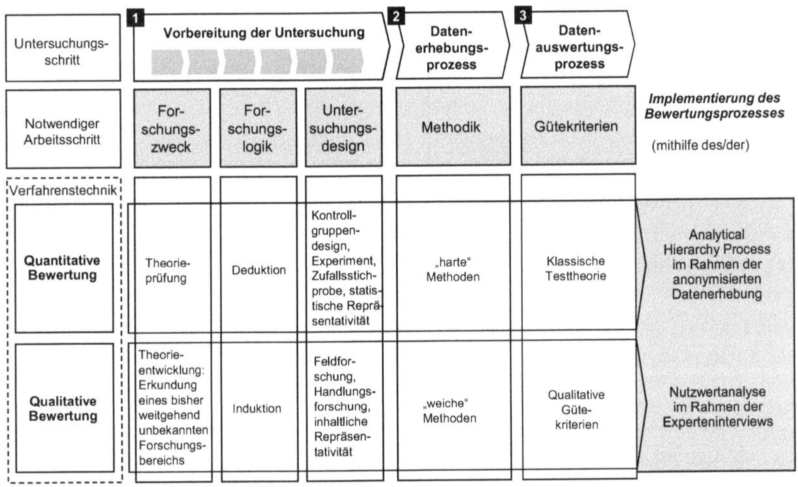

Abbildung 21: Unterscheidungsmerkmale der qualitativen und quantitativen Forschung

Quelle: eigene Darstellung

Einerseits bieten die hier zur Anwendung gebrachten Methodiken die Möglichkeit sowohl in quantitativen als auch qualitativen Erhebungsverfahren eingesetzt zu werden, andererseits können beide Verfahren aufgrund ihrer intrinsischen Flexibilität miteinander kombiniert werden. Das quantitative Element dieser Arbeit, i.e. die Abfrage der Experteneinschätzungen mithilfe der in den Interviews verwendeten Skalen oder die AHP-gestützte Befragung, konnte daher um die Grundzüge der qualitativen Forschung ergänzt werden. In diesem Zusammenhang weist *Mayring* darauf hin, „dass das Grundgerüst qualitativen Denkens keine Alternative zum quantitativen Denken darstellen soll. Qualitatives und quantitatives Denken sind i.d.R. in jedem Forschungs- und Erkenntnisprozess enthalten“[258]. Nach Einschätzung von *Atteslander und Cromm ist* die Kombination qualitativer und quantitativer Forschung in jedem Falle wünschenswert, zumal sie sich gegenseitig bedingt und deren Einsatz trotz individueller Abhängigkeiten vom Forschungsziel zu einer breiteren Durchdringung der Materie und Erweiterung der Erkenntnisgewinnung führen kann.[259]

III. Auswahl der Untersuchungsobjekte und Experten

Die Auswahl der Untersuchungsobjekte und Experten stellte ein wesentliches Merkmal zur Qualitätssicherung der vorliegenden Ergebnisse dar und war eine der Kernvoraussetzungen für das Gelingen dieser Arbeit, da sie die notwendige Fachkompetenz der Befragungssamples sicherstellte. Daher wurde bei der Auswahl des Expertenkreises darauf geachtet, dass dieser „in irgendeiner Weise Verantwortung trägt für den Entwurf, die Implementierung oder die Kontrolle einer Problemlösung oder über einen privilegierten Zugang zu Informationen über Personengruppen oder Entscheidungsprozesse verfügt“[260]. Des Weiteren wurde durch die zeitnahe Veröffentlichung der Forschungsarbeit die Aktualität der vorliegenden Untersuchungsergebnisse garantiert.

Wie bereits erläutert, basieren die Ergebnisse der vorliegenden Forschungsarbeit auf zwei Befragungsdurchgängen, die in einem Zeitrahmen von vier Monaten, jedoch vollständig unabhängig voneinander durchgeführt wurden. Zur Identifizierung der ressourcenorientierten Kriterien wurden außerdem – und zwar vor Beginn der empirischen Untersuchung – drei Experteninterviews geführt. Die qualitativen Ergebnisse dieser Befragungen trugen zur Benennung der ressourcenorientierten Kriterien eines idealtypischen, deutschen Zeitschriftenverlages entscheidend bei. Darüber hinaus ließen sie eine erste Einschätzung hinsichtlich relevanter Erfolgsfaktoren bei der strategischen Geschäftsfelderweiterung in Zeitschriftenverlagen zu. Bei der Expertenauswahl wurde darauf geachtet, die Balance zwischen praktischer und wissenschaftlich-akademischer Ausrichtung einzuhalten. Mithilfe der Einschätzungen konnten die in der Literatur identifizierten und nach dem *Wirtzschen* Modell zur Abbildung der Kernressourcen und -kompetenzen in Medienunternehmen[261] hergeleiteten Kriterien auf einen idealtypischen, deutschen Zeitschriftenverlag zugeschnitten werden.

---

[258] Mayring (2002), S. 19.

[259] Vgl. Atteslander und Cromm (2003), S. 6 f.

[260] Meuser und Nagel (1991), S. 443

[261] Vgl. Wirtz (2009), S. 43 ff.

Die Unternehmensberatung *Solon Management Consulting* konnte als weiterer Kooperationspartner akquiriert werden. Sie trug zur Identifizierung der potenziellen Diversifizierungsmärkte maßgeblich bei und stellte sich für die Bewertung entlang der identifizierten marktorientierten Kriterien zur Verfügung. Das branchenspezifische Fachwissen dieser auf die Medien- und Telekommunikationsindustrie spezialisierten Strategieberatung sowie die hohe Beraterexpertise in der Analyse von Medienmärkten und -industrien lieferten einen wesentlichen Beitrag zur Generierung der vorliegenden Untersuchungsergebnisse. *Solon* verfügt über Standorte in Budapest, London und München und ist daher sowohl hierzulande als auch über die Grenzen des deutschen Marktes hinaus präsent. Es verfügt über einschlägige Erfahrungen in der Beratung von Medienunternehmen bei Fragen des strategischen, Restrukturierungs- und Diversifizierungsmanagements, sowie bei der Begleitung und Unterstützung von *M&A*-Transaktionen im europäischen Medienmarkt. Die Untersuchungsergebnisse ließen ein verhältnismäßig hohes Maß an Objektivität versprechen, da die Identifikation potenzieller Diversifizierungsmärkte sowie deren marktorientierte Bewertung von Seiten eines unabhängigen Strategieberatungsunternehmens vorgenommen wurden. Außerdem konnte vorausgesetzt werden, dass das Befragungssample zum Erhebungszeitpunkt über eine verhältnismäßig detaillierte Marktkenntnis und -übersicht verfügte.

Mit Hinblick auf die für die ressourcenorientierte Bewertung notwendigen Experteninterviews[262] steht der Befragte „nicht länger als Subjekt im Mittelpunkt des Interesses, sondern als Experte für bestimmte Handlungsbereiche“[263]. *Meuser und Nagel* führen an, dass sie aufgrund ihres Expertenstatus und Kontextwissens eine zentrale Rolle bei der Beantwortung der Fragen innerhalb des Forschungsdesigns einnehmen.[264] Die ausgewiesene Kompetenz des Untersuchungssamples sollte sicherstellen, dass die Ergebnisse von hoher Relevanz und Aussagekraft waren. Daher mussten die Interviewpartner aus dem entsprechenden Verantwortungsbereich der Zeitschriftenverlage stammen, d.h. entweder aus dem Topmanagement der entsprechenden Unternehmen oder anderen leitenden Funktionen innerhalb der Strategieabteilungen. Im Allgemeinen lässt sich konstatieren, dass sich ein qualitatives Forschungsdesign nicht durch die Anzahl der Fälle,[265] wohl aber durch deren Auswahl und Breite auszeichnet.[266] Da die befragten Verlagsmanager in ihrer Gesamtheit und ihrer Tätigkeit als Unternehmenslenker einen erheblichen Einfluss auf die jeweilige Unternehmensstrategie ausüben, haben sie auch einen direkten Einfluss hinsichtlich der zukünftigen Marktent-

[262] Meuser und Nagel (2006) definieren den Begriff des Experten im Rahmen qualitativer Forschung wie folgt: „Als Experte gilt, wer in irgendeiner Weise Verantwortung trägt für den Entwurf, die Implementierung oder die Kontrolle der Problemlösung oder wer über einen privilegierten Zugang zu Informationen über Personengruppen oder Entscheidungsprozesse verfügt“. Vgl. Meuser und Nagel (2006), S. 69.

[263] Lantzsch und Will (2008), S. 155.

[264] Vgl. Meuser und Nagel (2006), S. 67.

[265] Ein „Fall“ soll hier im weiteren Sinne als ein Experte, der für den jeweiligen „Fall“ steht, verstanden werden.

[266] Vgl. Lantzsch und Will (2008), S. 155; Flick (2004), S. 390.

wicklung. Insofern sind in den vorliegenden Einschätzungen nicht nur isolierte Expertenmeinungen zu sehen, sondern auch Erwartungshaltungen mit unmittelbarem Prognosecharakter zur Marktentwicklung.[267] Ziel dieses Untersuchungsschrittes war es schließlich auch, eine möglichst genaue und realistische Beurteilung entlang der ressourcenorientierten Bewertungskriterien zu erhalten, ohne dabei den Blick für das operative Geschäft zu verlieren. Während der Interviewphase wurden insgesamt siebzehn Tiefeninterviews mit unterschiedlichen strategieverantwortlichen Entscheidungsträgern in insgesamt zwölf deutschen und zwei internationalen Zeitschriftenverlagen geführt.[268] Die Resonanz auf die Interviewanfragen war außerordentlich positiv: Bei insgesamt achtzehn Anfragen erfolgte lediglich eine Absage, die mit einer grundsätzlichen, unternehmensintern kommunizierten Enthaltung an Markt- und wissenschaftlichen Studien begründet wurde. Die persönlichen Interviews wurden im Zeitraum von Anfang Dezember 2010 bis einschließlich März 2011geführt.

Die Auswahl der Untersuchungsobjekte, d.h. derjenigen Zeitschriftenverlage, die in das Befragungssample aufgenommen wurden, orientierte sich im Wesentlichen am Kriterium der Vergleichbarkeit der Untersuchungsobjekte, das zu einer Stärkung der Aussagekraft aller Interviewergebnisse führen sollte. Da sich die regionale Struktur von Medienmärkten im Kontext nationaler Marktcharakteristika, regulatorischer Bestimmungen sowie divergierender Wettbewerbsumfelder und -intensitäten stark voneinander unterscheidet, konzentrierte sich die vorliegende Arbeit primär auf die in Deutschland ansässige Zeitschriftenindustrie.[269] Eine geografische Abgrenzung erschien aber auch aufgrund von weiteren Überlegungen sinnvoll. So ließen sich potenziell attraktive Diversifizierungsoptionen aus dem Betrachtungswinkel desselben Kernmarktes und auf Basis eines im transnationalen Vergleich homogenen Marktumfeldes besser identifizieren. Eine geografische Ausweitung der Untersuchung hätte die abschließende Bewertung der Attraktivität aller identifizierten Diversifizierungsmärkte mglw. empirisch verzerrt, da der Aufnahme einer entsprechenden Anzahl ausländischer Zeitschriftenverlage in das Sample ungleiche Reifestadien der nationalen Markstrukturen entgegenstehen. Diejenigen Zeitschriftenverlage, die zum Untersuchungszeitpunkt den Hauptanteil ihres Umsatzes in Deutschland realisierten und somit

267 Eine alleinige Charakterisierung als Expertenmeinung hätte im Falle einer Befragung von ausschließlich / zum größten Teil externen Experten ohne unternehmensinternes Wissen und ohne eine Möglichkeit der direkten Kontrolle vorgelegen. Der hier erwähnte Prognosecharakter hängt davon ab, wie lange die befragten Experten direkten Einfluss auf die strategische Ausrichtung des jeweiligen Zeitschriftenverlages haben.

268 Darüber hinaus wurden verschiedene Interviews zur inhaltlichen Vertiefung geführt, so z.B. mit Herrn Thomas Feinen von *Bertelsmann Direct Group*.

269 *Ringier* und *Prisma Presse* wurden als einzige, nicht in Deutschland ansässige Zeitschriftenverlage in das Interviewsample aufgenommen. Im ersten Fall lag ein hoher Verwandtschaftsgrad mit deutschen Zeitschriftenunternehmen in Form einer ausgeprägten strategischen Überschneidung des Kerngeschäftes und diverser Kooperationen mit der *Axel Springer AG* vor. Im zweiten Falle handelte es sich um eine von der *Gruner & Jahr AG* geführte Tochtergesellschaft. Außerdem stellten die Gegenüberstellungen eines nicht-europäischen (schweizerischen) Zeitschriftenverlages, der einen (partiell) deutschen Markt bedient, sowie eines europäischen (französischen), dafür aber im nicht-deutschsprachigen Markt agierenden Zeitschriftenverlages interessante Quervergleichsmöglichkeiten mit dem Untersuchungssample dar.

dort auch ihren Kernmarkt verorteten, boten sich daher zur Integration in das Untersuchungssample an. Die Identifizierung der Diversifizierungsmärkte wurde aus Sicht eines idealtypischen, deutschen Zeitschriftenverlages vorgenommen. Deren Diversifizierungsaktivitäten mussten sich jedoch bezüglich der Expansionsrichtung keineswegs auf den deutschen Kernmarkt beschränken. Des Weiteren erfolgte eine definitorische Einengung des Aktionsradius der Verlagsunternehmen. Aufgrund des explorativen Anspruches dieser Arbeit mit dem Ziel, ein Rahmenmodell zur Abbildung relevanter Diversifizierungsstrategien für Zeitschriftenverlage zu konzipieren, wurden lediglich diejenigen Verlagsunternehmen in das Untersuchungssample aufgenommen, deren Positionierung einen alleinigen, bzw. mitunter klaren Fokus auf den Zeitschriftenmarkt vorwiesen. Die notwendige Voraussetzung war ein erkennbarer Anteil des Zeitschriftenumsatzes gemessen am Gesamtumsatz des Unternehmens, bzw. eine deutliche Präsenz im Zeitschriftenmarkt zum Befragungszeitpunkt.[270] Aufgrund der beachtlichen Größenunterschiede der im deutschen Medienmarkt agierenden Akteure, wurde auch die Unternehmensgröße hinsichtlich des Jahresumsatzes der Verlagsunternehmen berücksichtigt.[271] Dabei sollte sichergestellt werden, dass die entsprechenden Sampleunternehmen in Bezug auf die Umsatzgröße nicht zu stark voneinander divergieren. Die Größenordnung des Jahresumsatzes der in das Sample aufgenommenen Unternehmen betrug zwischen 2,612 Mrd. Euro (*Axel Springer AG*) und 80 Mio. Euro (*Condé Nast Deutschland*).[272]

Auf der Grundlage dieser Eingrenzung konnten zwölf deutsche, für die Untersuchung relevante Zeitschriftenverlage identifiziert werden. Das Sample beinhaltete folgende Verlagsunternehmen: die *Axel Springer AG*, die *Bauer Media Group*, *Condé Nast Deutschland*, die *Gruner & Jahr AG*, *Hubert Burda Media*, der *Ganske Verlagsgruppe*, die *Spiegel Gruppe,* den *Süddeutschen Verlag*, den *Tip-Verlag Berlin*, die *Verlagsgruppe Georg von Holtzbrinck* und die *WAZ Mediengruppe* (siehe Abb. 22).

[270] Da sich eine stringente Beschränkung der Befragung auf Zeitschriftenverlage wegen der Besitzverhältnisse im deutschen Zeitschriftenmarkt nicht eignete, wurden auch diejenigen Medienunternehmen in die Untersuchung einbezogen, die über eine entsprechende Präsenz im Zeitschriftenmarkt verfügen, gleichzeitig aber auch in anderen Medienteilmärkten präsent sind und daher ein bereits diversifizierten Unternehmensportfolio vorweisen.

[271] Alternativ hätte auch ein Vergleich der EBITDA, bzw. EBITDA-Margen berücksichtigt werden können. Die entsprechende Verwendung einzelner Größen der Gewinn- und Verlustrechnung wird von Wirtschaftswissenschaftlern kontrovers diskutiert. Für eine ausführliche Analyse, vgl. Rappaport (1999).

[272] Im Rahmen der jährlich erhobenen *Horizont*-Studie zum deutschen Medienmarkt werden die entsprechenden Unternehmen entlang ihrer Umsatzstärke innerhalb der deutschen Medienteilmärkte hierarchisiert. Diese Studie diente bei der Identifizierung der Untersuchungsobjekte der vorliegenden Arbeit als Orientierungshilfe. Vgl. *Horizont*-Studie zur Größe deutscher Medienunternehmen (2009).

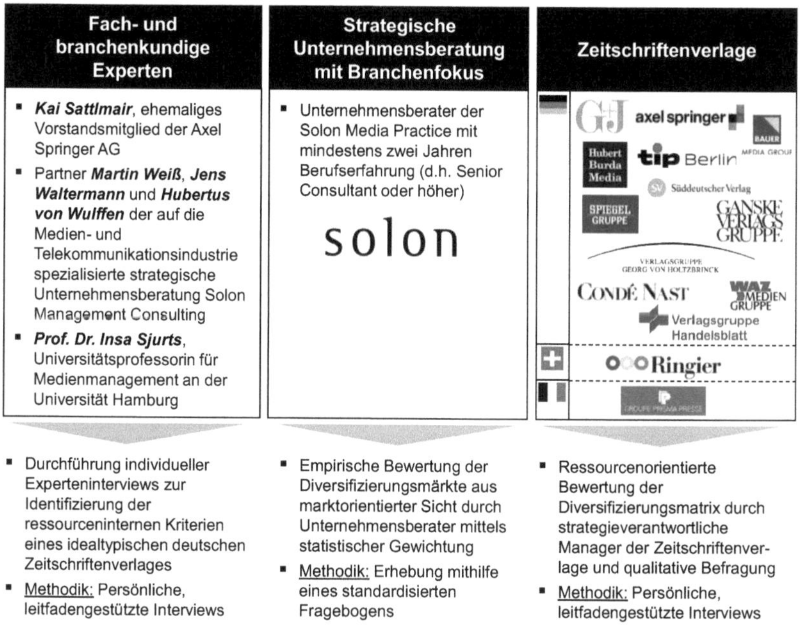

Abbildung 22: Befragungsteilnehmer und -durchführung der empirischen Untersuchung

Quelle: eigene Darstellung

Von einer Aufnahme der *Bertelsmann AG* in das Untersuchungssample, Deutschlands am weitesten diversifiziertes und umsatzstärkstes Medienunternehmen, wurde abgesehen. Sie erwirtschaftete einen Gesamtumsatz von 15,8 Mrd. Euro im Jahr 2010 und bildete somit keine Vergleichsgröße mehr zu den anderen Unternehmen des Samples.[273] Da sich die *Gruner & Jahr AG* aber zu 74,9 Prozent im Besitz der *Bertelsmann AG* befindet, wurde letztere indirekt in das Untersuchungssample eingeschlossen. Die *Gruner + Jahr AG* verfügt gleichzeitig jedoch über ein hohes Maß an Autonomie innerhalb der Firmenhierarchie der *Bertelsmann AG*.[274]

Die Ansprache der strategieverantwortlichen Experten zur Durchführung der Tiefeninterviews erfolgte sowohl über die persönlichen Kontakte des Autors als auch über die bestehenden Netzwerke der *Hamburg Media School*, der *Bauhaus-Universität Weimar* sowie des Doktorvaters und Betreuers dieser Arbeit, Prof. Dr. Armin Rott. Weitere Interviewpartner wurden mithilfe eines formellen Anschreibens kontaktiert. Es gelang, eine beachtliche Anzahl strategieverantwortlicher Verlagsvorstände,

[273] Vgl. Geschäftsbericht der Bertelsmann AG (2011), S. 12.

[274] Vgl. Geschäftsbericht der Bertelsmann AG (2011), S. 49.

-manager und -geschäftsführer der führenden deutschen Zeitschriftenverlage für die dieser Arbeit zugrunde liegenden Experteninterviews zu akquirieren.

Da der Autor während der Entstehung dieser Arbeit über persönliche Kontakte zu Herrn *Markus Dohle* (CEO von *Random House*) und dem Herrn *Helmut Heinen* (Verleger der *Kölnischen Rundschau, Mediengruppe DuMont Schauberg* sowie Präsident des *Bundesverbandes deutscher Zeitungsverleger, BDZV e.V.*) verfügte, flossen als Ergänzung zu dem ursprünglich identifizierten Sample von Interviewpartnern Erkenntnisse aus Gesprächen mit diesen Personen in die vorliegende Untersuchung ein. Mit Hinblick auf die inhaltliche Überarbeitung der Dissertationsarbeit konnten nützliche Korrekturvorschläge berücksichtigt werden. Des Weiteren wurden in Anlehnung an die vorliegenden Ergebnisse erste Ansatzpunkte und Konzeptentwürfe zur möglichen Umsetzung innerhalb der Konzernstrukturen von Verlagsunternehmen diskutiert.

G. Präsentation der Untersuchungsergebnisse

I. Identifizierung der Diversifizierungsmärkte und -muster

Die Identifizierung potenziell relevanter Diversifizierungsmärkte diente zunächst der Absteckung des strategischen Optionsraumes, um die markt- und ressourcenorientierten Geschäftsfeldbewertungen durchführen zu können. In diesem Teilkapitel erfolgt die Herleitung der identifizierten Diversifizierungsmärkte. Diese werden anschließend hinsichtlich ihrer Markteigenschaften analysiert und zusammenfassend erläutert.

Die Grundgesamtheit der potenziell attraktiven Diversifizierungsmärkte wurde zunächst in Form einer unternehmensinternen Befragung in Zusammenarbeit mit *Solon Management Consulting* am 15. Oktober 2010 ermittelt, in der insgesamt 35 branchenvertraute Unternehmensberater[275] um die Ausfüllung eines anonymisierten Fragebogen gebeten wurden. Darin wurden sie zur Benennung der ihrer Meinung nach fünf wichtigsten (verbundenen) Diversifizierungsmärkte deutscher Zeitschriftenverlage aufgefordert. Der Rücklauf der unternehmensinternen Befragung lag bei 32 eingereichten Fragebögen (91.4%) von denen 31 Fragebögen in die Auswertung einbezogen werden konnten (88,6%).[276] Somit wurde eine Grundgesamtheit von 155 Antworten generiert, die in einem nächsten Schritt ausgezählt und hierarchisiert wurden (siehe Abb. 23).

[275] Um das nötige Level an Branchenkenntnis und Fachkompetenz sicherzustellen, wurden lediglich die der *Solon Media Practice* angehörigen Unternehmensberater mit einer Firmenzugehörigkeit von mindestens zwei Jahren befragt (*Senior*-Level oder höher).

[276] Ein Fragebogen konnte aufgrund unvollständiger Bearbeitung nicht berücksichtigt werden.

1. Befragung **Solon-intern** **Promotionsvorhaben CAS**

Nennen Sie insgesamt fünf Diversifizierungsmärkte, die für deutsche Zeitschriftenverlage aus heutiger Sicht das größte wirtschaftliche Potenzial bieten.

Aggregiertes Ergebnis

Diversifizierungsmarkt	# Stimmen
Corporate Publisihing	19
Apps	16
Merchandising	15
Line Extensions	13
Event Management	11
Online-Kiosks	10
Medienanalysen	9
Advertorials	8
Online-Portal	8
Professionelle Recherchedienste	8
eLearning	5
Performance-Based Marketing	5
Online-Services	3
Redaktionskooperationen	3
Online-Werbung	3
Neue Zeitschriftenformate	3
Vertriebskooperationen	2
Ambient Sales	2
Andere	**12**
Summe	*155*

- Die Befragung wurde auf der Basis eines Samples von 35 Unternehmensberatern (*Senior*-Level oder höher) durchgeführt; **Auswertbarer Rücklauf: 31 Antworten (88.6%)**
- Datum der Befragung: 15.12.2010
- Zur Aufnahme in das Bewertungssample mussten mehr als sieben Personen für die jeweilige Diversifizierungsoption votiert haben
- Nach der numerischen Auswertung aller Antworten, konnten acht Diversifizierungsmärkte identifiziert werden

Abbildung 23: Ergebnis der ersten Befragung zur Identifizierung der Diversifizierungsmärkte

Quelle: eigene Darstellung

* *Die Kategorie Andere enthält weitere, nur einmal benannte Diversifizierungsmärkte.*

Für die anschließende Auswertung wurde folgendes Erfüllungskriterium zugrunde gelegt: Zur Aufnahme in das Sample der potenziell attraktiven Diversifizierungsmärkte mussten mindestens sieben Personen denselben Diversifizierungsmarkt bzw. das identische Geschäftsfeld benannt haben.[277] Anschließend wurden die Produkt- bzw. Geschäftsfeldgruppen zusammengefasst und in entsprechenden Kategorien gebündelt, bevor eine Einteilung der Diversifizierungsmärkte in übergeordnete Diversifizierungsmuster erfolgte. Die Grundgesamtheit der insgesamt 155 Antworten verteilte sich wie folgt: Corporate Publishing – 19 Stimmen; Apps – 16 Stimmen; Merchandising – 15 Stimmen; Line Extensions – 13 Stimmen; Event Management – 11 Stimmen; Online-Kiosks – 10 Stimmen; Medienanalysen – 9 Stimmen; Advertorials – 8 Stimmen; Online-Portal – 8 Stimmen; Professionelle Recherchedienste – 8 Stimmen. Diejenigen Diversifizierungsmärkte, die weniger als sieben Stimmen erhielten, wurden nicht berücksichtigt.[278] Insgesamt entfielen 117 der insgesamt 155 Stimmen auf die ersten zehn Diversifizierungsmärkte und somit 75,4% der abgegebenen Antworten. Aufgrund der teilweise starken Überschneidungen wurden die Stimmen in einem

277 Nach Einschätzung von *Ray* sind bei vergleichbaren Verfahren zur Ermittlung von Bewertungsalternativen sieben identische Stimmen pro Alternative bei einer Gesamtzahl von maximal 150 abgegebenen Stimmen die Mindestanzahl zur weiteren Verwendung im Rahmen der Untersuchung. Vgl. hierzu Ray (2007), S. 23 ff.

278 Für eine ausführliche Diskussion relevanter Gütekriterien wirtschaftswissenschaftlicher Erhebungen dieses Formates vgl. Subhajyoti (2007), S. 25 ff.

nächsten Schritt verdichtet und zu insgesamt sieben Diversifizierungsmärkten zusammengefasst: Corporate Publishing, ePublishing, Professional Publishing, Merchandising, Line Extension, Event Management und Online-Portal.[279] Dieser Strukturierungsvorgang resultierte in der in Abb. 24 dargelegten Matrix.

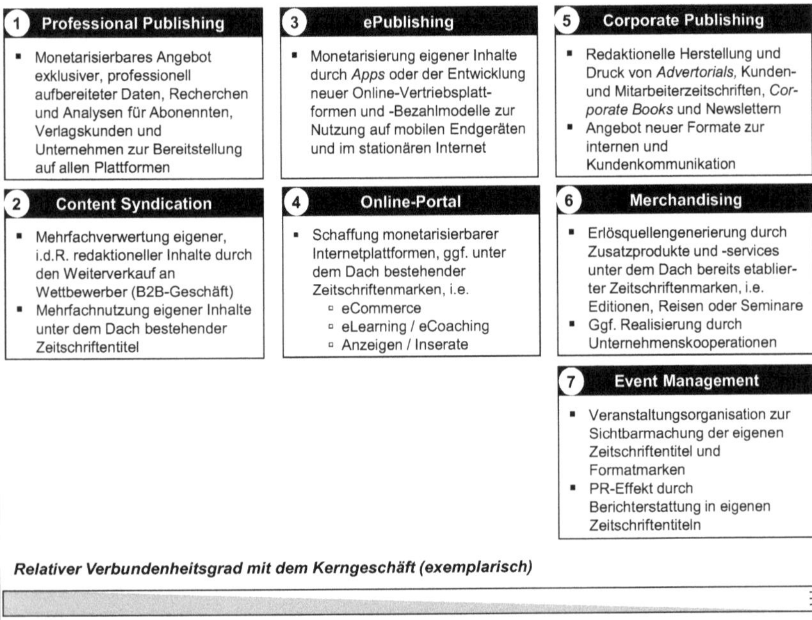

Abbildung 24: Identifizierte Diversifizierungsaktivitäten und -muster (erster Entwurf)

Quelle: eigene Darstellung

Die vorliegende Untersuchung stützt sich, wie bereits erläutert, auf die Annahme, dass eine mit dem Kerngeschäft verbundene Diversifizierungsstrategie bessere Erfolgsaussichten besitzt als eine unverbundene, bei der grundsätzlich ein sehr viel geringeres Synergiepotenzial mit dem Kerngeschäft existiert.[280] Daher wurden in der vorliegenden Untersuchung ausschließlich diejenigen Diversifizierungsmärkte identifiziert bzw. berücksichtigt, die über ein gewisses Verbundenheitsmaß mit dem Kerngeschäft eines Zeitschriftenverlages verfügten. Auch innerhalb dieser Eingrenzung waren je-

[279] Die Diversifizierungsmärkte setzten sich wie folgt zusammen: Corporate Publishing ⇒ Corporate Publishing, Advertorials, Ambient Sales (insgesamt 29 Stimmen); ePublishing ⇒ Apps/Applications, Online-Kiosks (insgesamt 26 Stimmen); Professional Publishing ⇒ Medienanalysen, professionelle Recherchedienste (insgesamt 17 Stimmen), Merchandising ⇒ Merchandising (insgesamt 15 Stimmen); Line Extension ⇒ Line Extension (insgesamt 13 Stimmen); Event Management ⇒ Event Management (insgesamt 11 Stimmen); Online-Portale ⇒ Online-Portale (insgesamt 8 Stimmen).

[280] Vgl. Michel und Shaked (1984), S. 122 ff.

doch unterschiedliche Ausprägungen in Bezug auf den Verwandtschaftsgrad mit dem Kerngeschäft zu erkennen. Daher wurden sie im Rahmen einer ersten rudimentären Einschätzung nach ihrem Verbundenheitsgrad mit dem Kerngeschäft sortiert.

Ohne auf die Untersuchungsergebnisse aus den Experteninterviews vorweg greifen zu wollen, sollte an dieser Stelle auch ein Abgleich der vorliegenden Auswahl an Diversifizierungsmärkten mit den qualitativen Interviewergebnissen erfolgen. Alle der insgesamt siebzehn befragten Verlagsvorstände, -geschäftsführer oder -manager wurden während der Experteninterviews nicht nur dazu aufgefordert, die zuvor generierte Liste von Diversifizierungsmärkten nach ressourcenorientierten Kriterien zu bewerten, sondern auch gebeten, weitere, ihrer Meinung nach komplementäre Diversifizierungsmärkte zu benennen. Es zeichnete sich nach den ersten vier Interviews ab, dass der Diversifizierungsmarkt Content Syndication, die Mehrfachverwertung eigener Inhalte sowohl für unternehmensinterne Zwecke als auch zur Weitervermarktung an Dritte, einen nach Experteneinschätzung sehr wichtigen Diversifizierungsmarkt darstellt, bislang jedoch nicht in der Untersuchungsmatrix aufgeführt war.

Des Weiteren stellte nach gängiger Experteneinschätzung das Angebot von Internet-basierten Dienstleistungen einen weiteren wichtigen Diversifizierungsmarkt dar. Die Expertise im Aufbau und Hosting der Internetauftritte eigener Zeitschriftentitel sei bei Kunden mittlerweile sehr beliebt und würde verstärkt nachgefragt. Auch dieser Hinweis wurde für die Konzeption der abschließenden Diversifizierungsmatrix unter der Benennung Internet Service Agency berücksichtigt.

Außerdem wurde der Diversifizierungsmarkt Online-Portal um die Bedeutung von eLearning-Plattformen und -Angeboten definitorisch erweitert. Aus den Experteninterviews ging jedoch auch hervor, dass Zeitschriftenverlage diesen spezifischen Diversifizierungsmarkt nicht ausschließlich auf das schulische und universitäre Ausbildungs- und Lernangebot beschränken würden, sondern im Sinne der erweiterten Begrifflichkeit „Lebenslanges Lernen“ oder eCoaching verstehen und daher eine Vielzahl zusätzlicher Online-Bildungsangebote darunter subsumieren.

Schließlich wiesen mehrere Experten – insbesondere diejenigen, die in größeren, bereits stark diversifizierten Medienunternehmen tätig waren – darauf hin, auch opportunistische Diversifizierungsmöglichkeiten in ganz neue, vom Kerngeschäft vollständig unabhängige Märkte zu berücksichtigen. Gemeint war demnach nicht nur eine mögliche Diversifizierungsstrategie in Hinblick auf andere Medienteilmärkte, sondern auch ganz neue Industriezweige. Aufgrund der Tatsache, dass dieser Diversifikationsbegriff eine definitorische Ausweitung um einen unverbundenen Charakter der Geschäftsfelderweiterung voraussetzt, spielte der Einwand für die vorliegende Untersuchung jedoch nur eine untergeordnete Rolle. Dennoch soll an dieser Stelle dieser Hinweis erfolgen.

Um die identifizierten Diversifizierungsmärkte abschließend validieren und ggf. um weitere Geschäftsfelder ergänzen zu können, wurden insgesamt elf Mini-Fallstudien durchgeführt, die ein Aktivitätsportfolio der an dieser Untersuchung teilnehmenden Zeitschriftenverlage schufen. Dabei sollte nicht nur eine Übersicht aller Geschäftsfelder, in denen die beteiligten Unternehmen zum Erhebungszeitpunkt aktiv waren, entstehen, sondern auch die zukünftig relevanten Diversifizierungsmärkte abgebildet werden. Eine Auflistung der Recherche ist Abb. 25 zu entnehmen.

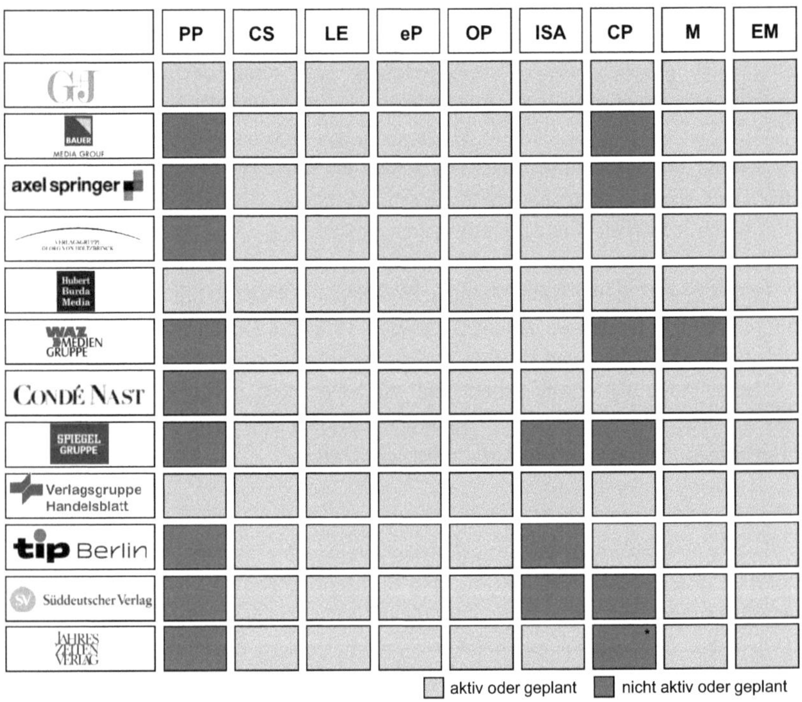

<u>Abbildung 25:</u> Profilübersicht bestehender oder geplanter Diversifizierungsaktivitäten deutscher Verlagsunternehmen unter Einbeziehung der Mini-Fallstudien / Ergebnisse aus den Experteninterviews

Quelle: eigene Darstellung

Legende: PP – Professional Publishing; CS – Content Syndication; LE – Line Extension; eP – electronic Publishing; OP – Online Portal; ISA – Internet Service Agency; CP – Corporate Publishing; M – Merchandising; EM – Event Management

** Die Ganske Verlagsgruppe, zu dem der Jahreszeiten Verlag gehört, ist mit Hoffmann und Campe Corporate Publishing in diesem Geschäftsfeld aktiv.*

In einem letzten Schritt erfolgte eine Sortierung der identifizierten Diversifizierungsmärkte entlang sog. Diversifizierungsmuster. Insgesamt konnten drei Diversifizierungsmuster benannt werden, die sich nach ihrem jeweiligen Expansionsfokus in die Stoßrichtungen Content, Online und Offline unterscheiden ließen. Diversifizierungsmuster I bezeichnet hier die Weiterverarbeitung bzw. -vermarktung proprietärer

Inhalte, bzw. diejenigen Erlösmodelle, die auf dem Geschäft mit journalistischen und recherchierten Inhalten beruhen und deren Monetarisierung sich in einem bereits vertrauten Marktumfeld abspielt. Diejenigen Diversifizierungsmärkte, die eine Umstellung eines analogen auf ein digitales Geschäftsmodell voraussetzen und deren Erlösmodelle auf einem primär über das Internet angebotenen Produkt oder Serviceportfolio basieren, wurden unter Diversifizierungsmuster II zusammengefasst. Auch hier liegt ein verhältnismäßig hohes Synergiepotenzial mit dem Kerngeschäft vor. Daher stellt ein strategischer Eintritt in diese Diversifizierungsmärkte eine grundsätzlich sinnvolle Geschäftsfelderweiterung dar, die sich mit verhältnismäßig geringem Aufwand realisieren lässt. Schließlich wurde das Diversifizierungsmuster III zur Bezeichnung derjenigen Diversifizierungsmärkte gewählt, für die nicht nur der Eintritt in ein produktbasiertes Marktsegment, sondern auch die Ergänzung des bestehenden Kernkompetenzen- und Ressourcenportfolios notwendig ist. Der Verbundenheitsgrad dieses Diversifizierungsmusters ist im Vergleich am niedrigsten ausgeprägt. Abb. 26 fasst die oben ausgeführten Erkenntnisse in einer Diversifizierungsmatrix zusammen und stellt daher das erste zentrale Arbeitsergebnis dieser Untersuchung dar.

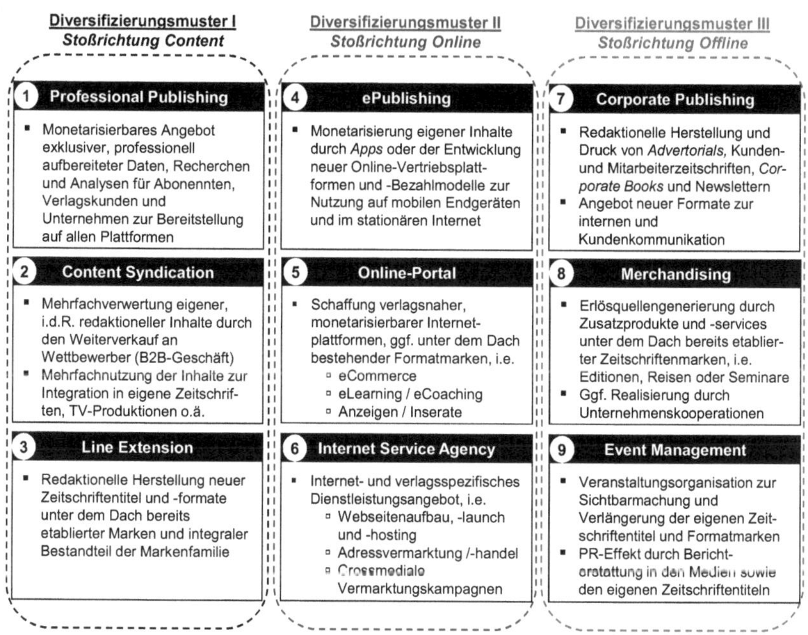

Abbildung 26: Identifizierte Diversifizierungsaktivitäten und -muster unter Einbeziehung der Ergebnisse aus den Experteninterviews (zweiter Entwurf)

Quelle: eigene Darstellung

Die Identifizierung der neun Diversifizierungsmärkte deckte sich mit den Literaturrecherchen des Autors. Da die Literatur des medienökonomischen Diversifikationsmanagements jedoch primär auf unverbundene Diversifikationsstrategien eingeht[281] und dabei ein vergleichsweise breites Unternehmensportfolio der entsprechenden Medien- bzw. Verlagsunternehmen zugrunde legt, waren viele der bereits veröffentlichen Studienergebnisse von eingeschränktem Nutzen.[282] Dennoch entstand in der Gesamtheit der Arbeiten eine gute erste Übersicht zum strategischen Optionsraum der Diversifikation innerhalb deutscher Verlagsunternehmen bzw. Zeitschriftenverlage. Diese Arbeit baut auf ebendiesen Ergebnissen auf, ist jedoch aufgrund des spezifischen Untersuchungsschwerpunktes in Hinblick auf verbundene Diversifizierungsaktivitäten deutscher Zeitschriftenunternehmen als inhaltlich-thematische Erweiterung des Untersuchungsgegenstandes anzusehen.

In den folgenden neun Unterkapiteln sollen die identifizierten Geschäftsfelder näher erläutert werden. Eine Abgrenzung der jeweiligen Diversifizierungsmärkte ist im Sinne eines einheitlich-definitorischen Verständnisses und einer sinngemäßen Erfassung aller Untersuchungsobjekte gefordert.

1. Professional Publishing

Das Geschäftsfeld Professional Publishing umschreibt das Angebotsportfolio professionell aufbereiteter Daten zu (finanz)wirtschaftlichen, bzw. (gesellschafts)politischen Themen, detaillierter Personen- und Sachrecherchen bzw. Hintergrundberichte sowie Medienanalysen (einerseits zur Ermittlung des Medienverhaltens spezifischer Kundengruppen, andererseits zur Messung der Verbreitung und Effektivität individueller Werbeträger). Die Exklusivität der angebotenen Informationen sowie die Berücksichtigung der individuellen Kundenbedürfnisse einer Zielgruppe stellen den zentralen Dienstleistungsnutzen eines Professional Publishers dar. Die Einhaltung hoher Qualitätsstandards in der Recherche und Aufbereitung von Content ist ebenso wichtig wie die Bereitstellung effektiver Vertriebskanäle, z.B. mithilfe digitaler Kundenplattformen, mehrkanaliger Abomodelle etc.

Wenngleich das Geschäftsmodell des Professional Publishing auf einer B-2-B-Strategie fußt, so richten sich spezifische Dienstleistungsangebote auch an die Leser von Zeitschriften im Fach- bzw. Special-Interest-Bereich. Daher lassen sich die Angebote auch nach ihrem jeweiligen Verwendungszweck in unternehmensspezifische An-

[281] Auf dieses Problem wurde bereits im Kapitel „Theoretische Verortung der Diversifikation“ eingegangen. Im Anhang dieser Arbeit wurde eine Übersicht der entsprechenden Literatur zum Thema der unverbundenen Diversifikation zusammengestellt.

[282] Auch aufgrund der spezifischen Branchenstrukturen der Zeitschriftenindustrie musste im Rahmen der Geschäftsfelderweiterung deutscher Zeitschriftenverlage die strukturellen Besonderheiten Berücksichtigung finden.

gebote, die primär aus Länder-, Firmen- bzw. Aktienprofilen, Marktanalysen und Mediennutzungsdaten bestehen, sowie leserindizierte Angebote, die primär detaillierte Personen- oder Sachrecherchen sowie spezifische Hintergrundberichte umfassen, unterteilen. Die medienträgerübergreifende Nutzung reicht vom Exklusivzugang eines Datenarchivs bis hin zum Angebot, angeforderte Recherchen in Form von personalisierten Newslettern oder Dossiers an den Kunden zu übermitteln.

2. Content Syndication

Die Begrifflichkeit dieses Diversifizierungsmarktes wird in einer Vielzahl unterschiedlicher, zumeist aber mit der Weiterverarbeitung von Inhalten in Verbindung stehender Kontexte verwendet. Im vorliegenden Fall beschreibt sie den Austausch eigener, verlagsinterner Inhalte unter dem Dach vorhandener Zeitschriftentitel bzw. -marken sowie zur Weitervermarktung und zum Verkauf an Dritte. Die Mehrfachverwertung von Content stellt mit der ansteigenden Anzahl der im Verlag erscheinenden und publizierten Zeitschriftentitel ein sehr lukratives Geschäftsfeld dar – zumal sich durch die erhöhte Mehrfachverwertung von Inhalten Skaleneffekte einstellen.

Im Rahmen dieses Syndizierungsprozesses können Informationen aller Art zur Weiterverwertung verwendet werden, so z.B. journalistische Beiträge und Recherchen, Photos oder Filme. Ggf. ist beim Kauf verlagsfremder Inhalte der Erwerb einer Lizenz notwendig, mithilfe derer die Exklusiv- und Nutzungsrechte der Inhalte geregelt werden.

Der Markt der Weiterverwertung vorhandener Inhalte wächst auch durch die Diffusion des Internets kontinuierlich, da neue Publikationsplattformen und -formate entstehen.[283] Zur Bedienung dieser ist eine zentrale Verwaltung verlagsinterner Inhalte hilfreich, die diese aus den verschiedenen redaktionellen Abteilungen zusammenträgt und bündelt. Deren Vermarktungskanäle müssen medienträgerübergreifend angelegt sein.

3. Line Extension

Die Verwendung bereits etablierter Zeitschriftenformate und -marken zur Platzierung neuer Titel wird gemeinhin als Line Extension bezeichnet und dient der Erschließung neuer Lesersegmente. Grundsätzlich wird die dadurch initiierte Nachfrage der bestehenden Leserschaft nach der Line Extension von der Nachfrage neuer Leser unterschieden. Die Etablierung neuer Formate unter dem Dach bereits vorhandener Marken setzt nicht nur die kompetenzgetriebene Erweiterung der Redaktionsleistung um thematisch-inhaltliche Aspekte voraus, sondern muss qualitativ hohen Standards

[283] Vgl. Anding (2002), S. 552.

Rechnung tragen. Einerseits gilt es die bereits vorhandene Leserschaft zu halten – diese ist im Umgang mit neuen Formaten verhältnismäßig kritischer – andererseits müssen neue Leser, zu denen auch jene zählen, die die Dachmarke des Zeitschriftentitels mglw. nicht kennen, gewonnen und somit von der Qualität der Inhalte überzeugt werden. Bei der Vermarktung neuer Zeitschriftentitel mithilfe bereits etablierter Dachmarken können sämtliche zur Verfügung stehende Medienkanäle genutzt werden. Die Stahlkraft und Sichtbarkeit der bereits etablierten Zeitschriftenmarke baut auf der existierenden Leserschaft auf und stellt die Vermarktungsgrundlage des neuen Titels dar. Hier wird der Wiedererkennungseffekt des Logos, Designs und der grafischen Aufbereitung des Zeitschriftenproduktes genutzt, der jedoch eine behutsame Positionierung des zu etablierenden Zeitschriftentitels voraussetzt.

Die Gefahr der Marken- und Formatsverwässerung stellt bei dieser Art der Diversifizierung jedoch eine potenzielle Gefahr dar.[284] Umso wichtiger erscheint hier eine nach Zielgruppen segmentierte Marktanalyse unter Berücksichtigung existierender Konkurrenzprodukte sowie der Interessen und sozialen Zugehörigkeit der bestehenden Leserschaft.

4. ePublishing

Der Diversifizierungsmarkt ePublishing bezeichnet den Prozess der Transferierung publizistischer Inhalte zur kostenpflichtigen Nutzung in digitalen, interaktiven (und u.U. mobilen) Umgebungen. Damit ist einerseits der Prozess der technischen Inhaltsverlagerung, inklusive deren Anpassung, Aufbereitung und grafische Gestaltung, gemeint, andererseits die Generierung entsprechender Monetarisierungsmodelle sowie die Konzeption von Vermarktungsstrategien zum erfolgreichen Vertrieb von Zeitschriftencontent im Internet. Diese Inhalte müssen sich keineswegs auf die ausschließliche Verlagerung des Print-Angebots beschränken, sondern können durch zusätzliche Informationen, interaktive Erweiterungsoptionen, Zusatz- oder Hintergrundrecherchen sowie Inhaltsarchive ergänzt werden. Der technische Fortschritt bei der Entwicklung gut navigierbarer, hoch auflösender, mobiler Endgeräte (*eReader* oder *Tablets* genannt), haben neue Monetarisierungsmöglichkeiten im Nutzungsumfeld des mobilen Internets geschaffen, allen voran die sog. Apps. Außerdem setzen sich neue Vertriebsmodelle und -plattformen durch, die die Vermarktung von Print- und Premiuminhalten über kostenpflichtige Abonnement- und *Pay-Per-View*-Modelle in Form sog. *ePaper* forcieren. Die Konzentration einer auf kostenpflichtige Premiuminhalte ausgerichteten, „ganzheitlichen Paid-Content-Strategie“[285] schürt die Hoffnung der Zeitschriftenverlage, neue Lesergruppen zu erschließen und den Print-Reichweitenverlust aus abzufedern.

---

[284] Vgl. Dautwitz (2006), S. 34 ff.

[285] Vgl. Ehrhardt (2011), S. 22.

5. Online-Portale

Die Identifizierung neuer digitaler Umsatzquellen stellt als Ergänzung zum Kerngeschäft einen für Zeitschriftenverlage wichtigen Diversifizierungsmarkt dar. Der von *Wirtz* verwendeten Klassifizierung von Internetinhalten nach dem Verbrauchernutzen in informierende, bildende und unterhaltende Inhalte wurden in der vorliegenden Untersuchung insgesamt drei zentrale Angebotsbereiche identifiziert:[286] eCommerce, eLearning/eCoaching und Anzeigen/Inserate. Außerdem unterscheiden sich die identifizierten Online-Angebote in Bezug auf die respektiven Zielgruppen und hinsichtlich des jeweiligen Geschäftsmodells voneinander. Letzteres kann in Form von Content getriebenen Portalen, Service getriebenen Portale, Paid Content Modellen, Marktplätzen, Suchmaschinen/Verzeichnissen und Online-Shops auftreten.

Außerdem werden durch Online-Werbung zusätzliche Portalumsätze realisiert, die sich laut *Online Vermarkterkreis* (OVK) in drei Segmente unterteilen lassen:[287] klassische Online-Werbung, Suchwortvermarktung und *Affiliate Marketing*. Der wirtschaftliche Erfolg ist daher nicht nur von der erfolgreichen Monetarisierung der Angebote, sondern auch von den Nutzerzahlen der entsprechenden Internet-Auftritte abhängig. Die Reichweitenmessung von Online-Angeboten erfolgt über den Einsatz der von der *Informationsgemeinschaft zur Feststellung der Verbreitung von Werbeträgern e.V.* (IVW) verwendeten Messgrößen:[288] *Visits, Unique User, Page Impressions (PI's)* und Angebotsreichweite.

---

[286] Vgl. Wirtz (2009), S. 56.

[287] Als klassische Online-Werbung wird die Einbettung grafischer oder multimedialer Werbung auf dafür vorgesehenen Werbeflächen bezeichnet. Am weitesten verbreitet ist dabei die Werbeform der *Display Ad* sowie statische oder dynamische Werbung, z.B. in Form von Bannern oder anderen Formaten. Außerdem existieren sog. *Text-Link-Ads*, die aus reinen Texten oder Wörtern bestehen und entweder auf separaten Stellen einer Seite eingebettet werden oder sich ein Schlüsselwort in einem laufenden Text zunutze machen und dieses kenntlich mit einem Werbelink unterlegen. Schließlich stellen *Streaming-Ads* eine weitere wichtige Form klassischer Online-Werbung dar, bei denen es sich um Video- oder Audiowerbung handelt, die entweder vor, zwischen oder nach einem Online-Video- oder Audiobeitrag geschaltet wird. Das zweite Segment, die Suchwortvermarktung umfasst bezahlte Sucheinträge, bei denen die Werbungtreibenden für eine bestimmte Position von *Links* im Anzeigenbereich der gängigen Suchmaschinen bezahlen. Das dritte Segment bildet das *Affiliate Marketing*, wo ein kommerzieller Anbieter seine Vertriebspartner erfolgsorientiert durch eine Provision vergütet. Der *Affiliate* bewirbt auf seinen Seiten (oder über andere Kanäle hinaus) die Angebote des Produktanbieters, der ihm seine Werbemittel wiederum zur Verfügung stellt. Vgl. weiterführend Online-Vermarkterkreis (OVK) (2008).

[288] Als *Visit* wird ein zusammenhängender Nutzungsvorgang (Besuch) einer Internetpräsenz bezeichnet. Dabei ist es irrelevant, wie viele Seiten des Internetangebotes der Nutzer bei seinem Besuch anklickt. Es müssen mindestens 30 Minuten vergehen, bevor ein erneuter Besuch einer Internetpräsenz nach einem zwischenzeitlichen Wechsel zu einem anderen Angebot als erneuter *Visit* gewertet wird. Ein *Unique User* entspricht einem Internetnutzer, der ein- oder mehrfach im Berichtszeitraum eine Internetpräsenz besucht. Mit der Bezeichnung *Page Impressions (PIs)* oder auch *Page Views* wird die Anzahl der Abrufe einzelner Seiten eines Internetangebots durch beliebige Benutzer bezeichnet. Eine *Page Impression* bezeichnet demnach den Abruf einer Seite eines Angebotes durch einen Nutzer. Die Messzahl gibt folglich an, wie viele komplette Seitenaufrufe im Betrachtungszeitraum stattgefunden haben. Die Reichweite eines Online-Angebots stellt die Anzahl der *Unique User* im Verhältnis zur Grundgesamtheit derjenigen Nutzer, die im Berichtszeitraum das Internet mindestens einmal genutzt haben, dar. Vgl. weiterführend Informationsgemeinschaft zur Feststellung der Verbreitung von Werbeträgern e.V. (IVW) (2010), S. 4 ff.

6. Internet Service Agency

Das professionelle Kundenangebot internetspezifischer Dienstleistungen ist ein aus dem Betriebs-Know-How bestehender Online-Präsenzen zu betreibendes Geschäftsfeld. Die Portalexpertise, die z.B. bei der Transferierung von Inhalten, der digitalen Verlängerung des Anzeigen- und Rubrikenmarktes oder der Konzipierung gänzlich neuer Online-Präsenzen das bestehende Angebotsportfolio erweitert, reicht vom Webseitenaufbau und -launch, über Hosting- und Verwaltungsdienstleitungen von Nutzerdaten bis hin zum Angebot individueller Crossmedialeistungen und -angebote für Verlagskunden.

Das in Form verschiedener Verlagskompetenzen vorhandene technische Fachwissen lässt sich somit nicht mehr nur unternehmensintern nutzen, sondern auch weiter vermarkten, bzw. kann im Sinne konzernübergreifender Synergieeffekte auch anderen Unternehmensteilen oder Tochtergesellschaften zugänglich gemacht werden. Wie bei der Auslastung vorhandener, nicht genutzter Druckkapazitäten sind durch das zusätzliche Umsatzpotential des Internet-Dienstleistungsgeschäftes erhebliche Skaleneffekte zu generieren.

Die Vermarktungsleistung der Internet Service Agency in eigener Sache muss vor dem Hintergrund dieses bislang eher mäßig intuitiven und unbekannten Geschäftsfeldes, das sich dem Kunden zumeist auch erst aus einer bereits bestehenden Geschäftsverbindung zum Zeitschriftenverlag erschließt, als eine Kernherausforderung angesehen werden.

7. Corporate Publishing

Corporate Publishing Angebote sind gemeinhin Produkte, die die unternehmensinterne und -externe Kommunikation fördern und auf einer B-2-B-Geschäftsbeziehung basieren. Folgt man der Definition des Branchenverbandes *Forum Corporate Publishing* dann ist damit die „einheitliche interne und externe, journalistisch aufbereitete Informationsübermittlung eines Unternehmens über alle erdenklichen Kommunikationskanäle (Offline, Online und Mobile), durch welche ein Unternehmen mit seinen verschiedenen Zielgruppen permanent/periodisch kommuniziert“[289] gemeint. Zu den klassischen Produktgattungen eines Unternehmensverlags gehören Kundenzeitschriften, Mitarbeiterzeitschriften, Corporate Books oder auch Newsletter. Gleichzeitig zeichnet sich neben der Inhaltstransferierung durch firmeninterne Intranets, personalisierte Internetseiten, Netzwerke, Blogs, oder Newsrooms auch ein Trend Richtung TV- und Audiomedien ab.[290]

---

[289] Factbook des Branchenverbands Forum Corporate Publishing (FCP) (2010), S. 4 ff.

[290] Vgl. Neininger (2007), S. 23 f.

Unterstützt man das Unternehmen bei einer B-2-C-gestützten Corporate Publishing Strategie, so liegt der Mehrwert in seiner Dialogfunktion mit dem Kunden, der im Sinne eines ganzheitlichen *Customer Relationship Managements* dauerhaft an das Unternehmen gebunden werden soll. Im Zentrum der Bemühungen stehen der Aufbau und die Pflege des Markenimages, die Verkaufsförderung und die Abgrenzung zur Konkurrenz. Die Vereinheitlichung und Verknüpfung der beworbenen Produkte und Dienstleistungen mit den redaktionellen Inhalten muss hier in thematischer, redaktioneller und gestalterischer Hinsicht gegeben sein.[291] Während sich die Kundenakquisition im Segment der großen deutschen Konzerne als immer schwieriger herausstellt, scheint der deutsche Mittelstand noch Potenzial zu bieten.[292]

8. Merchandising

Unter diesen Diversifizierungsmarkt sind Zusatzprodukte von Zeitschriften zu subsumieren, deren Vermarktungs- und Vertriebsprozesse auf eine bereits etablierte Marke zurückgreifen[293] und im vorliegenden Falle das positive Markenimage eines Zeitschriftentitels oder -formats zur Verkaufsförderung nutzen.[294] Da in der Literatur keine einheitliche Definition des Merchandisings existiert,[295] insbesondere in Bezug auf die fachliche Abgrenzung der bisweilen synonym verwendeten Begriffe Merchandising und Licensing, ist eine definitorische Einengung sinnvoll: *Brem* definiert das Merchandising als Marketinginstrument zur Absatzförderung eines Produktes.[296] Damit sind alle vom Hersteller ergriffenen Maßnahmen zur Vermarktung seines Produktes gemeint, die er beim Handel seiner Ware ergreift.[297] Für die vorliegende Untersuchung wurde eine am Risikoträger ausgerichtete Definition gewählt, wonach das Produktrisiko beim Rechteinhaber, nicht beim Rechtenehmer liegt.[298]

Im Rahmen der Kooperation zwischen Zeitschriftenverlag und Produkt- bzw. Dienstleistungsanbieter wird die dem Zeitschriftentitel zur Verfügung stehende Werbefläche medienkanalübergreifend zur Vermarktung genutzt. Ziel ist die Verknüpfung von Inhalten mit den beworbenen Produkten bzw. Dienstleistungen[299] entlang einer

291 Auf den Münchner Medientagen 2010 äußerte sich der Chefredakteur des Manager-Magazins Wolfgang Kaden auf die Frage nach der optimalen Corporate Publishing Strategie wie folgt: „Ein Kundenmagazin sollte eine gelungene Mischung aus Nutzwert, Unterhaltung und Informationen bieten".

292 Vgl. Horizont (24/2011), S. 13.

293 Gabler Wirtschaftslexikon (1997), S. 343.

294 In diesem Zusammenhang muss insbesondere auf das klassische Zusatzprodukt-Geschäft von Zeitschriften verwiesen werden, wie z.B. CD-, DVD- oder Buchreihen, Reisen etc.

295 Vgl. Schertz (1997), S. 4.

296 Vgl. Brem (2002), S. 2.

297 Vgl. Böll und Gottschalk (1999), S. 1.

298 Vgl. Wengenroth (2006), S. 134.

299 Hierbei kommen unterschiedliche Techniken zum Einsatz, so können Artikel bspw. mit einem entsprechenden Angebot gekoppelt werden, indem sie es implizit oder explizit bewerben.

möglichst zielgruppengenauen Segmentierung der Leser- und Nutzerschaft. Auch der Einsatz weiterführender Vermarktungsstrategien in Kooperation mit dem Partnerunternehmen, wie z.B. *Ambient Sales* Strategien oder anders geartete Werbepartnerschaften, kann zu weiteren Absatzsteigerungen beitragen.

9. Event Management

Die Organisation von Events für spezifische Kundengruppen, die unter dem Dach eines etablierten Zeitschriftentitels die Bekanntheit bzw. Sichtbarmachung der eigenen Marke erweitern soll, wird unter diesem Diversifizierungsmarkt zusammengefasst. Events werden dabei als inszenierte Ereignisse verstanden, die durch Veranstaltungen und Aktionen von begrenzter Dauer ausgetragen werden und der Unterhaltung oder der Information der Adressaten dienen.[300] Dabei steht die Dienstleistung des Zeitschriftenverlages zur Steigerung der Bekanntheit einer Kundenmarke im Vordergrund, der von der Organisation des Events bis hin zur Event-Berichterstattung ein breites Angebotsspektrum abbildet. Bei der Kundenansprache spielt die Positionierung des entsprechenden Zeitschriftentitels, der als „Leuchtturm" des Events dienen soll, eine tragende Rolle.

Die Veranstaltungsschwerpunkte umfassen das ganze Spektrum des Event Managements. Darunter fallen bspw. Konzerte, Sportevents, wissensvermittelnde Veranstaltungen wie Kongresse und Tagungen oder auch Sponsoring-Events. Grundsätzlich existieren hier neben der Berichterstattung der Events (mglw. auch durch Dritte) drei weitere Einkommensquellen für Zeitschriftenverlage: So können über die Eintrittsgelder zu den Events, die Event-Werbeplatzvermarktung an Werbungtreibende sowie begleitende Dienstleistungen um die Events herum weitere Erlösquellen erschlossen werden.

II. Herleitung der Kriterien

a) Marktorientierte Bewertung

Zur Bewertung von Märkten lassen sich diverse Ansätze unter Berücksichtigung unterschiedlicher Kriterien verwenden. Eine auf der bestehenden wirtschaftswissenschaftlichen Literatur basierende Herleitung der für diese Untersuchung relevanten Kriterien erschien sinnvoll, da auf wertvolle empirische Befunde der Marktattraktivitätsforschung zurückgegriffen werden konnte.[301] Nach eingängigen Literaturrecherchen kristallisierten sich zwei Ansätze als besonders relevant heraus: die Lehre der *Five Forces* von *Porter* und die Klassifizierung der Wettbewerbsstrategien von Medi-

[300] Vgl. Scherhag (1998), S. 85.

[301] Für eine ausführliche Diskussion relevanter Arbeiten, vgl. Brandenburger und Nalebuff (1996).

enunternehmen nach *Wirtz*.[302] Der prominentere Ansatz der *Five Forces* von *Porter* erschien als Grundlage der vorliegenden Untersuchung jedoch nur ansatzweise geeignet, da die Kriterien nicht hinreichend transparent sind, um die Vergleichbarkeit der Antworten eines größeren Expertensamples zu ermöglichen. Außerdem setzt die Messung der von *Porter* zugrunde gelegten Einflussgrößen eine gewisse Notwendigkeit zur Abstrahierung voraus, da diese eher „weicher" Natur sind und mithilfe der gängigen Erhebungsmethoden zur Generierung von Marktdaten nicht unbedingt ermittelt werden können. Da die Bewertungen der vorliegenden Untersuchung primär auf persönlichen Experteneinschätzungen basieren und zur Vorbeugung von Missverständnissen während des Erhebungsprozesses, mussten die Kriterien präzise definiert werden. Unzureichend definierte Kriterien hätten zu einer starken Verzerrung der Ergebnisqualität geführt.[303] Außerdem sollten sie hinterfragen, welches absolute Potential die unterschiedlichen Diversifizierungsmärkte aufweisen. So konnte eine deutliche Formulierung der Bewertungsfragen sichergestellt werden, die als Grundvoraussetzung zur Erreichung einer hohen Ergebnisqualität und -konsistenz angesehen werden muss. Die von *Wirtz* gewählte Klassifizierung zur Einordnung der Wettbewerbsstrategien von Medienunternehmen eignete sich vor allem aufgrund der Unterteilungslogik in Marktpräsenz-, Marktselektions- und Marktsegmentierungsstrategien.[304] In diesem Zusammenhang konstatiert *Meyer*, dass insbesondere Marktpräsenzstrategien, diejenigen Strategien also, die eine Steigerung der Marktpräsenz eines Medienunternehmens in einem (Teil-)Markt zum Ziel haben, von einer Beurteilung der Marktattraktivität, der Zukunftsaussichten und der Risiken ebendieses Marktumfeldes begleitet werden müssen.[305] Diese Analyseparameter eigneten sich auch zur Herleitung der marktorientierten Kriterien in der vorliegenden Untersuchung. Da es sich nämlich bei Diversifizierungsprozessen um eine vergleichbare Form der strategischen Geschäftsfelderweiterung handelt, erschien eine Konzentration auf die Marktgröße (zur Messung der Marktattraktivität) und das Marktwachstum (zur Einschätzung der Zukunftsaussichten), das jeweils innerhalb des identifizierten Diversifizierungsmarktes prognostiziert werden kann, sinnvoll. Des Weiteren stellte die Intensität des Wettbewerberumfeldes (zur Einschätzung des Risikos) eine bei der Diversifizierungsentscheidung relevante Bezugsgröße dar.

Die identifizierten Kriterien Marktgröße, Marktwachstum und Marktanteilsdynamik genügten den Quantifizierungsanforderungen der vorliegenden Arbeit, da sie sich in absoluten Zahlen messen bzw. einschätzen ließen. Eine Erweiterung der Kriteriengruppe um ggf. qualitative Einschätzungen erfordernde Bewertungsparameter hatte

302 Für eine ausführliche Beschreibung vgl. Kapitel „Markt- und Ressourcenorientierter Ansatz" und die dort aufgeführten Quellen.

303 Vgl. Franz, Ramser und Stadler (2003), S. 323 f.

304 Vgl. Wirtz (2009), S. 64 ff.

305 Vgl. Meyer (2008), S. 19.

sich vor dem Hintergrund einer mangelhaften Messbarkeit als problematisch herausgestellt. Da es sich in Hinblick auf diese drei Kriterien eben nicht um eine analytische Quantifizierung der entsprechenden Bezugsgrößen auf Grundlage vorhandener Marktdaten handelt, sondern um den Versuch, die Attraktivität der Märkte mithilfe von Experteneinschätzungen entlang ebendieser Kriterien zu messen, trug dieser quantitativ-kognitive Bewertungsprozess der Schätzungsergebnisse zu einer erhöhten Stringenz der Paarvergleiche bei.[306] Die Expertenbewertungen zur Einschätzung des Potenzials entlang der marktorientierten Kriterien stellten die Quantifizierungsgrundlage zur Bewertung der Marktattraktivität dar. Die herangezogenen marktorientierten Kriterien wurden wie folgt definiert:[307]

1. **Marktgröße:** Die Größe des entsprechenden Diversifizierungsmarktes wurde auf Grundlage des jeweils erwirtschafteten Umsatzvolumens eines jeden Diversifizierungsmarktes gemessen. Als Bezugsjahr diente das Jahr 2010.

2. **Marktwachstum:** Unter Marktwachstum wurde das zu erwartende Wachstum des entsprechenden Diversifizierungsmarktes für den Zeitraum der kommenden fünf Jahre ausgehend vom Bezugsjahr 2010 definiert. Hierbei handelt es sich um das relative Wachstumspotenzial in Bezug auf die Marktgröße des entsprechenden Diversifizierungsmarktes, nicht um das absolute Umsatzwachstum.

3. **Marktanteilsdynamik:** Die Wettbewerbsstruktur des Diversifizierungsmarktes gibt Auskunft über die Marktanteilsdynamik. Diese wiederum beschreibt, inwieweit die Marktanteile unter den bestehenden Teilnehmern bereits aufgeteilt sind, bzw. wie leicht sich im jeweiligen Markt neue Marktanteile dazu gewinnen lassen.

Schließlich konnten die identifizierten Diversifizierungsmärkte analog zur ressourcenorientierten Bewertung, die mithilfe der parallel durchgeführten Experteninterviews in den Zeitschriftenverlagen vorgenommen wurde, entlang der drei Kriterien

---

306 Für die vorliegenden marktorientierten Kriterien Marktwachstum und Marktanteilsdynamik existierten keine verlässlichen Branchendaten, da es sich bei den in dieser Arbeit zugrunde liegenden Märkten um überwiegend unkonventionelle, nicht etablierte Geschäftsfelder handelte, die sich zum Erhebungszeitpunkt in einem jungen Marktreifestadium befanden. Daten zur Marktgröße konnten zwar ermittelt werden, in einigen Fällen musste jedoch auf Schätzwerte aus Marktstudien zurückgegriffen werden, da die Daten zur relevanten Marktgröße nicht vorhanden bzw. nicht zugänglich waren.

307 Die identifizierten marktorientierten Kriterien decken sich mit den von *Chan-Olmsted und Chang* identifizierten Marktcharakteristika zur Analyse von Diversifizierungsentscheidungen in Medienunternehmen: „Continuing on the industry economics theory of diversification, a media conglomerate's decision to enter a specific industry is likely to be determined by its target industry's basic characteristics such as market size, growth rate, profitability, and competition, as well as the factors of product/geographical relatedness". Die geographische Verwandtschaft spielt in der vorliegenden Untersuchung dagegen keine Rolle, da der Fokus auf verbundenen Diversifizierungsstrategien im deutschen Markt liegt. Die produktbezogene Verwandtschaft wird im Sinne der Erkenntnisse aus dem Grundlagenkapitel durch eine ressourcenorientierte Bewertung abgedeckt. Vgl. Chan-Olmsted und Chang (2003), S. 230.

und unter Einsatz der Paarvergleichsmethode gewichtet werden. Wohingegen die ressourcenorientierte Bewertung auf dem unternehmensinternen Fachwissen der Interviewpartner basierte, konnte zur Analyse der Marktattraktivität die notwendige Marktexpertise und -kenntnis durch *Solon Management Consulting* gewährleistet werden.[308]

An dieser Stelle sei angemerkt, dass aufgrund des identischen mathematischen Gewichtungsfaktors ($1/n$), der einheitlich zur ressourcenorientierten Bewertung für alle identifizierten marktorientierten Kriterien gewählt wurde, keine zusätzliche Gewichtung auf Kriterienebene erfolgte. Die Auswertung der vorliegenden Paarvergleiche stellt die finale Bewertungsgrundlage dieser Untersuchung dar. Eine nachgelagerte Verschiebung der Untersuchungsergebnisse konnte daher ausgeschlossen werden.

b) Ressourcenorientierte Bewertung

Aufgrund des sehr dynamischen Untersuchungsgegenstandes dieser Arbeit durfte sich die Herleitung der bewertungsrelevanten Kernressourcen nicht ausschließlich auf die bestehende Fachliteratur, bzw. existierende Erkenntnisse fachrelevanter Studien berufen. Um eine aus Ressourcensicht fundierte Kriterienauswahl sicherzustellen, waren die Einschätzungen fach- und branchenvertrauter Experten unbedingt notwendig. Bei der Auswahl geeigneter Branchenbeobachter und Experten wurde darauf geachtet, Personen sowohl aus dem praktischen als auch akademischen Umfeld zu gewinnen, die ein breites Erfahrungsspektrum abdecken.[309]

Das theoretische Fundament der in der Befragung auftauchenden Kernressourcen knüpft, wie bereits angedeutet, an das von *Wirtz* entworfene und den *Ressource based View* erweiternde *Core Assets*- und Kernkompetenzen-Modell an. Dieses Modell berücksichtigt die interne Struktur von Medienunternehmen, da es die dem *Ressource based View* zugrunde liegenden Kernressourcen (*Core Assets*) um spezifische, medienaffine Kernkompetenzen ergänzt.[310]

Um die von *Wirtz* hergeleiteten Kernressourcen und -kompetenzen auf deutsche Zeitschriftenverlage zu übertragen, wurden die Experten schließlich gebeten, deren Wichtigkeit für deutsche Zeitschriftenverlage einzuschätzen. Als Bewertungsskala wurde ein Zahlenintervall von eins bis zehn verwendet, wobei eins für eine sehr gerin-

308 Um das nötige Level an Branchenkenntnis und Fachkompetenz sicherzustellen, wurden lediglich die der *Solon Media Practice* angehörigen Unternehmensberater mit einer Firmenzugehörigkeit von mindestens zwei Jahren befragt.

309 Im Rahmen dieser Befragung konnten mehrere ausgewiesene Experten gewonnen werden, deren Branchenkenntnis und Erfahrung die Kernvoraussetzungen für eine fundierte Kernressourcenanalyse darstellten. Es wurden befragt Herr Kay Sattelmair, Verleger und ehemaliges Vorstandsmitglied der Axel Springer AG, alle geschäftsführende Gründungspartner von Solon Management Consulting und Frau Prof. Dr. Insa Sjurts, Professorein für Medienökonomie and der Universität Hamburg.

310 Vgl. Wirtz (2009), S. 43 ff.

ge und zehn für eine sehr hohe Bedeutung steht. Da es sich um verlagsinterne und den Experten bekannte Ressourcen bzw. Kompetenzen handelte, deren potenzieller Kernressourcenstatus in dieser Befragung ermittelt werden sollte, wurde eine verhältnismäßig breite Bewertungsskala gewählt.[311] Somit konnten feine Differenzen innerhalb der Spitzenbewertungen herausgefiltert werden. Weitere qualitative Einschätzungen aus den Experteninterviews dienten im Zusammenspiel mit den Erkenntnissen der Literaturrecherchen zur besseren Herausbildung der abgebildeten Kernressourcen.

Auf Basis der Experteneinschätzungen, ließen sich schließlich folgende Ergebnisse extrahieren. Wie aus Abb. 27 ersichtlich, lag eine eindeutige Übereinstimmung bei der Bewertung dieser spezifischen Kernressourcen bzw. -kompetenzen vor.[312]

Befragte Experten	*Kay Sattelmair, ehemals AS AG*	*Partnerkonsens, Solon Management C.*	*Prof. Dr. Insa Sjurts, Universität Hamburg*
Beurteilung der Wichtigkeit aller Kernressourcen und -kompetenzen nach *Wirtz*	*Bewertungsschema: von sehr gering (1) bis sehr hoch (10)*	*Bewertungsschema: von sehr gering (1) bis sehr hoch (10)*	*Bewertungsschema: von sehr gering (1) bis sehr hoch (10)*
Kernressourcen			
▪ Mitarbeiter	7	8	7
▪ Marke	9	9	10
▪ Netzwerke	5	6	7
▪ Kundenstamm	5	4	6
Kernkompetenzen			
▪ Content-Sourcing-Kompetenz	8	7	8
▪ Content-Creation-Kompetenz	8	9	9
▪ Produktentwicklungskompetenz	7	8	8
▪ Promotion-Kompetenz	4	5	7
▪ Cross-mediale Verwertungskompetenz	10	9	10
▪ Technologiekompetenz	5	5	5

Abbildung 27: Ergebnis der vorab durchgeführten Experteneinschätzung

Quelle: eigene Darstellung

[311] Für die ressourcenorientierte Bewertung seitens der Verlagsmanager wurde dagegen eine Bewertungsskala von eins bis fünf gewählt, um die Komplexität der umfangreichen Abfrage zu reduzieren.

[312] Die ermittelte Anzahl von fünf Kernressourcen deckt sich weitestgehend mit den Untersuchungen bzw. Empfehlungen anderer Autoren. So ermittelt *Aaker* in einer Befragung unter 248 Unternehmen eine durchschnittliche Anzahl von 4,65 SCAs. Vgl. Aaker (1989), S. 96. Mit SCAs bezeichnet er dabei Sustainable Competitive Advantages, die allerdings „inhaltlich zum Großteil als Kernressourcen zu interpretieren sind, welche zu einem Wettbewerbsvorteil führen können". Habann und Marino kommen zu der Empfehlung, zwei bis fünf Kernressourcen durch Mitarbeiterbefragungen zu ermitteln. Vgl. Habann (1999), S. 119; Marino (1996), S. 44.

Insgesamt ließen sich demnach fünf Kernressourcen[313] ableiten, bei denen es sich um zwei strategische Vermögenswerte und drei Kernkompetenzen handelt. Sie erfüllen die drei konstituierenden Merkmale einer Kernressource. Aufgrund der starken Konformität wurden die im *Wirtzschen* Modell abgebildeten Kernkompetenzen Content-Sourcing und -Creation in der vorliegenden Untersuchung als eine Kernressource zusammengefasst. Aus den qualitativen Ausführungen der Expertenbefragung ging eindeutig hervor, dass das entscheidende Qualitätsmerkmal der Mitarbeiter von Zeitschriftenverlagen in der Kreativität des Personals sowie deren Flexibilität im Prozessmanagement zusammenfassend begründet liegt. Dabei kommt es eben nicht nur auf kreative Köpfe, sondern auch auf dynamische, unternehmensinterne Prozesse bei der Produktentwicklung, der Herstellung, der Vermarktung und dem Vertrieb von Zeitschriftenprodukten an. Aus diesem Grunde trägt das Ressourcenprofil der Mitarbeiter sowohl der personellen Kreativität als auch Flexibilität Rechnung. Die entsprechende Kernressource wurde unter „Kreativität und Flexibilität der Mitarbeiter“ subsumiert. Schließlich wurde von Seiten der Experten mehrmals auf die besondere Rolle der Marke eines Zeitschriftentitels hingewiesen. Das Markenmanagement sei von entscheidender Bedeutung, da es sowohl den Markenaufbau als auch den Erhalt des Markenwertes im Kerngeschäft des Zeitschriftenverlages beinhaltet. In der vorliegenden Untersuchung wurden daher beide Aspekte berücksichtigt. Die restlichen drei, in der Befragung identifizierten Kernressourcen konnten ohne weitere Einschränkungen/Ergänzungen aus der Befragung übernommen werden.

Aus den qualitativen Ausführungen der Experten konnte auch eine abschließende Einschätzung zur grundsätzlichen Wichtigkeit aller von *Wirtz* identifizierten Kernressourcen und -kompetenzen ermittelt werden. In diesem Zusammenhang wurde jedoch angemerkt, dass sich die derzeitige Ausprägung von einem wünschenswerten Kernressourcen- und Kompetenzprofil insofern unterscheidet, als dass die Kompetenz des Content-Sourcing und der Content-Creation sowie die crossmediale Verwertungskompetenz in der Mehrzahl deutscher Zeitschriftenverlage noch nicht hinreichend ausgeprägt ist (siehe Abb. 28).

Die Ergebnisse der Befragung werden im Folgenden näher erläutert. Einerseits soll der Status als Kernressource verdeutlicht, andererseits ein einheitliches Begriffsverständnis für den weiteren Gang der Untersuchung geschaffen werden.

---

313 Zum Erhalt eines einheitlichen Begriffsverständnisses wird an einigen Stellen der vorliegenden Untersuchung von einer Differenzierung zwischen Kernressource- und -kompetenz abgesehen und die Terminologie der ressourcenorientierten Bewertung übergreifend verwendet

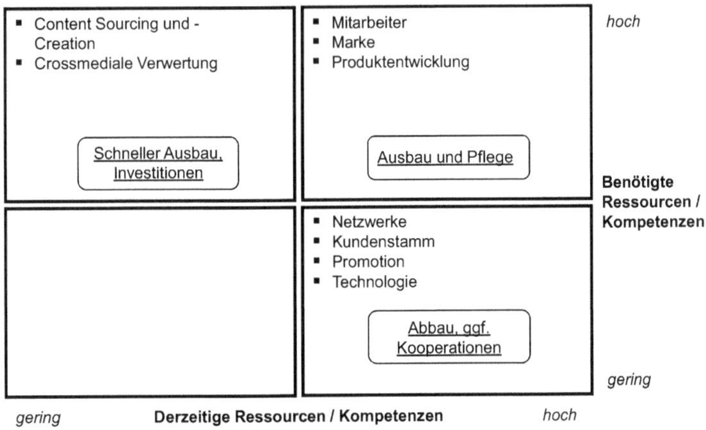

Abbildung 28: Bedeutung der Kernressourcen und -kompetenzen von Zeitschriftenverlagen im Diversifizierungsgeschäft
Quelle: eigene Darstellung, Experteninterviews

i) Kreativität und Flexibilität der Mitarbeiter

Kreativität und Flexibilität stellen per Definition ein für Zeitschriftenverlage wichtiges Kompetenzfeld dar. Für die vorliegende Untersuchung soll nicht nur ein einheitliches Verständnis geschaffen, sondern eben auch erläutert werden, warum sie bei der Mitarbeiterauslese von Zeitschriftenverlagen ein wichtiges Kriterium darstellen.

Um die Begrifflichkeit der Kreativität abzustecken, kann man auf die Definition des *Brockhaus* an dieser Stelle zurückgreifen: Kreativität ist „schöpferisches Vermögen. Im Unterschied zum rein analytischen Denken ist die Kreativität besonders durch das Finden neuer Aspekte und Ansätze zu Problemlösungen (divergentes Denken) gekennzeichnet und von zahlreichen kognitiven und psychischen Faktoren bestimmt“[314]. Die Kreativität der verlagsinternen Arbeit ist in vielen Bereichen von tragender Bedeutung, wie bspw. bei der journalistischen Tätigkeit zur Erstellung der Beiträge,[315] der Konzipierung und Zuschneidung des entsprechenden Zeitschriftenformats oder dem Produktvermarktung und –vertrieb.[316] Dabei muss eine grundsätzliche Differenzierung der Zeitschriftengenres voneinander getroffen werden, da nicht alle einen gleichsam

314 Der Brockhaus (2009).

315 Vgl. Experteninterview vom 27.1.2011 mit Fr. Christiane Schlötzer, Süddeutscher Verlag: *„In den Redaktionsabteilungen arbeiten die in meinen Augen die wirklich kreativen Mitarbeiter eines Verlages.“*

316 Vgl. Experteninterview vom 31.1.2011 mit Hr. Lothar Lanz, Axel Springer AG: *„Flexibilität ist immer dann gefragt, wenn neue Geschäftsfelder erschlossen werden.“*

kreativen Gestaltungsspielraum besitzen. Das Genre der Lifestyle-orientierten Publikumszeitschrift bietet einen mglw. kreativeren Gestaltungsspielraum als das der periodisch erscheinenden Nachrichtenmagazine, wo Kontinuität, journalistischer Anspruch und Informationsgehalt eine wichtigere Rolle spielen. In Abgrenzung zu den Publikumszeitschriften sind die Fach-, bzw. Special-Interest-Zeitschriften zu sehen, wo entsprechendes Hintergrund- und Fachwissen der Redakteure unverzichtbar ist.[317] Im Zentrum aller kreativen Innovationen steht die Aufmerksamkeit des Lesers, die es immer wieder zu gewinnen bzw. erhalten gilt. Im Verlagswesen spielt die Kreativität somit eine sehr wichtige Rolle und erstreckt sich über mehrere Facetten der verlagsinternen Zusammenarbeit. Parallel dazu existieren in einer Vielzahl von Verlagen auch sog. Kreativabteilungen, die sich mit der Entwicklung neuer Formate, Rubriken und Zeitschriftentitel befassen. Dabei bemüht man zumeist mehrere Filterinstanzen, die vom Redaktionsleiter über den Geschäftsführer bis hin zum Verleger bzw. Vorstand reichen. Die Herausforderung besteht darin, viel versprechende Ideen und Konzepte herauszufiltern, die an die gewohnte Nutzungsumgebung anknüpfen aber dennoch als Ergänzung zum bestehenden Angebot angesehen werden. Mithilfe kontinuierlicher Produktinnovationen kann die Treue der Leser in das Produkt zusätzlich gestärkt werden.[318] Auch für die dem Entstehungsprozess nachgelagerten Umsetzungsinstanzen sind diese Überlegungen von zentraler Bedeutung. Bei der Vermarktung geht es schließlich darum, eine Innovation richtig zu positionieren und bekannt zu machen. So kann bspw. das Interesse für ein neues Zeitschriftenformat über den zur Verfügung stehenden Werbeplatz geweckt werden. Ein neues Zeitschriftenformat kann als Verlängerung eines bestehenden Print-Produktes im Markt etabliert werden.

Gleichzeitig stellt auch die Flexibilität des Personals eine wichtige Voraussetzung zur erfolgreichen Generierung, Auswahl, Umsetzung und Vermarktung von Zeitschriftenprodukten dar. Die Generierung einer Idee erfolgt in den meisten Fällen eher informellen Wegen, setzt jedoch gleichzeitig voraus, dass der Mitarbeiter über ein hohes Maß an Autonomie verfügt, bzw. er keine formalen Blockaden in seiner Arbeit zu überwinden hat. Grundsätzlich muss den Mitarbeitern der Freiraum gegeben werden, unternehmerisch zu denken und eigene Ideen und Konzepte zu entwickeln. Gleichzeitig muss die Gewährleistung verhältnismäßig offener Konzernstrukturen existieren. Der Austausch neuer Ideen und Konzepte muss dabei im Vordergrund der Bemühungen stehen und in regelmäßigen Abständen zwischen den unterschiedlichen unternehmensinternen Hierarchien stattfinden.

Die Ressourcen Kreativität und Flexibilität bezeichnen demnach sowohl die kreativen bzw. flexiblen Mitarbeiter als auch die dahinter gelagerten Prozesse. Sie entstehen dann, wenn Verlagsmitarbeiter bei der Entwicklung und Umsetzung neuer

317 Vgl. Breyer-Mayländer (2006), S. 46 f.

318 Vgl. Siegert (2000), S. 122 ff.

Ideen zusammenarbeiten. Die Mitarbeiter liefern die Rohstoffe der Kreativität und Flexibilität, die in die kreativen Prozesse einfließen und das finale Produkt entstehen lassen bzw. veredeln. Eine Vernachlässigung ebendieser Kompetenzen würde in einer verminderten Wettbewerbsfähigkeit resultieren.[319] Parallel dazu besteht – wie in anderen Industriezweigen auch – die Gefahr, dass die Konkurrenz das Kreativpersonal abwirbt. Es empfiehlt sich daher, die kreativen Prozesse auf mehrere Ebenen und Positionen zu verteilen und das Risiko einer Verwässerung bzw. unkontrollierbaren Verbreitung zu umgehen.

Es lässt sich daher festhalten, dass die Begrifflichkeit der Kreativität und Flexibilität vergleichsweise komplex ist, da er die Kombination mehrerer Ressourcen und Prozesse innerhalb eines Unternehmens umfasst. Die Kreativität der Mitarbeiter wird daher zu einer nicht zu imitierenden und nicht zu substituierenden Kernressource, die einen hohen strategischen (Vermögens)Wert für den jeweiligen Zeitschriftenverlag darstellt.

ii) Markenreputation und -management

Bei der Kernressource der Zeitschriftenmarke handelt es sich um einen strategischen Vermögenswert. Markenreputation und -management, die im Wesentlichen auf die Fähigkeit zur Etablierung der Marke und der Markenführung zurückgehen, müssen als Kompetenzfeld eines Unternehmens interpretiert werden. Da sich die Marke einer Zeitschrift in ihrer Beschaffenheit, ihrem Erscheinungsbild und insbesondere in ihrer Wahrnehmung über einen Zeitraum hinweg verändert, ist es sinnvoll, die Etablierung und den Erhalt des immateriellen Vermögenswertes der Zeitschriftenmarke als Prozess zu begreifen.

Die Marke stellt ein zentrales, in der Psyche des Konsumenten verankertes, einmaliges Vorstellungsbild eines Produktes oder einer Dienstleistung dar.[320] „Insbesondere Medienunternehmen sind auf die Profilierung ihrer Marken in einem wettbewerbsintensiven Umfeld angewiesen“[321]. Aufgrund der verhältnismäßig breiten Beschaffenheit des Zeitschriftenmarktes standen die Forcierung von Markenreputation und Markenmanagement schon immer im Fokus der Marketingstrategien.[322] Bei Medienprodukten handelt es sich um sog. Erfahrungsgüter,[323] deren Qualität vor dem eigentlichen Konsum nicht geprüft werden kann. Daher kommt der Medienmarke aufgrund ihrer Signalfunktion eine grundsätzlich hohe Bedeutung bei der Nutzungsent-

319 Vgl. Habann (1999), S. 72 f.

320 Vgl. Meffert (2000), S. 847.

321 Huber; Regier und Aboulzahab (2006), S. 21.

322 Vgl. Wirtz (2009), S. 106.

323 Vgl. hierzu die Ausführungen zu den Besonderheiten von Medienprodukten im Kapitel „Medienökonomische Diversifikation“

scheidung des Konsumenten zu.[324] Auch wenn die Kaufentscheidung eines Zeitschriftenlesers auf der Grundlage eines verhältnismäßig breiten Angebotes stattfindet und daher den Markenwidererkennungswert in den Vordergrund stellt, so müssen die entsprechenden Zielgruppen auch von der inhaltlichen Qualität überzeugt werden. Starke Marken können dem Konsumenten bei der Kaufentscheidung von Zeitschriftenprodukten lediglich helfen.[325] Die Maßnahmen zur Leserbindung divergieren jedoch je nach Genre des Zeitschriftentitels: Periodisch erscheinende Publikumszeitschriften müssen die Aufmerksamkeit des Leser kontinuierlich neu gewinnen. Fachzeitschriften konzentrieren sich im Kern auf zumeist kleinere, dafür aber zahlungsbereite Käuferschichten, die auf die Kompetenz des Zeitschriftentitels vertrauen. Für Zeitschriftenverlage gilt, dass die Aktivitäten zur Steigerung des Markenwertes „mit dem in der Psyche des Konsumenten verankerten, unverwechselbaren Vorstellungsbild der Marke konsistent sein müssen, um den Wert einer Marke zu steigern“[326]. In diesem Zusammenhang wird auch gerne auf das Konstrukt der Markenpersönlichkeit verwiesen, das zur Orientierungshilfe des Konsumenten dient und einen entscheidenden Einfluss auf den Wert einer Marke hat: Die Marke lässt sich demzufolge mit diversen Charakteristika beschreiben, die eher zur Kennzeichnung menschlicher Eigenschaften dienen.[327] Des Weiteren lassen sich Medienprodukte beim Konsum verhältnismäßig leicht austauschen: Wohingegen das Print-Produkt immerhin nur physisch austauschbar ist, bestehen bei Onlineangeboten fast keine Hürden beim Produktwechsel. Umso wichtiger stellt sich die persönlichkeitsorientierte Markenführung im Zeitschriftenbereich mit verlängerten Online-Angeboten dar, weil sie dazu beiträgt, ein bestehendes Medienangebot von anderen medialen Formaten abzugrenzen und eine dauerhafte, emotionale Bindung der Nutzer an das Produkt zu fördern.[328] An dieser Stelle ist auch darauf hinzuweisen, dass Zeitschriftentitel als Werbeträger fungieren und somit umfangreiche Möglichkeiten zur Eigenwerbung, bzw. Markenstabilisierung wahrnehmen können.[329] Diese Maßnahmen müssen jedoch in ein ganzheitliches Markenmanagement-Konzept eingebunden sein, das sich an einem definierten Markenbild orientiert und eine Markenverwässerung verhindert.

---

324 Vgl. Wirtz (2009), S. 106.

325 Vgl. Experteninterview vom 7.2.2011 mit Hr. Eckart Bollmann, Bauer Media Group: *„Marken bei Zeitschriften sehe ich nur ganz wenige, z.B. „Vogue“, „Elle“ oder „Cosmopolitan“. In unserem Haus könnte man die „Bravo“ dazu zählen, die internationale Kompetenz hat. Wenn Sie nur den deutschen Markt betrachten, können Sie vielleicht die „TV Movie“ aus unserem Haus dazu zählen. Darüber hinaus sehe ich aber sehr, sehr wenige Zeitschriften im deutschen Markt, die Markencharakter haben oder eine Marke sind. Hintergrund für diese Markendefinition ist insbesondere, dass Zeitschriften Print- bzw. Medienprodukte sind und mit jedem Erscheinungsintervall ihre Zielgruppe mit interessanten Inhalten neu gewinnen müssen.“*

326 Huber et al. (2006), S. 48, und die dort genannten Quellen.

327 Vgl. Huber et al. (2006), S. 8 ff.; Batra; Myers und Aaker (1996), S. 321.

328 Vgl. Huber et al. (2006), S. 47.

329 Vgl. Experteninterview vom 9.2.2011 mit Fr. Wiebke Kirschke, WAZ: *„Das Markenmanagement ist zur erfolgreichen Platzierung von Inhalten aller Art unbedingt notwendig.“*

Für die erfolgreiche Positionierung eines Zeitschriftentitels jedoch sind Name und Bekanntheit der entsprechenden Verlagshäuser zumeist sekundär, zumindest spielen sie in der Bewerbung ebendieser Produkte eine untergeordnete Rolle. Es bedarf dafür einer klar definierten Architektur, die die Regeln für ein nachhaltiges Markenmanagement definiert. Zur Festigung bzw. Vergrößerung vorhandener Reichweiten spielt auch das Produktdesign eine tragende Rolle. Auf Basis der Qualität und Beschaffenheit des journalistischen Inhaltes soll die Treue zum Produkt vergrößert und ein individuelles Image transportiert werden.[330] Für ein erfolgreiches Markenmanagement lässt sich daher der angestrebte Aufbau eines bestimmten Vorstellungsbildes als Soll-Positionierung beschreiben.[331] Diese ist wiederum von der Ist-Positionierung abzugrenzen, welche sich durch „von Marken gespeicherte, durch das Marketing oder durch unmittelbare Erfahrung mit den Marken aufgebauten Gedächtnisinhalte der Konsumenten“[332] ergibt. Ziel eines jeden Zeitschriftenverlages ist die erfolgreiche Positionierung möglichst vieler seiner Titel auf dem deutschen Zeitschriftenmarkt und die Schaffung einer Markenpräferenz der Leser. Die erfolgreiche Etablierung der Marke und ihr langfristiger Erhalt stellen die unabdingbaren Kernvoraussetzungen dar, sind jedoch in den komplexen Prozess des Markenmanagements eingebunden.[333]

Das Markenmanagement von Zeitschriftenverlagen stellt eine sehr komplexe Aufgabe dar, dient jedoch auch als entscheidende Differenzierungsmöglichkeit gegenüber der Konkurrenz. Die evidente Fähigkeit zur Nutzenstiftung, die sich i.d.R. nicht einfach imitieren bzw. substituieren lässt, verleiht dem Markenmanagement den Status einer Kernressource von Zeitschriftenverlagen. Die Marke eines entsprechenden Print-Titels ist als strategischer Vermögenswerte anzusehen.

iii) Content-Sourcing und -Creation

Die Generierung journalistischer Inhalte stellt für die Redaktionen von Zeitschriftenverlagen ein wichtiges Alleinstellungsmerkmal dar. Journalistische Qualität lässt sich anhand mehrerer intrinsischer und extrinsischer Parameter messen, wie z.B. der Qualität der Recherchen, der Aktualität und Tiefe der verarbeiteten Inhalte, aber auch der Qualität der adressierten Leserschaft, die sich in Dimensionen wie Einkommensstärke, Konsumverhalten oder Interessenprofil messen lässt.[334] Der Prozess Content-Sourcing und -Creation umfasst die Beschaffung, Verarbeitung und Bereitstellung

[330] Vgl. hierzu Karstens und Schütte (2005), S. 225 ff.

[331] Vgl. Wolff (2006), S. 64.

[332] Esch (2003), S. 121. Vgl. auch Wolff (2006), S. 64.

[333] Der Prozess des Markenmanagements involviert eine Großzahl an Verlagsmitarbeitern und untergliedert sich in mehrere Teilprozesse, wie z.B. medienkanalübergreifende Marktstudien, strategische Marken-Workshops oder konkrete Maßnahmenplanungen zur Steigerung der Markenpräsenz.

[334] Vgl. Schulte-Hillen, Ganz und Althans (2001), S. 122.

von Inhalten und somit den Entstehungsprozess des Kernproduktes, auf dem das Geschäftsmodell eines Zeitschriftenverlags basiert.

Nach *Wirtz* umfasst der Entstehungsprozess von Inhalten sowohl die Kompetenz des Content-Sourcing, die sich im Falle von Zeitschriftenverlagen i.d.R. auf die Beschaffung qualitativ hochwertiger Informationen und Inhalte zur Weiterverarbeitung beschränkt, als auch die Kompetenz der Content-Creation, die die Fähigkeiten zur Generierung journalistisch hochwertiger, aktueller Inhalte und erfolgreicher Zeitschriftenformate umfasst.[335] Die Qualität eines Zeitschriftenproduktes hängt daher insbesondere von der Fähigkeit des Verlages ab, diese beiden Prozesse zu managen und miteinander zu kombinieren. Sie werden durch das implizite Wissen der Mitarbeiter sowie unternehmensinterne Routinen erhalten, weitergegeben und ggf. optimiert. Der Kernressourcenstatus lässt sich jedoch nicht mit der Fähigkeit zur Beschaffung und Generierung von Inhalten begründen, zumal es sich hier um eine von der Konkurrenz grundsätzlich imitierbare Ressource oder Kompetenz handelt. Er liegt dafür in der schwer erreichbaren Nachvollziehbarkeit der Wirkungsmechanismen Außenstehender. Da sich der redaktionelle Entstehungsprozess an der journalistischen Qualität seiner Beiträge misst und auf einen jahrelangen Erfahrungswert mit der eigenen Leserschaft beruht,[336] ist die Inhaltsbeschaffungs- und Verarbeitungskompetenz der (insbesondere reichweitenstarken) Zeitschriftenverlage nur schwer imitierbar und aufgrund ihrer enormen Bedeutung für den Produktentstehungsprozess auch nicht substituierbar,[337] Sobald es sich jedoch um Photos, Grafiken, Videomaterial oder andere Formen von Content handelt, die mglw. über Agenturen oder externe Dienstleister zur Unterlegung eigener Beiträge beschafft werden, ist die Nicht-Imitierbarkeit u.U. dann nicht mehr gegeben.

Auch wenn diese Fähigkeiten zur Generierung dauerhafter Wettbewerbsvorteile notwendig sind und zu den zentralen Kernkompetenzen von Zeitschriftenverlagen zählen, haben hier in der Vergangenheit viele Zeitschriftenverlage ein besonders hohes Optimierungspotenzial gesehen. Mithilfe verlagsübergreifender Kooperationen sollten Kostenvorteile bei der Beschaffung von Inhalten erzielt werden. Die Digitalisierung der Content-Beschaffungsmechanismen hat zu einer universell handhabbaren und effizienten Verwertung von Informationen geführt. Durch die Entstehung von Mantelredaktionen, eine Zusammenlegung von titelübergreifenden Redaktionsbereichen mit gleichem oder ähnlichem thematischen Fokus zur Erstellung von Beiträgen, sollte außerdem eine kostengünstigere Herstellung von Zeitschriftenprodukten gewährleistet

---

[335] Vgl. Wirtz (2009), S. 70.

[336] Vgl. Experteninterview vom 9.2.2011 mit Fr. Wiebke Kirschke, WAZ: *„Journalistische Qualität sehen wir immer darin, dass wir die Leserbedürfnisse erkennen und ihnen, also den Lesern, entsprechende Produkte hierfür anbieten. Selbstverständlich müssen die Inhalte der Produkte journalistischen Arbeitsgrundregeln entsprechen. An der journalistischen Qualität unserer Beiträge messen wir uns."*

[337] Vgl. Wirtz (2009), S. 71.

werden. Da diese Maßnahmen jedoch in verschiedenen Fällen zu inhaltlichen Qualitätsverlusten führten, blieben teils starke Reichweitenverluste einiger am deutschen Markt etablierter Zeitschriftentitel nicht aus.[338] Vor dem Hintergrund, dass solche Maßnahmen mit Einschränkungen der journalistischen Diversität bzw. Qualität einhergehen und von der Leserschaft nicht unbeobachtet bleiben, hat sich der Qualitätsgedanke mittlerweile wieder stärker durchgesetzt.

Content-Sourcing und -Creation sind daher nicht nur als Kernkompetenzen der redaktionellen Arbeit eines Zeitschriftenverlages anzusehen, sondern stellen einen zentralen Wertschöpfungsprozess dar. Außerdem bieten sie in der Weitervermarktung von Inhalten aller Art neue Monetarisierungsmöglichkeiten für Zeitschriftenverlage.

iv) Produktentwicklung

Die Fähigkeit, erfolgreiche Zeitschriften- oder Zusatzprodukte zu entwickeln und entsprechende Nischen in Hinblick auf ihr Erlöspotenzial und ihre Wachstumschancen zu erkennen, wird gemeinhin als Produktentwicklungskompetenz bezeichnet. Ihr ultimatives Ziel ist die Schaffung eines diversifizierten Produktportfolios, das im Idealfall kontinuierliche Erlösströme garantiert und das Risiko durch die Reduzierung der Abhängigkeit von einer Umsatzsäule vermindert.

Die Produktentwicklungskompetenz ist daher als verlagsübergreifender Prozess zu verstehen, der sich nicht nur in der redaktionellen Arbeit neuer Zeitschriftenprodukte niederschlägt, sondern darauf ausgelegt sein muss, das Potenzial innovativer Zusatzprodukte zur Ergänzung des Kerngeschäftes zu erkennen bzw. diese anschließend intern oder zusammen mit einem externen Partner zu entwickeln. Während es in größeren, stark integrierten Zeitschriftenverlagen oftmals eigene Produktentwicklungszentren gibt, wird dieses Geschäft seitens kleinerer Zeitschriftenverlage eher opportunistisch aus den jeweiligen Zuständigkeitsbereichen heraus betrieben.[339]

In Bezugnahme auf die Content-getriebene Produktentwicklungskompetenz lässt sich festhalten, dass die Konzeption und Umsetzung einer neuen Zeitschrift in hohem Maße auf die Kreativabteilungen der Redaktionen angewiesen ist und diverse schwerimitierbare Planungsprozesse voraussetzt. Dabei gilt es zwischen der Verbreitung

---

[338] Vgl. Horizontstats (2010): „Flop 25 Zeitschriften in Deutschland nach Reichweitenverlust von 2009 auf 2010" sowie die Panel-Präsentationen der Münchner Medientage 2010: „Mit Tablets zur nächsten Medienrevolution?" oder „Alles iPad, oder was? Setzen Medien mit Tablets & Co. aufs richtige Pferd?".

[339] Vgl. Experteninterview vom 1.2.2011 mit Hr. Mathias Schmolz, Spiegel Gruppe: *„Beim „Spiegel" gibt es keine eigene Abteilung für Forschung und Entwicklung, auch das ist ein Unterschied zumindest zu den größeren Verlagshausern, die über ein eigenes Ressort für Strategie und Unternehmensentwicklung verfügen. Wir stemmen dieses Geschäft aus den Zuständigkeiten für die einzelnen Produkte bzw. Märkte heraus, eher opportunistisch also. Deshalb sind wir in der Lage, Neues zu kreieren, in der Lage, unsere Markenfamilie einzubinden."*

journalistisch hochwertiger Inhalte und unbearbeiteter Informationen unbedingt zu differenzieren. Durch die Entwicklungen der Online-Medien wir die Masse der zur Verfügung stehenden Informationen kontinuierlich vorangetrieben, die dann i.d.R. nur sehr begrenzte Monetarisierungsmöglichkeiten aufweisen.[340] Da sie sich im Konsum durch eine Nicht-Ausschließbarkeit und Nicht-Rivalität auszeichnen, müssen sie als öffentliche Güter gelten. Im Gegensatz dazu setzen journalistisch hochwertige Beiträgen einen zeitaufwendigen Entstehungsprozess voraus, der von der (investigativen) Recherche über das Verfassen des Artikels bis hin zur Veröffentlichung reicht und nur über die Zahlungsbereitschaft des Lesers/Nutzers gegenfinanziert werden kann. Ausgehend von dieser Differenzierung bezieht sich die Produktentwicklungskompetenz insbesondere auf monetarisierbare Print- und Digitalprodukte eines Zeitschriftenverlages, wobei es darum geht, die journalistische Hochwertigkeit des Titels in den Vordergrund zu stellen und mithilfe gezielter Maßnahmen der intelligenten Zielgruppenansprache die Aufmerksamkeit des Lesers zu erwecken. Da die Zahlungsbereitschaft der Online-Nutzer nur mithilfe innovativer Formate, unter Einsatz neuer Technologien, digitaler Vertriebswege und Plattformen sowie der Bereitstellung von Premium- und Exklusivinhalten erreicht werden kann, ist es von zentraler Bedeutung, neue Trends frühzeitig zu erkennen und zielgruppengerecht aufzugreifen. Vielerorts existieren verlagsübergreifende Abteilungern oder Positionen, die *Trendscouting* betreiben und sich mit der Erkennung und Identifizierung neuer Ideen und Konzepte auseinandersetzen.[341]

Neben dem Kernprodukt des originären Zeitschriftentitels und dessen digitalen Ablegers, stellt das Geschäft mit Zusatzprodukten eine weitere Erlösmöglichkeit dar. Der Identifizierungsprozess potenziell attraktiver, vom Kerngeschäft weiter losgelöster Diversifizierungsmärkte muss sich daher auch auf die Erkennung neuer Produktideen, deren Entwicklung und ggf. Umsetzung erstrecken. Da sich das Vermarktungspotenzial von Verlagsunternehmen als Vehikel zur Absatzförderung neuer Produkte hervorragend eignet, umfasst die Produktentwicklungskompetenz auch die Fähigkeit, neue Produkte aufmerksamkeitsfördernd zu platzieren. Die Ausweitung des eigenen Produktportfolios sollte daher sowohl die entsprechende Zielgruppe, als auch die Möglichkeiten der intelligenten, crossmedialen Vermarktung eines Zeitschriftenverlages ausnutzen.

---

340 Vgl. Capella und Jamieson (1997), S. 37 ff.

341 Vgl. Experteninterview vom 9.2.2011 mit Fr. Wiebke Kirschke, WAZ: *„Geschmäcker, Lebensformen und Nachfragegewohnheiten ändern sich kontinuierlich. Das Rollenverständnis der Frau ist ein gutes Beispiel. Eine Frau war vor 30 Jahren mit 40 Jahren alt und kaufte sich ihr letztes schönes Kleid. Das Frauenbild hat sich nachhaltig geändert. Wir haben hier mit den Frauenzeitschriften sehr viel bewirkt und müssen darauf auch reagieren. Die Frau von heute lebt in dem Spagat zwischen Mutter und trotzdem Vollzeitrechtsanwältin und will doch in Ihrer Freizeit von William und Kate lesen, sich eine Handtasche von Prada kaufen und bei Aldi einkaufen gehen. Auf diesen Prozess des Umdenkens müssen Sie als Verleger reagieren. Auch deshalb stellt die Produktentwicklungskompetenz ein Kernthema für uns dar."*

Die Produktentwicklungskompetenz setzt sowohl unternehmensinterne Kernkompetenzen als auch eine nachhaltige Kenntnis des spezifischen Marktumfeldes sowie der eigenen Leser und Kunden voraus. Sie ist für die Entwicklung neuer Produkte von großer Bedeutung und stellt eine nicht- bzw. nur schwer transferierbare Fähigkeit eines Zeitschriftenverlages dar. Schließlich ist sie i.d.R. nur als implizites Wissen vorhanden und wird von der Gesamtheit der Mitarbeiter getragen.

v) Crossmediale Verwertung

Die Fähigkeit der crossmedialen Verwertung von Inhalten ist für Zeitschriftenverlage von hoher Bedeutung, zumal die Menge der Rezipientenkanäle kontinuierlich zunimmt. Dabei kommt es auf die rechtzeitige, sorgfältig aufbereitete Bereitstellung nachgefragter Inhalte in adäquater Menge und über möglichst beliebte Kanäle an.[342]

Der Bedienungsaufwand der Distributionskanäle hängt einerseits von der Beschaffenheit und Zusammensetzung der zu ereichenden Zielgruppe ab, andererseits von den Medienträgern, die dem Zeitschriftenverlag zur Verfügung stehen. Der Prozess der crossmedialen Verwertung setzt nicht nur eine redaktionelle Aufbereitungskompetenz der Inhalte voraus,[343] sondern stellt auch für die Beherrschbarkeit der logistischen und technischen Infrastruktur eine hohe Herausforderung dar. Die Kompetenz, die zur Verfügung stehenden Kommunikations- und Distributionstechnologien zur Verlagerung, Vermarktung und zum Vertrieb der Inhalte in die digitale Welt optimal zu nutzen, steht hierbei im Mittelpunkt der verlagsinternen, crossmedialen Bemühungen.[344] Neben den auftretenden Skaleneffekten, die durch die Bereitstellung der Inhalte über neue Medien- und Vertriebskanäle entstehen und somit zu einer höheren Erreichbarkeit bei den Leser- und Zielgruppen führen, können Verbundvorteile erzielt werden. So entstehen neue, auf bestehenden Inhalten aufbauende Produkte, die mithilfe digitaler Distributionstechnologien und mobiler Endgeräte den Nutzern angeboten werden können. Die Konzeption neuer Digitalformate, die einen zentralen Bestandteil des crossmedialen Verwertungsprozesses ausmacht, ist daher in hohem Maße abhängig von der Penetration leistungsfähiger *Tablets*, *eReader* oder Mobiltelefone sowie der notwendigen mobilen Infrastruktur.

Das Potenzial zur Nutzenstiftung qualitativ hochwertiger Inhalten ist ein entscheidendes Kriterium für die Reichweitenentwicklung eines Zeitschriftentitels. Die

342 Vgl. Wirtz (2009), S. 71.

343 Vgl. Experteninterview vom 9.2.2011 mit Fr. Wiebke Kirschke, WAZ: „*Viele Redakteure denken nach wie vor zu sehr in Richtung Print. Die Journalisten müssen mehr in Richtung Content bzw. dessen Erstellung denken, der Vertriebsweg – Print oder digital ist dabei nebensächlich.*“

344 Vgl. Experteninterview vom 1.2.2011 mit Hr. Mathias Schmolz, Spiegel Gruppe: „*Wir bereiten ja Print-Inhalte fürs Netz auf, um sie zu syndizieren. Das nennt man dann den Verlagerungsprozess eines Produktes in die digitale Welt. Das ist eine Form der crossmedialen Präsenz, die wir im Haus erfolgreich bündeln.*“

Reichweitenentwicklung ist wiederum ausschlaggebend für deren Werbeattraktivität und die aus der Folge entstehenden, verbundenen Werbeumsätze. Die Reichweite von Zeitschriftenverlagen stellt zwar als eine wichtige Basisressource,[345] nicht aber eine Kernressource dar. Trotz ihrer zentralen Bedeutung für die Werbekraft eines Verlagsunternehmens, ist sie aufgrund ihrer Imitierbarkeit nur bedingt geeignet, um einen dauerhaften Wettbewerbsvorteil zu schaffen. In Bezug auf die Werbekraft ließe sich jedoch argumentieren, dass die nachweisbare Zuschauerreichweite eine Kernressource darstellet, so z.B. bei der „BILD"-Zeitung der *Axel Springer AG*, die aufgrund ihrer starken Präsenz eine verhältnismäßig große Leserschaft in Deutschland zu erreichen vermag. Da jedoch auch andere Print- und Onlinemedien vergleichbar hohe Reichweiten aufweisen, ist die Verwendung dieser Begrifflichkeit kritisch. In Bezug auf den Prozess der crossmedialen Verwertung sollte man daher festhalten, dass das das Ziel der Reichweitenstärkung zwar im Zentrum der Bemühungen steht, sich aber nicht ausschließlich darauf beschränkt. Die crossmediale Verwertungskompetenz ist auch darauf ausgerichtet, die Marke, Sichtbarkeit und das Image eines Zeitschriftentitels zu transportieren und ggf. neue Absatz- und Vermarktungskanäle zu erschließen. Ihre Funktion geht daher über die Reichweitenbildung deutlich hinaus.

Die Fähigkeit, Content über mehrere Distributionsplattformen parallel anzubieten, setzt sich über mehrere Stufen der verlagsinternen Wertschöpfungskette hinweg und stellt eine wichtige Kernkompetenz eines Zeitschriftenverlages dar. Die Crossmedialität der Vertriebs- und Absatzkanäle von Zeitschriftenverlagen ist daher von enormer Bedeutung für die Sicherung zukünftiger Erlöspotenziale.

In Tab. 5 sind die fünf Kernressourcen, die dieser Untersuchung zugrunde liegen, noch einmal zusammenfassen dargestellt.

Nachdem die Vorgehensweise des empirischen Verfahrens nun abschließend behandelt und das theoretische Fundament zum Verständnis des Diversifizierungsmodells gelegt wurde, kann im Folgenden eine ausführliche Erläuterung der Untersuchungsergebnisse erfolgen.

---

345 „Unter Basiskompetenzen sind Kompetenzen zu verstehen, die (...) eine wesentliche Voraussetzung für die Entstehung anderer Kernressourcen sind". Habann (1999), S. 25. Generell lässt sich dieses Konzept auch auf Ressourcen im Allgemeinen übertragen, also auch auf immaterielle Vermögenswerte wie die Reichweite eines Verlagsunternehmens.

Kernressource	Kurzbeschreibung
Kreative und Flexibilität der Mitarbeiter	Strategischer Vermögenswert, der die Kreativität und Flexibilität der Mitarbeiter bei der Erstellung des Content, der Konzipierung und Zuschneidung des Zeitschriftenformats oder dem Prozess der Produktvermarktung und dem -vertrieb beschreibt
Markenreputation und -management	Strategischer Vermögenswert, der die Fähigkeit zur Etablierung der Marke und der Markenführung beschreibt
Content-Sourcing und -Creation	Kernkompetenz, die sich auf die Beschaffung qualitativ hochwertiger Informationen und Inhalte zur Weiterverarbeitung konzentriert bzw. die Fähigkeiten zur Generierung erfolgreicher Inhalte umfasst
Produktentwicklung	Kernkompetenz, die die Entwicklung neuer Produkte im Diversifizierungsgeschäft herausstellt, insbesondere den Prozess des *Trend-Scouting*, der Konzeptentwicklung und der Implementierung
Crossmediale Verwertung	Kernkompetenz, die die Fähigkeit der parallelen Nutzung mehrerer Medienkanäle zur Verbreitung / Monetarisierung eigner Inhalte beschreibt

Tabelle 5: Kernressourcenübersicht deutscher Zeitschriftenverlage

Quelle: eigene Darstellung.

III. Analyse der empirischen Ergebnisse

a) Auswertung der marktorientierten Attraktivität der Diversifizierungsmärkte

Zur marktorientierten Bewertung des vorliegenden Entscheidungsproblems wurden die in Abb. 29 dargestellten Hierarchieebenen definiert. Ausgehend von der Frage nach dem relativen Diversifizierungspotenzial konnten wie erinnerlich insgesamt drei Bewertungskriterien aufgestellt und zur Gewichtung der Alternativen herangezogen werden.

Die erste Ebene stellt die dem Entscheidungsproblem zugrunde liegende Bewertungsfrage dar. Auf der zweiten Ebene sind die identifizierten Kriterien aufgelistet, entlang derer die Bewertung vorgenommen wurde. Die dritte Ebene stellt schließlich die Alternativen des Entscheidungsproblems dar, im vorliegenden Falle also die unterschiedlichen Diversifizierungsmärkte. Zur Lösung des Entscheidungsproblems (Ebene 1) wurden die Bewertungsteilnehmer gebeten, die identifizierten Diversifizierungsmärkte (Ebene 3) entlang der aufgeführten drei marktorientierten Kriterien (Ebene 2) zu gewichten.

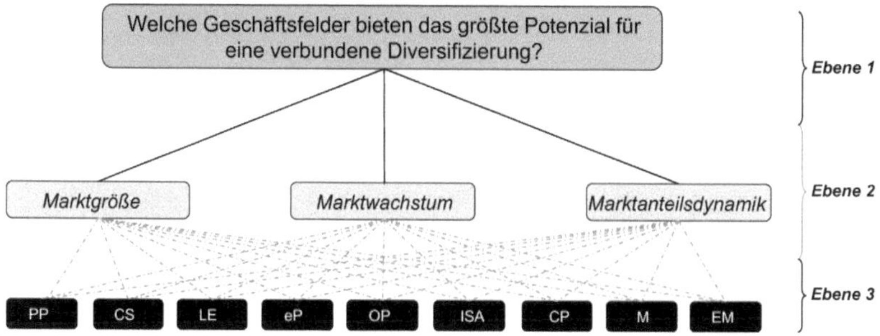

Abbildung 29: Hierarchische Grundstruktur des Entscheidungsproblems der Untersuchung

Quelle: eigene Darstellung

Legende: PP – Professional Publishing; CS – Content Syndication; LE – Line Extension; eP – electronic Publishing; OP – Online Portal; ISA – Internet Service Agency; CP – Corporate Publishing; M – Merchandising; EM – Event Management

Die marktorientierte Bewertung der identifizierten Diversifizierungsmärkte wurde mithilfe eines anonymisierten Bewertungsverfahrens durchgeführt. Während der Durchführung der *Pretests* stellte sich heraus, dass die Bildung der Paarvergleiche sowohl verhältnismäßig anspruchsvoll als auch zeitintensiv war.[346] Schließlich gliederte sich der Bewertungsprozess pro Paarvergleich in zwei logisch-kognitive Schritte. Erstens, eine Quantifizierungsleistung des jeweiligen Diversifizierungsmarktes entlang des ausgewählten Kriteriums. Zweitens, der direkte Vergleich der entsprechenden Diversifizierungsmärkte. Zur Komplexitätsreduktion kam daher eine Erhebung mittels Fragebogen zum Einsatz (siehe Abb. 30). Zur Bildung der geforderten Vergleichspaare sah das Fragebogendesign 20 Minuten vor.

Für die Konzipierung des Fragebogens war es notwendig, das Entscheidungsproblem unter Einbeziehung der drei Kriterien so abzubilden, dass es dem Befragten einerseits verständlich, andererseits nicht zu detailliert erschien. Jeder Diversifizierungsmarkt sollte schließlich in Bezug auf die Kriterien Marktgröße, Marktwachstum und Marktanteilsdynamik bewertet werden. Aus Übersichtsgründen bot sich eine dreigliedrige Anordnung der zu bildenden Vergleichspaare entlang der Kriterien an. Im Gegensatz zur ressourcenorientierten Bewertungsmatrix sollte die Bewertung spaltenweise erfolgen, d.h. es sollten jeweils 36 Paarvergleichsbewertungen pro Kriterium gebildet werden. Zur Beantwortung der Fragebögen erhielten die Bewertungsteilnehmer eine definitorische Aufstellungsübersicht der identifizierten Diversifizierungsmärkte sowie eine genaue Anweisung zur Beantwortung der Bewertungsfragen.

---

[346] Die *Pretests* wurden vom 10.1. bis 12.1.11 mit selektiven Mitarbeitern der Unternehmensberatung *Solon Management Consulting* durchgeführt.

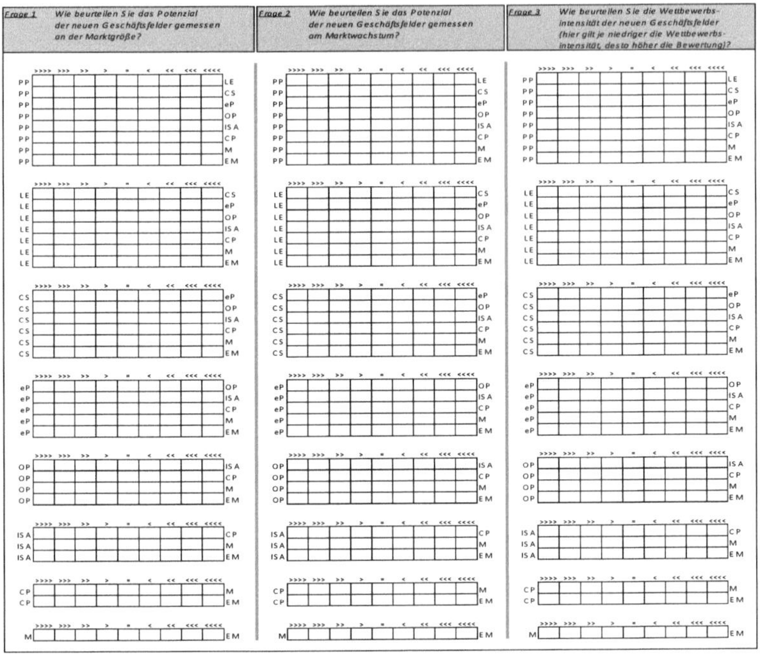

Abbildung 30: AHP-Fragebogendesign zur Bewertung des Marktpotenzials der Diversifizierungsmärkte

Quelle: eigene Darstellung

Da die Befragung aufgrund der Gesamtzahl von 108 Vergleichspaaren einen relativ großen Umfang aufwies und durch deren Menge das Risiko einer Minderung der Ergebnisqualität zum Ende der Fragebogenbearbeitung hervortrat, orientierte sich die Bewertung an der von *Saaty* konzipierten Bewertungsskala, die – parallel zur ressourcenorientierten Erhebung – ein verhältnismäßig schmales Skalenintervall nahe legt.[347] Trotz einer erheblichen Komplexitätsreduzierung ließen sich die Paarvergleiche somit auf ausreichend differenzierter Ebene bilden. Da es sich in der vorliegenden Befragung auch nicht um quantitative Einzelbewertungen der Diversifizierungsmärkte entlang der identifizierten Kriterien handelte, sondern um eine gegenseitige Gewichtung der Diversifizierungsmärkte entlang der drei marktorientierten Kriterien, erschien eine Bewertungslogik unter Berufung auf die Symbolik „>..", "=" und „..<" sinnvoll. Die Paarvergleichsbewertungen mussten schließlich in Zahlenwerte übertragen werden. In Tab. 6 erläutert das Skalenintervall nach *Saaty* entlang der hier verwandten Symbolik.

347 Vgl. Saaty (2003), S. 34.

Skalenwert	Definition	Interpretation
1 bzw. =	Gleiche Bedeutung	Die verglichenen Diversifizierungsmärkte haben die gleiche Bedeutung in Bezug auf das übergeordnete Kriterium
3 bzw. >/<	Etwas größere Bedeutung	Der entsprechende Diversifizierungsmarkt hat eine vergleichsweise etwas höhere Bedeutung in Bezug auf das übergeordnete Kriterium
5 bzw. >>/<<	Erheblich größere Bedeutung	Der entsprechende Diversifizierungsmarkt hat eine vergleichsweise erheblich höhere Bedeutung in Bezug auf das übergeordnete Kriterium
7 bzw. >>>/<<<	Sehr viel größere Bedeutung	Der entsprechende Diversifizierungsmarkt hat eine vergleichsweise sehr viel höhere Bedeutung in Bezug auf das übergeordnete Kriterium
9 bzw. >>>>/ <<<<	Absolut dominierend	Der entsprechende Diversifizierungsmarkt hat eine vergleichsweise größtmöglich höhere Bedeutung in Bezug auf das übergeordnete Kriterium
2, 4, 6, 8	Zwischenwerte	

Tabelle 6: AHP Skala zur vorliegenden Untersuchung in Anlehnung an Saaty

Quelle: eigene Darstellung, Saaty (2003)

Wie bereits erläutert erfolgte die Auswertung des AHP entlang einer vorab festgelegten Abfolge. Die Befragungsergebnisse wurden zunächst von den einzelnen Fragbögen in entsprechende Paarvergleichsmatrizen überführt. Anschließend wurden die Eigenvektoren aller Alternativen errechnet, d.h. im vorliegenden Falle die Eigenvektoren der neun Diversifizierungsmärkte. Anschließend erfolgte der Konsistenzcheck, dann die finale Auswertung der Ergebnisse.

Auf der Grundlage von insgesamt 27 berücksichtigten Fragebögen ließen sich drei Paarvergleichsmatrizen ableiten. Die in den Matrizen enthaltenen Werte wurden errechnet, indem die Anzahl der Bewertungen pro Skalenwert und Alternative bzw. Diversifizierungsmarkt mit ebendiesem Skalenwert multipliziert wurden, bevor man dann die Gesamtsumme bilden und letztlich durch die Gesamtzahl der abgegebenen Bewertungen pro Diversifizierungsmarkt dividieren konnte – im vorliegenden Falle also durch den Wert 27. Dieser Vorgang wurde für alle identifizierten Kriterien, i.e. Marktgröße, Marktwachstum und Marktanteilsdynamik, durchgeführt. Die aggregierten Paarvergleiche sind in Dezimalzahlen bis zur zweiten Kommastelle wiedergegeben. Tab. 7 stellt die Paarvergleiche in Bezug auf das Kriterium Marktgröße dar.

	PP	CS	LE	eP	OP	ISA	CP	M	EM
PP	1,00	0,39	0,31	0,23	0,30	3,30	3,59	4,93	4,33
CS	2,56	1,00	4,63	0,19	0,28	4,63	2,30	6,04	4,48
LE	3,22	0,22	1,00	0,20	0,19	3,59	2,41	5,59	4,04
eP	4,33	5,37	5,07	1,00	2,78	6,04	4,78	5,44	6,26
OP	3,30	3,52	5,15	0,36	1,00	3,56	4,56	5,37	6,04
ISA	0,30	0,22	0,28	0,17	0,28	1,00	0,27	3,30	3,44
CP	0,28	0,44	0,42	0,21	0,22	3,67	1,00	3,81	5,22
M	0,20	0,17	0,18	0,18	0,19	0,30	0,26	1,00	2,93
EM	0,23	0,22	0,25	0,16	0,17	0,29	0,19	0,34	1,00

Tabelle 7: Paarvergleichsmatrix mit aggregierten Bewertungsergebnissen für das Kriterium Marktgröße

Quelle: eigene Darstellung

Legende: PP – Professional Publishing; CS – Content Syndication; LE – Line Extension; eP – electronic Publishing; OP – Online Portal; ISA – Internet Service Agency; CP – Corporate Publishing; M – Merchandising; EM – Event Management

In Tab. 8 sind die entsprechenden Paarvergleiche in Bezug auf das Kriterium Marktwachstum festgehalten. Wie bereits im vorangegangenen Falle enthält hier jedes Feld der Hauptdiagonalen den Wert eins. Grund dafür ist die Tatsache, dass jedes Kriterium verglichen mit sich selbst das identische Gewicht aufweist, das Gewichtungsverhältnis daher eins zu eins ist. Die Werte unterhalb der Hauptdiagonalen entsprechen dem Kehrwert ($1/x$) des entsprechenden Feldes oberhalb der Hauptdiagonalen.

	PP	CS	LE	eP	OP	ISA	CP	M	EM
PP	1,00	0,63	0,46	0,19	0,26	3,30	3,37	5,37	5,30
CS	1,59	1,00	2,78	0,20	0,25	4,48	1,44	5,59	5,00
LE	2,19	0,36	1,00	0,26	0,27	3,56	1,30	5,81	3,89
eP	5,15	4,93	3,89	1,00	1,30	5,96	5,22	5,81	6,26
OP	3,89	4,04	3,67	0,77	1,00	4,07	3,67	6,19	6,11
ISA	0,30	0,22	0,28	0,17	0,25	1,00	0,33	2,56	3,07
CP	0,30	0,69	0,77	0,19	0,27	3,07	1,00	3,22	3,89
M	0,19	0,18	0,17	0,17	0,16	0,39	0,31	1,00	3,67
EM	0,19	0,20	0,26	0,16	0,16	0,33	0,26	0,27	1,00

Tabelle 8: Paarvergleichsmatrix mit aggregierten Bewertungsergebnissen für das Kriterium Marktwachstum

Quelle: eigene Darstellung

Legende: PP – Professional Publishing; CS – Content Syndication; LE – Line Extension; eP – electronic Publishing; OP – Online Portal; ISA – Internet Service Agency; CP – Corporate Publishing; M – Merchandising; EM – Event Management

Tab. 9 enthält die Paarvergleiche in Bezug auf das Kriterium Marktanteilsdynamik. Wie bereits den Paarvergleichsmatrizen hinsichtlich der Kriterien Marktgröße und Marktwachstum zu entnehmen ist, handelt es sich auch hier um insgesamt 72 [[9 (# Alternativen) · 9 (# Alternativen)] – 9 (# Werte auf der konstanten Hauptdiagonalen der Paarvergleichsmatrix)] Paarvergleiche, die aus insgesamt 36 Paarvergleichsbewertungen hervorgingen.

	PP	CS	LE	eP	OP	ISA	CP	M	EM
PP	1,00	0,25	0,37	0,21	0,23	1,93	2,48	3,52	4,63
CS	3,96	1,00	4,26	0,27	0,33	3,81	3,89	3,22	5,15
LE	2,70	0,23	1,00	0,19	0,17	2,78	2,85	4,56	4,93
eP	4,70	3,67	5,15	1,00	1,89	5,67	5,59	6,19	6,56
OP	4,41	3,07	5,74	0,53	1,00	4,11	4,19	4,70	5,52
ISA	0,52	0,26	0,36	0,18	0,24	1,00	0,36	2,26	3,37
CP	0,40	0,26	0,35	0,18	0,24	2,78	1,00	3,22	3,37
M	0,28	0,31	0,22	0,16	0,21	0,44	0,31	1,00	2,41
EM	0,22	0,19	0,20	0,15	0,18	0,30	0,30	0,42	1,00

Tabelle 9: Paarvergleichsmatrix mit aggregierten Bewertungsergebnissen für das Kriterium Marktanteilsdynamik

Quelle: eigene Darstellung

Legende: PP – Professional Publishing; CS – Content Syndication; LE – Line Extension; eP – electronic Publishing; OP – Online Portal; ISA – Internet Service Agency; CP – Corporate Publishing; M – Merchandising; EM – Event Management

Schließlich konnte die Berechnung der Eigenvektoren aller Paarvergleichsmatrizen erfolgen. Dabei wurde pro zugrunde liegendes Kriterium ein Eigenvektor ermittelt, d.h. bei insgesamt drei Kriterien eine identische Anzahl an Eigenvektoren. Die Anzahl der individuellen Gewichtungen pro Eigenvektor errechnete sich wiederum aus der Anzahl der Alternativen bzw. Diversifizierungsmärkte. Schlussendlich konnten insgesamt 27 [3 (# Kriterien) · 9 (# Alternativen)] Gewichtungswerte errechnet werden.

Zur Errechnung der Eigenvektoren musste jede Paarvergleichsmatrix zunächst mit sich selbst multipliziert, bzw. quadriert werden.[348] Anschließend wurden, wie in Abb. 31 dargestellt, die Reihensummen und Reihengesamtsummen der (quadrierten) Evaluationsmatrizen gebildet.

[348] Bei der Quadrierung zweier beliebeigen Paarvergleichsmatrizen *b* und *c* ergibt sich die (quadrierte) Evaluationsmatrix *a*, die sich rechnerisch wie folgt darstellen lässt.

$$a_{ij} = \sum_{k=1}^{n} b_{ik} \cdot c_{kj}$$

Evaluationsmatrix		I	II	III
		Kriterium: *Marktgröße*	*Marktwachstum*	*Marktanteilsdynamik*
		Reihensumme I	**Reihensumme II**	**Reihensumme III**
Alternative:	PP	178,73	166,93	121,82
	CS	308,12	286,75	298,30
	LE	211,57	182,25	173,83
	eP	632,04	540,87	531,99
	OP	454,09	480,71	434,80
	ISA	74,02	90,54	71,06
	CP	125,52	83,73	95,85
	M	45,93	45,05	49,33
	EM	+ 37,45	+ 34,29	+ 35,67
		2067,45	1911,11	1812,64
		Reihengesamtsumme I	**Reihengesamtsumme II**	**Reihengesamtsumme III**

Abbildung 31: Bildung der Reihensummen und -gesamtsummen der Evaluationsmatrix

Quelle: eigene Darstellung

Legende: PP – Professional Publishing; CS – Content Syndication; LE – Line Extension; eP – electronic Publishing; OP – Online Portal; ISA – Internet Service Agency; CP – Corporate Publishing; M – Merchandising; EM – Event Management

Zur Errechnung der Gewichtungswerte, die die Grundlage für den weiteren Gang der Untersuchung bildeten, wurden schließlich alle drei Evaluationsmatrizen normalisiert. Dazu wurden die jeweiligen Reihensummenwerte durch die entsprechenden Reihengesamtsummenwerte dividiert. Aus diesem Bewertungsschritt ergaben sich schließlich die in Abb. 32 dargestellten Eigenvektoren.

Jeder der in den jeweiligen Eigenvektormatrizen enthaltene Wert gibt Auskunft über die relative Wichtigkeit des entsprechenden Diversifizierungsmarktes in Bezug auf das jeweils übergeordnete Kriterium Marktgröße, Marktwachstum oder Marktanteilsdynamik. Da es sich bei den einzelnen Gewichtungswerten um Einzelgewichtungen der Reihensummen in Bezug auf die entsprechenden Reihengesamtsummen handelt, ergeben diese auch in Summe den Wert eins. Die Eigenvektormatrizen stellen das vorläufige Ergebnis dieser Erhebung dar, da sie die individuellen Paarvergleichsbewertungen aller Befragungsteilnehmer zusammenfassen.

Eigenvektor		I	II	III
		Kriterium: *Marktgröße*	*Marktwachstum*	*Marktanteilsdynamik*
Alternative:	PP	0,09	0,09	0,07
	CS	0,15	0,15	0,16
	LE	0,10	0,10	0,10
	eP	0,31	0,28	0,29
	OP	0,22	0,25	0,24
	ISA	0,04	0,05	0,04
	CP	0,06	0,04	0,05
	M	0,02	0,02	0,03
	EM	+ 0,02	+ 0,02	+ 0,02
		1,00	1,00	1,00

Abbildung 32: Eigenvektoren entlang der drei marktorientierten Kriterien (vorläufiges Ergebnis)

Quelle: eigene Darstellung
Legende: PP – Professional Publishing; CS – Content Syndication; LE – Line Extension; eP – electronic Publishing; OP – Online Portal; ISA – Internet Service Agency; CP – Corporate Publishing; M – Merchandising; EM – Event Management

Vor der finalen Ergebnisanalyse musste die Konsistenz der aggregierten Bewertungsergebnisse überprüft werden. Von einem Konsistenzcheck pro individuell ausgefüllten Fragebogen wurde an dieser Stelle abgesehen, da die Interpretation der Einzelkonsistenzen aller abgegebenen Paarvergleiche für die finale Ergebnisanalyse nur bedingt relevant war.[349] Stattdessen sollten die aggregierten Paarvergleichsergebnisse auf Inkonsistenzen hin überprüft werden. Dabei kam das von *Saaty* entwickelte Verfahren zur Konsistenzermittlung AHP-basierter Entscheidungsprobleme zur Anwendung, das auf der Bildung des *C.I.* bzw. *C.R.* zur Ermittlung des Konsistenzmaßes anknüpft.[350] Beide Kennzahlen basieren wie erinnerlich auf der Annahme, dass bei vollkommener Konsistenz aller Paarvergleiche ein zugehöriger, maximaler Eigenwert λ, gleich der Dimension n der zugehörigen Paarvergleichsmatrix (siehe im vorliegenden Fall zum Vergleich Tab. 7 bis 9), sowie ein entsprechender Eigenvektor v existiert.[351]

Der größte Eigenwert λ_{max} jeder Paarvergleichsmatrix ist bei vollkommener Konsistenz aller Bewertungen gleich der Anzahl der Elemente n des gesuchten Eigenvektors (bzw. der Elemente der Evaluationsmatrix A). Bei inkonsistenten Bewertungen

349 Einzelkonsistenzen von Paarvergleichen sind insbesondere dann von besonderer Relevanz, wenn das Befragungssample nur wenige Personen umfasst, bzw. dann, wenn die Paarvergleiche nur von einem Individuum vorgenommen werden.

350 Vgl. Saaty (2000), S. 42.

351 In Zusammenhang mit dem AHP wird i.d.R. der rechte, nicht der linke Eigenvektor verwendet. Vgl. hierzu ausführlich Saaty (2000), S. 49.

gilt $\lambda_{max} > n$. Je näher also λ_{max} und n beieinander liegen, desto konsistenter sind die vorgenommenen Bewertungen.[352] Da es sich bei der vorliegenden Bewertung um eine verhältnismäßig hohe Anzahl von Paarvergleichen handelt, ist die Erreichung eines hohen Konsistenzmaßes verhältnismäßig schwieriger als bei kleineren Bewertungssamples.[353]

Im Folgenden wird die Berechnung des Konsistenzmaßes mathematisch skizziert.

Für den Gang der Untersuchung muss zunächst sichergestellt sein, dass der ermittelte Eigenvektor v ein von Null abweichender Vektor ist,[354] für den gilt:

$$Av = \lambda v \text{ mit } \lambda \in R$$

Wie bereits eingangs erfolgt, müssen die Paarvergleiche zunächst in der Paarvergleichsmatrix durch die Elemente des Eigenvektors v dargestellt werden:[355]

$$\begin{vmatrix} \frac{v_1}{v_1} \cdots \frac{v_1}{v_j} \cdots \frac{v_1}{v_n} \\ \cdots \quad \cdots \quad \cdots \\ \frac{v_i}{v_1} \cdots \frac{v_i}{v_j} \cdots \frac{v_i}{v_n} \\ \cdots \quad \cdots \quad \cdots \\ \frac{v_n}{v_1} \cdots \frac{v_n}{v_j} \cdots \frac{v_n}{v_n} \end{vmatrix} \cdot \begin{vmatrix} v_1 \\ \cdots \\ v_n \end{vmatrix} = \lambda \cdot \begin{vmatrix} v_1 \\ \cdots \\ v_n \end{vmatrix} \text{ mit } a_{ij} = \frac{v_i}{v_j} \qquad (9).$$

Bei vollständiger Konsistenz aller in der Paarvergleichsmatrix enthaltenen Paarvergleiche gilt dann die folgende Bedingung:

$$\frac{v_i}{v_k} \cdot \frac{v_k}{v_j} = \frac{v_i}{v_j} \text{ mit } \begin{matrix} \forall_i = 1,\ldots,n \\ \forall_j = 1,\ldots,n \\ \forall_k = 1,\ldots,n \end{matrix} \qquad (10).$$

Diese Konsistenzbedingung lässt sich nunmehr in verkürzter Form auch wie folgt darstellen:[356]

[352] Vgl. Joereßen und Sebastian (1998), S. 98 f.

[353] Vgl. weiterführend Saaty (2000), S. 47 ff.

[354] Vgl. Karmann (2000), S. 97 f.

[355] Vgl. Weber (1993), S. 81 ff.

[356] Vgl. Joereßen/Sebastian (1998), S. 97; Saaty (1994a), S. 436; Saaty (2000), S. 48; Weber (1993), S. 84.

$$a_{ik} \cdot a_{kj} = a_{ij} \tag{11}$$

Um den Eigenwert λ schließlich bestimmen zu können, wird die Ausgangsgleichung um die Einheitsmatrix *E* ergänzt:[357]

$$\begin{aligned} &Av - \lambda v = 0 \\ &\Rightarrow (A - \lambda E)v = 0 \end{aligned} \tag{12}$$

Zur Ermittlung des Eigenvektors bieten sich dann zwei mögliche Lösungswege an:

1. **Die triviale lineare Kombination:** Hier muss gelten, dass die Zeilen und Spalten der Matrix $(A - \lambda E)$ unabhängig sind. Daher müssen alle Elemente des Eigenvektors v gleich Null sein. Da der Eigenvektor jedoch ein von Null abweichender Vektor ist, ist dieser Lösungsweg per Definition nicht möglich.

2. **Die nicht-triviale lineare Kombination:** Hier liegt eine lineare Abhängigkeit für alle Zeilen und Spalten der Matrix $(A - \lambda E)$ vor. Daher muss mindestens ein Element v_i des Eigenvektors v ungleich Null sein ($v_i \neq 0$).

Die lineare Abhängigkeit aller Vektoren der Matrix $(A - \lambda E)$ lässt sich auch mithilfe des Polynoms des n-ten Grades[358] ausdrücken, das auch als *Charakteristisches Polynom* bezeichnet wird:[359]

$$\det(A - \lambda E) = 0 \tag{13}$$

Dessen Nullstellen entsprechen per Definition den Eigenwerten der Paarvergleichsmatrix *A*.[360] Daher entspricht die Zahl λ dem Eigenwert der Evaluationsmatrix *A*.

Weiterhin gilt die folgende Gleichung für jede Paarvergleichsmatrix, da alle in der Matrix enthaltenen Eigenwerte gleich ihrer Spur[361] und die Elemente, die sich auf der Hauptdiagonalen ebendieser Matrix befinden, gleich eins sind:[362]

---

357 Vgl. Karmann (2000), S. 98.

358 Vgl. Karmann (2000), S. 90.

359 Vgl. Beutelspacher (2001), S. 207; Bosch (2001), S. 195; Fischer (2000), S. 228; Jänich (2000), S. 202 f.; Karmann (2000), S. 98; Koecher (1997) S. 115.

360 Vgl. Fischer (2000), S. 230; Jänich (2000), S. 203.

361 Als Spur einer Matrix bezeichnet man die Summe aller Elemente in der Hauptdiagonalen. Vgl. weiterführend Beutelspacher (2001), S. 210; Bosch (2001), S. 196; Fischer (2000), S. 229; Grauert und Grunau (1999), S. 231; Karmann (2000), S. 53; Koecher (1997) S. 116; Stoppel und Griese (2001), S. 51.

$$\sum_{i=1}^{n} \lambda_i = \sum_{i=1}^{n} a_{ii} = m \quad (14).$$

Die Anzahl *m* der von Null abweichenden Eigenwerte λ entspricht dem Rang der Evaluationsmatrix *A*[363], für die im Folgenden gilt:[364]

Spaltenrang *A* = Zeilenrang *A* = rg *A*

Da bei der in der vorliegenden Untersuchung zur Anwendung kommenden, nicht-trivialen linearen Kombination die Zeilen- und Spaltenvektoren linear unabhängig sind, gilt:

$$\text{rg}\, A = 1 = m \quad (15).$$

Zur Konsistenzüberprüfung aller in der Evaluationsmatrix *A* enthaltenen Paarvergleiche muss schließlich der größte Eigenwert λ_{max} ermittelt werden. Der größte Eigenwert λ_{max} wird zur Bildung des Konsistenzindexes *C.I.* benötigt. Mithilfe des *C.I.* und des von *Saaty* ermittelten, durchschnittlichen Konsistenzindexes lässt sich schließlich der Konsistenzwert *C.R.* errechnen.[365] Wie erinnerlich lassen sich *C.I.* und *C.R.* wie folgt darstellen:[366]

$$C.I. = \frac{\lambda_{max} - n}{n - 1} \qquad C.R. = \frac{C.I.}{R.I.}$$

Für die in Tab.7 bis 9 dargestellten Paarvergleichsmatrizen ergeben sich daher die in Tab. 10 dargestellten Eigenwerte λ_{max}. Mithilfe des Konsistenzindexes *C.I.* und des Konsistenzwertes *C.R.* konnte das relative Konsistenzmaß aller Paarvergleiche errechnet werden.

362 Vgl. Karmann (2000), S. 100.

363 Grundsätzlich unterscheidet man zwischen Spalten- und Zeilenrang einer Matrix, wobei der Spaltenrang definiert ist als die maximale Anzahl der linear unabhängigen Spaltenvektoren und der Zeilenrang als die maximale Anzahl linear unabhängiger Zeilenvektoren ebendieser Matrix. Vgl. weiterführend Jänich (2000), S. 116; Karmann (2000), S. 72 f.

364 Vgl. Grauert und Grunau (1999), S. 71 ff.; Jänich (2000), S. 116; Karmann (2000), S. 73.

365 Vgl. Saaty (1980), S. 27; Saaty (2003), S. 84 f.

366 Der durchschnittliche Konsistenzindex *R.I.* nimmt nach Saaty für die jeweils entsprechende Dimension *n* bis 10 die folgenden Werte an:

n	1	2	3	4	5	6	7	8	9	10
R.I.	0,00	0,00	0,58	0,90	1,12	1,24	1,32	1,41	1,45	1,49

Kriterium	Consistency Index	Consistency Ratio	Check
Marktgröße	λ_{max} = 10,55 $C.I.$ = 0,19	$C.R.$ = 0,1337 (0,15 / 0,10 / 0,5)	⊗ da $C.I.$ > 0,10
Markt-wachstum	λ_{max} = 10,15 $C.I.$ = 0,14	$C.R.$ = 0,0994 (0,15 / 0,10 / 0,5)	OK da $C.I.$ < 0,10
Markt-anteilsdynamik	λ_{max} = 10,04 $C.I.$ = 0,13	$C.R.$ = 0,0895 (0,15 / 0,10 / 0,5)	OK da $C.I.$ < 0,10

Tabelle 10: Konsistenzcheck der Paarvergleichsbewertungen aller Diversifizierungsmärkte

Quelle: eigene Darstellung
* *Konsistenzcheck basiert auf dem von Saaty zur Überprüfung des Konsistenzmaßes von AHP-Bewertungen hergeleiteten Verfahren sowie der Verwendung des durchschnittlichen Konsistenzindexes R.I.*

Die Ergebnisse der Konsistenzüberprüfung ergaben, dass die in Bezug auf die Kriterien Marktwachstum und Marktanteilsdynamik abgegebenen Paarvergleiche, deren Konsistenzwerte bei respektive 0,0994 und 0,0895 lagen, das zulässige Konsistenzmaß von 0,10 nicht überschritten. Das relative Konsistenzmaß der hinsichtlich des Kriteriums Marktgröße abgegebenen Bewertungen war mit einem Konsistenzwert von 0,1337 zu hoch.

Basierend auf den vorliegenden Ergebnissen, boten sich zwei Szenarien zum weiteren Vorgehen an: (a) eine Wiederholung der Bewertung mittels Paarvergleichsmethode und Expertenbewertung, (b) eine ausgelagerte, auf Marktzahlen basierende Quantifizierung aller Diversifizierungsmärkte mit anschließender Gewichtung zur Inkludierung in die vorliegende Untersuchung. Da sich eine nachhaltige Verbesserung der Ergebniskonsistenz durch die Wiederholung des Bewertungsvorgangs nicht garantieren ließ, die Ermittlung aktueller Marktgrößen der Diversifizierungsmärkte auf der Grundlage von veröffentlichten Marktdaten, Marktstudien und Experteneinschätzungen gut abzubilden bzw. durchführbar schien und diese Daten schließlich zur Inkludierung in die vorliegende Untersuchung ohne Gefährdung der Bewertungsstringenz verwendet werden konnten,[367] stellte Option (b) die attraktivere Alternative zum weiteren Vorgehen dar. Der nächste Schritt bestand daher in der Ermittlung der Daten zur Größe der entsprechenden Diversifizierungsmärkte. Diese wurden in Zusammenarbeit mit der Marktforschungsabteilung von *Solon Management Consulting* recherchiert und ließen sich als Schätzwerte, wie in Abb. 33 dargestellt, zusammentragen.

[367] Es sei erneut auf den Vorteil des AHP verwiesen, (externe) quantitative Daten in die Bewertung zu inkludieren, ohne die methodische Stringenz zu gefährden. Vgl. hierzu Jänich (2000) und Karmann (2000).

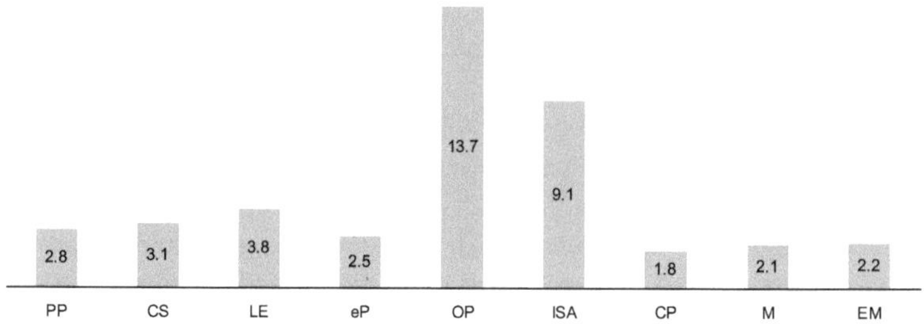

Abbildung 33: Geschätzte Marktgröße der identifizierten Diversifizierungsmärkte in Deutschland in Mrd. € (2010)

Quelle: *Solon* Research, eigene Desktop-Recherchen, Experteninterviews

Legende: PP – Professional Publishing; CS – Content Syndication; LE – Line Extension; eP – electronic Publishing; OP – Online Portal; ISA – Internet Service Agency; CP – Corporate Publishing; M – Merchandising; EM – Event Management

Die Deutung der vorliegenden Werte muss in folgendem Gesamtkontext erfolgen. Die Schätzwerte zur Größe der entsprechenden Diversifizierungsmärkte beziehen sich ausschließlich auf den deutschen Markt und das Jahr 2010. Bei den vorliegenden Werten handelt es sich um das geschätzte Gesamtumsatzvolumen aller deutschen Zeitschriftenverlage innerhalb der neun identifizierten Diversifizierungsmärkte. Da es sich eben nicht um empirisch belegbare Werte handelt, sondern um Experteneinschätzungen der vorab identifizierten Geschäftsfelder, lassen sich weder Validität noch Konsistenz der Ergebnisse überprüfen. Diese methodische Einschränkung wurde jedoch zugunsten einer sauberen Herleitung der Daten und unter Inanspruchnahme der nutzenorientierten Möglichkeit, diese mit den konsistenten AHP-Paarvergleichen zu kombinieren, toleriert. Es kann außerdem vorausgesetzt werden, dass die Ergebnisse hinsichtlich des Bewertungskriteriums der Marktgröße einer 100%-igen Konsistenz unterliegen, da hier keine individuellen Bewertungen, sondern eine Marktanalyse erfolgte, die sich wiederum auf Marktdaten und Experteneinschätzungen stützt. In einem nächsten Schritt mussten die Schätzungsergebnisse jedoch zunächst in den vorliegenden Bewertungskontext eingebettet und z.T. rational überprüft werden. Das aus dem Geschäft mit Online-Portalen stammende Umsatzvolumen ließ sich vor dem Hintergrund, dass eine Vielzahl deutscher Medien- und Verlagsunternehmen über weitgehend autarke und breite Online-Beteiligungen verfügt, faktisch erklären. Die Schätzung des Umsatzvolumens für den Markt Internet Service Agency wirkte im Gegensatz dazu jedoch zunächst recht optimistisch. Auf den ersten Blick schien dieser Diversifizierungsmarkt ein nicht nur mit dem Kerngeschäft vergleichsweise unverwandtes Geschäftsfeld darzustellen, sondern auch eher einen Nischenmarkt zu bedienen, so dass eine allenfalls opportunistische Positionierung des Zeitschriftenverlages hier plausibel erschien. Aus den dieser Arbeit zugrunde liegenden Experteninterviews ging jedoch eindeutig hervor, dass der überwiegende Teil der befragten Zeitschriftenverlage dieses Geschäftsfeld nicht nur besetzen, sondern mittlerweile sehr profitabel betreiben und als eine Kernsäule im laufenden Diversifizierungsgeschäft begreifen.[368] Auch das Geschäft mit Line Extensions weist ein allem Anschein nach immer noch beträchtliches Umsatzvolumen auf, wobei auch hier die Erkenntnisse aus den Experteninterviews als Validierungsstütze dienten.[369] Die Platzierung neuer Zeitschriftentitel und -formate unter dem Dach bestehender Marken macht demnach einen immer noch wesentlichen Teil des Diversifizierungsgeschäftes deutscher Zeitschriftenverlage aus. Das vergleichsweise niedrige Schätzungsergebnis des Diversifizierungsmarktes ePublishing – insbesondere in Bezug auf die anderen Vergleichswerte entlang der verbleibenden Kriterien – verwunderte zunächst. Da die Attraktivität dieses Marktes jedoch insbesondere in der Ausschöpfung des zukünftigen Monetarisierungspotenzials begründet liegt, gegenwärtige Erlöse aus dem Geschäft mit zahlungspflichtigen *Apps* und Inhalten jedoch einen eher geringen Anteil am Gesamtumsatz der Zeitschriftenverlage ausmachen, war diese Einschätzung auch nachvollziehbar. Zur Gewichtung aller Schätzwerte mussten diese schließlich miteinander ins Verhältnis gesetzt werden, d.h. jeder der insgesamt neun Werte wurde durch die Summe aller Werte dividiert. Die Ergebnisse sind in Tab. 11 wiedergegeben.

	Marktvolumen in Mrd. € (2010)	Gewichtung $w = x_n/y$
PP	$x_1 = 2{,}8$	0,07
CS	$x_2 = 3{,}1$	0,08
LE	$x_3 = 3{,}8$	0,10
eP	$x_4 = 1{,}3$	0,03
OP	$x_5 = 13{,}7$	0,34
ISA	$x_6 = 9{,}1$	0,23
CP	$x_7 = 1{,}8$	0,05
M	$x_8 = 2{,}1$	0,05
EM	+ $x_9 = 2{,}2$	+ 0,06
	$y = 39{,}9$	1,00

Tabelle 11: Gewichtungstabelle für das Kriterium Marktgröße

Quelle: eigene Darstellung

Legende: PP – Professional Publishing; CS – Content Syndication; LE – Line Extension; eP – electronic Publishing; OP – Online Portal; ISA – Internet Service Agency; CP – Corporate Publishing; M – Merchandising; EM – Event Management

[368] Vgl. hierzu die qualitativen Ausführungen im Kapitel „Diversifizierungsmarkt 6: Internet Service Agency“.

[369] Vgl. hierzu die qualitativen Ausführungen im Kapitel „Diversifizierungsmarkt 3: Line Extensions“.

Alle drei Eigenvektoren der vorliegenden Untersuchung, die die Gewichtungen der neun Diversifizierungsmärkte entlang der marktorientierten Kriterien repräsentieren, sind in Abb. 34 dargestellt. Da es sich bei den Werten innerhalb der Eigenvektoren um Einzelgewichtungen der Diversifizierungsmärkte bzw. Alternativen pro Kriterium handelt, die die respektive Relevanz dieser im Bewertungskontext wiedergeben, ergeben sie in Summe immer eins.

Eigenvektor		I	II	III
		Kriterium: *Marktgröße*	*Marktwachstum*	*Marktanteilsdynamik*
Alternative:	PP	0,07	0,09	0,07
	CS	0,08	0,15	0,16
	LE	0,10	0,10	0,10
	eP	0,03	0,28	0,29
	OP	0,34	0,25	0,24
	ISA	0,23	0,05	0,04
	CP	0,05	0,04	0,05
	M	0,05	0,02	0,03
	EM	+ 0,06	+ 0,02	+ 0,02
		1,00	1,00	1,00

Abbildung 34: Eigenvektoren entlang der drei marktorientierten Kriterien (endgültiges Ergebnis)

Quelle: eigene Darstellung

Legende: PP – Professional Publishing; CS – Content Syndication; LE – Line Extension; eP – electronic Publishing; OP – Online Portal; ISA – Internet Service Agency; CP – Corporate Publishing; M – Merchandising; EM – Event Management

Theoretisch wäre hier ein weiterer Gewichtungsschritt zur Erhöhung der Ergebnisgenauigkeit denkbar gewesen, i.e. die Relevanzgewichtung der marktorientierten Kriterien. Deren Hierarchisierung hätte dem Umstand Rechnung getragen, dass sich die Relevanzen der individuellen Kriterien im Gesamtbewertungskontext voneinander unterscheiden. Zur Hierarchisierung der Kriterien hätte auch der AHP zur Anwendung kommen können, dessen Methodik sich dann am bereits dargelegten Gang der vorliegenden Untersuchung orientiert hätte. Ein weiterer Schritt zur Gewichtung der marktorientierten Kriterien wäre dann im Rahmen einer separaten AHP-Erhebung mittels Paarvergleich notwendig gewesen.[370] Im vorliegenden Falle wurde jedoch davon ausgegangen, dass alle drei marktorientierten Kriterien die identische Gewichtung aufweisen und daher innerhalb der Hierarchie gleichsam bedeutend sind. Diese Annahme

370 Die Gewichtungswerte der Kriterien hätte man dann in Form eines Gewichtungsvektors ausdrücken können. Zur abschließenden Hierarchisierung hätten die Eigenvektormatrizen mit dem Gewichtungsvektor multipliziert werden müssen.

fußt sowohl auf den Ergebnissen der Expertenbefragungen,[371] als auch auf der Tatsache, dass es sich bei allen identifizierten Kriterien um quantitative Parameter handelt, deren individuelle Bedeutung mithilfe persönlicher Einschätzungen, so bspw. auch in Form von Paarvergleichsurteilen, grundsätzlich schwer abzubilden ist. Außerdem hätte eine individuelle Gewichtung der marktorientierten Kriterien zu einer Konformitätsdiskrepanz im Vergleich zur ressourcenorientierten Kriterienherleitung geführt, da in dieser Untersuchung von einer Gleichgewichtung letzterer ausgegangen wurde.

Da es sich um insgesamt drei marktorientierte Kriterien handelte, betrug der Gewichtungsfaktor jeweils genau (⅓). Daher war auch die Relevanz jeder Eigenvektormatrix identisch, eine individuelle Gewichtung nicht notwendig. In Abb. 35 sind die Gewichtungswerte aller neun Diversifizierungsmärkte entlang der drei identifizierten marktorientierten Kriterien grafisch abgebildet. Die Prozentwerte sind als quantitative Aussagen zur Spiegelung der individuellen Relevanzen aller Alternativen bzw. Diversifizierungsmärkte entlang der drei Kriterien zu lesen.

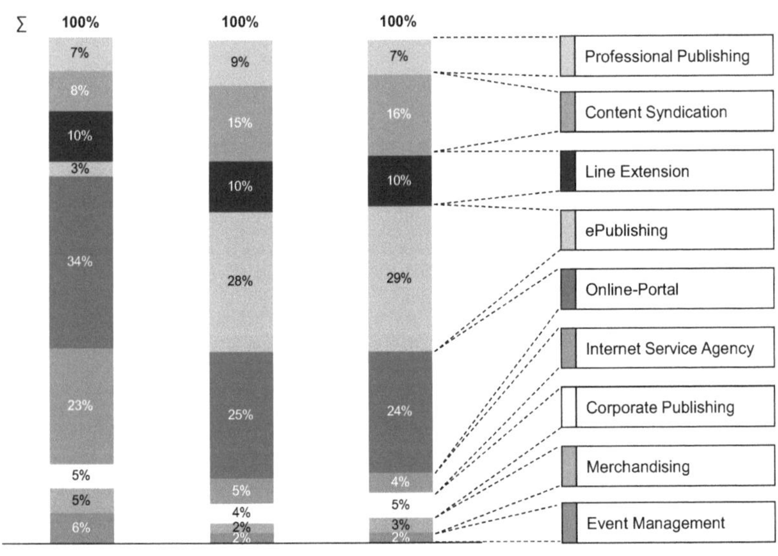

Abbildung 35: Gewichtung der Diversifizierungsmärkte entlang der marktorientierten Kriterien

Quelle: eigene Darstellung

[371] Zur Bewertung der individuellen Kriterienrelevanz wurden vereinzelt Interviewpartner um eine persönliche Einschätzung gebeten.

An dieser Stelle sei darauf hingewiesen, dass die Bewertungen der Diversifizierungsmärkte ePublishing, Online Portal und Internet Service Agency hinsichtlich des Kriteriums Marktgröße im Vergleich zu den Bewertungen entlang der beiden verbleibenden Kriterien verhältnismäßig stark voneinander abweichen. Der Grund für diese Abweichung liegt in den unterschiedlichen Reifestadien der Märkte begründet sowie der Kriterienerfassung, d.h. inwieweit das Kriterium den Status Quo im Vergleich zur zukünftigen Entwicklung betrifft. Während das Zukunftspotenzial des Diversifizierungsmarktes ePublishing gemessen an Marktwachstum und Marktanteilsdynamik im Verhältnis sehr positiv bewertet wurde, fällt die Schätzung des aktuellen Umsatzvolumens verhältnismäßig gering aus. Die Diversifizierungsmärkte Online Portal und Internet Service Agency verfügen den Schätzungen zufolge zwar bereits über ein großes Umsatzvolumen, sowohl die Wachstumschancen als auch die Wettbewerbsintensität werden jedoch negativer bewertet.

b) Auswertung der ressourcenorientierten Attraktivität der Diversifizierungsmärkte

Die ressourcenorientierte Befragung wurde mithilfe der in Abb. 36 dargestellten Bewertungsmatrix durchgeführt. Alle aufgelisteten Diversifizierungsmärkte sollten entlang der fünf ressourcenorientierten Kriterien. i.e. der Kreativität und Flexibilität der Mitarbeiter, des Markenmanagements, der Kompetenz im Bereich Content-Sourcing und -Creation, der Produktentwicklungskompetenz und der crossmedialen Verwertungskompetenz bewertet werden.

Als Interviewpartner dienten wie erinnerlich ausgewählte Verlagsmanager deutscher Zeitschriftenverlage. Die ressourcenorientierte Bewertung wurde ausschließlich mithilfe mündlicher Tiefeninterviews durchgeführt, im Rahmen derer die Bedeutung der fünf Kernressourcen hinsichtlich jedes Diversifizierungsmarktes auf einer Skala von eins bis fünf bewertet werden sollte.[372]

Vor Beginn der Bewertung wurde dem Interviewpartner das Befragungsdesign mündlich erläutert, anschließend konnte dieser Zeile für Zeile durch das Interview geführt werden.[373] Jedes Interview gliederte sich in zwei Teile. Zunächst wurden alle Interviewpartner durch das Bewertungsschema der Matrix geführt, die sie im Gegenzug bewerteten. Anschließend konnten mithilfe des ausgearbeiteten Interviewleitfadens weitere qualitative Erkenntnisse zusammengetragen sowie fachliche Unklarheiten durch spezifische Nachfragen geklärt werden.

[372] Von einer schriftlichen Befragung wurde abgesehen, da sie den zeitlichen Rahmen mglw. gesprengt, zu einer voraussichtlich niedrigeren Beteiligungsrate geführt und keine Möglichkeit zur Klärung von Verständnisfragen geboten hätte.

[373] Die Vorgehensweise der Befragung orientierte sich an den bereits erläuterten, methodischen Richtlinien qualitativer Forschung.

Bitte bewerten Sie jeweils die Bedeutung einzelner Kernressourcen eines Zeitschriftenverlages für eine erfolgreiche Positionierung in neuen Produktmärkten sowie das Synergiepotenzial und die Wechselwirkungen zwischen dem klassischen Kerngeschäft und den neuen Produktmärkten.

Bewertungsskala: Ganze Zahlen von 1 bis 5 (1 = sehr gering, 5 = sehr hoch); pro Kasten eine Zahl

	Professional Publishing	Content Syndication	Line Extension	ePublishing	Online-Portal	Internet Service Agency	Corporate Publishing	Merchandising	Event Management
a) Relevanz der Flexibilität und Kreativität von Mitarbeitern und Prozessen in Zeitschriftenverlagen									
b) Relevanz des Markenmanagements im Sinne vorhandener Kompetenzen in der Etablierung neuer bzw. der Pflege bestehender Marken eines Zeitschriftenverlags									
c) Relevanz vorhandener Kompetenzen im Bereich ***Content-Sourcing*** *und* ***-Creation*** *eines Zeitschriftenverlags*									
d) Relevanz der ***Produktentwicklungskompetenz*** *eines Zeitschriftenverlags*									
e) Relevanz der ***crossmedialen Verwertungskompetenz*** *eines Zeitschriftenverlags*									

Abbildung 36: Ressourcenorientierte Diversifizierungsmatrix zur Bewertung im Rahmen der Tiefeninterviews

Quelle: eigene Darstellung

Die numerische Bewertung der Diversifizierungsmärkte orientierte sich an einer idealtypischen Ordinalskala, wobei der Skalenwert eins für eine sehr geringe, der Wert zwei für eine geringe, der Wert drei für eine mittlere, der Wert vier für eine hohe und der Skalenwert fünf für eine sehr hohe Bedeutung der Kernressource in Bezug auf den jeweiligen Diversifizierungsmarkt stand. Die vergleichsweise schmale Bewertungsskala, die das Intervall aller möglichen Antwortoptionen darstellte, führte zu einer Komplexitätsreduktion des Bewertungsvorganges, während sie gleichzeitig eine ausreichend differenzierte Bewertung der Diversifizierungsmärkte durch die Experten zuließ.

Zur Beurteilung der Verlässlichkeit aller ermittelten Nutzwerte kam das Maß der Standardabweichung zum Einsatz. Des Weiteren wurde ein relativer Unsicherheitsfaktor eingeführt, zu dessen Berechnung die Standardabweichung der Bewertungen hinsichtlich des jeweiligen Teilnutzwertes ermittelt wurde. Im Anschluss konnte mithilfe eines Vergleichsindexes, der die berechneten Standardabweichungen der jeweiligen Bewertungen in Beug auf einen Teilnutzwert zu der durchschnittlichen Standardabweichung aller Teilnutzwerte pro Kriterium und hinsichtlich aller Diversifizierungsmärkte ins Verhältnis setzt, eine fundierte Einschätzung bezüglich der Bewertungskonsistenz getroffen werden. Sofern dieser Index den Wert von 100 überschritt, lag eine überdurchschnittliche Unsicherheit bei der Bewertung des entsprechenden Diversifizierungsmarktes in Bezug auf das jeweilige Kriterium vor, bei einer Unterschreitung dieses Wertes konnte auf eine überdurchschnittliche Bewertungssicherheit geschlossen werden. Zur Bildung des übergreifenden relativen Unsicherheitsfaktors eines Nutzwertes wurden die entsprechenden Summen der Indexwerte aller fünf Kriterien und über alle neun Diversifizierungsmärkte hinweg gebildet. Schließlich erfolgte zur einfacheren Orientierung eine Zuteilung der relativen Unsicherheitsfaktoren in drei unterschiedliche Kategorien:

1. **Niedriger relativer Unsicherheitsfaktor** ⇒ hohe Bewertungssicherheit:

$$RU_i < RU_{Min} + (RU_{Max} - RU_{Min})/3$$

2. **Mittlerer relativer Unsicherheitsfaktor** ⇒ mittlere Bewertungssicherheit:

$$RU_{Min} + (RU_{Max} - RU_{Min})/3 \leq RU_i < RU_{Min} + 2 \cdot [(RU_{Max} - RU_{Min})/3]$$

3. **Hoher relativer Unsicherheitsfaktor** ⇒ niedrige Bewertungssicherheit:

$$RU_i \geq RU_{Min} + 2 \cdot [(RU_{Max} - RU_{Min})/3]$$

Mithilfe dieses Kennzahlenindexes konnte schließlich eine fundierte Einschätzung des Übereinstimmungsgrades der befragten Experten bei der Bewertung zur ressourcenorientierten Attraktivität der Diversifizierungsmärkte getroffen werden und eine Aussage über die Verlässlichkeit der vorliegenden Ergebnisse erfolgen.

Im Folgenden werden die einzelnen Diversifizierungsmärkte auf ihr Ressourcen- und Synergiepotenzial hin untersucht.

1. Diversifizierungsmarkt 1: Professional Publishing

Mit einem ressourcenorientierten Nutzwert von 3,19 ordnet sich der Diversifizierungsmarkt Professional Publishing auf dem fünften Platz und im Mittelfeld der untersuchten neun Diversifizierungsmärkte ein. Das Übereinstimmungsmaß der abgegebenen Bewertungen ist mit einem hohen RU von 603 vergleichsweise niedrig und deutet daher auf divergierende Expertenmeinungen hinsichtlich der Ressourcenrelevanz dieses Geschäftsfeldes und im Vergleich zu den anderen acht identifizierten Diversifizierungsmärkten hin. Die Kompetenz im Bereich Content-Sourcing und -Creation sowie die crossmediale Verwertungskompetenz wurden als vergleichsweise wichtige Kriterien beim Eintritt in den Diversifizierungsmarkt Professional Publishing (respektiver Teilnutzwert von 3,12 und 2,88) identifiziert und bilden hier das Bewertungsmittelfeld. Die Produktentwicklungskompetenz wurde mit einem Teilnutzwert von 2,53 bewertet und stellt daher eine eher niedrige Bedeutung für dieses Diversifizierungsgeschäft dar (siehe Tab. 12).

Professional Publishing						
	Mittelwert	Rang	Minimum Wert	Maximum Wert	Standardabweichung	
					Zahl	*Index*
Mitarbeiter-kreativität und -flexibilität	3,24	6/9	2	4	0,90	111
Markenreputation und -management	4,18	6/9	2	5	1,29	162
Content-Sourcing und -Creation	3,12	5/9	2	4	0,70	89
Produkt-entwicklungs-kompetenz	2,53	8/9	1	5	1,28	137
Crossmediale Verwertungs-kompetenz	2,88	5/9	2	5	0,86	104

Ressourcen-orientierter Nutzwert	3,19	5/9		Relativer Unsicherheits-faktor	**Hoch** (603)

Tabelle 12: Ressourcenorientiertes Bewertungsprofil Professional Publishing

Quelle: eigene Darstellung

Die strategische Relevanz des Diversifizierungsmarktes Professional Publishing wurde seitens der befragten Zeitschriftenverlage durchaus unterschiedlich beurteilt. Vertreter derjenigen Verlagsunternehmen, deren Zeitschriftenproduktportfolio sich primär auf das Segment der Publikumszeitschriften konzentriert, beurteilten das Professsional Publishing Geschäft als weniger relevant und aussichtsreich im Vergleich zu anderen Verlagsunternehmen, die über ein diversifizierter und stärker am Special-Interest bzw. Fachzeitschriftensegment orientiertes Portfolio verfügten. Des Weiteren schien sich die strategische Relevanz dieses Geschäftsfeldes an der Gesamtausrichtung des Konzerns und dem *Strategic Fit* hinsichtlich der anderen Geschäftsfeldern zu orientieren.

„Der Diversifizierungsmarkt Professional Publishing ist für uns irrelevant."

Dr. Andreas Wiele, Axel Springer AG

„Der Bereich Professional Publishing ist für uns nur schwierig zu besetzen. Wenn wir mit der „Spiegel"-Marke für ein großes Unternehmen der deutschen Wirtschaft Recherchen generierten, dann käme es zu einer nachhaltigen Veränderung des Bildes, das unsere Leser vom „Spiegel" haben. Das kann nicht unser Interesse sein, da wir für einen eignen, unbestechlichen und kritischen Journalismus stehen."

Hr. Mathias Schmolz, Spiegel Gruppe

„Wir sind nur in den USA im Diversifizierungsmarkt Professional Publishing aktiv. In Deutschland betreiben wir dieses B-2-B-Geschäft nicht."

Hr. Moritz von Laffert, Condé Nast

„Der Bereich, der den Verkauf von B-2-B-Informationen als Datenbank-gestützte, vollelektronische und digitale Produkte an Unternehmen darstellt, interessiert uns am stärksten."

Dr. Bernd Buchholz, Gruner + Jahr

Die Mehrheit der im Untersuchungssample enthaltenen Zeitschriftenverlage sieht demnach sowohl aus Kompetenzgründen als auch strategischen, bzw. dem verlagsinternen Ressourcenprofil zugrunde liegenden Argumenten von einem Eintritt in diesen Diversifizierungsmarkt ab.[374] Der Verbundenheitsgrad des Marktes Professional Publishing mit dem Kerngeschäft scheint insbesondere in Verlagen mit geringeren redaktionellen Qualitätsstandards – i.d.R die klassischen Publikumszeitschriftenverlage mit einem Berichterstattungsschwerpunkt – schwächer ausgeprägt zu sein. Fachzeitschriften- *Special Interest* sowie vereinzelt auch Publikumszeitschriftenverlage mit journalistisch anspruchsvollen Titeln verfügen dagegen eher über das Know-How und die Kompetenz nachhaltiger Recherchen sowie einer angemessenen Aufbereitung des Contents. Aufgrund ihrer ausgewiesenen Kompetenz und ebendieses Erfahrungswertes lässt sich die inhaltliche Aufbereitung und Aggregation von Recherchen, Daten und spezifischen Informationen unter dem Dach eines professionellen Anbieters vergleichsweise einfacher realisieren. Ihre redaktionelle Qualität gilt dabei als ein Aushängeschild eines niveauvollen, seriösen Zeitschriftenjournalismus, wobei der Inhalt und die Qualität der journalistischen Beiträge den Anspruch und die Zusammensetzung der eigenen Leserschaft bestimmt. Die Seriosität und Strahlkraft des Zeitschriftentitels bzw. -portfolios kann daher für die Akquisition von Kunden bzw. Abnehmern von Dienstleistungen im Bereich des Professional Publishing von entscheidender Bedeutung sein. Sie verschaffen dem Verlag einen entscheidenden Wahrnehmungsvorteil. Daher verwundert es eben nicht, dass der Eintritt in das Geschäftsfeld Professional Publishing primär aus diesen Zeitschriftenumfeldern heraus gestemmt wird.

[374] *Gruner + Jahr, Hubert Burda Media* und die *Verlagsgruppe Handelsblatt* sind im Rahmen dieser Untersuchung die einzigen Verlagsunternehmen, die im Diversifizierungsmarkt Professional Publishing aktiv sind, bzw. derzeit über einen Eintritt in dieses Geschäftsfeld nachdenken.

„Viele Fachverlage agieren heute als Professional Publisher. Wir haben für den Eintritt in dieses Geschäftsfeld eine ganz andere Grundstruktur geschaffen, die mit unserem Kerngeschäft nichts zu tun hat."

Dr. Bernd Buchholz, Gruner + Jahr

„Im kleinen Umfang bieten wir Leistungen im Bereich Professional Publishing an, d.h. professionelle Recherchedienstleistungen sowie das Aufbereiten von Informationen für Unternehmen. Hier verfügen wir über eine starke Marke, die eindeutig als journalistisch-investigativ identifiziert wird."

Hr. Mathias Schmolz, Spiegel Gruppe

Während Verlagsunternehmen mit einer redaktionellen Ausrichtung auf Berichterstattung bzw. Wirtschafts- und Politiknachrichten sowie Special-Interest- und Fachzeitschriftenverlage den Eintritt in das Geschäft Professional Publishing aufgrund ihrer Kernressourcenausstattung leichter stemmen können, ist dieser Diversifizierungsmarkt für Publikumszeitschriftenverlage mit einer weniger starken Ausprägung meinungsbildender und journalistischer Kompetenz vergleichsweise schwerer zu besetzen.

„Für den Fall, dass ein Publikumszeitschriftenverlag eine Diversifizierung im Bereich Professional Publishing stemmen möchte, so ist das ein gänzlich neues Geschäftsfeld, das es zu besetzen gilt. Die notwendigen Kompetenzen müssten hier erst einmal eingekauft werden und daher ist die Verbundenheit mit den vorhandenen Kompetenzen eher gering."

Hr. Moritz von Laffert, Condé Nast

„Aus dem Geschäft mit Publikumszeitschriften bedient man i.d.R. eine Zielgruppe, die sich für das Geschäft Professional Publishing nicht eignet."

Hr. Thomas Ganske, Ganske Verlagsgruppe

Mit Blick auf die aus Ressourcensicht geforderten Kernkompetenzen spielt die Markenreputation und das -management nach Experteneinschätzung eine sehr wichtige Rolle. Demnach muss eine erfolgreiche Bespielung des Marktes Professional Publishing auf der Seriosität und Qualität der Recherchen bzw. journalistischen Beiträge eines Zeitschriftentitels aufbauen, die über den Markennamen oder mithilfe des Images einer Markenfamilie transportiert wird.

„Die Marke nimmt eine Signalwirkung für seriöse Berichterstattung und Qualitätsjournalismus ein, denn an ihr kann sich der Leser orientieren. Zum Aufbau eines Geschäftes im Bereich Professional Publishing müssen wir die Strahlkraft unserer vorhandenen Marken unbedingt nutzen."

Dr. Schulz-Isenbeck, Verlagsgruppe Handelsblatt

„Im Geschäft Professional Publishing betreiben wir einen sorgfältigen Markenaufbau und eine kontinuierliche Markenpflege. Dafür bedienen wir uns natürlich unserer Zeitschriftenmarken, die sich für dieses Geschäft eignen."

Hr. Thomas Ganske, Ganske Verlagsgruppe

Auch die Kompetenz der crossmedialen Verwertung spielt eine tragende Rolle, da zur Bereitstellung des recherchierten Contents die Aufbereitung, Archivierung und Monetarisierung der angeforderten Informationen nicht nur gewährleistet, sondern über mehrere Medienträger hinweg vertrieben werden muss. Hier zeichnet sich nach Einschätzung der Experten jedoch ein klares Gefälle ab. Demnach besitzen Verlage, die als etablierte Professional Publishing Anbieter fungieren, einen oftmals nur schwer überwindbaren technischen bzw. wissensbasierten Vorsprung gegenüber Verlagsunternehmen, die den Eintritt in dieses Geschäftsfeld noch nicht vollzogen haben.

„In Wahrheit sind die B-2-B-Spieler unserer Industrie in ihrer Digitalisierung den Publikumszeitschriftenverlagen, den B-2-C-Spielern also, meilenweit voraus. Dort hat die Digitalisierung bereits Mitte der 90er Jahre begonnen, 2005/2006 gab es bereits eine Vielzahl voll integrierter und digitalisierter Anbieter, deren Aufbereitung von Fachmedien ein Höchstmaß an Professionalität besitzt, da sie mithilfe ihrer Datenbanken und Archivierungstechniken ganz andere Produktbundles schnüren können, als ein Publikumszeitschriftenverlag das könnte."

Dr. Bernd Buchholz, Gruner + Jahr

Das Know-How in der crossmedialen Verwertung speist sich primär aus der Digitalkompetenz eines Zeitschriftenverlages und basiert auf der *inhouse* vorhandenen Kreativität der Verlagsmitarbeiter, die für den Entwicklungsprozess neuer Produkte im Bereich Professional Publishing unentbehrlich ist. Das Zusammenspiel dieser Kompetenzen ist für die Bespielung dieses Marktes von zentraler Bedeutung.

„Unsere Wettbewerber im Bereich des Professional Publishing verfügen um ein vielfach höheres Maß an Digitalkompetenz als unsere Wettbewerber im Publikumszeitschriftenbereich."

Dr. Bernd Buchholz, Gruner + Jahr

„Beim Professional Publishing spielt die Kreativität der Mitarbeiter eine tragende Rolle. Die Mitarbeiterflexibilität, die Bereitschaft also, sich auf die Konzeption entsprechender Produkte einzulassen, ist dagegen deutlich unwichtiger."

Hr. Mathias Schmolz, Spiegel Gruppe

„Die crossmediale Präsenz eines Verlages mit Professional Publishing Aktivitäten ist ebenso wichtig wie dessen Digitalkompetenz. Im Zusammenspiel mit den kreativen Köpfen lassen sich dann innovative, neue Produkte entwickeln."

Hr. Urs Heller, Ringier AG

2. Diversifizierungsmarkt 2: Content Syndication

Das Geschäftsfeld Content Syndication stellt mit einem ressourcenorientierten Nutzwert von 3,19 den drittattraktivsten Diversifizierungsmarkt der vorliegenden Bewertung dar. Mit einem RU von 567 ist das Übereinstimmungsmaß der Experten vergleichsweise gering. In der vorliegenden Untersuchung stellen insbesondere die Mitarbeiterkreativität und -flexibilität und die Content-Sourcing und -Creation Kompetenz ein hohes Synergiepotenzial mit diesem Diversifizierungsmarkt dar. Mit einem Teilnutzwert von 3,65 sind Markenreputation und -management von vergleichsweise geringerer Bedeutung (siehe Tab. 13).

Content Syndication

	Mittelwert	Rang	Minimum Wert	Maximum Wert	Standardabweichung	
					Zahl	*Index*
Mitarbeiter-kreativität und -flexibilität	4,18	3/9	2	5	0,73	89
Markenreputation und -management	3,65	9/9	1	5	1,17	147
Content-Sourcing und -Creation	4,06	3/9	3	5	0,83	106
Produkt-entwicklungs-kompetenz	3,12	4/9	1	4	0,93	99
Crossmediale Verwertungs-kompetenz	3,24	3/9	2	5	1,03	125

Ressourcen-orientierter Nutzwert	3,65	3/9

Relativer Unsicherheits-faktor	**Hoch** (567)

Tabelle 13: Ressourcenorientiertes Bewertungsprofil Content Syndication

Quelle: eigene Darstellung

Der Erstellungsprozess von Content findet in den redaktionellen Abteilungen der Verlagsunternehmen statt. Aufgrund des Kosteneinsparungsdrucks der jüngeren Vergangenheit kam es dabei in vielen Verlagsunternehmen zur Implementierung von Restrukturierungsmaßnahmen. Neben den Redaktionen waren von den Kostenoptimierungsprogrammen auch insbesondere die Anzeigenabteilungen der Verlage betroffen.[375] Nach dem Vorbild vieler regionaler Zeitungsverlage und den dort üblichen Modellen einer Mantelredaktion, wurden auch in diversen Zeitschriftenverlagen ganze Redaktionsabteilungen zusammengelegt bzw. neu strukturiert. Diese Maßnahmen hatten zumeist eine organisatorische Verkleinerung mit effizienteren Auslastungs- und Arbeitsstrukturen zum Ziel. Vielerorts wurden neue, schlankere Strukturen eingeführt, die die Arbeitswege verkürzen sollten, dafür gelegentlich aber auch zu einer Mehrbelastung der Mitarbeiter führten. Gleichzeitig wurde über die Etablierung effizienterer Systeme zur Mehrfachverwertung von Content nachgedacht.

> *„Eine schlanke Organisation mit gebündelter, hoher Fachkompetenz ist besser als eine breite Organisation, deren individuelle Kompetenzen geringer und über viele Redaktionen verteilt sind."*
>
> **Fr. Wiebke Kirschke, WAZ**

> *„Die Redaktionsarbeit unterlag in der Vergangenheit teilweise hohen Einsparungsanforderungen. Wenn jedoch die Qualität der Titel darunter leidet, können die Konsequenzen für den Verlag fatal sein. Daher muss man bei entsprechenden Anpassungsmaßnahmen sehr vorsichtig sein und eher über die Möglichkeiten einer effizienteren Nutzung unserer Redaktionstools nachdenken."*
>
> **Hr. Urs Heller, Ringier AG**

> *„Der Content, den wir für eine Zeitschrift herstellen, soll auch in Teilen für andere Titel sowie unsere Online-Auftritte genutzt werden. Hier sind definitiv Synergien möglich."*
>
> **Hr. Gebhardt von Trotha, Hubert Burda Media**

Die Suche nach neuen Formen der effizienteren Inhaltevermarktung stellt daher einen wichtigen Schritt zur Optimierung der redaktionellen Arbeit dar. Die Weitervermarktung des eigens produzierten Contents an Zeitschriftenformate und -titel aus dem eigenen Hause wird in den meisten deutschen Verlagsunternehmen bereits praktiziert. Der Weiterverkauf von Inhalten an Dritte, so z.B. andere Verlage oder Partner in der Content-Paketierung, wird dagegen nur von einem Teil der befragten Experten als relevanter Diversifizierungsmarkt eingeschätzt.

---

[375] Die Krise des Werbemarktes in den Jahren 2008 und 2009 führte in vielen Zeitschriftenverlagen zu einem dramatischen Verfall des Anzeigenvolumens und damit einhergehenden Kündigungswellen. Zum Zusammenhang zwischen Werbemarkt, Anzeigenvolumen und Restrukturierungsprogrammen, vgl. ausführlich von Kloss, (2003).

„Die Mehrfachverwertung qualitativ hochwertigen Contents ist eine in meinen Augen gute Sache. Hier wird man sehr genau prüfen müssen, welchen Content man verwenden kann und wie man ihn verwertet. Unternehmensintern wird dies schon praktiziert, die Verwertung an Dritte ist da noch etwas hinterher, insbesondere aber auch, weil man die Rechtsgrundlage vor der Vermarktung erst klären muss."

Fr. Wiebke Kirschke, WAZ

„Für uns stellt der pure Weiterverkauf von Inhalten kein allzu interessantes Geschäft dar. Wir betreiben Content Syndication daher eher unter dem Dach unserer bereits etablierten Marken, von denen wir eine ganze Reihe im Portfolio haben."

Dr. Bernd Buchholz, Gruner + Jahr

„Wir kreieren keine Inhalte mit dem ausschließlichen Zweck, diese dann Dritten anzubieten. Wir publizieren nur Inhalte, die wir zur Herstellung des „Spiegel"-Heftes benötigen. Das ist unsere grundsätzliche Strategie."

Hr. Mathias Schmolz, Spiegel Gruppe

Interessanter Weise befindet sich ganz im Gegensatz zum angloamerikanischen Raum der deutsche Markt der professionellen Weitervermarktung von Inhalten an Dritte nach Einschätzung der Experten immer noch im Aufbaustadium. Trotz des vorhandenen Potenzials, das seitens einiger deutscher Zeitschriftenverlage durchaus identifiziert wurde, zeichnet sich beim Markteintritt ein eher opportunistisches Vorgehen ab. Proaktive Vermarktungsstrategien zur Content-Weitervermarktung existieren nicht, stattdessen nutzen die Verlage sich bietende Chancen zum Weiterverkauf an Dritte.

„Im Gegensatz zur UK fangen wir in Deutschland mit der Syndizierung von Content gerade erst an, wobei wir hier sehr selektiv und vorsichtig vorgehen."

Hr. Moritz von Laffert, Condé Nast

„Im Bereich der Weitervermarktung von Inhalten sind wir aktiv. Ein Beispiel: Unsere Beteiligung Netdoctor, eine eHealth Plattform, produziert eigenen redaktionellen Content und lizenziert diesen an Partner auch weiter."

Dr. Christoph Grau, Verlagsgruppe GvH

Der Herstellungsprozess qualitativ hochwertiger Inhalte ist aufwendig und daher kostenintensiv. Viele Verlagsunternehmen bemühen sich daher um ein Leverage ihrer Kostenstruktur und denken über Weitervermarktungsmöglichkeiten ihres Contents auf der Grundlage einer medienkanalübergreifenden Strategie nach. Grundsätzlich bietet sich fast jeder Medienkanal als Vertriebsplattform verlagsintern generierter Inhalte an. Ziel muss sein, innovative Instrumente zum Weiterverkauf eigener Inhalte über mehrere Medienkanäle zu entwickeln bzw. die Anbieter digitaler Dienstleistungen als Kooperationspartner zu gewinnen, um mögliche Diskrepanzen in der technischen Realisierung und Umsetzung zu umschiffen. Hierfür sind u.U. nicht unerhebliche Anfangsinvestitionen notwendig, so bspw. die Investition in eine leistungsfähige technische Redaktionsinfrastruktur. Eine nachhaltige Unternehmensplanung muss daher nicht nur auf die Akquisition professioneller Partner in der Content-Weitervermarktung, sondern auch auf eine finanzielle Nachhaltigkeit in der Investitionsplanung sowie die technische Bereitstellung der Infrastruktur und deren Bedienung ausgerichtet sein.

> *„Vor dem Eintritt in das Geschäftsfeld Content Syndication gilt es klare Regeln festzulegen. Außerdem müssen gewisse technische Prozesse aufgesetzt werden. Die Entscheidung für den Markteintritt wird schlussendlich vom Management getroffen."*
>
> **Hr. Moritz von Laffert, Condé Nast**

> *„Bei der Weitervermarktung von Content arbeiten wir auch wir mit Partnern anderer Medienkanäle zusammen. Die größte verlagsinterne Herausforderung besteht in der Schaffung der technischen Infrastruktur. "*
>
> **Hr. Schulz-Isenbeck, Verlagsgruppe Handelsblatt**

Seitens mehrerer deutscher Zeitschriftenverlage wird im Syndizierungsprozess von Inhalten die Markenverwässerung als eine potenzielle Gefahr eingeschätzt. Da es sich bei Zeitschriften in erster Linie um Informations- und Unterhaltungsgüter handelt, wird die journalistische Qualität als grundlegendes Kriterium zur Messung und Sicherung des Lesestandards aller Beiträge bzw. Inhalte einer Zeitschrift herangezogen. Das Potenzial zur Nutzenstiftung mittels qualitativ hochwertiger Inhalte ist nämlich ein entscheidendes Reichweitenkriterium für einen Zeitschriftenverlag und für die Zielgruppenansprache von entscheidender Bedeutung. Je anspruchsvoller die titelgebundene (Stamm)Leserschaft ist, desto wichtiger die intelligente Platzierung mehrfach vermarkteter Inhalte in den Zeitschriften des Verlagsportfolios bzw. unter dem Dach einer Markenfamilie. Aus den Experteninterviews ging hervor, dass die titelübergreifende, interne Weiterverarbeitung eigener Inhalte nur unter der Einhaltung entsprechender journalistischer Qualitätsstandards erfolgreich betrieben werden kann.

> *„Die Beschaffungs- und Erstellungskompetenz qualitativ hochwertigen Contents ist für uns sehr wichtig. Schließlich verbindet der Leser damit auch die Glaubwürdigkeit eines Print-Produktes, insbesondere dann, wenn man die Ausweitung eines Produktes in neue Bereiche oder Märkte plant. Da wir uns in einem Premium-Segment bewegen, müssen wir darauf achten, dass unser Content nicht verwässert, seien es die Bildsprache oder auch journalistische Artikel."*
>
> **Hr. Moritz von Laffert, Condé Nast**

„Content Syndication funktioniert unter dem Dach des Zeitschriftenverlages nur dann, wenn sich die einzelnen Redaktionen gegenseitig unterstützen. Mehrfachverwertung von Inhalten heißt aber auch, die Sicherung des qualitativen Standards genau im Auge zu behalten."

Hr. Gebhardt von Trotha, Hubert Burda Media

Da bei der verlagsinternen Weitervermarktung von Inhalten der Aufbau neuer Kundenbeziehungen unerheblich ist, spielen Name und Reputation in diesem Zusammenhang eine eher untergeordnete Rolle. Sobald ein Zeitschriftenverlag jedoch proprietären Content an Dritte vermarktet, ist die redaktionelle Kompetenz des Verlegers eine wichtige Kenngröße. Hiermit ist in erster Linie die Gesamtkompetenz der Verlagsredaktionen gemeint. Da die Akquisition von Neukunden i.d.R. nicht titelspezifisch, sondern verlagsübergreifend betrieben wird, sind Name und Reputation des Hauses von einer vergleichsweise hohen Relevanz. Die Reputation der Einzelredaktionen individueller Zeitschriftentitel, die unter dem Dach des Verlagsunternehmens gebündelt sind, spielt für den Aufbau neuer Kundenbeziehungen dagegen eine eher untergeordnete Rolle.

„Im Bereich der Weitervermarktung von Inhalt ist der Name, für den das Verlagshaus steht, relevant, nicht aber die Zeitschriftenmarke."

Hr. Moritz von Laffert, Condé Nast

„In der Weitervermarktung unseres Contents haben wir als Verlag eine ganz starke Marke, das hilft uns da natürlich sehr."

Hr. Mathias Schmolz, Spiegel Gruppe

Auch die Mitarbeiterkreativität und -flexibilität ist nach Experteneinschätzung ebenso wie die Kompetenz im Bereich Content-Sourcing und -Creation sowie der crossmedialen Verwertung für die Bespielung dieses Diversifizierungsmarktes von zentraler Bedeutung. Hier geht es in erster Linie um den kreativen Prozess der intelligenten Platzierung mehrfach verwerteter Inhalte, den der Leser im Idealfall garnicht erst wahrnehmen soll. Je intelligenter den Verlagen die Platzierung mehrfach verwerteter Inhalte gelingt, desto stärker die Leserakzeptanz. Befolgen Zeitschriftenverlage diesen Grundsatz der Qualitätssicherung, wird den Lesern im Idealfall der Transferierungsprozess gar nicht erst vor Augen geführt.

„Unsere Redaktionen sind in der Mehrfachverwertung von Content sehr kreativ."

Dr. Bernd Buchholz, Gruner + Jahr

„Wenn Sie Content Syndication betreiben wollen, ist die Kreativität und Flexibilität sehr wichtig. Sie müssen beispielsweise in Redaktionssysteme hereinarbeiten und diese darauf ausrichten, dass sie über verschiedene Zeitschriftentitel einsetzbar sind."

Hr. Gebhardt von Trotha, Hubert Burda Media

Kreativität und Flexibilität spielt nicht nur bei der Platzierung von Inhalten, sondern auch im Vertriebsprozess eine wichtige Rolle. Die Monetarisierungsmöglichkeiten im Bereich der medienkanalübergreifenden Bereitstellung von Inhalten müssen nämlich erkannt und möglichst zeitnah genutzt werden, wobei es hier primär um die Inanspruchnahme der spezifischen Ansprachemechanismen einzelner Medienkanäle geht. Dieser Prozess kann bereits bei der Erstellung journalistischen Contents eine wichtige Rolle spielen, wo der Redakteur unter Berücksichtigung medienkanalübergreifender Platzierungsoptionen konkrete Monetarisierungsmöglichkeiten seiner Inhalte identifizieren sollte. Dafür muss er u.U. zusätzlich zum Print-Vertrieb sowohl den digitalen als auch TV-basierten Vertriebsweg bedienen können und das Absatzpotenzial dieser Kanäle zu nutzen wissen. Aus diesem Grunde befürworteten einige Experten eine stärker an der Wirtschaftlichkeit ihrer Beiträge gemessene Vergütung der Redaktionsleistung und fordern Journalisten und Redakteure verstärkt dazu auf, konkrete Monetarisierungspotenziale im Rahmen ihrer Beiträge zu schaffen. In diesem Zusammenhang sei auf die notwendige organisatorische Verzahnung zwischen Redaktion und Vertrieb hingewiesen, zumal sie ein sehr großes Maß an Mitarbeiterkreativität und -flexibilität voraussetzt.

„Noch zu wenige Journalisten haben die Wirtschaftlichkeit und die Erlösquellen der Produkte in der Optik. Wäre das ein Teil des Vergütungssystems, dann würden sie auch darüber nachdenken, wie sie ihre Artikel inhaltlich anreichern könnten."

Fr. Wiebke Kirschke, WAZ

„Unsere Journalisten müssen auch darüber nachdenken, wie sie abseits vom Print-Geschäft ihre Beiträge für andere Medienkanäle anbieten bzw. interessant aufbereiten können. Dieser Prozess beginnt bereits bei der Generierung von Beiträgen."

Dr. Schulz-Isenbeck, Verlagsgruppe Handelsblatt

3. Diversifizierungsmarkt 3: Line Extension

Der ressourcenorientierte Nutzwert für den Diversifizierungsmarkt Line Extension liegt mit 3,62 im oberen Bewertungsmittelfeld und auf dem vierten Platz. Bei einem RU von 588 fällt das Übereinstimmungsmaß der abgegebenen Bewertungen vergleichsweise gering aus. Markenreputation und -management weisen mit einem Teilnutzwert von 4,76 eine vergleichsweise hohe Platzierung auf, Content-Sourcing und -Creation, crossmediale Verwertungskompetenz sowie Mitarbeiterkreativität und -flexibilität reihen sich dagegen im Bewertungsmittelfeld ein. Das Schlusslicht bildet die Produktentwicklungskompetenz mit einem Teilnutzwert von 2,59 auf Platz sieben im Gesamtbewertungskontext (siehe Tab. 14).

Line Extension

	Mittelwert	Rang	Minimum Wert	Maximum Wert	Standardabweichung	
					Zahl	*Index*
Mitarbeiter-kreativität und -flexibilität	3,76	5/9	2	5	0,87	106
Markenreputation und -management	4,76	2/9	3	5	0,56	71
Content-Sourcing und -Creation	3,82	4/9	1	5	1,24	159
Produkt-entwicklungs-kompetenz	2,59	7/9	1	4	1,28	137
Crossmediale Verwertungs-kompetenz	3,18	4/9	2	4	0,95	115

Ressourcen-orientierter Nutzwert	3,62	4/9		Relativer Unsicherheits-faktor	**Hoch** (588)

Tabelle 14: Ressourcenorientiertes Bewertungsprofil Line Extension

Quelle: eigene Darstellung

Der Diversifizierungsmarkt Line Extension besitzt eine hohe strategische Relevanz für deutsche Zeitschriftenverlage, da er mithilfe der bereits vorhandenen Kernressourcen und -kompetenzen mit einem verhältnismäßig geringen organisatorischen und finanziellen Aufwand bespielt werden kann. Aufgrund des ausgeprägten Synergiepotenzials mit dem Kerngeschäft, ist der Aufbau zusätzlicher Ressourcen i.d.R. nicht oder nur bedingt notwendig. Sieht man von den Synergien in der Produktvermarktung ab, sind insbesondere die Synergien auf redaktioneller Ebene, die die Erstellung des Contents betreffen, von großer Bedeutung.

„Als Verlagshaus liegt unsere Kernkompetenz unter anderem in der Herstellung von Zeitschriftenprodukten, die auch für die Herstellung von Line Extensions unabdingbar ist. Hier lassen sich gute Synergien herstellen."

Hr. Gebhardt von Trotha, Hubert Burda Media

„Unser Verlagsbereich unterhält eine eigene Entwicklungsredaktion, die die inhaltliche Entwicklungsarbeit in Form neuer Formate und Produkte betreibt. Die Ideenfindung kann aber auch an anderer Stelle erfolgen. Die Schaffung möglicher Synergien steht hier im Vordergrund."

Hr. Olaf Holzhäuser, Hubert Burda Media

„Line Extensions bieten ein deutliches Synergiepotenzial für Verlagsunternehmen."

Dr. Schulz-Isenbeck, Verlagsgruppe Handelsblatt

Neben den offensichtlichen bereichsübergreifenden Synergien knüpfen sich auch spezifische interne Herausforderungen an den Aufbau neuer, unter dem Dach einer Marke angesiedelten Zeitschriftentitel. Um dem Anspruch eigener Qualitätsstandards in Bezug auf die journalistische Berichterstattung und den inhaltlichen Gehalt der Zeitschriftentitel Rechnung zu tragen, muss man für deren erfolgreiche Etablierung die notwendigen fachlichen Kompetenzen bündeln. Idealerweise sind diese bereits in Form hauseigener und andere Zeitschriftentitel bedienender Redaktionen vorhanden. Andernfalls müssen sie eingekauft werden.

„In Print muss jede Line Extension eine gewisse „Uniqueness" aufweisen, sonst hat sie keine Chance. Daher brauchen Sie bislang nicht vorhandenen, guten Content, den Sie einkaufen oder kreieren müssen. Dieses Geschäft wird aus den Redaktionen getrieben."

Dr. Bernd Buchholz, Gruner + Jahr

„Im Entwicklungsprozess von Line Extensions entstehen immer sehr viele Synergien in Bezug auf die bereits bestehenden Titel. Wichtig ist es hier, neue Themen inhaltlich und kompetent zu besetzen. Hierfür brauchen sie die richtigen Leute, die die Positionierung eines neuen Titelformats vorantreiben."

Hr. Urs Heller, Ringier AG

„Zur Imagepflege gehört nicht nur die eindeutige inhaltliche Positionierung von Line Extensions, sondern auch ein sorgfältiges Qualitätsmanagement der Beiträge. Wenn wir über die inhaltliche Kompetenz inhouse nicht verfügen, dann müssen wir diese einkaufen. Der kontinuierliche Ausbau der journalistischen Qualität wird von unseren Lesern registriert."

Fr. Wiebke Kirschke, WAZ

Die Markenreputation und das -management sind zur erfolgreichen Bespielung des Geschäftsfeldes Line Extensions von besonderer Bedeutung und weisen daher ein überdurchschnittlich hohes ressourcenorientiertes Synergiepotenzials auf. So wurde insbesondere die Strahlkraft der bestehenden Marken eines Zeitschriftenportfolios als wichtiges Kriterium zur erfolgreichen Verlängerung und Positionierung neuer Zeitschriftentitel unter dem Dach bereits etablierter Formate identifiziert. Der Markenname baut auf dem Wiedererkennungseffekt der Leser auf, weckt Vertrautheit und steht u.U. für ein besonderes Qualitätsmerkmal. Die Vermarktung entsprechender Zeitschriftentitel ist darum bemüht, sich diesen Effekt zueigen zu machen. Das Markenmanagement im Sinne der Etablierung neuer Marken nimmt dagegen einen eher geringen Stellenwert ein.

„Bei einer Line Extension nutzen Sie die Strahlkraft einer bereits existierenden Marke. Hier geht es nicht um die Etablierung einer neuen Marke, sondern um die Inhalte. Daher ist das Markenmanagement im Sinne des Aufbaus neuer Marken hier eher weniger relevant."

Hr. Moritz von Laffert, Condé Nast

„Unsere Line Extensions sollen neue Zielgruppen zu der bestehenden Marke addieren."

Dr. Bernd Buchholz, Gruner + Jahr

„Line Extensions verlangen nach einer starken Marke."

Hr. Gebhardt von Trotha, Hubert Burda Media

Wie erinnerlich wurde auch der Content-Sourcing und -Creation Kompetenz eine vergleichsweise hohe Relevanz hinsichtlich des Diversifizierungsmarktes Line Extension attestiert. In dem Zusammenhang muss jedoch darauf hingewiesen werden, dass es bei dieser Form der Produkt- bzw. Formaterweiterung nicht nur um die Erschließung neuer Lesergruppen, sondern auch um die Bindung bereits bestehender Leser an den neuen Zeitschriftentitel geht. Das Ziel liegt daher in der Ergänzung der Stammleserschaft durch die Erschließung neuer aber eben auch bereits bestehender Zielgruppen. In beiden Fällen wird zwar auf die Strahlkraft einer Zeitschriftenmarke aus dem Verlagsportfolio zurückgegriffen, im ersten Falle geht es jedoch primär um den Aufmerksamkeitseffekt, den die Ausnutzung des Widererkennungswertes einer Dachmarke erzielt, im zweiten Falle primär um eine Fortsetzung der Lesermonetarisierung mithilfe lukrativer *Follow-up*-Angebote, die auf eine langfristige Bindung des Lesers an den Zeitschriftenverlag hinausläuft. In jedem Falle aber ist die Qualität der journalistischen Leistung von entscheidender Bedeutung, da neue Lesergruppen bei der Bewertung einer Line Extension besonders kritisch sind und u.U. einen kognitiven Vergleich zum Mutterheft ziehen.

„Line Extensions können nur dann erfolgreich sein, wenn wir in den Bereichen der Content-Beschaffung und -Kreation sehr gut sind. Der Qualitätsstandard des Mutterheftes muss unbedingt beibehalten werden."

Dr. Bernd Buchholz, Gruner + Jahr

„Die journalistische Qualität von Line Extensions ist von extrem hoher Bedeutung, da die Leserschaft in diesem Falle besonders kritisch ist."

Hr. Gebhardt von Trotha, Hubert Burda Media

„Line Extensions sind ein für uns sehr wichtiges Geschäft. Hier brauchen wir flexible und kreative Mitarbeiter, die für die Positionierung einer neuen Zeitschrift auch das nötige Bauchgefühl mitbringen müssen."

Hr. Urs Heller, Ringier AG

Nach Einschätzung der Experten bildet schließlich auch die Kreativität der Mitarbeiter eine wichtige Kompetenz zur Bespielung dieses Diversifizierungsmarktes ab. Die Redaktionsabteilungen der Zeitschriftenverlage bilden in diesem Zusammenhang nicht nur die Zentren der journalistischen Kreativität, sondern auch die Entwicklungsabteilung zur Umsetzung innovativer Zeitschriftenkonzepte und -formate.

„Line Extension entstehen meist aus einer kreativen Idee der Redaktion oder aus dem Verlag und ergeben sich nicht von selbst. Insbesondere im Print-Bereich ist die Kreativität sehr wichtig, außerdem muss man die Konzeption eines neuen Heftes parallel zum Redaktionsalltag stemmen. Da ist dann auch Flexibilität gefragt."

Hr. Moritz von Laffert, Condé Nast

„Mit dem „Süddeutschen Magazin" haben wir eine erfolgreiche Markenverlängerung in den Zeitschriftenbereich gestemmt. Dafür benötigt man sehr kreative Köpfe."

Fr. Christiane Schlötzer, Süddeutscher Verlag

Abseits der Debatte um die Wichtigkeit der Kernressourcen wurde seitens der Interviewpartner vermehrt auf die Relevanz der Vermarktungskompetenz zur erfolgreichen Platzierung von Line Extensions hingewiesen. Hier eignen sich Vermarktungsmaßnahmen, die nicht nur zur Bekanntmachung der Formate dienlich sind, sondern bei der Bewerbung von Line Extensions insbesondere darauf achten, dass unter Zuhilfenahme der Strahlkraft einer Marke des eigenen, vorhandenen Zeitschriftenportfolios dieses Markenimage beim Leser verankert wird. Vermarktungsstrategien bedienen sich dabei klassischerweise sowohl der verlagsinternen Ressourcen, als auch externer Marketing-Partner.

„Line Extensions sind immer auch mit Marketing verbunden. Ein Beispiel. Die „Brigitte" hat das mit der „Brigitte Diät" hervorragend gemacht! Die steht immer für einen gewissen Frauentyp, der vor dem Kühlregal genauso so wie im CD-Laden anzutreffen ist."

Fr. Wiebke Kirschke, WAZ

„Der Herstellungsprozess von Line Extensions ist ebenso wichtig wie die Vermarktungsleistung, die sowohl über hauseigene als auch externe Medien getrieben wird."

Hr. Urs Heller, Ringier AG

4. Diversifizierungsmarkt 4: ePublishing

Der Diversifizierungsmarkt ePublishing bildet das am Ressourcen- und Synergiepotenzial gemessen attraktivste Geschäftsfeld der vorliegenden Untersuchung ab (ressourcenorientierter Nutzwert von 4,73). Der RU von 341 zeugt von einem hohen Übereinstimmungsmaß. In der vorliegenden Untersuchung stellen insbesondere die Kompetenzen in den Bereichen Mitarbeiterkreativität und -flexibilität, Markenreputation und -management, Content-Sourcing und -Creation sowie crossmediale Verwertung ein hohes Synergiepotenzial mit diesem Diversifizierungsmarkt dar. Die Produktentwicklungskompetenz weist mit einem Teilnutzwert von 4,71 ein immer noch überdurchschnittlich hohes Verbundenheitsmaß mit dem ePublishing auf (siehe Tab. 15).

ePublishing

	Mittelwert	Rang	Minimum Wert	Maximum Wert	Standardabweichung	
					Zahl	*Index*
Mitarbeiter-kreativität und -flexibilität	4,53	1/9	3	5	0,80	98
Markenreputation und -management	4,82	1/9	4	5	0,39	49
Content-Sourcing und -Creation	4,76	1/9	3	5	0,56	72
Produkt-entwicklungs-kompetenz	4,71	2/9	3	5	0,69	74
Crossmediale Verwertungs-kompetenz	4,82	1/9	4	5	0,39	48

Ressourcen-orientierter Nutzwert	4,73	1/9

Relativer Unsicherheits-faktor	**Niedrig** (341)

Tabelle 15: Ressourcenorientiertes Bewertungsprofil ePublishing

Quelle: eigene Darstellung

Wenngleich die befragten Experten ein hohes Ressourcen- und Synergiepotenzial für den ePublishing Markt prognostizierten, herrschte ebenso große Einigkeit darüber, dass mit Blick auf die kommenden Jahren von einem eher niedrigen Monetarisierungspotenzial ausgegangen werden muss. Wenngleich ePublishing als interessanter Wachstumsmarkt gilt, lässt sich nach Experteneinschätzung erst mittelfristig mit entsprechenden Inhalten Geld verdienen. Der Grund hierfür wird einerseits in dem Überangebot kostenfreien Contents gesehen, an dem auch die Verlagsunternehmen durch die Quersubventionierung ihrer Online-Auftritte eine Teilschuld tragen, andererseits in der Ermangelung eines tragfähigen Geschäftsmodells, das mglw. auch die Option einer Content-Vermarktungskooperation der Verlagsunternehmen untereinander abbilden könnte. Klar erscheint derweilen die Notwendigkeit, dem Nutzer durch den Konsum digitalen Contents einen konkreten Zusatznutzen anbieten zu müssen, den der Print-Titel nicht leisten kann und für den er deshalb einen entsprechenden Preis zu bezahlen bereit ist.

„Das ePublishing-Geschäft mit Zeitschriften wächst zwar, wird jedoch in den kommenden Jahren eine noch eher untergeordnete Rolle spielen. Das Thema eBooks besitzt bereits eine höhere Marktreife."

Dr. Bernd Buchholz, Gruner + Jahr

„Im Moment fehlt noch eine Idee oder ein Modell, wie wirklich mit ePublishing Geld verdient werden kann. Sicherlich sind die Verlage selbst schuld daran, dass ePublishing finanziell bislang wenig erfolgreich ist, denn sie sind es, die Inhalte kostenfrei ins Netz stellen."

Dr. Eckart Bollmann, Bauer Media Group

„Ich stehe den digitalen Monetarisierungsmöglichkeiten von Content derzeit noch kritisch gegenüber. Solange Inhalte gratis verfügbar sind, wird kaum einer dafür bezahlen, außer man bekommt einen Zusatznutzen, in Form einer Bild- oder Filmdatenbank bzw. seriöser Zusatzberichte und -recherchen."

Fr. Wiebke Kirschke, WAZ

„Ich setze darauf, dass die Leute mittelfristig für die mobile Zeitung auf dem iPad mit ihren breit gefächerten Inhalten, den Kommentaren und den detaillierten Hintergrundberichten bezahlen werden, bevor sie an den Kiosk gehen und „x" Cent für die Print-Ausgabe ausgeben."

Hr. Lothar Lanz, Axel Springer AG

„Heute sind die meisten digitalen Marktplätze eher irrelevant, da Sie dort nur ePaper erwerben können, die aber im Gegensatz zu den Apps bislang weniger nachgefragt werden."

Dr. Andreas Wiele, Axel Springer AG

„Der ePublishing-Markt steht noch ganz am Anfang seiner Entwicklung. Wir sehen, dass – von einem niedrigen Niveau ausgehend – ein relevantes Wachstum stattfindet. Die Frage ist nun, wie schnell sich der Markt entwickelt, und wie sich die Wettbewerbssituation darstellen wird."

Dr. Thomas Feinen, Bertelsmann AG

Die Prognostizierung eines mittelfristigen Monetarisierungspotenzials im digitalen Vertrieb von Zeitschriftenprodukten setzt zunächst voraus, dass die Leser die Bereitschaft signalisieren, die Nutzung eines physischen Print-Produktes mit einem digitalen Angebot zu substituieren bzw. dieses zusätzlich zum bestehenden Angebot zu nutzen. Die wünschenswerte Verlagerung des Nutzungsverhaltens von Print in Richtung Online muss seitens der Verlage forciert werden, d.h. hier stellt die Ergreifung konkreter Maßnahmen zur „Umerziehung" des Nutzers den ersten zentralen Schritt dar. Es gilt eine medienkanalübergreifende Strategie zu entwickeln, die auf der Grundlage des vorhandenen Print-Angebots, konkrete Maßnahmen zur Schaffung einer stärken Online-Präsenz initiiert. Idealerweise erzieht man die Leser zu Parallelnutzern, die abhängig von der entsprechenden Nutzungsumgebung entweder auf das Print- oder digitale Angebot zurückgreifen. Eine Segmentierung der Nutzer, die sich an deren Bedürfnissen sowie den medienkanalspezifischen Gegebenheiten einer Nutzerbeziehung orientiert, ist zur Ausrichtung und Koordinierung der Zielgruppenansprache von großer Bedeutung.

„Wir haben einige Leser, die die Dienste des Internets nutzen, jedoch trotzdem auf ihr Print-Produkt nicht verzichten wollen."

Fr. Wiebke Kirschke, WAZ

„Am Ende des Tages werden für die Anbieter die Parallelnutzer die wichtigste Zielgruppe sein. Es wird immer eine Zielgruppe geben, die das physische Leseprodukt nicht aufgeben will. Hier stellt sich dann die Frage, welches Produkt sich für welche Nutzungssituation anbietet. Nehmen Sie den Buchleser: für die Verlage und Händler ist es natürlich ideal, wenn der Nutzer sich für den Nachttisch z.B. für die physische Ausgabe entscheidet, für Reisen aber die digitale Ausgabe nachfragt."

Dr. Thomas Feinen, Bertelsmann AG

Gleichzeitig stellt die Parallelnutzung auch potenzielle Gefahren hinsichtlich eines möglichen Kannibalisierungseffektes dar, der sich in einer Nutzermigration von Print nach Online und einer gleichzeitigen Reduzierung des Umsatzes pro Leser, bzw. RPU (*Revenue per User*) erkennen lässt. Die Mehrzahl der befragten Verlagsmanager nimmt eine gewisse Kannibalisierung jedoch in Kauf, um die Etablierung eines monetarisierbaren ePublishing-Geschäfts zu gewährleisten. Die Kannibalisierungsgefahr wird tendenziell als eher gering eingeschätzt und als kalkulierbares Risiko angesehen.

„Ein gewisser Kannibalisierungseffekt bleibt bei Digitalisierung von Content nicht aus, diesen nehmen wir jedoch in Kauf, da wir verhindern wollen, dass uns jemand anderes den Markt streitig macht."

Dr. Andreas Wiele, Axel Springer AG

„Das Geschäft mit digitalen Inhalten sehen wir derzeit nicht als Kannibalisierungsgefahr. Langfristig wird sich der Kunde dann zu entscheiden haben, ob der das physische Heft dem ePaper vorzieht."

Hr. Moritz von Laffert, Condé Nast

„In letzter Zeit häufen sich die Anfragen, unsere Inhalte über digitale Plattformen zu publizieren. Wenn ich eine Redaktion bezahle, die hochwertigen Content produziert, dann muss ich grundsätzlich an dieser Form der Kooperation auch interessiert sein. Kannibalisierungseffekte sehe ich hier nicht."

Hr. Robert Rischke, TIP Verlag

Wenngleich die Zeitschriftenverlage in der Entwicklung von *Tablet*s und *eReadern* eine große Chance zur Vermarktung ihrer digitalen Inhalte sehen, so warnen viele befragte Experten vor einer verfrühten Euphorie. Obwohl Anbieter verhältnismäßig günstiger Geräte zunehmend auf den Markt drängen, stellen die meisten *Tablet*s und *eReader* ein noch immer teures Produktsegment dar, das den Ausbau einer rapiden Penetration leistungsfähiger Endgeräte im deutschen Markt bislang eher verhindert und daher das natürliche Marktpotenzial zur Monetarisierung digitalen Contents beschränkt. Nutzer entsprechender Endgeräte stellen zwar eine grundsätzlich zahlungsbereite Zielgruppe dar – schließlich liegt es in der Logik der Sache, dass die Käufer eines (vergleichsweise teuren) mobilen Endgerätes zu einer eher einkommensstarken Bevölkerungsgruppe zählen und bereit sein dürften, Bezahl-Content zur Nutzung ihres Gerätes zu beziehen –, ist jedoch in Bezug auf die Anzahl bestehender Nutzungskontakte noch weit ausbaufähig. Mittelfristig ist die Erschließung weiterer Kundensegmente gut vorstellbar, so z.B. spezifische Berufsgruppen, die auf die grafischen Optionen eines *Tablets* oder *eReaders* zurückgreifen würden, Viel-/Geschäftsreisende, die auf eine hohes Maß an Mobilität angewiesen wären oder auch ein breites Spektrum höherer Altersgruppen, die in einem mobilen Endgerät eine wirkliche Alternative zur stationären PC- oder Laptop-Nutzung sähen. Die Erschließung des Massenmarktes für digitalen Content hängt in hohem Maße von der Penetration geeigneter Endgeräte ab.

„Der iPad-Nutzer stellt eine sehr privilegierte Käuferschaft dar. Die meisten Nutzer digitaler Inhalte sind aber noch nicht soweit. Außerdem sind die Geräte noch zu teuer. Der ePublishing-Markt kann daher zwar ein Massenmarkt werden, wir sehen aber auch die Gefahr des First-Mover-Disadvantage."

Dr. Bernd Buchholz, Gruner + Jahr

„Die Monetarisierbarkeit von digitalem Lesecontent hängt in erster Linie von der Penetration entsprechender Endgeräte ab. In Deutschland werden entsprechende Geräte derzeit vor allem über den Elektro-Fachhandel, Flagship-Stores einzelner Hersteller oder direkt über die Mobilfunkanbieter vertrieben, nicht aber bspw. über die großen deutschen Discounter, die jeweils mehrere Tausend Filialen haben. Da müssen wir hin, dann gewinnt der Markt an Fahrt. Dann erreichen wir auch mehr Nutzer und haben so eine größere Chance, Paid Content in Deutschland zu etablieren.“

Dr. Thomas Feinen, Bertelsmann AG

„Auch wenn die Preise für digitale Endgeräte fallen, wage ich zu bezweifeln, ob sich ein Durchschnittsbürger mit einem durchschnittlichen Einkommen von 36.000 € dieses tatsächlich leisten wird. Hier laufen wir einem Hype hinterher und ich frage mich noch, wie groß die Zielgruppe der User für Nachrichten-Apps auf mobilen Endgeräten wirklich ist.“

Fr. Wiebke Kirschke, WAZ

Während die steigende Penetration gut navigierbarer Endgeräte als eine notwendige Kernvoraussetzung zum Verkauf von ePublishing-Produkten angesehen werden muss, ist die Bereitstellung des digitalen Content seitens der Zeitschriftenverlage sowie Einfachheit und Bedienungskomfort des Bezahlmodells zur Erschließung neuer Nutzergruppen von ebenso großer Bedeutung. Je aufwändiger sich die Bezahlung digitalen Contents gestaltet, desto schwerer fällt die Akquisition neuer Nutzer bzw. Nutzerbindung. U.U. bietet sich daher an, bei der Konzeption der Systeme mit Anbietern entsprechender Bezahlmodelle und -plattformen zusammenzuarbeiten und den Kundenkomfort durch ein zentrales Kundendatenmanagement unter Einhaltung relevanter Sicherheitsstandards zu garantieren.

„Die Einfachheit des Bezahlmodels ist für jeden Kunden ein ganz entscheidendes Kriterium bei der Entscheidung zur Nutzung digitalen Contents.“

Hr. Mathias Schmolz, Spiegel Gruppe

„Für die reibungslose Nutzung digitalen Contents ist der Bedienungscomfort extrem wichtig. Dazu gehört auch ein effizientes Bezahlsystem.“

Hr. Schulz-Isenbeck, Verlagsgruppe Handelsblatt

Schließlich erachteten die Interviewpartner alle der identifizierten Kernressourcen und -kompetenzen als besonders relevant für eine erfolgreiche Etablierung des Diversifizierungsmarktes ePublishing, insbesondere aber Markenreputation und -management, Mitarbeiterkreativität und Flexibilität, die crossmediale Verwertungskompetenz sowie die Kompetenz Content Sourcing und Creation.

Das Markenmanagement spielt eine wichtige Rolle, da es dem User die notwendige Orientierung gibt, zu bevorzugten Inhalten der digitalen Welt zurückzufinden. Ein erfolgreiches Markenmanagement zeichnet sich durch die Etablierung von Markenwelten bzw. Dachmarken aus, die die Strahlkraft der vorhandenen Zeitschriftentitel nachhaltig stärken soll und somit den Nutzer an die Produktfamilie zu binden in der Lage ist, gleichzeitig aber von einer vermarktungsintensiven und somit kostspieligen Etablierung neuer Marken absieht. Aufgrund der beachtlichen Anzahl bereits etablierter, digitaler Marken wird es zunehmend komplexer, die Aufmerksamkeit des Nutzers zu gewinnen bzw. eine Verwässerung des eigenen Markenportfolios zu verhindern.

> *„Neben der Qualität der Produkte geht es auch um die Kreation neuer Markenwelten, zu denen der User in einer digitalen Welt leicht zurückfindet, da er sie als glaubwürdigen Absender journalistischer Botschaften wahrnimmt. Der Erfolg unserer Positionierung im Online-Bereich geht auf die Tatsache zurück, dass wir unsere Zeitschriften sehr früh auch als Marken begriffen haben und auch als Marken gepflegt haben."*
>
> **Dr. Bernd Buchholz, Gruner + Jahr**

> *„Das Management der bestehenden Marken ist von grundlegender Bedeutung. Die Etablierung neuer Marken kann dagegen erhebliche Gefahren bergen. Ein Zeitschriftenverlag wird eher davon absehen, eine neue Marke zu kreieren, weil es die bereits bestehenden Markennamen sind, die durch ihre Strahlkraft den vermeintlichen USP in der digitalen Economy darstellen. Anders sieht das bei Labeln aus, die zur Stärkung einer Dachmarke gegründet werden."*
>
> **Dr. Christoph Grau, Verlagsgruppe GvH**

Die crossmediale Verwertungskompetenz wird zur Schaffung eines ePublishing Geschäftes als vergleichbar wichtig erachtet. Da dieses Diversifizierungsfeld auf der effektiven und intelligenten Inhaltetransferierung von Print nach Online unter Nutzung aller zur Verfügung stehenden Medienträger aufbaut, ist diese Experteneinschätzung logisch gut nachvollziehbar. Gleichzeitig wird deutlich, dass es bei der Kreation, Aufbereitung und Bereitstellung digitaler Inhalte zur crossmedialen Verwendung insbesondere um einen von Verlagsmitarbeitern getriebenen Prozess geht, der unter Zuhilfenahme der technischen Realisierungsmöglichkeiten ein sehr hohes Maß an Know-How und Expertise über mehrere Stufen der Wertschöpfungskette hinweg erfordert.

> *„Die crossmediale Verwertung von Inhalten ist eine Kernsäule unseres Erfolges. Sie müssen sich das so vorstellen, dass wir eine Art interne Bibliothek geschaffen haben, auf die alle zugreifen können. Bei der Veröffentlichung muss man sich aber nicht nur zwischen den unterschiedlichen Medienträgern entscheiden, sondern auch eine Auswahl zwischen den Titel treffen.*
>
> **Hr. Lothar Lanz, Axel Springer AG**

„Die geschickte Transferierung von monetarisierbaren Inhalten ergibt sich nicht aus technischen Prozessen, sondern muss kreativ erarbeitet werden. Außerdem muss man sich ein Preismodell überlegen und eine geschickte Vermarktungsstrategie."

Hr. Moritz von Laffert, Condé Nast

Auch die Kompetenz Content-Sourcing und -Creation spielt eine sehr wichtige Rolle. Bis zu 80 Prozent der monetarisierbaren, digitalen Inhalte stammen demnach aus dem existierenden Redaktionsfundus, bevor sie zur Transferierung ins Internet intelligent aufbereitet und vermarktet werden.

„Unseren monetarisierbaren, digitalen Content verkaufen wir als originäre Produkte, die sich aber zu 70 bis 80 Prozent aus bereits bestehenden Print- oder Online-Inhalten speisen. Dies gilt nur für Tablet PCs!"

Hr. Moritz von Laffert, Condé Nast

„Die Fähigkeit, kreative und anspruchsvolle Inhalte über mehrere Medienträger hinweg herzustellen, ist eine unserer Kernkompetenzen. Gute Inhalte sind auch für den ePublishing-Markt von großer Bedeutung. Außerdem spielt die gute Aufbereitung eine extrem wichtige Rolle. Dennoch unterschieden sich hier die Anforderungsprofile je nach Zeitschriftengattung. Bei der Frauenzeitschrift ist eine andere Fachkompetenz gefragt als bei der Fernsehzeitschrift."

Hr. Lothar Lanz, Axel Springer AG

Um die erfolgreiche Wiederverwertung existierender Inhalte weiter voranzutreiben, ist es daher von entscheidender Bedeutung, die Zeitschriftenredaktionen in diesen Prozess einzubeziehen. Journalisten sind angehalten, nicht mehr nur in Print-, sondern auch zunehmend in Online-Formaten zu denken und die Möglichkeiten digitaler Vermarktungsformen und -kooperationen auszunutzen. Die Mehrheit der verlagsinternen Redaktionen sieht jedoch strukturelle Schwierigkeiten in der Umsetzung dieses Prozesses, da eine Neuordnung des redaktionsinternen Arbeitsprozesses erfolgen müsste. Umso wichtiger erscheint die Notwendigkeit, Redakteure und Journalisten zu einem grundsätzlichen Umdenken zu bewegen und mithilfe einer verlagsübergreifenden Top-Down-Digitalstrategie deren Rolle neu zu definieren.

„Die Digitalisierung von Print-Inhalten stellt auch für uns Journalisten einen sehr wichtigen neuen Markt dar. Auch die Redaktionen müssen sich auf diesen neuen Weg der Verbreitung von redaktionellen Inhalten einstellen."

Fr. Christiane Schlötzer, Süddeutscher Verlag

„Die Journalisten, die jahrelang in Papierformaten gedacht haben, bringt man nur sehr schwer dazu, übergreifend über mehrere Medienkanäle hinweg zu denken."

Dr. Bernd Buchholz, Gruner + Jahr

„Der Sprung in die digitale Welt fällt einigen Journalisten schwer. Teilweise liegt das an der Altersgruppe, teilweise aber auch an der Scheu der Leute, sich mit neuen Themen zu beschäftigen. Es führt jedoch kein Weg darum herum. Je mehr wir auf die effektive Vermarktung unseres Contents angewiesen sind, desto wichtiger wird hier ein Paradigmenwechsel. Das ist auch genau die Richtung, in die wir gehen wollen."

Fr. Wiebke Kirschke, WAZ

Wie erinnerlich wurden auch Kreativität und Flexibilität der Mitarbeiter als eine weitere, sehr wichtige Kernkompetenz identifiziert. Mit Vermerk auf das notwendige, verlagsinterne Know-How in der crossmedialen Verwertung, die gewissermaßen als der Kernprozess des Geschäftsfeldes ePublishing zu bezeichnen ist,[376] ist die Kreativität und Flexibilität sowohl bei der digitalen Transferierung der Inhalte und dessen Vermarktung sehr gefragt, als auch bei der Konzipierung neuer Geschäftsmodelle.

„Bei der Erstellung von Paid Content für den Digitalbereich sind die Flexibilität und Kreativität der Mitarbeiter über alle Wertschöpfungsstufen extrem wichtig. Dieser Prozess beginnt bei der Transformierung der Inhalte und hört bei der digitalen Distribution und Vermarktung bzw. dem Online-Vertrieb auf."

Dr. Bernd Buchholz, Gruner + Jahr

„EPublishing ist ein ganz großes Thema für uns. Hier ist die Flexibilität und Kreativität der Mitarbeiter sehr gefragt, mit neuen Inhalten die Nicht-Zahlkultur im stationären Internet zu überwinden. Daher setzen wir eine große Hoffnung in die mobilen Endgeräte, d. h. Smartphones, iPads oder ähnliches."

Hr. Lothar Lanz, Axel Springer AG

„Bei Condé Nast findet nicht nur ein Verlagerungsprozess der Print-Inhalte Richtung Online statt, sondern wir verfügen über kreative Online-Redaktionen."

Hr. Moritz von Laffert, Condé Nast

Grundsätzlich bieten sich für Zeitschriftenverlage zwei Formen der Inhaltebereitstellung und -vermarktung an: Einerseits der Vertrieb des Contents über Apps, andererseits die Vermarktung der *ePaper* über digitale Plattformen. Die entsprechenden Geschäftsmodelle werden derzeit von den Zeitschriftenverlagen getestet. Derzeit werden beide Modelle auf ihr Erfolgspotenzial hin untersucht und verschiedene Strategien zur Preisgestaltung monetären, digitalen Contents auf ihr Potenzial hin überprüft. Auch wenn das Monetarisierungsvolumen digitalen Zeitschriften-Contents seitens der

---

376 Wenngleich sich die crossmediale Verwertungskompetenz primär auf den Transferierungsprozess proprietärer Inhalte über die zur Verfügung stehenden Medienträger eines Zeitschriftenverlages bezieht, stellt sie eine ebenso zentrale Voraussetzung für die erfolgreiche Positionierung innerhalb des Diversifizierungsmarktes ePublishing dar. Eine thematisch-orientierte Abgrenzung zu anderen Kompetenzfeldern wie Mitarbeiterflexibilität und -kreativität oder der Kompetenz Content Sourcing und Creation fällt jedoch schwerer.

meisten Verlagsmanager als relevant eingestuft wurde, wich deren Beurteilung mit Blick auf das aktuelle Erlösvolumen von Bezahl-Content einer vergleichsweise unbeeindruckten, ehr zurückhaltenden Analyse. Da das zukünftige Geschäftsmodell zum Vertrieb von Zeitschriften-Content in hohem Maße durch die App-Monetarisierung getrieben werden dürfte, positionieren sich die Verlagsunternehmen in diesem vergleichsweise jungen Marktumfeld möglichst zeitnah, um einen Erfahrungs- und Wissensvorsprung sicherzustellen, ihre Kompetenzen im Digitalbereich weiter auszubauen und von einem positiven Abstrahleffekt mit Hinblick auf das Kernprodukt der Zeitschrift zu profitieren.

> *„Den Markt für ePublishing erschließen wir gerade. Wir haben für alle großen Titel Apps in iPhone- und sogar iPad-Varianten entwicklet. Das bringt zwar noch kein Geld, aber wir sind optimistisch, dass man in Zukunft damit Geld verdienen kann. Man muss jetzt aufsteigen und das nötige Know-How tanken. Sonst wird man überholt."*
>
> **Hr. Urs Heller, Ringier AG**

> *„Wir messen der Präsenz in den neuen digitalen Medien auch einen Abstrahleffekt bei, der die Modernität der Zeitschrift ausdrückt und zusätzlich Werbung macht. Hier soll die innovative Strahlkraft der App auf das Kernprodukt Print zurückwirken."*
>
> **Hr. Robert Rischke, TIP Verlag**

> *„Neue Digitalstrategien werden von Seiten des ganzen Konzerns getrieben, so bauen wir derzeit neue Lösungen für das iPad. Die monetarisierbaren Apps haben wir Anfang 2009 eingeführt. „BILD" oder „BZ" können dann unseren Vorsprung nutzen."*
>
> **Hr. Lothar Lanz, Axel Springer AG**

Entgegen der Forderungen diverser Verlagsvertreter, ist eine Vermarktungskooperation mithilfe einer zentralen, digitalen Plattform, auf denen alle Zeitschriftenverlage ihre Titel anbieten können, bislang nicht in Aussicht.[377] Viele Zeitschriftenverlage sehen in einer gemeinsam initiierten Portalstrategie den Erhalt ihrer Kundenbeziehung gefährdet – insbesondere in Zeiten rapider Digitalisierung, erhöhter Kundenflexibilität sowie eines intensiveren Wettbewerbdrucks – und weichen daher auf die Entwicklung eigener Lösungen aus. Aus diesem Grunde wird das von der *Bertelsmann Direct Group* in Kooperation mit dem *Deutschen Pressevertrieb* (DPV) gelaunchte eKiosk „Pubbles" auch bislang nicht verlagsübergreifend angenommen. Solange sich die Zeitschriftenverlage nicht einig darüber werden, inwieweit sie in eine verlagsübergreifende Kooperation zur gezielten Vermarktung ihres digitalen Contents zu investieren bereit

[377] Der *SirValUse*-Nutzertest der Gesellschaft für Konsumforschung (GfK) attestiert der ePublishing Plattform „Pubbles" ein in diesem Zusammenhang hohes Maß an Bedienungskomfort und Nutzerfreundlichkeit und kommt zur Einschätzung, dass sie eine echte Alternative zu den bestehenden Print-Angeboten sowie *Apples iTunes-Store* darstellen. Vgl. in diesem Zusammenhang GfK SirValUse (2011).

sind, wird es schwierig sein, eine nachhaltige Zahlungsbereitschaft beim Nutzer zu etablieren, bzw. gegen die bereits etablierten Plattformbetreiber zu bestehen.

> *„Pubbles versteht sich als Partner der Verlage, der diese unterstützt, ihre Produkte zu vermarkten und zu vertreiben, schneller Fuß zu fassen in der digitalen Welt und den Markt für digitales Lesen und Paid Content insgesamt mitzuentwickeln. Dabei orientieren wir uns an den Interessen der Verlage und den verlegerischen Essentials."*
>
> **Dr. Thomas Feinen, Bertelsmann AG**

> *„Mit unserem iKiosk wollen wir unseren Abonnenten die Möglichkeit bieten, analoge und digitale Angebote über eine Plattform, d. h. im Rahmen der bestehenden Kundenbeziehung wahrzunehmen. Da wir unsere analogen Kundenbeziehungen selber abwickeln, soll das Ziel des iKiosks sein, diese zu erhalten, während wir dem Kunden zusätzliche, digitale Inhalte anbieten. Ein dritter Marktplatz würde es uns nicht ermöglichen, unsere Kundenbeziehungen gleichzeitig über den analogen sowie über den digitalen Verbreitungsweg zu managen."*
>
> **Dr. Andreas Wiele, Axel Springer AG**

> *„Die Verlage sind momentan noch nicht in der Lage eine geschlossene Front zu bilden, um den Markt für digitalen Nachrichtenjournalismus zu bearbeiten! Das wäre meines Erachtens die einzige Möglichkeit, um in den Bezahlrhythmus für digitale Inhalte einzutreten."*
>
> **Fr. Wiebke Kirschke, WAZ**

> *„Ein gemeinsamer Ansatz der Verlagsbranche in der Etablierung einer digitalen Vertriebsplattform für journalistischen Content wäre sicherlich am besten gewesen. Wenn jeder das Thema für sich selbst besetzt, kann man gegen die Giganten des digitalen Inhaltegeschäfts nicht bestehen."*
>
> **Dr. Bernd Buchholz, Gruner + Jahr**

Grundsätzlich werden bei der Preisgestaltung des Geschäfts mit digitalen Inhalten sowohl Abo-, als auch *Pay-Per-Click-* bzw. *Pay-Per-View*-Modelle auf ihr Erlöspotenzial hin getestet. Hier stellt sich die Frage, welches Geschäftsmodell sich zur Förderung einer parallelen Nutzungsumgebung, die das Print-Geschäft um digitale Inhalte ergänzt, am ehesten eignet. Das Hauptziel muss in der Schaffung konkreter Anreize liegen, die den Leser der physischen Zeitschrift vom Mehrwert des Digitalangebotes überzeugen und zu einer kontinuierlichen Online-Migration bewegen. Die Zeitschriftenverlage müssen nun versuchen, die Angebote beider Nutzungswelten intelligent miteinander zu kombinieren, während sie den Zusatznutzen einer digitalen Zeitschriftenausgabe bewerben, wie bspw. die erhöhte Nutzungsflexibilität durch uneingeschränkte Mobilität, die Zugriffsmöglichkeit auf weitere Hintergrundberichte und -recherchen sowie neue Möglichkeiten zur interaktiven Nutzung. Mithilfe intelligent verpackter Kombinationsangebote lassen sich sog. Preis-*Bundles* schnüren, die zur effektiveren Vermarktung eingesetzt werden können.

> *„Beim klassischen Abonnement können sie zusätzlich zum physischen Produkt, das der Nutzer jeden Morgen im Briefkasten erwartet, eine digitale Version vertreiben, die vom Ort unabhängig zugestellt wird. Für Geschäftsreisende bspw. bietet sich die digitale Ausgabe dann natürlich an, da sie die gleichen Inhalte in einer anderen Form per Push auf ihrem digitalen Endgerät empfangen und somit z.B. auch auf Reisen unabhängig von Ort und Zeit nutzen können. So ein Kombi-Abo, bei Pubbles heißt es „Print-Abo+", schafft erheblichen Mehrwert für den Nutzer. Daher ist es für uns natürlich ein hochrelevantes Geschäftsmodell."*
>
> **Dr. Thomas Feinen, Bertelsmann AG**

> *„In unserem iKiosk bieten wir verschiedene Geschäftsmodelle an. Das ePaper ist immer etwas billiger als das Printprodukt selber. Darüber hinaus werden wir Produktbundles anbieten, über die man gegen einen geringen Aufpreis zusätzliche Titel dazukaufen kann."*
>
> **Hr. Lothar Lanz, Axel Springer AG**

Wie eingangs erläutert, wird das Marktpotenzial des ePublishing-Marktes in erheblichem Maße durch die Penetration von Tablets und eReadern getrieben und liegt daher z.T. außerhalb der verlagsinternen, beeinflussbaren Sphäre. Während diverse deutsche Zeitschriftenverlage derzeit den Versuch wagen, den neu geschaffenen Nutzungsbedingungen angepasste Vermarktungsmodelle zu etablieren, stehen sie nicht nur im Wettbewerb untereinander, sondern indirekt auch im Wettbewerb mit den großen, digitalen Vertriebsplattformen digitalen Contents, allen voran *Apples iTunes-Store*. Mit dieser Plattform liefert *Apple* das perfekte Vorbild zur Schaffung einer benutzerfreundlichen Umgebung, die aufgrund des effektiven Bezahlsystems und der vermeintlichen Exklusivität die Zahlungsbereitschaft der Nutzer erhöht und daher auch zur digitalen Monetarisierung von Zeitschriftentiteln erheblich beitragen kann – insbesondere mit Blick auf das *Cross-Selling*-Potenzial der bereits bestehenden Leserschaft eines Verlagsunternehmens. *Apples* Hoheit wird daher für das Geschäftsmodell der Verlagsunternehmen eher als Chance begriffen, nicht aber als drohende Gefahr. Grundsätzlich schien auch Konsens darüber zu herrschen, dass die Diffusion digitaler Inhalte nur im Zusammenspiel zwischen Content-Anbietern, Geräteherstellern und Telekommunikationsunternehmen gewährleistet werden kann. Hier werden nach Einschätzung der Experten insbesondere folgende Fragen von Bedeutung sein: Welche Konditionen lassen sich für die Verlagsunternehmen (einzeln oder im Zusammenschluss miteinander) in Zukunft verhandeln? Werden sich konkrete Vermarktungsalternativen durch den Aufbau eigener Kapazitäten oder durch die Marktanteilsgewinne anderer, zu *Apple* im Wettbewerb stehender Plattformanbieter anbieten?

„Es gibt einen digitalen Marktplatz, der es geschafft hat, ein Bewusstsein der Leute für die Werthaltigkeit von Content hervorzurufen und das ist Apples iTunes Store. Hier ist ein Markt geschaffen worden, den die Verlage in dieser Form nicht auf die Beine zu stellen vermocht haben. Auch wenn uns die Konditionen nicht immer gefallen, wäre es weltfremd anzunehmen, dass es derzeit eine namhafte Alternative zu Apples iTunes Store gibt. Stattdessen gilt es, auf Apple einzuwirken, die Bedingungen zu verbessern und dazu beizutragen, dass es in Zukunft mehr Wettbewerb gibt."

Dr. Andreas Wiele, Axel Springer AG

„ITunes Vertriebsweg und dessen Bezahlmodell haben neue Standards gesetzt. Vorher gab es gar kein vergleichbares Konzept. Mit der 30-Prozent-Abgaberegel können wir uns arrangieren, da Apple auch viel für den Preis bietet. Problematisch sehen wir deren Verwaltungshoheit der Kundendaten und die Schwierigkeit in der Gestaltung neuer Abo-Modelle."

Hr. Moritz von Laffert, Condé Nast

5. Diversifizierungsmarkt 5: Online-Portal

Die befragten Verlagsmanager attestierten dem Diversifizierungsmarkt für Online-Portale den zweithöchsten ressourcenorientierten Nutzwert (N_R = 4,44), während dessen Bewertung ein mittelmäßiges Übereinstimmungsmaß aufwies (mittlerer RU von 539). Die Teilnutzwerte der Kernkompetenzen sind bis auf die crossmediale Verwertungskompetenz hoch bis sehr hoch ausgeprägt, wenngleich diese eine am Bewertungsdurchschnitt gemessen immer noch hohe Platzierung aufweist. Die Produktentwicklungskompetenz spielt den Einschätzungen nach für die Planung und den Aufbau von Online-Portalen eine extrem wichtige Rolle (Teilnutzwert von 4,76, Rang eins), gefolgt von der Kompetenz in der Markenführung und -etablierung und den Kompetenzen im Bereich Content-Sourcing und -Creation sowie der Mitarbeiterkreativität und -flexibilität (siehe Tab. 16).

Online Portal						
	Mittelwert	Rang	Minimum Wert	Maximum Wert	Standardabweichung	
					Zahl	*Index*
Mitarbeiter-kreativität und -flexibilität	4,29	2/9	2	5	1,10	136
Markenreputation und -management	4,65	3/9	3	5	0,70	88
Content-Sourcing und -Creation	4,53	2/9	3	5	0,72	92
Produkt-entwicklungs-kompetenz	4,76	1/9	3	5	0,56	60
Crossmediale Verwertungs-kompetenz	3,94	2/9	1	5	1,34	163

Ressourcen-orientierter Nutzwert	4,44	2/9		Relativer Unsicherheits-faktor	**Mittel** (539)

Tabelle 16: Ressourcenorientiertes Bewertungsprofil Online-Portal

Quelle: eigene Darstellung

Das Diversifizierungsgeschäft Online-Portal stellt für alle Zeitschriftenverlage ein wichtiges Betätigungsfeld dar. Zum einen werden in den digitalen Entwicklungsabteilungen und -redaktionen eigene Geschäftsmodelle entwickelt und *inhouse* realisiert. Zum anderen halten viele Verlagsunternehmen diverse Beteiligungen an Online-Plattformen und -Start-ups. Sie verfolgen i.d.R. unterschiedlich versierte Digitalstrategien, die sich wiederum an der thematischen Ausrichtung ihrer Zeitschriftentitel und -expertise, der Beschaffenheit ihres Unternehmensportfolios und der Ausrichtung ihrer Wachstumsstrategie orientiert. Das Bekenntnis zu einer eindeutigen Positionierung im Digitalgeschäft ist in fast allen Zeitschriftenverlagen durch eine klare Portal-Strategie hinterlegt.

> *„Die Digitalstrategie spielt in unserem Hause eine wesentliche Rolle. Hier werden die relevanten neuen Geschäftsfelder identifiziert."*
>
> **Dr. Christoph Grau, Verlagsgruppe GvH**

„Unsere Webseiten überarbeiten wir derzeit grundlegend und mit einem hohen Investment. In Italien und UK betreiben wir diese auch schon sehr profitabel."

Hr. Moritz von Laffert, Condé Nast

„Meiner Ansicht nach ist das Portalgeschäft, das sich an die Zielgruppe eines spezifischen Zeitschriftentitels wendet, Erfolg versprechender als das ePublishing-Geschäft."

Fr. Wiebke Kirschke, WAZ

Gleichzeitig lässt sich eine eher skeptisch-abwartende Grundhaltung der Zeitschriftenverlage in Bezug auf das Diversifizierungsgeschäft mit Online-Portalen konstatieren, die nach den anfänglich sehr euphorischen Marktprognosen des Online-Marktes einer an den derzeitigen Umsatzzahlen realistischeren Einschätzung gewichen ist. Wenngleich die Präsenz in diesem Markt aus Gründen der strategischen Positionierung von hoher Bedeutung ist, trägt das Online-Portalgeschäft bislang nur in seltenen Fällen zum Unternehmensumsatz bei.

„Den heiligen Gral zur Etablierung monetarisierbarer, digitaler Plattformen hat bislang noch niemand gefunden. Ich bin auch nicht der Meinung, dass der natural owner unbedingt ein Zeitungs- oder Zeitschriftenverlag sein muss."

Dr. Christoph Grau, Verlagsgruppe GvH

„Wie weit ein Online-Geschäft im weitesten Sinne erfolgversprechende Diversifizierungsmöglichkeiten bietet oder bieten wird, muss sich erst noch zeigen. Geld im Internet zu verdienen ist schwer, und ein „goldenes Modell" hat bisher kein Verlag in der Hand."

Dr. Eckart Bollmann, Bauer Media Group

Der Optionsraum der Betätigungsfelder im Digitalbereich ist hinsichtlich des breiten inhaltlich-thematischen Portalangebots extrem breit und bildet eine enorme Vielfalt ab. Dabei hängt die inhaltliche Ausrichtung der Portalstrategie eines Zeitschriftenverlages auch von dem unternehmensinternen Zeitschriftenproduktportfolio ab. Im Rahmen der Experteninterviews wurden insbesondere die Bereiche eCommerce, eLearning/eCoaching[378] und Anzeigen/Inserate als potenziell interessante Geschäftsbereiche identifiziert. Die Entscheidung für den Aufbau eines entsprechenden Online-Portals orientiert sich i.d.R. zunächst an der verlagsinternen, inhaltlichen Kernkompetenz, um mögliche Synergieeffekte optimal ausnutzen zu können.

378 Das Angebotsportfolio von digitalen eLearning- und eCoaching-Angeboten umfasst elektronisch unterstützte Lern-, Weiterbildungs- bzw. Trainingsangebote, die über Online-Plattformen vertrieben werden und i.d.R. über eine Möglichkeit zur Nutzerinteraktivität verfügen. Das eCoaching-Angebot beschränkt sich dabei nicht nur auf den Bildungsmarkt, sondern umfasst auch die Bereiche der beruflichen, privaten und freizeitlichen Weiterbildung.

„Unsere Diversifizierungsstrategie im Bereich der Online-Portale zielt in erster Linie auf Classified Portale und Preissuchmaschinen ab. Gewisse Inhalte lassen sich in der digitalen Welt besser darstellen als im analogen Geschäft. Ein gutes Beispiel hierfür ist der Immobilienanzeigenmarkt über „immonet.de" und „seloger.fr"."

Dr. Andreas Wiele, Axel Springer AG

„ELearning und eCoaching sind monetarisierbare Servicedienste. Diese Märkte sind noch nicht ausgeschöpft und bieten in meinen Augen ein großes Potenzial."

Dr. Christoph Grau, Verlagsgruppe GvH

„Das Thema eLearning/eCoaching ist ein sehr interessantes Thema für uns. Auch wenn wir hier noch nicht mit einer eigenen Marke präsent sind, schauen wir uns das Wachstumsfeld „Education" aber sehr genau an.

Hr. Mathias Schmolz, Spiegel Gruppe

„Auf das Thema Online-Portale setzen wir. Hier versuchen wir inhaltlich besetzte Themengebiete in die Produktwelt zu übertragen und mit eCommerce-Lösungen zu verbinden."

Hr. Urs Heller, Ringier AG

„Der Großteil der Zeitschriften wird auch eCommerce-Modelle entwickeln müssen, um in Zukunft die Chance auf ein profitables Geschäft zu wahren."

Hr. Moritz von Laffert, Condé Nast

„Synergien bei Online-Portalen spielen für uns eine wichtige Rolle. Nachdem wir mit unserem Portal für Schwangere und junge Eltern den deutschen Markt erschlossen hatten, haben wir das Portal bereits in 14 Ländern ausgerollt. So können wir unser Portal theoretisch in jeder Sprache der Welt schalten."

Dr. Bernd Buchholz, Gruner + Jahr

Das Portalgeschäft und deckt einen großen Optionsraum digitaler Monetarisierungsmöglichkeiten ab. Aus diesem Grunde spielt auch die Produktentwicklungskompetenz zur Erschließung neuer, portalbasierter Erlösquellen im Internet eine tragende Rolle. Einerseits geht es darum, neue Geschäftsmodelle mit beliebten Zeitschriftenmarken im Portalgeschäft zu verknüpfen, andererseits die gezielte Monetarisierung des Nutzerkontaktes zu forcieren.

„Die hausinterne Produktentwicklung spielt für das Geschäft mit Online-Portalen eine tragende Rolle und hängt mit der Kreativität der Mitarbeiter eng zusammen."

Hr. Moritz von Laffert, Condé Nast

„Bei Online-Portalen ist die Entwicklungskompetenz höchst relevant. Hier gilt es innovative Produkte auf den Markt zu bringen. Im Vergleich dazu verzeiht einem der Merchandising-Markt beispielsweise schon mehr, wo man eben auch sehr viel weniger Analyse im Vorfeld betrieben muss. Hier geht es eher um Bauchgefühl, Geschmack und darum, den Nerv der Leser zu treffen. Ein gutes Beispiel ist unser Webshop: Hochgradig innovative „TIP"-Produkte kommen oftmals schlechter an als das Wandtatoo mit Berliner Silhouette, das ein Mitarbeiter aus der Marketing-Abteilung auf gut Glück vorgeschlagen hat. Das wird dann womöglich zum Bestseller."

Hr. Robert Rischke, TIP Verlag

Die Planung und Umsetzung von Online-Portalen orientiert sich aus inhaltlicher Sicht eher an bestehenden Zeitschriftentiteln und -formatmarken der Verlagsunternehmen, umfasst teilweise aber auch Online-Beteiligungen, die weitgehend losgelöst sind von den Aktivitäten des Print-Kerngeschäftes eines Zeitschriftenverlages. Das Markenmanagement nimmt eine grundsätzlich sehr wichtige Rolle ein. Baut ein Online-Portal auf einer bestehenden Zeitschriftenmarke auf, ist dessen Strahlkraft von erheblicher Bedeutung, wobei der Markenpflege hier eine wichtigere Bedeutung als dem Markenaufbau zukommt. Handelt es sich um eine verlagsintern unbesetzte inhaltliche Kompetenz, ist dagegen der Markenaufbau von größerer Bedeutung. Baut das Online-Portal auf der Marke eines Zeitschriftentitels auf, kann es auch eine nachhaltige Steigerung der Markensichtbarkeit und -reichweite eines Zeitschriftentitels zur Folge haben. Die crossmediale Verwertungskompetenz leistet hier einen wichtigen Beitrag zur Schaffung innovativer, monetarisierbarer Portalpräsenzen unter dem Dach der verlagsinternen Zeitschriftenmarken, die das bestehende Print-Angebot um digitale Geschäftsfelder erweitern und somit Zusatzerlöse generieren kann. Erfolgt die Realisierung der Portalstrategie primär zeitschriftenmarkenunabhängig, benötigt man u.U. verlagsexternen Input von Inhalten.

„Je höher der Substanzwert eines Zeitschriftentitels, desto besser sind die Chancen im digitalen Geschäft erfolgreich zu sein. Wenn das Portalgeschäft nicht am Zeitschriftentitel aufgehängt ist, dann ist die crossmediale Verwertungskompetenz auch nicht weiter wichtig."

Hr. Moritz von Laffert, Condé Nast

„Bei der Entwicklung von Online-Portalen ist die Nutzung der Strahlkraft vorhandener Marken, auf denen das Portal im Idealfall aufbaut, von sehr hoher Bedeutung."

Hr. Robert Rischke, TIP Verlag

Schließlich weist das Portalgeschäft weitere Synergiepotenziale mit dem Kerngeschäft auf, so bspw. hinsichtlich der Vermarktungsleistung eigener Produkte und Dienstleistungen. Die Portale bieten nämlich zielgruppengerechte Vermarktungsmöglichkeiten zur Bewerbung eigener Produkte, da sie spezifische Nutzergruppen ansprechen können und einen *Lead* zum Kaufvertragsabschluss herzustellen imstande sind. Des Weiteren bieten sich hier konkrete Kooperationsmöglichkeiten mit anderen Unternehmen an.

„Das Internet funktioniert als ein sehr effektiver Vertriebskanal."

Hr. Moritz von Laffert, Condé Nast

„Im Portalgeschäft sind u.U. sehr interessante Kooperationsformen denkbar. Stellen Sie sich eine Plattform für Fitness und Gesundheit vor, die aufgrund der Strahlkraft der Zeitschriftenmarke Traffic generiert und mit einem Hersteller für Sportgeräte zusammenarbeitet. Kauft ein Kunde diesem etwas ab, verdient der Verlag an den Transaktionserlösen."

Fr. Wiebke Kirschke, WAZ

6. Diversifizierungsmarkt 6: Internet Service Agency

Der ressourcenorientierte Nutzwert für den Diversifizierungsmarkt Internet Service Agency schneidet mit 2,85 unterdurchschnittlich schlecht ab und reiht sich daher nur auf dem siebten Bewertungsplatz ein. Aufgrund des niedrigen RU von 409 kann auf ein hohes Übereinstimmungsmaß der abgegebenen Bewertungen geschlossen werden. Mitarbeiterkreativität und -flexibilität weisen mit einem Teilnutzwert von 4,18 eine vergleichsweise gute Platzierung auf dem dritten Platz auf, die Produktentwicklungskompetenz reiht sich mit einem ressourcenorientierten Teilnutzwert von 3,06 auf dem fünften Platz ein. Alle anderen Kernkompetenzen, i.e. die Markenreputation und die Kompetenz des Markenmanagements, die crossmediale Verwertungskompetenz, und die Content-Sourcing und -Creation Kompetenz reihen sich dagegen im untern Bewertungsfeld ein (siehe Tab. 17).

Internet Service Agency						
	Mittelwert	Rang	Minimum Wert	Maximum Wert	Standardabweichung	
					Zahl	*Index*
Mitarbeiter-kreativität und -flexibilität	4,18	3/9	3	5	0,81	99
Markenreputation und -management	4,00	7/9	3	5	0,50	63
Content-Sourcing und -Creation	1,47	8/9	1	3	0,62	80
Produkt-entwicklungs-kompetenz	3,06	5/9	2	4	0,75	80
Crossmediale Verwertungs-kompetenz	1,53	7/9	1	3	0,72	87
Ressourcen-orientierter Nutzwert	2,85	7/9		Relativer Unsicherheits-faktor	**Niedrig** (409)	

Tabelle 17: Ressourcenorientiertes Bewertungsprofil Internet Service Agency

Quelle: eigene Darstellung

Obwohl der Diversifizierungsmarkt Internet Service Agency einen am Synergie- und Ressourcenpotenzial gemessen eher durchschnittlich interessanten Diversifizierungsmarkt für deutsche Zeitschriftenverlage darstellt, hat eine steigende Anzahl deutscher Verlagsunternehmen dieses Geschäftsfeld für entdeckt und zu bespielen begonnen. Zum einen lässt sich hier ein durchaus relevantes Marktpotenzial identifizieren,[379] zum anderen können über mehrere Jahre hinweg aufgebaute Online-Kompetenzen ausgenutzt werden. Die professionelle Bespielung dieses Diversifizierungsgeschäftes erstreckt sich über ein verhältnismäßig breites Betätigungsfeld und reicht vom Webseitenaufbau und Hosting-Geschäft über die Adressvermarktung bis hin zur crossmedialen Kampagnenplanung und -vermarktung. Trotz potenziell vorhandener Verbundenheitseffekte mit dem Kerngeschäft eines Zeitschriftenverlages stellt die Identifizierung sinnvoller Synergien aufgrund der breit gefächerten Kompetenzen eine bisweilen recht komplexe Aufgabe dar.

379 Vgl. hierzu die marktorientierte Bewertung der vorliegenden Untersuchung, insbesondere hinsichtlich des Kriteriums der Marktgröße.

„Wir operieren nicht mehr nur als Content Provider, sondern auch als Agency. Wir bieten sowohl das klassische Servicegeschäft als auch Dienstleistungen mit IT-Bezug und der geforderten Online-Kompetenz an, so z.B. im Hosting-Bereich.“

Dr. Christoph Grau, Verlagsgruppe GvH

„Wir bieten spezifische Verlagsdienstleistungen an Dritte an. Dieses Geschäft wird in der Betrachtung von außen immer unterschätzt, spielt aber jetzt schon eine große Rolle für deutsche Verlage und birgt ein großes Marktpotenzial.“

Hr. Mathias Schmolz, Spiegel Gruppe

„Das Geschäftsfeld Internet Service Agency wurde von vielen Häusern lange Zeit unterschätzt. Hier stellen wir uns derzeit stark auf, da es für uns von hoher strategischer Relevanz sein wird.“

Hr. Moritz von Laffert, Condé Nast

„Wir halten eine Beteiligung an einem Datenakquise-Unternehmen. Das hilft uns beispielsweise in der zentralen Erfassung der Events in Berlin, wo es ca. zwölf- bis dreizehntausend Veranstaltungstermine pro Woche gibt, über die wir informieren müssen. Mit der „Zitty“ gibt es ein zweites Stadtmagazin, die Nummer zwei hinter uns, das so wie wir auch deren Dienste nutzt.“

Hr. Robert Rischke, TIP Verlag

Das Geschäftsfeld Internet Service Agency stellt daher einen vom Marktvolumen her aussichtsreichen, neuen Wachstumsmarkt dar, der in der Vergangenheit seitens der Zeitschriftenverlage eher unterschätzt wurde. Die strategische Relevanz dieses Geschäftsfeldes zeichnet sich jedoch weniger durch die augenscheinliche Verbundenheit mit dem Kerngeschäft aus, sondern vielmehr dadurch, dass ein großer Teil der Neukundenakquise aus der bestehenden Masse der Verlagskunden heraus erfolgen kann. Die Neukundenakquise findet auf Verlagsebene statt, nicht aber mithilfe der einzelnen Zeitschriftenmarken des Verlagsportfolios, bzw. neue etablierter Markennamen aus dem Digitalgeschäft. Da es sich hier primär um B-2-B-Geschäftsbeziehungen handelt, die auch aus dem bestehenden Pool an Verlagskunden heraus akquiriert werden, sind ein gewisser Erfahrungswert aus der gemeinsamen Zusammenarbeit sowie das daraus resultierende Vertrauen auf Kundenseite zur Fortführung der Geschäftsbeziehung unerlässlich. Die Unternehmensreputation des Zeitschriftenverlages spielt in der Neukundenakquise daher eine tragende Rolle.

„Das Service-Geschäft ist B-2-B. Hier spielt das Markenmanagement der Zeitschriftentitel eine weniger wichtige Rolle.“

Hr. Moritz von Laffert, Condé Nast

„Für eine erfolgreiche Positionierung im Service-Geschäft braucht man eine bereits bekannte Marke. Viele Kunden können mit den neuen Online-Brands im Jahre 2011 noch nicht viel anfangen. Wenn Sie jedoch einen bereits etablierten, bekannten Markennamen verwenden, wird Ihnen das notwendige Vertrauen eher entgegengebracht."

Dr. Christoph Grau, Verlagsgruppe GvH

Ein Zeitschriftenverlag verfügt insbesondere über eine ausgewiesene Kompetenz in der Inhaltegenerierung, so z.B. in der Beschaffung und redaktionellen Erstellung von journalistischen Beiträgen, über die sich seine Zielgruppe definiert und die zur Schaffung einer entsprechenden Verlagsreputation beiträgt. Zur erfolgreichen Positionierung im Diversifizierungsmarkt Internet Service Agency ist eine ausgewiesene inhaltliche Kompetenz unentbehrlich, da sie als ein Alleinstellungsmerkmal von Verlagsunternehmen gilt und ein Aushängeschild darstellt. Außerdem ist das vorhandene Know-How im Bereich des internetbasierten Servicegeschäftes von zentraler Bedeutung zur Bespielung dieses Marktes.

„Die Kunden kaufen sowohl unsere inhaltliche als auch unsere Online-Kompetenz ein und wollen dann bspw. mit uns eine Webseite aufbauen. Henkel-Schwarzkopf hat in einem konkreten Falle unsere Kompetenz zum Thema Haare eingekauft. Wir betreiben gemeinsam die Website von Schwarzkopf."

Hr. Moritz von Laffert, Condé Nast

Die inhaltliche Arbeit konzentriert sich auf die Versorgung der Online-Auftritte mit relevantem Content und erfolgt durch die redaktionellen Abteilungen der Verlagsunternehmen. Soweit deren Kunden eigenen Content beizusteuern bereit sind, ergeben sich u.U. inhaltliche Kooperationsmöglichkeiten. Während die Verlagsredaktionen mit der Generierung des Contents beauftragt sind, konzentriert sich die IT auf die technische Umsetzung sowie die strukturelle Einbettung des Contents auf der Webseite. Der Kunde kauft somit nicht nur die inhaltliche Kompetenz ein, sondern auch das technische Know-How. Die Symbiose beider Kompetenzen bildet hier den USP.

„Die Bereitstellung passenden Contents spielt beim Design einer Webseite, in die bspw. ein spezifisches Produkt eingebettet werden soll, für einen Verlagskunden eine wichtige Rolle. Ca. 20 Prozent des Inhaltes kommen vom Kunden."

Hr. Moritz von Laffert, Condé Nast

„Die technische Umsetzung des Webseiten-Hosting gehört mittlerweile zu einer unserer im Digitalbereich zentralen Kompetenzen. Dieses Know-How bieten wir unseren Kunden selbstverständlich an."

Dr. Schulz-Isenbeck, Verlagsgruppe Handelsblatt

Aufgrund der steigenden Nachfrage nach crossmedialen Online-Vermarktungskampagnen, bieten diverse deutsche Zeitschriftenverlage mittlerweile spezifische Agenturleistungen im Digitalgeschäft, bzw. konkretes Online-Vermarktungs-Know-How für Ihre Werbekunden an. Diese Kundenbeziehungen knüpfen i.d.R. an die aus dem Print-Anzeigengeschäft generierten Kundenkontakte an und richten sich primär an Unternehmen, die über eine bislang nur rudimentäre Kenntnis im Bereich der Online-Werbung verfügen. Das Internet hat sich zwischenzeitlich jedoch als reichweitenstärkstes Medium etabliert und auch das zunehmende Interesse der Werbungtreibenden an messbaren Erfolgsquoten und zielgruppengenauen Werbekampagnen begünstigt seinen Aufstieg. Schließlich bieten sich durch den Einsatz medienträgerübergreifender Werbekampagnen ganz neue Möglichkeiten der Kundenansprache.

„Wir bieten unseren Anzeigenkunden das Gesamtpaket an: Eine Printkampagne wird verstärkt durch Online-Werbung und im crossmedialen Paket verkauft. Außerdem liefern wir dem Werbekunden den Erfolgsnachweis gleich mit."

Hr. Urs Heller, Ringier AG

„Das Print- und Online-Anzeigengeschäft ist eine unserer wichtigsten Einnahmequellen. Wir bieten diese Vermarktungsleistung auch verstärkt in kombinierter Form an."

Hr. Mathias Schmolz, Spiegel Gruppe

Wenngleich das Wachstum der Online-Werbeumsätze zu einer Umwälzung der Marktstrukturen und einer kontinuierlichen Verschiebung der Werbemarktausgaben führt, spielen die bereits etablierten Vermarktungsleistungen für Print eine noch immer sehr wichtige Rolle für das Kerngeschäft der Zeitschriftenverlage. Diese verfügen hier über explizites Know-How und sind daher imstande, einen konkreten Mehrwert für den Kunden zu schaffen, so z.B. in Form eines auf den Kunden zugeschnittenen Werbemixes. Neben den Instrumenten der Online-Vermarktung bieten einige Verlagsunternehmen auch spezifische Direktmarketing-Dienstleistungen an, mit denen sie die Effektivität ihrer Werbekanäle und Zielgruppenansprache erhöhen und die Werbewirkung für den Kunden nachhaltig erhöhen können.

„Mithilfe unserer Kompetenz im Direktmarketing-Bereich bieten wir unseren Verlagskunden eine zusätzliche Leistung an, mit denen sie die Effektivität ihrer Vermarktungskampagnen nachhaltig erhöhen können. Das ist eines unserer Alleinstellungsmerkmale."

Hr. Gebhardt von Trotha, Hubert Burda Media

7. Diversifizierungsmarkt 7: Corporate Publishing

Mit einem ressourcenorientierten Nutzwert von 2,98 rangiert der Diversifizierungsmarkt Corporate Publishing auf dem sechsten Platz und im Mittelfeld der untersuchten neun Diversifizierungsmärkte. Das Übereinstimmungsmaß der abgegebenen Bewertungen ist mit einem mittleren RU von 552 akzeptabel. Während der Teilnutzwert der Produktentwicklungskompetenz mit 3,76 als vergleichsweise relevant abschneidet (Rang 3), ordnen sich die die anderen Teilnutzwerte auf Rang sechs und sieben und somit am unteren Rand des mittleren, bzw. oberen Rand des letzten Bewertungsdrittels ein (siehe Tab. 18).

Corporate Publishing

	Mittelwert	Rang	Minimum Wert	Maximum Wert	Standardabweichung	
					Zahl	*Index*
Mitarbeiter-kreativität und -flexibilität	2,65	7/9	2	4	0,70	86
Markenreputation und -management	4,00	7/9	3	5	0,61	77
Content-Sourcing und -Creation	2,18	6/9	1	4	1,07	138
Produkt-entwicklungs-kompetenz	3,76	3/9	2	5	1,09	117
Crossmediale Verwertungs-kompetenz	2,29	6/9	1	4	1,10	134

Ressourcen-orientierter Nutzwert	2,98	6/9

Relativer Unsicherheits-faktor	**Mittel** (552)

<u>Tabelle 18:</u> Ressourcenorientiertes Bewertungsprofil Corporate Publishing

Quelle: eigene Darstellung

Der Diversifizierungsmarkt Corporate Publishing weist der ressourcenorientierten Bewertung zufolge somit nur eine durchschnittliche Nähe zum Kerngeschäft eines Zeitschriftenverlages auf. Die qualitativen Interviewergebnisse konkretisierten diese Bewertungsergebnisse dahingehend, dass sie weitere Anhaltspunkte zur strategischen Positionierung der Verlagsunternehmen lieferten. Aus der qualitativen Analyse der Experteninterviews wurde eine eher geschäftsfeldübergreifende Entscheidungstendenz hinsichtlich der Positionierungsfrage in diesem Geschäftsfeld deutlich. Ein Teil der befragten Experten kam mit verhältnismäßig hoher Übereinstimmung zum Urteil, dass dieser Markt aufgrund des ausgeprägten Ressourcen- und Synergiepotenzials für ihren Verlag durchaus interessant ist, ein anderer dagegen bewertete den Markt als strategisch unbedeutend. Auf diese Positionierungsfrage hin wurde eine im Bewertungsmittelfeld liegende Strategie quasi ausgeschlossen. Verallgemeinernd ausgedrückt ließ sich daher konstatieren, dass der Einschätzung dieses Geschäftsfeldes eine insbesondere an marktorientierten Kriterien orientierte Haltung zum Zukunftspotenzial des Corporate Publishing Marktes zugrunde lag. Insbesondere die Kriterien der Marktanteilsdynamik und -größe stellten somit wichtige Parameter für die strategische Attraktivitätsbewertung dar, wurden jedoch sehr unterschiedlich bewertet und führten zu einem sehr breiten Bewertungsspektrum. Ergänzt wurde diese Einschätzung um die Bedeutungsrelevanz dieses Diversifizierungsmarktes in Bezug auf die eigene Ressourcenausstattung. Die Meinung innerhalb des Expertensamples in Bezug auf die Attraktivität des Corporate Publishing Marktes divergierte auch aufgrund der Unterschiedlichkeit in Bezug auf die jeweilige unternehmensstrategische Ausrichtung. Insbesondere diejenigen Verlagsvertreter, die eine eher ambitionierte Digitalstrategie verfolgten, standen dem Diversifizierungsmarkt Corporate Publishing kritischer gegenüber.

„Wir holen durch das Zusatzgeschäft im Corporate Publishing Etats und Budgets rein, die wir sonst im Rahmen des Anzeigengeschäftes gar nicht gesehen hätten."

Hr. Robert Rischke, TIP Verlag

„Im Corporate Publishing Bereich treten wir opportunistisch und selektiv auf. Von einem aggressiven Wettbewerb gegen die bestehenden Größen haben wir nichts."

Hr. Moritz von Laffert, Condé Nast

„Das Geschäftsfeld Corporate Publishing stellt für uns lediglich einen Randmarkt dar, dessen Potenzial beschränkt ist, da Firmen dafür nur begrenzt Geld ausgeben. Der Markt ist übersäht von unabhängigen Anbietern, die daraus Preisvorteile ziehen, dass sie nach dem Prinzip der Selbstausbeutung arbeiten. Das ist in einem Konzern wie Axel Springer undenkbar."

Dr. Andreas Wiele, Axel Springer AG

„Corporate Publishing ist nicht unser Thema, und zwar aus strategischen Gründen. Erstens, ist dies nicht unsere Form von Journalismus. Zweitens, handelt es sich hier um ein dicht besetztes Marktsegment, das wir als nicht hinreichend profitabel und langfristig aussichtsreich einschätzen."

Hr. Mathias Schmolz, Spiegel Gruppe

„Corporate Publishing ist für uns aus strategischen Gründen nicht relevant. Der Aufwand wäre zu groß und kommerziell ist das Geschäft nicht so lohnenswert. Auch journalistisch bietet es keine nennenswerte Herausforderung.

Hr. Urs Heller, Ringier AG

Es lässt sich daher konstatieren, dass das Synergiepotenzial zwischen Kerngeschäft und Diversifizierungsmarkt auch im vorliegenden Falle eine relevante Entscheidungsgrundlage für oder gegen eine Positionierung im Corporate Publishing Geschäft darstellt. In diesem Zusammenhang ist auf einen wichtigen Sachverhalt hinzuweisen. Die befragten Zeitschriftenverlage verfügten zum Erhebungszeitpunkt über firmenspezifische Kernkompetenzen und -ressourcen, die teilweise in sehr starkem Maße voneinander divergierten und sich daher nicht immer für einen Markteintritt in diesen Diversifizierungsmarkt eigneten. Die meisten Experten kamen zu dem Schluss, dass sich dieses Geschäftsfeld nur mithilfe eines entsprechenden verlagsinternen Ressourcenprofils erfolgreich bedienen lässt und insbesondere durch die Auslastung ungenutzter Ressourcen signifikante Erlöspotenziale realisiert werden können. Gleichzeitig müssen u.U. auch Zusatzinvestitionen getätigt werden. Aufgrund der Unterschiedlichkeit in der Ressourcenausstattung kommt es zu einer starken Diskrepanz der Attraktivitätsurteile aus ressourcenorientierter Sicht. Demnach ist der Diversifizierungsmarkt Corporate Publishing ein unter Gesichtspunkten der Wettbewerbsdynamik eher segmentiertes Marktumfeld.

„Aufgrund der Bündelung unserer Kompetenzen in der redaktionellen Herstellung von Inhalten, im digitalen Bereich und in der Vermarktung bzw. Direktvermarktung können wir integrierte Corporate Publishing Lösungen anbieten. Hier haben wir eindeutige Kompetenzen vorzuweisen. Durch die gezielte Erweiterung unseres Kundenangebotes sind wir noch erfolgreicher geworden. Für uns ist dieser Markt sehr wichtig"

Dr. Bernd Buchholz, Gruner + Jahr

„Corporate Publishing wurde zuerst von Seiten der Verlage als Angriff auf das Kerngeschäft gesehen. Das hat sich geändert. Alle haben das zusätzliche Marktpotenzial erkannt, müssen aber i.d.R. einsehen, dass es sich um eine ganz andere Art der Geschäftsbeziehung handelt. I.d.R. reichen die verlagsinternen Ressourcen dann nicht aus, um dieses Geschäftsfeld erfolgreich abzudecken."

Hr. Stefan Fehm, Hubert Burda Media

„Im Bereich Corporate Publishing sind wir natürlich auch aktiv, zählen diesen jedoch nicht zu unseren Kernkompetenzen bzw. sehen darin auch keine wirklichen Zukunftsfelder."

Dr. Christoph Grau, Verlagsgruppe GvH

Ausgehend von diesen Einschätzungen verwundert zunächst, dass die Kreativität und Flexibilität der Mitarbeiter in Bezug auf das Corporate Publishing Geschäft als vergleichsweise gering eingeschätzt wurde. Diese Bewertung könnte jedoch als Zeichen dafür gewertet werden, dass für den Eintritt in das Corporate Publishing Geschäft die verlagsinternen, personellen Ressourcen nicht ausreichen und der Zukauf externer Expertise daher notwendig ist.

Das Verbundenheitsmaß der Produktentwicklungskompetenz mit dem Corporate Publishing Geschäft ist dagegen nach Experteneinschätzung vergleichsweise ausgeprägt. Der Grund könnte auf die Notwendigkeit eines stark individualisierten Produktportfolios zurückzuführen sein, das sich an den spezifischen Wünschen der Verlagskunden orientieren muss. Da es sich bei Corporate Publishing Lösungen um Produkte handelt, die Kunden i.d.R. zur Sichtbarmachung bzw. Festigung ihrer eigenen Unternehmensmarke und -vision einsetzen, ist es wichtig, Möglichkeiten der Produktindividualisierung inklusive der Erfolgsquotenmessung einer entsprechenden Corporate Publishing Lösung anzubieten und auf entsprechende Kundenwünsche adäquat zu reagieren. Ein individualisiertes Kundenangebot setzt jedoch ein breites Leistungsspektrum voraus, das sich nur durch die Einbindung aller Verlagsabteilungen abbilden lässt.

„Die Kunden wünschen im Bereich des Corporate Publishing einen verlässlichen Partner, der über eine Kundenzeitschrift oder Advertorials die Strahlkraft ihrer Konzernmarke verstärkt. Wir positionieren uns nicht als ein Low Cost-Anbieter, sondern als ein kompetenter Partner, der eine gewisse Exklusivität verspricht."

Hr. Moritz von Laffert, Condé Nast

„Wir bieten bei BurdaYukom ein sehr breites Produktportfolio an, praktisch „alles aus einer Hand". Wir agieren sowohl als Anbieter klassischer Corporate Publishing Lösungen als auch als Content Partner – übergreifend für Print und Online. Wir stellen uns als Entwicklungspartner medienträgerübergreifender Kampagnen zur Verfügung und können unseren Kunden sogar Daten zur Messbarkeit anbieten. Wir müssen besser sein als unsere Wettbewerber."

Hr. Stefan Fehm, Hubert Burda Media

„Vor ca. 1 ½ Jahren haben wir realisiert, dass wir die Kundeninformationen über alle zur Verfügung stehenden Medienträger und im Rahmen ganz neuer Formate aufbereiten und somit eine sehr viel breitere Kundenlösung anbieten können."

Dr. Andreas Wiele, Axel Springer AG

„Wir wollen unsere Druckleistung mit guten Konditionen an unsere Kunden weitergeben. Falls gewünscht bieten wir auch die Redaktionsleistung an, die die Recherche der Informationen, das Layout und die Erstellung der Inhalte abdeckt."

Hr. Robert Rischke, TIP Verlag

Des Weiteren wurde deutlich, dass die Geschäftsbeziehung zu den Verlagskunden eine wichtige Grundvoraussetzung für den Eintritt in diesen Diversifizierungsmarkt darstellt. Diese entwickelt sich i.d.R. aus dem Geschäft mit den Anzeigenkunden: Werbekunden, die über die dem Zeitschriftenverlag zur Verfügung stehenden Medienkanäle Werbung schalten, interessieren sich nämlich u.U. auch für konkrete Corporate Publishing Initiativen, mit der sie ihre Unternehmensmarke und -reputation stärken können. Je größer das Kundennetzwerk des Verlagsunternehmens ist, desto höher die Chance, ein erfolgreiches Corporate Publishing Angebot als *Add-on-*Geschäft zu etablieren. Da es sich bei diesem Geschäftsfeld um eine B-2-B-Kundenbeziehung handelt, muss die Kundenansprache auch auf Verlagsebene erfolgen. Der Markenname spezifischer Zeitschriftentitel spielt bei der Kundenakquisition dagegen eine eher untergeordnete Rolle.

„Unser Corporate Publishing Geschäft profitiert in großem Maße von der Marke und Markenglaubwürdigkeit von Hubert Burda Media. Außerdem können wir auf einen beachtlichen Stamm vorhandener Kundenkontakte zurückgreifen."

Hr. Stefan Fehm, Hubert Burda Media

„Aufgrund unseres Kompetenzprofils und bestehenden Verlagskundenbeziehungen wäre für uns die Auflage einer Kundenzeitschrift im Gesundheitsbereich interessant."

Fr. Wiebke Kirschke, WAZ

„Für den Aufbau eines Corporate Publishing Geschäftes brauchen Sie keine neue Marke zu konzipieren, sondern berufen sich primär auf Ihren Verlagsnamen. Das gilt für Condé Nast genau wie für Burda Yukom oder Gruner & Jahr Corporate Editors. So ist der Wiedererkennungswert beim Kunden gegeben. Dieses Service-Geschäft ist B-2-B. Hier spielt daher auch das Markenmanagement eine weniger wichtige Rolle."

Hr. Moritz von Laffert, Condé Nast

8. Diversifizierungsmarkt 8: Merchandising

Der Diversifizierungsmarkt Merchandising erhielt von allen Geschäftsfeldern die niedrigste ressourcenorientierte Bewertung mit einem verhältnismäßig hohen Übereinstimmungsmaß (N_R = 2,26; Rang neun; niedriger RU von 509). Bis auf den Teilnutzwert hinsichtlich der Markenreputation und des -managements von 4,35, scheinen alle Kompetenzfelder im Entwicklungs- und Umsetzungsprozess der an Zeitschriftentitel gekoppelten Zusatzprodukte eine verhältnismäßig unbedeutende Rolle einzunehmen und erhielten daher unterdurchschnittlich schwache Bewertungen (siehe Tab. 19).

Merchandising						
	Mittelwert	Rang	Minimum Wert	Maximum Wert	Standardabweichung	
					Zahl	*Index*
Mitarbeiter-kreativität und -flexibilität	2,00	8/9	1	4	0,79	97
Markenreputation und -management	4,35	5/9	2	5	1,00	125
Content-Sourcing und -Creation	1,53	7/9	1	3	0,80	103
Produkt-entwicklungs-kompetenz	2,06	9/9	1	4	1,03	110
Crossmediale Verwertungs-kompetenz	1,35	8/9	1	3	0,61	73

Ressourcen-orientierter Nutzwert	2,26	9/9		Relativer Unsicherheits-faktor	**Niedrig** (509)

Tabelle 19: Ressourcenorientiertes Bewertungsprofil Merchandising

Quelle: eigene Darstellung

Das schwache Ressourcen- und Synergiepotenzial dieses Diversifizierungsmarktes mit dem Kerngeschäft ist nach mehrheitlicher Auffassung der Experten in erster Linie auf die verhaltenen Monetarisierungsmöglichkeiten in diesem Marktumfeld zurückzuführen. Die Mehrheit der befragten Zeitschriftenverlage definiert dieses Geschäftsfeld daher nicht als einen Kernmarkt, sondern eher als ein u.U. einträgliches Zusatzgeschäft. Ihre Eintrittsstrategie unterliegt daher eher einem opportunistischen Ansatz.

„Wir betreiben das Merchandising-Geschäft als profitables Zusatzgeschäft. Aber schlussendlich ist hier auch nur ein limitierter Umsatz möglich."

Dr. Bernd Buchholz, Gruner + Jahr

„Der Merchandising-Markt ist vom Umsatzvolumen her begrenzt."

Hr. Moritz von Laffert, Condé Nast

„Merchandising betreiben wir heute eher opportunistisch. Die wirtschaftliche Not war in vielen Verlagen früher so groß, dass damals Merchandising-Strategien umgesetzt wurden, die sonst nicht umsetzbar gewesen wären. Das ist meiner Meinung nach ein wichtiger Erklärungsgrund für die Ausrichtung vieler Verlage auf ein grundsätzlich eher unattraktives Geschäftsfeld in der Vergangenheit."

Hr. Mathias Schmolz, Spiegel Gruppe

„Im Bereich Merchandising sind wir gar nicht aktiv. Auf regionaler Basis ist das ohnehin kein wirklich interessantes Geschäftsfeld."

Fr. Wiebke Kirschke, WAZ

Das Geschäftsmodell des Merchandising-Geschäftes orientiert sich im Wesentlichen an zwei möglichen Ertragssäulen. Entweder generiert ein Zeitschriftenverlag die Erlöse durch den Direktverkauf von Merchandising-Artikeln, oder mithilfe einer Umsatzbeteiligung an den Erlösen eines Lizenznehmers.[380] Im letzteren Falle richtet sich die Höhe der Umsatzbeteiligung nach dem Lizenzmarkenwert sowie der Kategorie des Merchandising-Produktes. Die notwendige organisatorische Verzahnung scheint daher in hohem Maße von der Organisation und Konzeption des Geschäftsmodells abzuhängen. Wohingegen das Lizenzgeschäft aus einer zentralen Unternehmenseinheit heraus betrieben werden kann, stellt die verlagsinterne Steuerung des Merchandising-Geschäftes zusätzliche Anforderungen an das Verlagsunternehmen hinsichtlich der Konzeption, Produktion, Lagerung, Vermarktung und dem Vertrieb der entsprechenden Produkte. Dieser Prozess muss organisatorisch so verzahnt sein, dass sich die wichtigsten Prozesse über eine zentrale Steuerung lenken lassen. Vereinzelt kann dieser Prozess jedoch auch dezentral und von Seiten der redaktionellen Verlagsabteilungen getrieben werden.

„Das Merchandising-Geschäft ist im Berliner Verlag, zu dem wir zu 100% gehören, im Bereich „Neue Geschäftsfelder" zentral organisiert, fängt bei der Abo-Prämie an und geht bis zum Angebot spezieller Kundendeals und -angebote. Bei „TIP" sprechen wir da in erster Linie von Kulturveranstaltungen. Der Prozess involviert Mitarbeiter sowohl aus den Marketing- und Sales-Bereichen als auch aus dem Bereich Product-Management."

Hr. Robert Rischke, TIP Verlag

[380] Vgl. Uhl (2007), S. 126 f.

„Zur Abwicklung des Merchandising Geschäfts besteht eine zentrale Abteilung, die auch Anregungen und Tipps unternehmensintern weitergibt. Es kam aber auch schon vor, dass die Idee für ein Merchandising-Produkt aus einer unserer Redaktionen stammte und im Verlauf der Abwicklung an diese Abteilung weitergegeben wurde, bzw. von dort aus funktionierende Merchandising-Geschäftsmodelle auf weitere Produktgruppen übertragen wurden."

Dr. Bernd Buchholz, Gruner + Jahr

Grundsätzlich verwundert es jedoch, dass die Produktentwicklungskompetenz für den Diversifizierungsmarkt Merchandising über ein derartig niedriges Ressourcen- und Synergiepotenzial verfügt. Nach Einschätzung mehrer Experten ist der erfinderische Gestaltungsraum bei der Konzeption neuer Merchandising-Produkte von eher geringer Bedeutung und steht daher im krassen Gegensatz zum Anspruch der inhaltlich-redaktionellen Arbeit mit qualitätsjournalistischem Anspruch, der für die Erstellung von Print-Produkten notwendig ist. Die kreativen Prozesse wie Innovationsvermögen, Entwicklungskompetenz und Designvermögen zur Konzeption innovativer Zusatzprodukten scheinen von eher geringerer Relevanz zu sein. Vielmehr geht es darum, sich in der konzeptionellen Phase an der Leserschaft eines Zeitschriftentitels zu orientieren, da eine neu geschaffene Produktwelt nur angenommen wird, wenn sie eine glaubwürdige Verbindung zum Kernprodukt der Zeitschrift herstellen kann.

„Unter Merchandising verstehen wir das Geschäft mit mediennahen Produkten um das Kernprodukt „Zeitschrift" herum."

Dr. Bernd Buchholz, Gruner + Jahr

„Das Merchandising-Geschäft begreifen wir als Verlängerung zu unserm Kerngeschäft, wo es darum geht, glaubwürdige Produktwelten für unsere Kunden zu konzipieren."

Hr. Urs Heller, Ringier AG

Mittlerweile hat ein mehrheitlicher Anteil deutscher Verlagsunternehmen in diesen Diversifizierungsmarkt expandiert. Die Tatsache, dass der Teilnutzwert der Produktentwicklungskompetenz auf dem letzten Rang abschneidet, deutet nicht nur auf das geringe Zusatzpotenzial dieses Marktes hin, sondern deckt die Schwierigkeit in der Monetarisierung der Kernleserschaft auf. Aufgrund der zielgruppenspezifischen Segmentierung im Zeitschriftenbereich, lässt sich u.U nur das Premium-Leserumfeld durch innovative Produkte ansprechen. Klassischerweise sind jedoch in diesem Marktsegment die Erlöschancen geringer als im publikumszeitschriftennahen Massenmarkt, der die größten Erlöspotenziale im Merchandising-Geschäft bietet, dafür jedoch eine weniger anspruchsvolle und im Einzelfall schwerer monetarisierbare Kundengruppe darstellt. Der Identifikationsgrad des Merchandising-Produktes mit dem originären Zeitschriftentitel scheint in jedem Falle von größerer Bedeutung zu sein. Diejenigen

Zusatzprodukte, die eine Neuvermarktung alten (Premium)Contents darstellen und ggf. in Form sog. Editionen oder Reihen über die Sichtbarkeit des Zeitschriftenkernproduktes vermarktet werden, appellieren an das Sendungsbewusstsein der Zeitschriftenprodukte und können deren implizite Seriosität glaubhaft transportieren.

„Nachdem wir mit unseren Editionen in der Vergangenheit eher mäßigen Erfolg hatten, betreiben wir das Geschäft mit DVDs und CDs mittlerweile recht profitabel."

Hr. Mathias Schmolz, Spiegel Gruppe

„Im Merchandising-Geschäft haben wir einiges probiert, so z.B. eine Kochbuchreihe im Buchformat oder eine DVD-Reihe. Wir haben auch den Plan die Inhalte, die wir im Heft zu den Berliner Bezirken oder dem Thema „Gastro" in Berlin herausgebracht haben, als Buchformat anzubieten, so z.B. in Form eines kleinen Berlin-Führers."

Hr. Robert Rischke, TIP Verlag

Es ist nicht verwunderlich, dass die Kernkompetenz der Markenführung und des -managements die wichtigste Rolle im direkten Vergleich zu allen anderen Bewertungen einnimmt. Ohne den unmittelbaren Markenbezug eines Merchandising-Produktes wäre das zugrunde liegende Geschäftsmodell hinfällig. Daher baut jedes Merchandising- bzw. Lizenzprodukt auch auf diesem Kompetenzfeld auf bzw. bildet dessen tragende Säule. Die spezifische Zeitschriftenmarke dient hierbei als Ausgangspunkt aller Aktivitäten, an der sich die Konzeption neuer Produktideen orientiert und die gleichermaßen in einer vorab konzipierten Produktwelt fortgeführt werden soll.

„Im Merchandising arbeiten Sie mit der bestehenden Marke."

Hr. Moritz von Laffert, Condé Nast

„Das „Geo"-Kalender- und „Geo"-Buchgeschäft sind klassische Aktivitäten im Merchandising-Bereich. Die Marke „Geo" bietet sich hier sehr gut an."

Dr. Bernd Buchholz, Gruner + Jahr

Dem Merchandising-Geschäft fußt nicht nur auf dem Konzept, durch den Verkauf von Produktartikeln eine neue Erlösquelle zu erschließen, sondern auch durch ihre Präsenz mittelfristig eine nachhaltige Multiplikatorenwirkung zu entfalten.[381] Demnach erfüllen sie auch eine Werbewirkung für das originäre Print-Produkt.[382] Gleichzeitig birgt ebendieser Multiplikator-Effekt spezifische Gefahren für das Kerngeschäft eines Zeitschriftenverlages. Sind die Merchandising-Artikel von minderwertiger Qualität, kann nicht ausgeschlossen werden, dass die assoziierte Zeitschriftenmarke einen nachhaltigen Imageschaden erleidet. Daher stehen insbesondere Vertreter

[381] Vgl. Böll und Gottschalk (1999), S. 11.

[382] Vgl. Wengenroth (2006), S. 135 ff. und die dort genannten Quellen.

von Zeitschriftenverlagen mit vergleichsweise hochwertigen Zeitschriftenportfolios dem Merchandising-Geschäft eher kritisch gegenüber und lokalisieren hier eine potenzielle Gefahrenquelle. Sie fürchten die Verwässerung ihrer Marken und sehen daher von einer Orientierung an kurzfristigen, mithilfe des Abverkaufs von qualitativ minderwertigen Merchandising-Produkten generierten Umsatzzielen ab. Erfolgt eine Positionierung dieser Verlage im Merchandising-Geschäft, wird die Einhaltung entsprechender Qualitätsstandards penibel eingehalten. Insbesondere diejenigen Zeitschriftenverlage, die eine breite Titelpräsenz im Fach- und *Special-Interest*-Segment aufweisen, betreiben ihr Engagement unter Berücksichtigung der Auswirkungen auf das Kerngeschäft.

> *„Im Merchandising-Bereich sind wir weniger aktiv, um unsere Marken nicht zu verwässern. Es gibt nur sehr wenige Zeitschriftenmarken, die sich für dieses Zusatzgeschäft eignen, so z.B. die „Brigitte“. Auch bei der „Vogue“ könnten wir ein Merchandising-Geschäft aufsetzen, haben uns aber dagegen entschieden, da die möglichen Zusatzerlöse in keinem Verhältnis zu dem stehen, was man mit einer entsprechenden Strategie in Bezug auf den Markennamen zerstören könnte.“*
>
> **Hr. Moritz von Laffert, Condé Nast**

> *„Merchandising betreiben wir nur unter Einhaltung hoher Qualitätsstandards, um eine Markenverwässerung zu vermeiden.“*
>
> **Dr. Schulz-Isenbeck, Verlagsgruppe Handelsblatt**

9. Diversifizierungsmarkt 9: Event Management

Mit einem ressourcenorientierten Nutzwert von 2,27 ordnet sich der Diversifizierungsmarkt Event Management auf dem vorletzten Platz der untersuchten neun Diversifizierungsmärkte ein, wobei der relative Unsicherheitsfaktor der abgegebenen Bewertungen mit einem RU von 392 vergleichsweise niedrig ist und daher auf eine einheitliche Expertenmeinung bzw. -einschätzung hindeutet. Die Markenreputation und das -management spielt mit einem Teilnutzwert von 4,41 die wichtigste Rolle für den Eintritt in den Diversifizierungsmarkt Event Management, gefolgt von der Produktentwicklungskompetenz (Teilnutzwert von 3,00). Die verbleibenden Kernkompetenzen erhielten in Bezug auf diesen Diversifizierungsmarkt die schwächsten Bewertungen im Quervergleich zu allen anderen identifizierten Geschäftsfeldern (siehe Tab. 20).

Event Management						
	Mittelwert	Rang	Minimum Wert	Maximum Wert	Standardabweichung	
					Zahl	*Index*
Mitarbeiter-kreativität und -flexibilität	1,41	9/9	1	3	0,62	76
Markenreputation und -management	4,41	4/9	2	5	0,94	118
Content-Sourcing und -Creation	1,29	9/9	1	2	0,47	60
Produkt-entwicklungs-kompetenz	3,00	6/9	2	4	0,79	85
Crossmediale Verwertungs-kompetenz	1,24	9/9	1	2	0,44	53

Ressourcen-orientierter Nutzwert	2,27	8/9		Relativer Unsicherheits-faktor	**Niedrig** (392)

Tabelle 20: Ressourcenorientiertes Bewertungsprofil Event Management

Quelle: eigene Darstellung

Die überwiegende Mehrheit der befragten Experten schätzte den Diversifizierungsmarkt Event Management als ein vom Kerngeschäft eines Zeitschriftenverlages eher unabhängigen Diversifizierungsmarkt ein – der primäre Grund für die vergleichsweise schwache Bewertung in Bezug auf das Ressourcen- und Synergiepotenzial. Dieses Geschäftsfeld wird eher als ein Nischenmarkt angesehen, der über ein vergleichsweise geringes Monetarisierungspotenzial verfügt.

„Event Management hat mit dem Publizieren und Verlagsmanagement nichts zu tun. Es ist kein leichtes Geschäft, aber es bietet Nischen. So konzentrieren wir uns bspw. auf die Veranstaltung von Parties und Kulturevents."

Hr. Robert Rischke, TIP Verlag

„Mit dem Geschäftsfeld Event Management lässt sich zwar Geld verdienen, für uns ist es aber eher uninteressant."

Dr. Bernd Buchholz, Gruner + Jahr

Die strategische Positionierung einer Zeitschriftenmarke auf dem Rezipientenmarkt definiert die Zusammensetzung ihrer Leserschaft. Je privilegierter sich die Leserschaft einer Zeitschrift zusammensetzt, desto größer fällt ein möglicher PR-Effekt mithilfe der Organisation von Events und Veranstaltungen aus. Grundsätzlich unterscheidet man hier zwischen Massenevents, an denen grundsätzlich jeder Leser teilnehmen kann, themen- und fachspezifische Events, deren Teilnahme nur gegen eine Gebühr möglich ist, dafür aber einen konkreten Mehrwert bietet, sowie Exklusivevents, die anlässlich von Verleihungen, Jubiläen oder als Rahmenprogramm parallel stattfindender Veranstaltungen ausgerichtet werden. Das primäre Ziel von Events dient der Sichtbarmachung sowohl etablierter als auch neuer Marken von Zeitschriftentiteln, -produkten oder eben -plattformen im Digitalgeschäft.

„Wir nutzen gelegentlich Leuchtturm-Events, um unsere Markenführung zu untermauern. Diese Veranstaltungen dienen uns als Verlängerung der journalistischen Marken."

Dr. Andreas Wiele, Axel Springer AG

„Events eignen sich zur Etablierung einer neuen Marke besonders gut. Aber auch hier gilt, wie in allen Bereichen, dass es zur Marke und zum Unternehmen passen muss. Vor allem muss man aber auch die entsprechenden Personalkompetenzen im Haus haben."

Fr. Wiebke Kirschke, WAZ

„Events planen wir primär zur Sichtbarmachung unserer eigenen Marken und auch für Dritte, dann aber meist in Partnerschaft mit Agenturen."

Hr. Moritz von Laffert, Condé Nast

„Event Management betreiben wir nur für unsere eigenen Marken. Wir sehen es als ein Instrument, um spezifische Aktivitäten zur Sichtbarmachung unserer Marken zu unterstützen."

Hr. Mathias Schmolz, Spiegel Gruppe

Die Organisation von Events wird demnach auch mithilfe von Agenturen gestemmt. Die Auslagerungskosten, die zur Planung und Umsetzung der Veranstaltungen an die Eventagenturen gezahlt werden, sind im Vergleich zu dem Aufbau eigener Kapazitäten noch immer geringer und veranlassen die Zeitschriftenverlage daher – insbesondere, da es sich bei den meisten Vertretern um ein eher geringes Veranstaltungsvolumen handelt –, auf die Expertise externer Partner zurückzugreifen. Das eingangs erwähnte, niedrige Ressourcen- und Synergiepotenzial des Diversifizierungsmarktes Event Management geht sicherlich auch auf die bereits existierenden Kooperationen mit professionellen Agenturen zurück.

„Muss man die Kompetenzen zur Planung von Events erst aufbauen und ist nicht „first mover", dann sollte man sich sehr genau überlegen, ob man in einen solchen Markt und in ein solches Geschäftsfeld einsteigen will."

Fr. Wiebke Kirschke, WAZ

„Eine namhafte Eventagentur berechnet Margen von 15 bis 20 Prozent, welche sie auf die Selbstkosten schlägt. Das ist zwar viel Geld, dennoch wird für die Produktion der Events zumeist eine Eventagentur herangezogen."

Hr. Philipp Schmidt, Prisma Presse

Neben der Planung und Umsetzung der Events stellt die redaktionelle Platzierung der Veranstaltungen unter dem Dach der Zeitschriftenmarken den wichtigsten Schritt zur Sichtbarmachung dar. Die redaktionelle Verbreitung erfolgt hier sowohl über die Redaktionen der hauseigenen Zeitschriftentitel als auch mithilfe von Pressemitteilungen und der Berichterstattung externer Verlagsunternehmen und Medienträger.

„Über unsere eigenen Events berichten wir sehr intensiv, nicht aber exklusiv."

Hr. Moritz von Laffert, Condé Nast

„Je mehr Verlage über unsere Events berichten, desto besser."

Dr. Andreas Wiele, Axel Springer AG

„Der USP eines Verlagunternehemens in diesem Geschäft ist nicht das eventbezogene Know-How, sondern die Möglichkeit, Events redaktionell zu verbreiten und innerhalb einer erwünschten Zielgruppe damit stärker sichtbar zu machen."

Hr. Philipp Schmidt, Prisma Presse

Des Weiteren bietet die Ausrichtung von Events und Veranstaltungen ein konkretes *Upselling*-Potenzial und einen kommerziellen Vermarktungskanal für Merchandising-Produkte von Verlagsunternehmen. Die Events, sieht man von der planerischen Umsetzung einmal ab, werden unter Einbeziehung aller in diesem Zusammenhang nützlichen Verlagsabteilungen veranstaltet und umgesetzt, um eine positive Wechselwirkung mit anderen Geschäftsbereichen zu schaffen.

„Die Key-Success-Factors für ein im Event-Geschäft aktives Verlagsunternehmen sind die der Positionierung der Marken entsprechenden Eventidee – so z.B. unsere „Gala Fashion Show" mit Schauspielern und jungen Designern – , eine makellose Produktion und Ausrichtung des Events nach Marktstandards, eine erfolgreiche, kommerzielle Verwertung des Events über mehrere Medien sowie die entsprechende Vermarktung eines Gesamtpaketes."

Hr. Philipp Schmidt, Prisma Presse

„Über Events lassen sich bspw. Sondereditionen von Print-Produkten konzipieren. Das ist eine interessante Vermarktungsstrategie."

Dr. Bernd Buchholz, Gruner + Jahr

Die nach Einschätzung aller Experten wichtigste Kernkompetenz in Bezug auf das Geschäftsfeld Event Management stellt jedoch die Marke bzw. das Markenmanagement dar, zumal die seitens des Verlags ausgerichteten Veranstaltungen i.d.R. auch in Anlehnung an thematisch bzw. fachlich assoziierte Zeitschriftentitel stattfinden und sich daher deren Strahlkraft zueigen machen. In diesem Zusammenhang weisen die Events einen i.d.R. starken inhaltlichen Bezug zum Zeitschriftentitel auf.

„Für unser Eventmanagement ist die Strahlkraft der Marke „Axel Springer" sehr wichtig. Wenn wir z.B. zu einem Neujahrsempfang in Hamburg einladen, dann kommt die ganze Lokalprominenz. Das ist ein Highlight."

Hr. Lothar Lanz, Axel Springer AG

„Unsere Events orientieren sich an der Markenstrahlkraft unserer Titel und deren Leserschaft."

Hr. Thomas Ganske, Ganske Verlagsgruppe

c) Integration der Ergebnisse

Um die vorliegenden Ergebnisse abschließend analysieren zu können, mussten die mittels NWA ermittelten Bewertungen aus den Experteninterviews mit den Paarvergleichen aus der AHP-Befragung zusammengeführt werden. Hier bot sich eine exemplarische Darstellungsweise in einem Koordinatensystem an, auf dessen Achsen zum einen die Marktattraktivität, zum anderen das Ressourcen- und Synergiepotenzial gemessen wurde. Abb. 37 zeigt ein zweidimensionales Koordinatenschema zur Einteilung der Diversifizierungsmärkte entsprechend ihrer Attraktivität sowie ihres Potenzials aus markt- bzw. ressourcenorientierter Sicht. Demnach sind diejenigen Datenpunkte, die sich im rechten, oberen Segment befinden am attraktivsten, diejenigen des unteren, linken Segments dagegen am unattraktivsten. Verfügt ein Datenpunkt über einen hohen x-Wert zur Messung des Ressourcen- und Synergiepotenzials, jedoch über einen niedrigen y-Wert zur Messung der Marktattraktivität, ist er im unteren, rechten (opportunistischen) Segment zu verorten, bei hoher Marktattraktivität und niedrigem Ressourcen- und Synergiepotenzial im oberen linken Segment, wo das Marktpotenzial stark ausgeprägt ist.

Um die gesammelten Daten mithilfe der Portfolio-Attraktivitätsanalyse und in Abhängigkeit voneinander auswerten zu können, musste zunächst eine Operationalisierung der markt- und ressourcenorientierten Ergebnisse erfolgen. Anschließend konnten sie in ein Koordinatensystem eingeordnet und abschließend diskutiert werden.

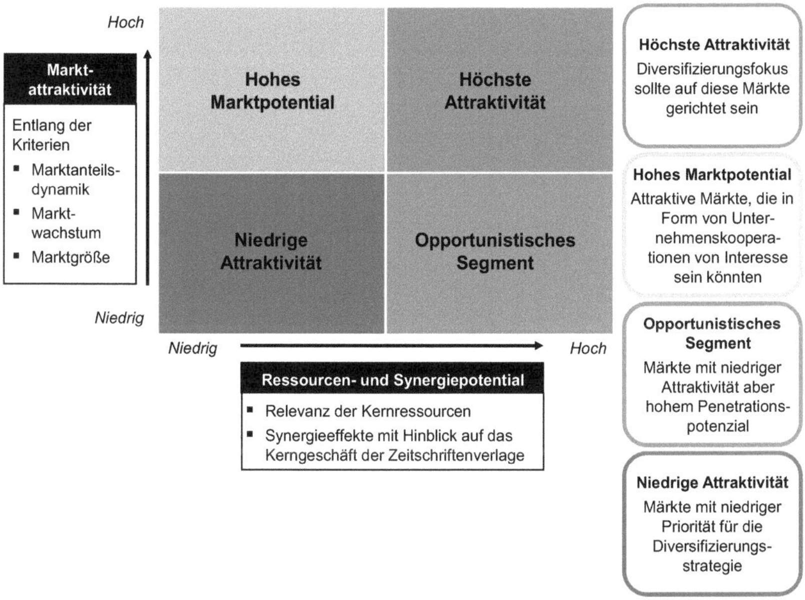

Abbildung 37: Schematische Einteilung entlang der Marktattraktivität und des Ressourcen- und Synergiepotenzials

Quelle: eigene Darstellung

1. Marktorientiertes Attraktivitätsprofil

Aus der marktorientierten Bewertung der identifizierten Diversifizierungsmärkte mittels AHP wurden insgesamt 27 (drei mal neun) Gewichtungswerte zur Bestimmung der relativen Relevanz jedes einzelnen Diversifizierungsmarktes entlang der marktorientierten Kriterien bestimmt. Zunächst jedoch ließen die Ergebnisse der Paarvergleichsmatrizen II und III, den Durchschnittswerten aller Paarvergleiche hinsichtlich der Kriterien Marktwachstum und Marktanteilsdynamik also, einen ersten Deutungsansatz zu.[383] Normalisiert man die Paarvergleichsmatrizen und bildet deren Reihensummen, ergibt sich ein absoluter, numerischer Wert, der eine erste Einschätzung der Attraktivität jedes einzelnen Diversifizierungsmarktes pro Kriterium zulässt und sich auf einer prozentualen Basis abbilden lässt. Abb.38 setzt diese Werte eines jeden Diversifizierungsmarktes in Bezug auf die Kriterien Marktwachstum und Marktanteilsdynamik ins Verhältnis.

[383] Wie erinnerlich hatte sich bereits herausgestellt, dass die Paarvergleichsmatrix I über eine zu hohe Inkonsistenz verfügte.

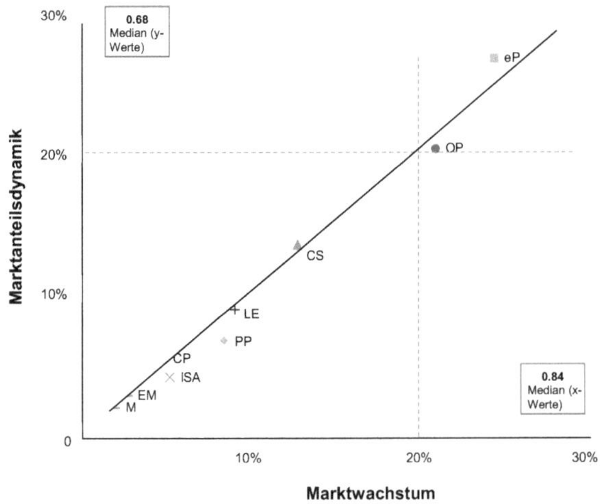

Abbildung 38: Systematische Vergleichsdarstellung der aggregierten Paarvergleiche in Bezug auf die Kriterien Marktwachstum und Marktanteilsdynamik

Quelle: eigene Darstellung

Da es sich hier um die Summe der normierten Paarvergleichsdurchschnittswerte handelt, ist die Höhe aller Koordinatenwerte entsprechend geringer und nimmt im vorliegenden Fall einen Maximalwert von 26,2(%) an, den das Geschäftsfeld ePublishing in Bezug auf das Kriterium Marktanteilsdynamik ausweist. Legt man die beiden ausgewählten Kriterien für eine erste Bewertung zugrunde, so lässt sich eine vergleichsweise hohe Linearität feststellen. Dieser Umstand lässt den Rückschluss zu, dass das Wettbewerberumfeld derjenigen Diversifizierungsmärkte, die ein hohes Marktwachstumspotenzial darstellen, verhältnismäßig durchlässig und daher günstig ist. I.d.R. handelt es sich hier um vergleichsweise junge Märkte, die aufgrund ihrer niedrigen Marktreifestadien über eher geringere Wettbewerberintensitäten verfügen, gleichzeitig aber über grundsätzlich hohe Wachstumspotenziale verfügen. Der folglich hohe Korrelationsgrad der vorliegenden Ergebnisse weist daher zweifelsfrei aus, dass die an den beiden Kriterien Marktwachstum und Marktanteilsdynamik gemessenen Marktattraktivitäten der Märkte ePublishing und Online-Portal mit Abstand am höchsten sind. Da die Paarvergleiche in Bezug auf das Kriterium Marktgröße nicht hinreichend konsistent waren und daher eine auf quantitativen Daten basierende Analyse zum weiteren Vorgehen herangezogen wurde, konnte eine Parallelauswertung der verbleibenden Paarvergleiche in Koordinatenform hier leider nicht erfolgen.

Um diese Ergebnisse im weiteren Verlauf der Untersuchung verwenden zu können, musste zunächst eine übergreifende, alle Paarvergleiche inkludierende, marktorientierte Kennziffer ermittelt werden. Dazu mussten die Gewichtungswerte in einem weiteren Schritt über alle drei Kriterien hinweg normalisiert werden. Abb. 39 stellt eine Übersicht aller normalisierten, marktorientierten Gewichtungswerte dar.

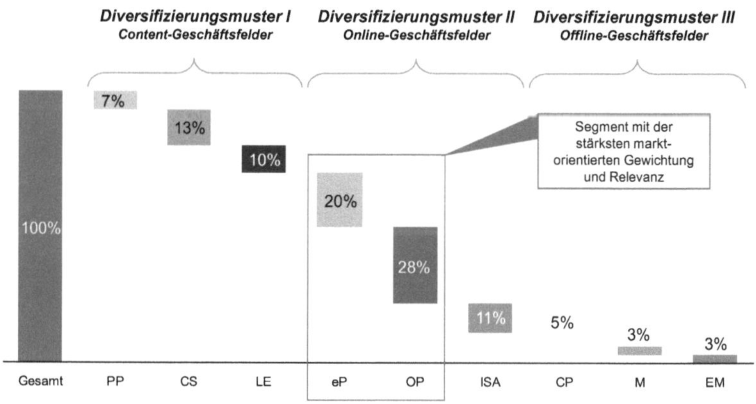

Abbildung 39: Normierte Gewichtung aller Diversifizierungsmärkte in Bezug auf die marktorientierte Bewertung

Quelle: eigene Darstellung

Legende: PP – Professional Publishing; CS – Content Syndication; LE – Line Extension; eP – electronic Publishing; OP – Online Portal; ISA – Internet Service Agency; CP – Corporate Publishing; M – Merchandising; EM – Event Management

Die absolute Gewichtungsdominanz der beiden Diversifizierungsmärkte ePublishing und Online Portal (ersterer Diversifizierungsmarkt mit Einschränkung in Bezug auf das Kriterium der Marktgröße) lässt sich anhand dieser Darstellung gut ablesen. Die Märkte Content Syndication, Internet Service Agency und Line Extension reihen sich im Bewertungsmittelfeld ein, der Markt Professional Publishing im unteren Mittelfeld. Die Märkte Corporate Publishing, Merchandising und Event Management weisen schließlich die geringste Relevanz und Marktattraktivität auf und bilden daher das untere Ende der Bewertung.

Die ermittelten marktorientierten Gewichtungswerte mussten im weiteren Verlauf zur Einordnung in die Portfolio Attraktivitätsanalyse und um einen Vergleich zu den Ergebnissen der ressourcenorientierten Bewertung zu ermöglichen, als Marktattraktivitätskennziffern in eine quantitative Skala überführt werden. Zur Berechnung der Marktattraktivitätskennziffern musste pro Gewichtungswert ein entsprechender Zielerfüllungsgrad bestimmt werden und eine Überführung in die bei der ressourcenorientierte Bewertung verwendete Fünferskala stattfinden. Das folgende Vorgehen sollte diese Überführung gewährleisten:

Da insgesamt fünf unterschiedliche Intervalle zur Bewertung der Diversifizierungsmärkte verwendet wurden (eins, drei, fünf, sieben und neun), die das Gewichtungsverhältnis eines Diversifizierungsmarktes im Vergleich zu einem anderen mittels Paarvergleich abbilden sollte, ließen sich bei insgesamt neun Diversifizierungsmärkten jedem Wert durchschnittlich 1,8 Märkte zuordnen. Nachdem die ermittelten Gewichtungswerte nach aufsteigender Reihenfolge G_1, G_2, G_3 ... G_9 sortiert worden waren, erfolgte die Zuteilung der Marktattraktivitätskennziffern in Form ganzer Zahlen von eins bis fünf. Aufgrund der absoluten Dominanz der Märkte Online-Portal und ePublishing mit den höchsten Gewichtungswerten G_8 und G_9 erfolgte hier die Zuweisung der Marktattraktivitätskennziffer fünf. Ausgehend von diesen Gewichtungswerten wurden die Attraktivitätscluster zur Zuteilung der jeweiligen Diversifizierungsmärkte gebildet. Im Ergebnis wurden den Diversifizierungsmärkten daher die in Tab. 21 dargestellten Marktattraktivitätskennziffern von eins bis fünf zugeordnet:

Marktattraktivitätskennziffer	Gewichtungswert
1	Gewichtungswert zwischen 0 und $G_8/4$
2	Gewichtungswert zwischen $G_8/4$ und $G_8/(3\text{-}1)$
3	Gewichtungswert zwischen $G_8/(3\text{-}1)$ und $G_8/(3\text{-}1)+ G_8/4$
4	Gewichtungswert zwischen $G_8/(3\text{-}1)+G_8/4$ und G_8
5	Gewichtungswert G_8 oder größer

Tabelle 21: Schematische Einteilung der Marktattraktivitätskennziffern nach Gewichtungswerten
Quelle: eigene Darstellung

Basierend auf dieser Gliederungsgrundlage erfolgte die Einteilung der Diversifizierungsmärkte in sog. Cluster, aus denen in einem weiteren Schritt die in Tab. 22 dargestellten Marktattraktivitätskennziffern resultierten. Hier fällt eine breite Akkumulation entlang des oberen, mittleren und unteren Bewertungskorridors auf. Mithilfe dieser Einordnungssystematik ließen sich die ermittelten Gewichtungswerte für den weiteren Verlauf der Arbeit operationalisieren und im Vergleich zu den ressourcenorientierten Nutzwerten abbilden. Dafür wurde eine inhaltliche Vereinfachung der Ergebnisdarstellung in Kauf genommen.

Auch wenn eine beachtliche Anzahl anderer Verfahrensweisen existiert und an dieser Stelle denkbar gewesen wäre, wird das gewählte Vorgehen dem vorliegenden Untersuchungsdesign am ehesten gerecht.[384] Zum einen wird durch das skizzierte Vor-

[384] An dieser Stelle hätten sich insbesondere zwei verwandte Verfahren zum weiteren Vorgehen angeboten:
1. Eine exakte Transferierung der Marktgröße in eine Skala durch die Zulassung von Brüchen. Dabei hätte nur der Markt mit dem größten Volumen G_9 eine Marktattraktivitätskennziffer von 5,0 erhalten, die an-

D.M.	Einordnung der Gewichtungswerte	Marktattraktivitätskennziffer
PP	$G_8/4 < 7\% < G_8/2$	2
CS	$G_8/3 < 13\% < G_8/2 + G_8/4$	3
LE	$G_8/4 < 10\% \leq G_8/2$	2
eP	$G_8 = 20\%$	5
OP	$G_8 < 28\%$	5
ISA	$G_8/2 < 11\% < G_8/2 + G_8/4$	3
CP	$0 < 5\% \leq G_8/4$	1
M	$0 < 3\% < G_8/4$	1
EM	$0 < 3\% < G_8/4$	1

Tabelle 22: Zuordnung der Marktattraktivitätskennziffern nach Gewichtungswerten

Quelle: eigene Darstellung
Legende: PP – Professional Publishing; CS – Content Syndication; LE – Line Extension; eP – electronic Publishing; OP – Online Portal; ISA – Internet Service Agency; CP – Corporate Publishing; M – Merchandising; EM – Event Management; D.M.: Diversifizierungsmarkt

gehen die Abhängigkeit von sehr dominanten, da extrem relevanten Märkten im Rahmen der Clusterbildung umgangen. Des Weiteren weist diese Methodik die nötige Präzision für eine aussagekräftige Zuordnung aller Diversifizierungsmärkte auf.

Grundsätzlich kann jedoch auch dieses Vorgehen zu Ergebnisverzerrungen führen, insbesondere dann, wenn eine ungünstige Marktgewichtungsverteilung vorliegt. Aufgrund der Orientierung am zweitgrößten (statt am größten) Diversifizierungsmarkt und der Bildung einzelner Marktattraktivitätscluster, ist eine mögliche Ergebnisdiskrepanz weniger wahrscheinlich als in den beschriebenen Alternativverfahren.

---

deren Märkte hätten entsprechend ihrer Gewichtungswerte G_i eine Marktattraktivitätskennziffer M_i nach folgender Logik erhalten: $G_i/5{,}0 = M_i/G_9$. Ein solches Vorgehen hat einen entscheidenden Nachteil, der zu einer Ergebnisverzerrung führen kann. Durch die alleinige Ausrichtung aller Werte am Marktvolumen des größten Marktes hat dieser entscheidenden Einfluss auf die Verteilung über alle Märkte. Dadurch ist das Gesamtergebnis wesentlich von einem einzelnen Markt abhängig und damit von der Begrenzung des zu betrachtenden Diversifizierungsraums. Ohne auf die Ergebnisse der empirischen Untersuchung vorgreifen zu wollen, soll an dieser Stelle zur Veranschaulichung der erläuterten Problematik auf die in der vorliegenden Untersuchung betrachteten Diversifizierungsmärkte Online-Portal und ePublishing hingewiesen werden. Diese stellen mit großem Abstand die relevantesten Diversifizierungsmärkte dar. Eine alleinige Ausrichtung auf diese Märkte würde zu vergleichsweise niedrigen Marktattraktivitätskennziffern der anderen Märkte führen.
2. Eine Transferierung der Diversifizierungsmärkte in eine Skala entsprechend der Rangfolge der Gewichtungswerte. Ein solches Vorgehen würde nicht nur die Zuordnung der drei relevantesten Märkte zur Marktattraktivitätskennziffer 5,0 bedeuten, sondern auch eine Zuordnung der drei kleinsten Märkte zur Marktattraktivitätskennziffer 1,0, eine Zuordnung des viert-, fünft- und sechstkleinsten Marktes zur Marktattraktivitätskennziffer 2,0 usw. Dieses Verfahren würde sehr ungenaue Ergebnisse liefern, da bei der Einteilung die eigentliche Größe des Diversifizierungsmarktes nicht hinreichend berücksichtigt wird.

2. Ressourcenorientiertes Attraktivitätsprofil

Aus den Experteninterviews gingen insgesamt 45 (fünf mal neun) Nutzwerte hervor. Jeder der insgesamt neun Diversifizierungsmärkte wurde demnach hinsichtlich aller fünf ressourcenorientierten Kriterien bewertet. Um die Bedeutung der einzelnen Verlagsressourcen und -kompetenzen vergleichen zu können, wurden die Einzelnutzwerte, die pro Diversifizierungsmarkt und hinsichtlich aller fünf Kriterien abgegeben worden waren, in ihrer Gesamtheit betrachtet. Abb. 40 stellt eine Gesamtübersicht der Bewertungsprofile dar sowie die jeweils dazugehörigen fünf höchsten ressourcenorientierten Nutzwerte im Detail.

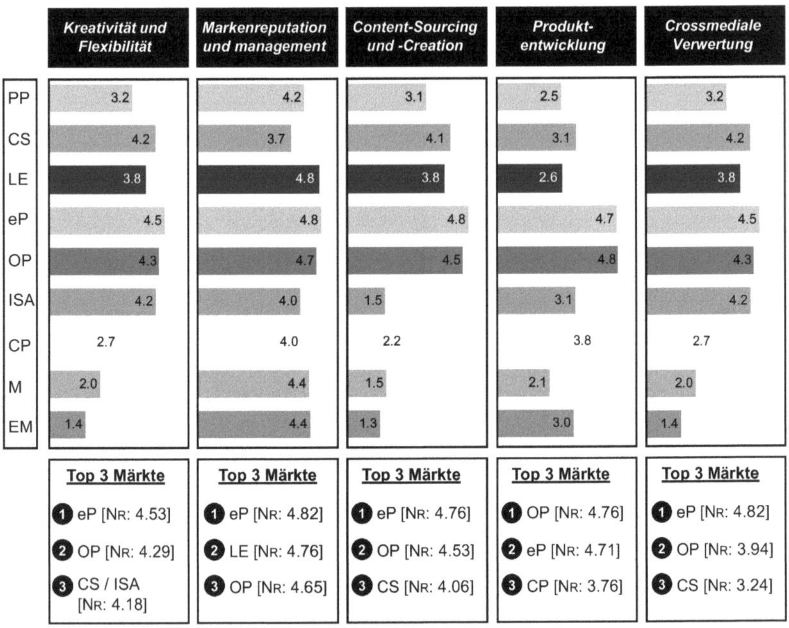

Abbildung 40: Ressourcenorientierte Nutzwert-Teilmodelle

Quelle: eigene Darstellung
Legende: PP – Professional Publishing; CS – Content Syndication; LE – Line Extension; eP – electronic Publishing; OP – Online Portal; ISA – Internet Service Agency; CP – Corporate Publishing; M – Merchandising; EM – Event Management

Es konnte somit eine erste rudimentäre Einschätzung der attraktivsten neuen Geschäftsfelder entlang ihres ressourcenorientierten Nutzwertes erfolgen, die wiederum Rückschlüsse auf zu priorisierende Geschäftsfelder bei besonders starker Ausprägung einer Verlagsressource oder -kompetenz zuließ. Die Diversifizierungsmärkte ePublishing und Online-Portal erhielten hinsichtlich aller Kriterien sehr hohe Nutzwertbewertungen. Der Diversifizierungsmarkt Content Syndication reiht sich mit einer deutlich niedrigeren Bewertung dahinter ein.

Für den weiteren Gang der Untersuchung stellten diese Bewertungsergebnisse aber nur ein Zwischenresultat dar. Zur Einordnung der Geschäftsfelder hinsichtlich ihres Ressourcen- und Synergiepotenzials mit dem Kerngeschäft mussten die Durchschnittsnutzwerte über alle fünf Bewertungskriterien hinweg gebildet werden. Insgesamt ließen sich somit neun Nutzwerte errechnen, pro Diversifizierungsmarkt einen aggregierten ressourcenorientierten Nutzwert. Nachdem diese Ergebnisse im Rahmen der ressourcenorientierten Auswertung bereits errechnet worden waren, sind sie in Abb. 41 zusammenfassend abgebildet.

Abbildung 41: Attraktivitätsprofil der Diversifizierungsmärkte aus ressourcenorientierter Sicht

Quelle: eigene Darstellung

Unter optischen Gesichtspunkten lässt sich an dieser Stelle zunächst eine vergleichsweise enge Verwandtschaft der Online-Geschäftsfelder (Diversifizierungsmuster II) mit dem Kerngeschäft von Zeitschriftenverlagen erkennen. Dennoch gilt es hier eine Differenzierung zu treffen. Während den Diversifizierungsmärkten ePublishing und Online-Portal mit einem ressourcenorientierten Nutzwert von respektive 4,73 und 4,44 das insgesamt höchste Ressourcen- und Synergiepotenzial zugeschrieben wird, weist der Markt Internet Service Agency einen deutlich schlechteren ressourcenorientierten Nutzwert auf. Während die Offline-Geschäftsfelder (Diversifizierungsmuster III) über vergleichsweise geringe Gemeinsamkeiten mit dem Zeitschriftenverlags-

Kerngeschäft verfügen, reihen sich die Content-Geschäftsfelder (Diversifizierungsmuster I) im Bewertungsmittelfeld ein. Die Diversifizierungsmärkte Content Syndication und Line Extension befinden sich sogar im oberen Bewertungsmittelfeld. Auch hier lässt sich ein immer noch relevantes Ressourcen- und Synergiepotenzial zwischen Kerngeschäft und neuen Geschäftsfeldern erkennen. Der Diversifizierungsmarkt Professional Publishing ordnet sich dagegen im unteren Bewertungsmittelfeld ein, ebenso wie der Diversifizierungsmarkt Corporate Publishing. Die ressourcenorientierten Nutzwerte beider Geschäftsfelder weisen daher auf ein weniger stark ausgeprägtes Ressourcen- und Synergiepotenzial hin. Die Diversifizierungsmärkte Event Management und Merchandising bilden mit einem ressourcenorientierten Nutzwert von respektive 2,27 und 2,25 das schwächste Bewertungssegment und weisen daher auch die geringste Relevanz innerhalb der Unternehmen hinsichtlich der ressourcenorientierten Kriterienbewertung auf.

Bevor die abschließende Ergebnis- und Portfolio-Attraktivitätsanalyse erfolgen konnte, musste die Verlässlichkeit der vorliegenden ressourcenorientierten Bewertungsergebnisse überprüft werden. Die bereits errechneten, relativen Unsicherheitsfaktoren ließen erste Rückschlüsse auf die Qualität der Experteneinschätzungen zu, d.h. sie gaben demnach Auskunft darüber, mit welcher Wahrscheinlichkeit die Bewertungen zutreffen. Grundsätzlich gilt hier, dass bei einem hohen Übereinstimmungsgrad der Bewertungsurteile auch eine gute Ergebnisverlässlichkeit garantiert werden kann. Mithilfe der in Abb. 42 dargestellten Zusammenfassung aller relativen Unsicherheitsfaktoren sowie der Bildung eines sog. Vergleichsindex, konnte die Einordnung der Diversifizierungsmärkte nach ihrer individuellen Verlässlichkeit erfolgen. Diejenigen Märkte, die über einen Verlässlichkeitsindex von unter 100 verfügten, galten als vergleichsweise unsicher. Der relative Unsicherheitsfaktor war hier höher als der durchschnittliche Unsicherheitsfaktor. Diejenigen Märkte, die über einen Verlässlichkeitsindex von über 100 verfügten, galten dagegen als relativ sicher.

Demnach sind die ressourcenorientierten Bewertungsergebnisse der Märkte e-Publishing, Internet Service Agency und Event Management vergleichsweise verlässlich. Die Bewertungen für die Diversifizierungsmärkte Professional Publishing, Content Syndication und Line Extension, deren Ressourcenattraktivität auch eher im oberen Bewertungsmittelfeld angesiedelt ist, müssen als vergleichsweise unverlässlich angesehen werden. Schließlich sind sich die Experten in Hinblick auf die ressourcenorientierte Bewertung der Märkte Online-Portal, Corporate Publishing und Merchandising auch nur begrenzt einig, wenngleich die Verwendung eines durchschnittlichen Vergleichsindex von über 90 eine bereits verhältnismäßig hohe Ergebnisverlässlichkeit garantiert hätte Kombiniert man die Ergebnisse der Verlässlichkeitsanalyse mit den aus Ressourcensicht attraktivsten Diversifizierungsmärkten, erscheint eine Expansion in das Geschäftsfeld ePublishing für die meisten Zeitschriftenverlage sehr zukunftssicher, eine Expansion in das Geschäftsfeld Online-Portal ausreichend zukunftssicher

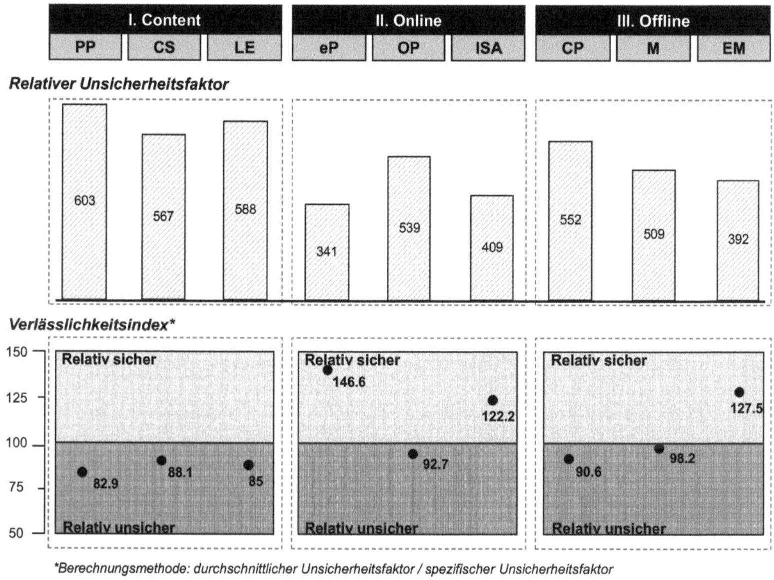

Abbildung 42: **Verlässlichkeitsanalyse der ressourcenorientierten Bewertungsergebnisse**

Quelle: eigene Darstellung

und eine Expansion in das Geschäftsfeld Content Syndication eher unsicher. Die vergleichsweise hohe Uneinigkeit der Experten in Bezug auf die im ersten Diversifizierungsmuster abgebildeten Content-Geschäftsfelder deutet auf die implizite Unterschiedlichkeit in der strategischen Ausrichtung der befragten Zeitschriftenverlage hin und legt die Vermutung nahe, dass deren Verwertungsstrategie im Umgang mit (bereits vorhandenen) Inhalten voneinander divergiert.

3. Durchführung der Ergebnis- und Portfolio-Attraktivitätsanalyse

Für die abschließende Attraktivitätsanalyse der identifizierten Diversifizierungsmärkte mussten die Ergebnisse der ressourcen- und marktorientierten Bewertung zusammengeführt werden. Um eine fokussierte Darstellung aller Bewertungsparameter auf ressourcen- und marktorientierter Basis sowie deren Integration in ein Rahmenmodell zu ermöglichen, mussten zunächst aggregierte Gesamtattraktivitätswerte ermittelt werden. Wohingegen die marktorientierte Bewertung der Diversifizierungsmärkte mit einer Überführung und Zuordnung der Geschäftsfelder in sog. Marktattraktivitätskennziffern endete, konnte beim ressourcenorientierten Teil wie erinnerlich auf die Mittelwerte der abgegebenen Nutzwerte pro Diversifizierungsmarkt zurückgegriffen werden. Zur Sicherstellung der terminologischen Stringenz werden diese im Folgenden als Ressourcenattraktivitätskennziffern bezeichnet.

Die Beurteilung der strategischen Relevanz der Diversifizierungsmärkte basiert auf einer ganzheitlichen Betrachtung der vorliegenden Daten. Der zentrale Bestandteil dieses Arbeitsschritts bestand in der Attraktivitätsportfolio-Analyse, im Rahmen derer die einzelnen Diversifizierungsmärkte in ein Koordinatensystem eingeordnet und in Abhängigkeit voneinander diskutiert wurden. Auf den Rubrikachsen wurde jeweils die Marktattraktivität sowie das Ressourcen- und Synergiepotenzial gemessen. Schließlich ließ sich eine Einordnung aller Diversifizierungsmärkte in das in Abb. 43 dargestellte Koordinatensystem vornehmen sowie eine schematische Verortung entlang der vier identifizierten Kategorien.

Die Verortung der Diversifizierungsmärkte im Koordinatensystem zeichnet ein in zweierlei Hinsicht deutliches Bild. Zum einen ergibt sich eine sehr hohe Attraktivität für die beiden Diversifizierungsmärkte Online-Portal und ePublishing sowie den Diversifizierungsmarkt Content Syndication, der jedoch über eine deutlich schwächere Gesamtattraktivität verfügt. Am anderen Ende der Bewertungsskala weisen die Märkte Event Management und Merchandising dagegen die niedrigsten Attraktivitäten aus. Die verbleibenden Diversifizierungsmärkte reihen sich im Bewertungsmittelfeld ein. Während die Märkte Corporate Publishing, Professional Publishing und Line Extension über vergleichsweise hohe Ressourcen- und Synergiepotenziale verfügen, gleichzeitig jedoch eine eher niedrige Marktattraktivität ausweisen, stellt sich der Sachverhalt für den Markt Internet Service Agency genau umgekehrt dar.

Betrachtet man die Anordnung der Diversifizierungsmärkte mit Hinblick auf deren Position im Koordinatensystem, so lassen sich diese sowohl in vertikal-horizontaler Richtung als auch entlang der vier Diversifizierungskategorien gruppieren, um eine generische Vergleichsmöglichkeit der respektiven Attraktivitätsbewertungen zu ermöglichen. Aufgrund der verlagsspezifischen Individualisierungsmöglichkeiten der Untersuchungsergebnisse – schließlich lassen sich je nach Existenz bzw. Ausprägung der verlagsinternen Kernressourcen und -kompetenzen individuelle Anpassungen in Bezug auf die gesammelten Ressourcenbewertungen und -nutzwerte vornehmen – soll an dieser Stelle auch auf die grundsätzliche Eignung der Erkenntnisse zur verlags- und unternehmensinternen Überprüfung geplanter bzw. bereits implementierter Diversifizierungsstrategien hingewiesen werden. Auf dieser Grundlage kann ihre Tauglichkeit und ihr Zukunftspotenzial überprüft werden. Die marktorient ierte Bewertung ergänzt die Attraktivitätsanalyse um eine objektive, unternehmensexterne Dimension, die für deutsche Zeitschriftenverlage bei der Formulierung ihrer Diversifizierungsvorhaben einen vergleichbar wichtigen Stellenwert besitzt und zur Konzeptionierung einer langfristigen Strategie zur Erlöserweiterung eine erste Einschätzung des damit einhergehenden unternehmerischen Risikos zulassen sollte.

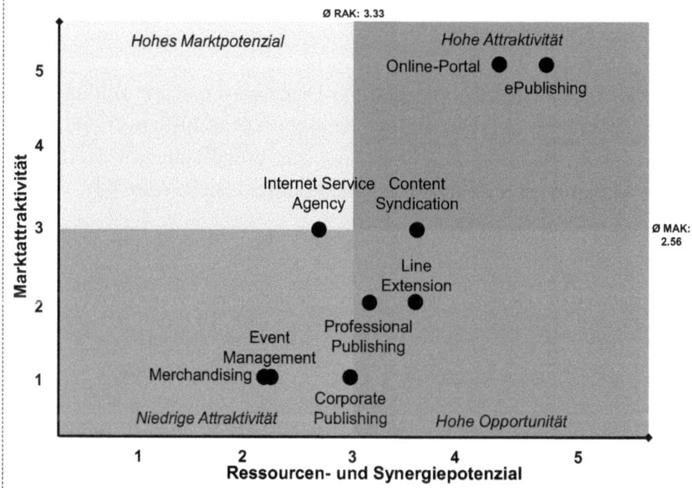

D.M.	Marktattraktivitätskennziffer	Ressourcenattraktivitätskennziffer
PP	2	3,19
CS	3	3,65
LE	2	3,62
eP	5	4,73
OP	5	4,44
ISA	3	2,85
CP	1	2,98
M	1	2,26
EM	1	2,27

Abbildung 43: Attraktivitätsportfolio-Analyse zur Evaluation der Diversifizierungsmärkte entlang der ressourcen- und marktorientierten Kriterien
Quelle: eigene Darstellung
Legende: MAK: Marktattraktivitätskennziffer; RAK: Ressourcenattraktivitätskennziffer; D.M.: Diversifizierungsmarkt

Der eingangs formulierten Forderung nach einem Integrationskonzept des ressourcen- und marktorientierten Ansatzes wurde durch diesen Analyseschritt Rechnung getragen. Die Analyse der empirischen Ergebnisse orientierte sich nicht nur an der Kombination der beiden Konzepte, sondern weist einen hohen Detailgrad in der Determinierung des strategischen Optionsraumes der Zeitschriftenverlage – insbesondere auch mithilfe der qualitativen Erkenntnisse dieser Untersuchung – auf. Schließlich werden sowohl der ressourcen- als auch der marktorientierte Ansatz an konkreten Untersuchungsobjekten erprobt, bevor sie in das von *Buchholz und Olemotz* entwickelte, integrative Konzept eines Geschäftsfeld-Kernkompetenzen-Portfolio einfließen können[385]. Dadurch erhalten Zeitschriftenverlage nicht nur ein Werkzeug zur Überprüfung bzw. Optimierung ihrer Diversifizierungsaktivitäten, sondern können mithilfe der in-

[385] Vgl. Buchholz und Olemotz (1995), S. 53.

haltlich-qualitativen Ergebnisse auch einen Vergleich zur unternehmensinternen Verwendung ihrer Kernressourcen und -kompetenzen bei Diversifizierungsentscheidungen ziehen.

Schließlich ließen sich die empirischen Daten als Input zur Bildung eines Rahmenmodells für strategisches Wachstum deutscher Zeitschriftenverlage heranziehen und lieferten somit einen wichtigen Beitrag zur grundsätzlichen Evaluierung von Diversifizierungsoptionen im Zeitschriftenmarktumfeld (siehe Abb. 44).

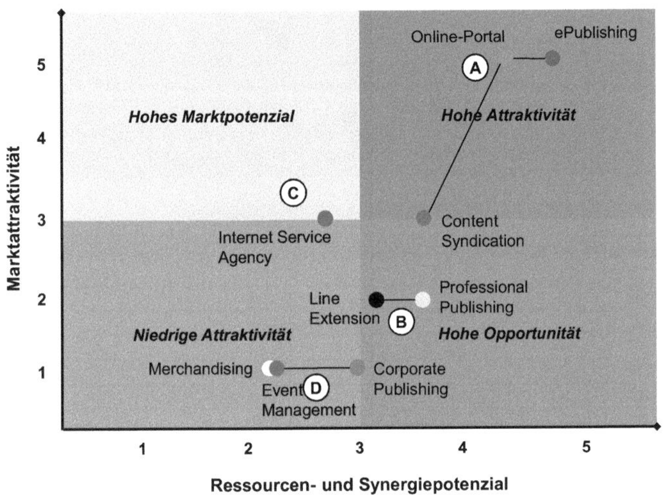

Abbildung 44: Angepasstes Attraktivitätsportfolio zur Kategorisierung der Diversifizierungsmärkte

Quelle: eigene Darstellung

IV. Der strategische Optionsraum deutscher Zeitschriftenverlage im Diversifizierungsgeschäft

Die Abbildung des strategischen Optionsraums deutscher Zeitschriftenverlage erfolgt in drei Schritten. Zunächst werden die Diversifizierungsmärkte entlang ihrer markt- und ressourcenorientierten Bewertungsergebnisse kategorisiert. Im Anschluss erfolgt eine Überprüfung der Ergebnisse in Bezug auf die strategische Relevanz der einzelnen Diversifizierungsaktivitäten, ein Realitätscheck also, der die Rolle der als attraktiv eingestuften Geschäftsfelder im Diversifizierungsgeschäft deutscher Zeitschriftenverlage ermitteln soll. Schließlich werden die strategischen Implikationen für das Diversifizierungsgeschäft diskutiert. Die Attraktivitätsbewertungen der Diversifizierungsmärkte stellen in diesem Zusammenhang das erste, wichtige Erkenntnisziel dar, weil auf deren Grundlage erste Normstrategien zur Diversifizierungsplanung abgeleitet werden können. Diese werden schließlich um spezifische Handlungsoptionen, die auch die Markt- und industriespezifischen Gegebenheiten berücksichtigen, ergänzt. Daraus ergibt sich ein integratives Gesamtkonzept, das den strategischen Optionsraum im Diversifizierungsgeschäft deutscher Zeitschriftenverlage abbildet.

Auf der Grundlage dieser Erkenntnisse baut schließlich auch das Diversifizierungsrahmenmodell auf, dessen Entwurf sich sowohl an den abgeleiteten Normstrategien als auch an konkreten Handlungsempfehlungen unter Einbeziehung des unternehmerischen Risikos bei der Planung und Umsetzung von Diversifizierungsaktivitäten orientiert und daher die vorliegenden, empirischen Untersuchungsergebnisse um zwei weitere Deutungsdimensionen ergänzt. Außerdem ergibt sich dadurch die Möglichkeit, eine Operationalisierung der vorliegenden Arbeitsergebnisse zu erreichen und einen praktischen Bezug zum Tagesgeschäft herzustellen.

a) Kategorisierung anhand markt- und ressourcenorientierter Attraktivitätsbewertungen

Durch die Zusammenführung der markt- und ressourcenorientierten Attraktivitätsprofile lassen sich die vorliegenden Untersuchungsergebnisse in Diversifizierungskategorien unterteilen. Diese Cluster bilden die Grundlage für die Ableitung konkreter Handlungsempfehlungen und bieten deutschen Zeitschriftenverlagen die Möglichkeit, ihre strategische Gesamtausrichtung zu überprüfen. Da die identifizierten Diversifizierungsmärkte unterschiedlich hohe Synergiepotenziale mit dem Kerngeschäft aufweisen, gleichzeitig aber auch über divergierende Marktpotenziale verfügen, erscheint eine Kategorisierung in insgesamt vier unterschiedliche Diversifizierungsgruppen sinnvoll. Die in Abb. 50 dargestellten Diversifizierungscluster (A bis D) orientieren sich daher nicht nur an der Marktattraktivität, sondern auch am Verbundenheitsgrad der Diversifizierungsmärkte mit dem Kerngeschäft. Wie ersichtlich, lassen sich die Diversifizierungscluster (und -märkte) grob in die abgebildeten vier Diversifizierungskategorien einordnen.

Neben dem als attraktivster Diversifizierungsmarkt bewerteten ePublishing-Geschäft, weist auch der Markt Online-Portal eine überdurchschnittlich hohe Markt- und Ressourcenattraktivität auf. Dem ePublishing-Geschäft wurde das höchste Ressourcen- und Synergiepotenzial attestiert – insbesondere in Bezug auf die Markenreputation und das -management sowie die crossmediale Verwertungskompetenz. Die Konsistenz der abgegebenen Experteneinschätzungen ist extrem hoch und spricht daher für eine verhältnismäßig hohe Wahrscheinlichkeit. Im Gegensatz dazu wird die Attraktivität des Marktes Online-Portal insbesondere mit Hinblick auf die marktorientierte Bewertung deutlich. Hier wird beim Blick auf die Marktgrößenschätzungen ein sehr hohes Attraktivitätspotenzial erkennbar, das mit 34% insgesamt 31 Prozentpunkte über dem des Marktes ePublishing liegt. Das Geschäftsfeld Content Syndication bildet gemeinsam mit diesen beiden Märkten das erste Diversifizierungscluster.[386] Das Ressourcen- und Synergiepotenzial dieses Marktes ist jedoch vergleichsweise niedriger ausgeprägt als dessen Marktattraktivität. Im direkten Vergleich zu den ersten beiden Märkten, wird daher das Geschäftsfeld Content-Syndication eher opportunistisch betrieben. Abb. 45 liefert einen Gesamtüberblick der ersten Diversifizierungskategorie.

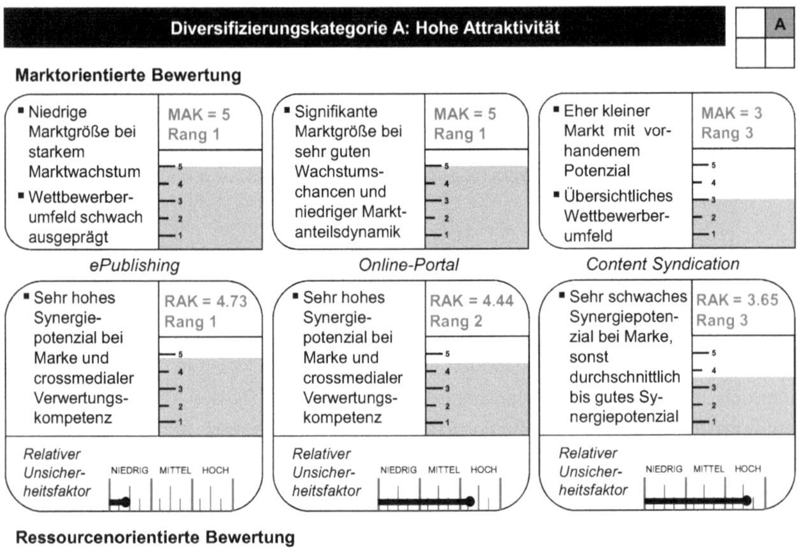

Abbildung 45: Kategorisierungscluster der Diversifizierungsmärkte mit hoher Attraktivität

Quelle: eigene Darstellung

Die Diversifizierungsmärkte Professional Publishing und Line Extension, die gemeinsam das zweite Diversifizierungscluster der vorliegenden Arbeit bilden, erscheinen hinreichend attraktiv, weisen jedoch hinsichtlich der ressourcenorientierten Bewertung eine verhältnismäßig niedrige Expertenübereinstimmung und daher eine niedrigere Verlässlichkeit der Ergebnisse auf (siehe Abb. 46). Hier trifft eine vergleichsweise hohe Marktchance auf ein rudimentär ausgeprägtes Ressourcen- und Synergiepotenzial. Wenngleich ein hoher Verbundenheitseffekt mit den bereits bestehenden Marken sowie der Kompetenz des Markenmanagements zu beobachten ist, zeichnet sich hier ein überdurchschnittlich schwaches Synergiepotenzial mit Hinblick auf

[386] Der Diversifizierungsmarkt Content Syndication wurde dem Diversifizierungscluster A zugeordnet, da er über eine immer noch ausreichend hohe Markt- und Ressourcenattraktivität verfügt. Da der Wert drei auf einer Skala von eins bis fünf immer noch über dem Mittelwert von 2,5 liegt, muss er streng genommen zu der Diversifizierungskategorie mit der jeweils höheren Attraktivität gezählt werden. Hier wurde lediglich zur Vereinfachung der grafischen Darstellung eine leicht verschobene Einteilung vorgenommen, deren Grenzen beim Wert drei verlaufen.

die Produktentwicklungskompetenz ab. Grundsätzlich sind die Geschäftsfelder dieses Diversifizierungsclusters ausschließlich opportunistisch zu betreiben. Der Eintritt eines Zeitschriftenverlages in einen dieser beiden Märkte würde daher am ehesten aus einer konkreten Akquisitionschance oder Partnerschaft heraus getrieben werden.

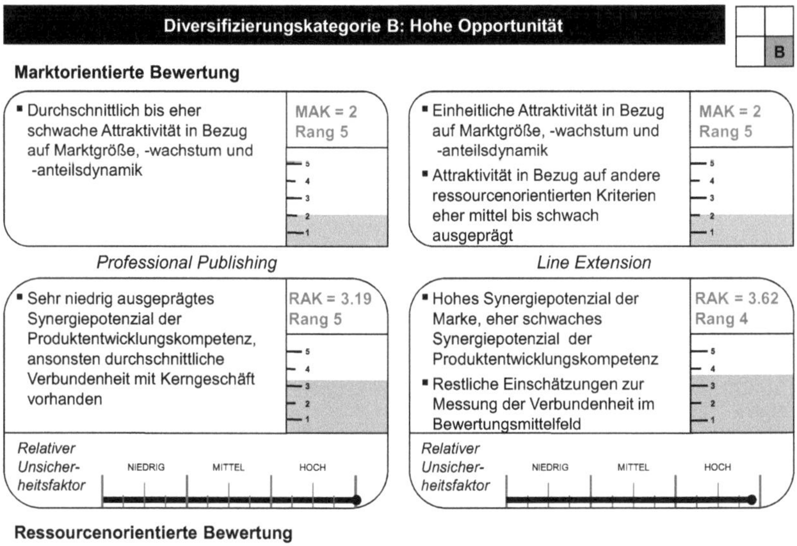

Abbildung 46: Kategorisierungscluster der Diversifizierungsmärkte mit hoher Opportunität

Quelle: eigene Darstellung

Das dritte Diversifizierungscluster ist in Abb. 47 dargestellt und wird ausschließlich durch den Diversifizierungsmarkt Internet Service Agency repräsentiert. Dieses Geschäftsfeld weist eine vergleichbar hohe Marktattraktivität auf, hinsichtlich des Ressourcen- und Synergiepotenzials schneidet es dagegen eher schlecht ab. Das Maß der Expertenübereinstimmung ist mit einem vertretbaren relativen Unsicherheitsfaktor akzeptabel. Wie im Kapitel „Auswertung der marktorientierten Attraktivität der Diversifizierungsmärkte„ bereits erläutert, trägt die beträchtliche, aktuelle Marktgröße des internetbasierten Dienstleistungsgeschäftes deutscher Zeitschriftenverlage zu der überdurchschnittlichen Bewertung aus marktorientierter Sicht bei. Die Entscheidung für oder gegen einen Einstieg in dieses Geschäftsfeld hängt daher in erster Linie vom Ressourcenaufwand ab, der sich an den potentiellen Einsatz- und Auslastungsmöglichkeiten der bereits vorhandenen Kernressourcen und -kompetenzen orientiert. Ungeachtet des *Upselling*-Potenzials, kann die Etablierung eines verlagsinternen, internetbasierten Service-Anbieters auch als Kundenbindungsmaßnahme sehr effektiv sein. Da ein Großteil der Verlagskunden heutzutage nicht mehr nur Werbeleistung einkauft, sondern weitere verlagsspezifische Dienstleistungen nachfragt, positionieren sich die Zeitschriftenverlage auch als Dienstleistungsanbieter. Das Geschäftsfeld Internet Service Agency spielt in diesem Zusammenhang eine wichtige Rolle..

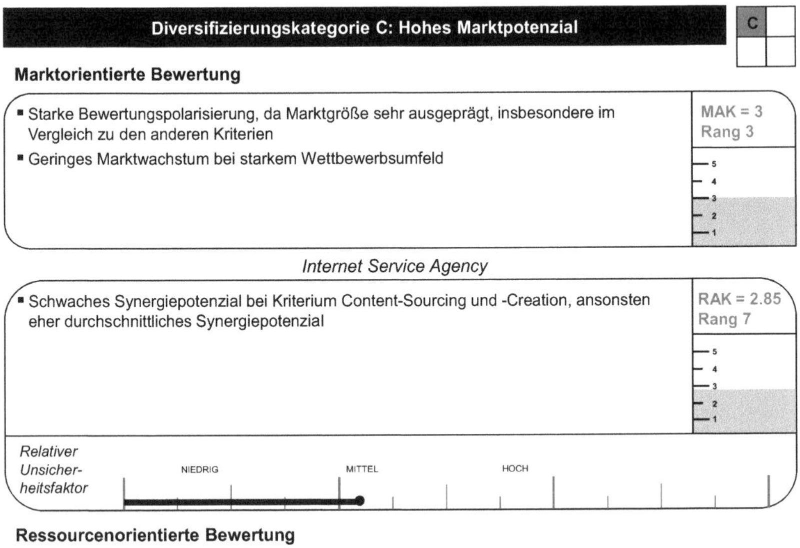

Abbildung 47: Kategorisierungscluster der Diversifizierungsmärkte mit hohem Marktpotenzial

Quelle: eigene Darstellung

Schließlich lassen sich die Märkte Merchandising, Event Management und Corporate Publishing der in Abb. 48 verbildlichten, vierten Diversifizierungskategorie zuordnen. Diese Geschäftsfelder weisen weder hohe Marktattraktivitätskennziffern noch eine starke Verbundenheit zum Kerngeschäft auf und bilden daher ein eher weniger attraktives Diversifizierungsfeld. Der Übereinstimmungsgrad der ressourcenorientierten Bewertungen ist durchschnittlich bis schwach ausgeprägt. Während die aktuellen Marktgrößen für die drei Diversifizierungsmärkte ähnlich beziffert wurden, wird dem Markt Corporate Publishing ein immer noch doppelt so hohes Wachstumspotenzial sowie eine nur halb so intensive Marktanteilsdynamik im Vergleich zu den anderen beiden Märkten dieses Clusters attestiert. Obwohl alle drei Diversifizierungsmärkte mit der gleichen, niedrigsten Marktattraktivitätskennziffer beziffert wurden, müssen die Abweichungen in Bezug auf die originären Bewertungsergebnisse in diesem Zusammenhang nicht irrelevant sein. Des Weiteren weist das Geschäftsfeld Merchandising das höchste Ressourcen- und Synergiepotenzial dieses Diversifizierungsclusters auf. Daher stellt sich u.U. die Frage, welches Kriterium im Bewertungskontext schwerer wiegt, wenn eines der o.g. Geschäftsfelder aus den bestehenden Aktivitäten eines Zeitschriftenverlages und mit geringem Zusatzaufwand betrieben werden soll.

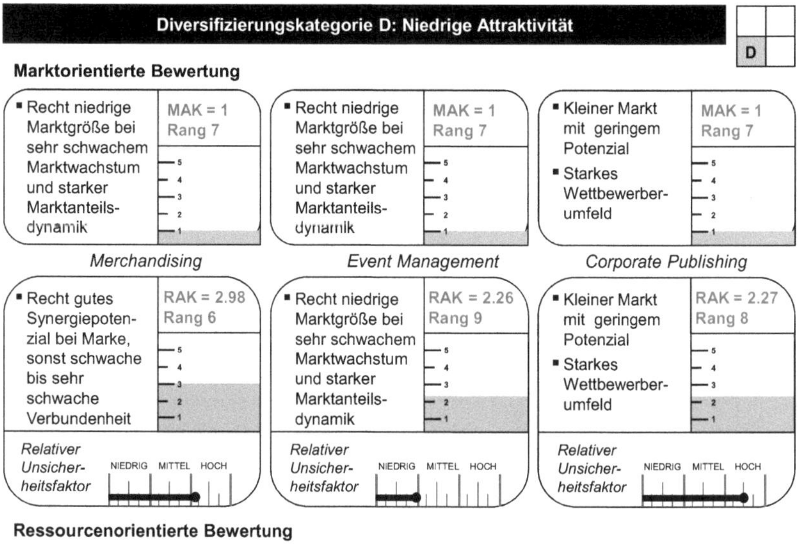

Abbildung 48: Kategorisierungscluster der Diversifizierungsmärkte mit niedriger Attraktivität

Quelle: eigene Darstellung

b) Strategische Relevanz der Diversifizierungsmärkte

Unabhängig von der Frage, welche Relevanz die ressourcenorientierten Kriterien in Bezug auf die vorliegenden neun Diversifizierungsmärkte besitzen, sollte auch deren strategische Priorisierung für die entsprechenden Zeitschriftenverlage ermittelt werden.[387] Erneut diente ein Skalenintervall von eins bis fünf zur Einstufung der jeweiligen strategischen Relevanzen.[388] Um die Vergleichbarkeit mit den anderen Untersuchungsergebnissen sicherzustellen, musste zunächst die Gesamtattraktivität der einzelnen Diversifizierungsmärkte ermittelt werden. Die hier eingeführte Gesamtattraktivitätskennziffer bildet sich aus dem Produkt der Ressourcen- und der Marktat-

[387] Die Experten wurden gebeten, die strategische Relevanz der Diversifizierungsmärkte für den Zeitraum der kommenden fünf Jahre anzugeben. Da alle Interviews im Zeitraum von Dezember 2010 bis einschließlich März 2011 geführt wurden, bezieht sich die Prognose auf den Zeitraum bis einschließlich März 2016.

[388] Auf diesem Skalenintervall galt die gleiche Bewertungslogik wie bei der ressourcenorientierten Befragung. Eins stand daher für eine niedrige strategische Relevanz, fünf für eine hohe strategische Relevanz.

traktivitätskennziffer.[389] Die in Abb. 49 dargestellten Kennziffern bilden sowohl die strategische Relevanz aller neun Diversifizierungsmärkte (inklusive der berechneten Standardabweichungen) als auch deren Kennziffern zur Messung der Gesamtattraktivität ab.

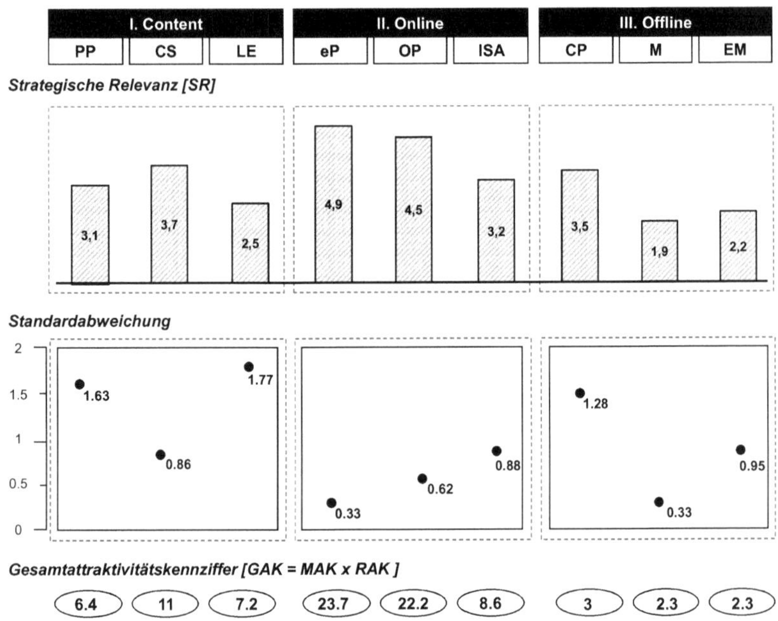

Abbildung 49: **Relevanz und Gesamtattraktivitätskennziffern der einzelnen Diversifizierungsmärkte**

Quelle: eigene Darstellung

Die Diversifizierungsmärkte ePublishing und Online-Portal stellen die höchste strategische Relevanz (SR: 4,9 und 4,5 respektive) für das Diversifizierungsgeschäft deutscher Zeitschriftenverlage während der kommenden fünf Jahre dar und weisen eine hohe Expertenübereinstimmung (Standardabweichung 0,33 und 0,62 respektive) auf. Im oberen Bewertungsmittelfeld reihen sich die Märkte Content Syndication (SR: 3,7), Corporate Publishing (SR: 3,5) Internet Service Agency (SR: 3,2) und Professional Publishing (SR: 3,1) ein. Die Diversifizierungsmärkte Line Extension (2,5), Event Management (SR: 2,2) und Merchandising (SR: 2,1) sind von geringerer strategischer Relevanz. Der vergleichsweise niedrige Übereinstimmungsgrad der Experteneinschätzungen in Bezug auf die strategische Relevanz der Märkte Corporate Publishing, Pro-

[389] Die Gesamtattraktivität stellt zum Zwecke der Vergleichbarkeit mit der strategischen Relevanz eine geeignete Bezugsgröße dar, ist jedoch für eine Tiefenanalyse der Untersuchungsergebnisse nicht geeignet, da die Gewichtungen entlang der markt- oder ressourcenorientierten Bewertungen nicht abgebildet werden können.

fessional Publishing und Line Extension (Standardabweichung 1,28; 1,63 und 1,77 respektive) lässt sich unterschiedlich begründen. Während die Geschäftsfelder Corporate Publishing und Professional Publishing das Bestehen bzw. den Aufbau spezifischer unternehmensinterner Ressourcen voraussetzen, verfügt die Mehrheit deutscher Zeitschriftenverlage über die notwendigen Kapazitäten, das Geschäftsfeld Line Extension mit den bestehenden Ressourcen abzudecken. Daher war in den ersten beiden Fällen eine deutliche Pro- oder Contra-Positionierung mit Hinblick auf die vorhandenen, verlagsinternen Ressourcen und Kompetenzen ersichtlich, die mit Bezug auf die Diversifizierungsstrategie des jeweiligen Zeitschriftenverlages zu unterschiedlichen Ergebnissen führte. Im letzten Falle ist die vergleichsweise niedrige Übereinstimmung dagegen eher mit einem Blick auf die Gesamtstrategie des Zeitschriftenverlages zu beantworten und der Frage, wie stark sich die Erschließung neuer Geschäftsfelder – in diesem Falle des internetbasierten Service-Geschäftes – am Kerngeschäft, der redaktionellen Herstellung von Content, dessen Vermarktung und dem Vertrieb, orientiert.

Vergleicht man die Kennziffern zur Messung der strategischen Relevanz mit den Gesamtattraktivitätskennziffern wird eine deutliche Ergebnisüberschneidung der Märkte ePublishing (GAK: 23,7) und Online-Portal (GAK: 22,2) deutlich. Die strategische Ausrichtung auf beide Geschäftsfelder ist aus Unternehmenssicht wegen der ausgeprägten Marktattraktivität und des hohen Verbundenheitsgrades mit dem Kerngeschäft eine logische Schlussfolgerung. Vergleicht man strategische Relevanz und Gesamtattraktivität des Marktes Content Syndication (GAK: 11), so lässt sich dieser Erklärungsansatz auch hier anwenden. Da die Gesamtattraktivität hier niedriger ausfällt, ist auch die strategische Relevanz schwächer ausgeprägt. Eine vergleichsweise hohe Überscheidung ist schließlich auch für die Märkte Internet Service Agency (GAK: 8,6) und Professional Publishing (GAK: 6,4) zu beobachten. Bei durchschnittlich ausgeprägter Gesamtattraktivität weisen diese Märkte auch nur eine durchschnittliche strategische Relevanz auf.

Das Geschäftsfeld Line Extension ist bei einer durchschnittlichen Gesamtattraktivität (GAK: 7,2) nur eingeschränkt strategisch relevant. Die Ausführungen im Kapitel „Auswertung der marktorientierten Attraktivität der Diversifizierungsmärkte„ hatten ja eine opportunistische Strategieführung empfohlen, d.h., dass aufgrund der niedrigen Marktattraktivität (und bei vorhandenem Synergiepotenzial) hier nur eine Nischenplatzierung entsprechender Zeitschriftentitel erfolgreich sein kann. Umgekehrt verhält es sich bei dem Diversifizierungsmarkt Corporate Publishing. Hier trifft eine niedrige Gesamtattraktivität (GAK: 3) auf eine ausgeprägte strategische Relevanz. Diese Diskrepanz lässt sich nur so erklären, dass mglw. nur ein Teil der Zeitschriftenverlage über entsprechende Kapazitäten verfügt, diejenigen aber, die in den Aufbau notwendiger Ressourcen und Kompetenzen investiert haben, dieses Geschäftsfeld auch als strategisch relevant einordnen und unter Auslastungsaspekten besetzen. Des Weiteren scheinen sich wie erinnerlich einige Zeitschriftenverlage in einer eher abwartenden Stellung zu befinden, um bei gelungener Akquise attraktiver Kunden den Kapazitätenaufbau durch Eigeninvestitionen oder über geeignete Partnerschaften gezielt voranzutreiben zu können.

Schließlich verfügen die Diversifizierungsmärkte Event Management und Merchandising über eine geringe Gesamtattraktivität (GAK: jeweils 2,3) bei einer strategisch untergeordneten Rolle. Die Einordnung in das Diversifizierungscluster der geringsten Gesamtattraktivität und Relevanz mit dem Kerngeschäft darf jedoch nicht als undifferenzierte Aufforderung zur Vernachlässigung bestehender Aktivitäten in diesen Diversifizierungsmärkten gesehen werden, insbesondere dann, wenn der Zeitschriftenverlag über einen bereits hohen Marktanteil verfügt.

Mit Hinblick auf die strategische Relevanz der einzelnen Diversifizierungsaktivitäten hinsichtlich des Kerngeschäftes deutscher Zeitschriftenverlage, muss an dieser Stelle noch eine ergänzende Bemerkung erfolgen. Da der Diversifizierungsgrad des Aktivitätenportfolios stark mit der Umsatzgröße des Verlagsunternehmens korrelierte, fiel die strategische Relevanz der identifizierten Diversifizierungsmärkte bei den umsatzstarken Verlagsunternehmen durchschnittlich sehr viel höher aus als bei den umsatzschwächeren. Diejenigen Verlagsunternehmen, die über eine eher geringe Kapitalausstattung verfügen, konzentrieren ihr Diversifizierungsgeschäft auf eine kleinere Anzahl an Geschäftsfeldern.

Um die grundsätzliche Eignung des Rahmenmodells zu überprüfen, konnten nun die jeweiligen Korrelationen zwischen strategischer Relevanz auf der einen Seite und Gesamtattraktivität, Marktattraktivität und Ressourcen- und Synergiepotenzial auf der anderen Seite überprüft werden. Die in Abb. 50 durchgeführte Korrelationsanalyse weist die Zusammenhänge aller Bewertungsparamter auf und dokumentiert das jeweilige Bestimmtheitsmaß der entsprechenden Korrelationsanalysen.

Überprüft man die Korrelation zwischen strategischer Relevanz und Gesamtattraktivität der Diversifizierungsmärkte, so stellt man einen sehr starken Zusammenhang fest (R^2: 0,9994). Diese Erkenntnis legt nahe, dass sich deutsche Zeitschriftenverlage beim Eintritt in neue Geschäftsfelder grundsätzlich in sehr hohem Maße an der Gesamtattraktivität der Diversifizierungsmärkte orientieren. Die eingezeichnete Gerade des Bestimmtheitsmaßes gibt Aufschluss darüber, welche Diversifizierungsmärkte über- bzw. untergewichtet sind. Diejenigen Märkte, die sich oberhalb der Geraden befinden, weisen aus rechnerischer Sicht eine Übergewichtung auf, die darunter liegenden eine Untergewichtung. Das Maß der Über- bzw. Untergewichtung lässt sich am Abstand zur Geraden abmessen. Wenngleich an dieser Stelle von der mathematischen Prüfung des Korrelationsmaßes abgesehen werden soll, so bietet eine allgemeine Einordnung der Diversifizierungsmärkte entlang der Geraden die Möglichkeit, die strategischen Gewichtungen zu überprüfen. Insbesondere bei denjenigen Märkten, die über eine überdurchschnittliche Attraktivität verfügen und daher unterhalb der Geraden zu

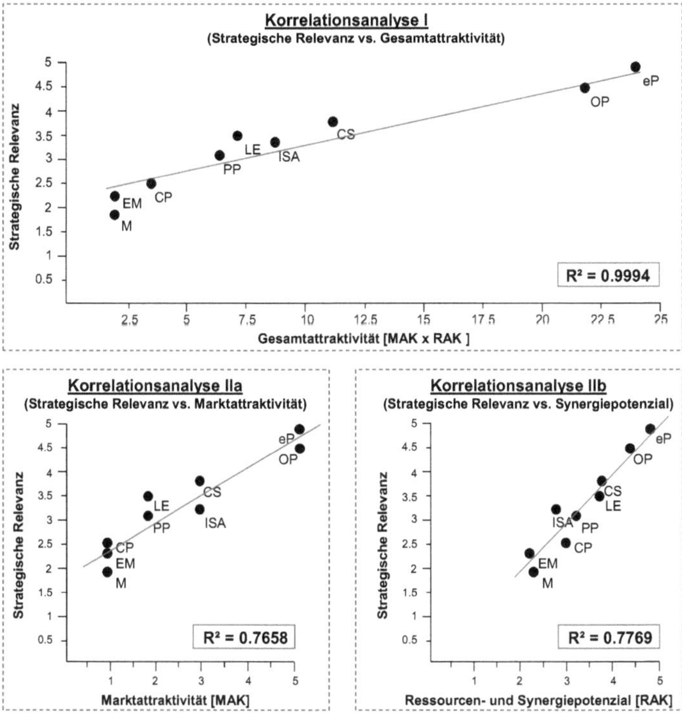

Abbildung 50: Korrelationsanalyse der strategischen Relevanz vs. der Attraktivitätskennziffern aus markt- und ressourcenorientierter Bewertung

Quelle: eigene Darstellung

verorten sind, ist eine Überprüfung sinnvoll.[390] Trotz des hohen Korrelationsmaßes lässt ich konstatieren, dass die in Korrelationsanalyse I abgebildeten Diversifizierungsmärkte Professional Publishing, Line Extension, Internet Service Agency und Content Syndication trotz durchschnittlicher Gesamtattraktivität eine unzureichende Beachtung finden. Auch der Markt Online-Portal ist aus Sicht der strategischen Relevanz eher untergewichtet. Mglw. wäre hier eine Umverteilung vorhandener Kapitalressourcen von strategisch übergewichteten zu strategisch untergewichteten Märkten sinnvoll.

Aus Korrelationsanalyse IIa und IIb lassen sich weitere wichtige Erkenntnisse zusammentragen. Ein Quervergleich zu Korrelationsanalyse I ist jedoch aufgrund der voneinander abweichenden Achsenskalierungen nicht möglich. Vergleicht man dafür

[390] Diejenigen Märkte, die über eine sehr niedrige Attraktivität verfügen, lassen sich mithilfe dieser Analyse nicht erfassen. Eine strategische Untergewichtung auf niedrigem Attraktivitätsniveau ist ausgeschlossen, da sowohl der Kosten- als auch Implementierungsaufwand einen Markteintritt nicht rechtfertigen würde. Daher verfügen diese Märkte über keine oder eine nur sehr geringe strategische Relevanz.

die Korrelationsanalysen von strategischer Relevanz und Marktattraktivität (R^2: 0,7658) bzw. strategischer Relevanz und Ressourcen- und Synergiepotenzial (R^2: 0,7769), lässt sich zunächst eindeutig feststellen, dass deutsche Zeitschriftenverlage bei der Diversifizierungsentscheidung sowohl marktorientierte als auch ressourcenorientierte Kriterien berücksichtigen. Die eng beieinander liegenden Werte zur Messung des Bestimmtheitsmaßes prognostizieren demnach, dass die Marktattraktivität eines Diversifizierungsmarktes fast genauso wichtig ist wie die Verbundenheit mit dem Kerngeschäft.

Die vorliegenden Überprüfungsergebnisse sind jedoch hinsichtlich ihrer Signifikanz nur mit Einschränkung zu verwenden. Schließlich ist davon auszugehen, dass die strategische Relevanz der Diversifizierungsmärkte auf das Ergebnis der ressourcenorientierten Bewertung partiell eingewirkt hat.[391] Um diesen Einflussfaktor so gering wie möglich zu halten, wurde die Einschätzung der strategischen Relevanz erst am Ende eines jeden Interviews vorgenommen, nach Abschluss der ressourcenorientierten Bewertung also. Des Weiteren ging die Bewertungsaufforderung hinsichtlich der Relevanz eines jeden ressourcenorientierten Kriteriums in Bezug auf die neun Diversifizierungsmärkte mit dem Hinweis einher, dass es sich bei der Einschätzung um die Perspektive eines idealtypischen, deutschen Zeitschriftenverlages handeln sollte.

c) Strategische Implikationen für das Diversifizierungsgeschäft

Um den strategischen Optionsraum deutscher Zeitschriftenverlage im Diversifizierungsgeschäft final abbilden zu können, stützte sich die weitere Analyse zwar im Kern auf die empirischen Untersuchungsergebnisse zur Attraktivitätsbewertung, leitet aber in der Folge strategische Schlussfolgerungen ab und soll daher einen zusätzlichen Erkenntnisgewinn darstellen. Aufbauend auf einer ersten Kategorisierung möglicher Strategieoptionen gründet sich die Herleitung spezifischer Handlungsoptionen für das Diversifizierungsgeschäft. Diese Erkenntnisse werden im vorliegenden Kapitel operationalisiert und schließlich in ein Rahmenmodell integriert. Die Herleitung dieser Empfehlungen soll deutschen Zeitschriftenverlagen helfen, bestehende Diversifizierungsaktivitäten kritisch zu überprüfen und ggf. zu optimieren sowie zukünftige Diversifizierungsaktivitäten nachhaltiger und besser zu planen.

1. Ableitung erster Normstrategien zur Planung der Diversifizierungsaktivitäten

In Anlehnung an die vorliegenden, empirischen Untersuchungsergebnisse, mit deren Hilfe die Frage nach einer grundsätzlich sinnvollen Diversifizierungsstrategie

391 Da es sich bei der marktorientierten Bewertung um unternehmensexterne Einschätzungen bzw. eine Erh bung vergleichsweise objektiver Daten und Schätzwerte zum Marktpotenzial des jeweiligen Diversifizierungsmarktes handelt, ist hier eine Beeinflussung der Ergebnisse auszuschließen.

beantwortet werden sollte, ließen sich schließlich spezifische Normstrategien zur Planung des Diversifizierungsgeschäftes von Zeitschriftenverlagen ableiten. Diese orientieren sich an den vier Diversifizierungskategorien, entlang derer die Diversifizierungsmärkte in Clustern angeordnet wurden. Den Anspruch auf Vollständigkeit erfüllen diese Normstrategien ebenso wenig wie den auf empirisch belegbare Relevanz. Stattdessen sollen sie als strategische Empfehlungen dienen, um den Planungsprozess der Diversifizierungsaktivitäten zu optimieren. Die Implementierung der Diversifizierungsstrategie ist dagegen in hohem Maße situationsbedingt und hängt von unternehmensspezifischen Faktoren ab.[392]

Selbstverständlich bilden diejenigen Märkte mit hoher Attraktivität den strategischen Fokus einer idealtypischen Diversifizierung, in der vorliegenden Arbeit also die Märkte ePublishing, Online Portal und Content Syndication. Deren vergleichsweise starke Verbundenheit mit dem Kerngeschäft bei stark ausgeprägter Marktchance legt eine Fokussierung auf eine möglichst breit angelegte Marktpenetrationsstrategie nahe. Des Weiteren ist es sinnvoll, einen möglichst hohen Verzahnungsgrad der einzelnen organisatorischen Einheiten sicherzustellen, um die vorhandenen Kernressourcen und -kompetenzen effizient auszunutzen. Unter Berücksichtigung möglicher Synergieeffekte mit dem Kerngeschäft, kann es daher hilfreich sein, die Ressourcen- und Kompetenzallokation in Hinblick auf die Gemeinsamkeiten mit den neuen Geschäftsfeldern vor der eigentlichen Diversifizierungsentscheidung bzw. -implementierung zu planen – ein Prozess der insbesondere der Aufmerksamkeit des Managements bedarf.

Diejenigen Märkte, die über eine hohe Opportunität verfügen und in der vorliegenden Arbeit durch die Geschäftsfelder Professional Publishing und Line Extension dargestellt sind, zeichnen sich durch eine vergleichbar starke Nähe zum Kerngeschäft aus. Daher stellt auch hier die organisatorische Vernetzung der Unternehmenseinheiten einen wichtigen Planungsparameter dar, um das Synergiepotenzial zwischen neuen Geschäftsfeldern und vorhandenen Kernressourcen und -kompetenzen zu heben. Es sollte außerdem sichergestellt werden, dass die Identifizierung der Diversifizierungspotenziale im Rahmen eines strukturierten *Scouting*- und Planungsprozesses abläuft. Da es sich hier jedoch um Geschäftsfelder mit niedriger Marktattraktivität handelt, nimmt insbesondere die Ausnutzung eigener Kostenvorteile eine zentrale Rolle ein. Diese können bspw. durch Effizienzgewinne im Kerngeschäft oder eine optimierte Kostenstruktur im Herstellungsprozess von Inhalten und physischen Zeitschriftenprodukten erzielt werden. Bei der Planung einer Diversifizierung ist daher auch die Prüfung brach liegender Ressourcen und Kapazitäten unbedingt notwendig. Die Erzielung einer attraktiven Rendite ist somit auch in Märkten mit geringer Marktattraktivität

392 Buchholz und Olemotz stellen hinsichtlich der Verwendung von Portfolioanalysen zur Strategiefindung klar, dass die aus der Matrixpositionierung abgeleiteten Strategieempfehlungen „nur bedingt den Charakter von Normstrategie tragen und jeweils situationsspezifisch zu beurteilen sind".Vgl. Buchholz und Olemotz (1995), S. 31.

denkbar, solange die Ressourcenausstattung eine Positionierung in diesen Märkten zulässt. Die Durchdringung dieser Nischenmärkte ist jedenfalls in hohem Maße abhängig vom vorhandenen Ressourcen- und Synergiepotenzial.

Bei stark ausgeprägter Marktattraktivität und niedrigem Ressourcen- und Synergiepotenzial, wie in der vorliegenden Untersuchung beim Geschäftsfeld Internet Service Agency der Fall, muss der Schwerpunkt auf einer gezielten Stärkung nicht vorhandener aber für den Diversifizierungsprozess durchaus (dringend) benötigter Kernressourcen und -kompetenzen liegen. Bei der Planung des Aufbaus entsprechender Ressourcen und Kompetenzen muss auch die Akquisition externer Kapazitäten in Erwägung gezogen werden, da die Etablierung eigener Ressourcen i.d.R. kosten- und zeitintensiv ist. Mglw. lassen sich auch mithilfe von Unternehmenspartnerschaften die nötigen Ressourcen bündeln, wobei die Kosten übersichtlich und das Risiko überschaubar bleibt. Des Weiteren können sich aus dieser Partnerschaftsform diverse Kollaborationsmöglichkeiten ergeben, so z.B. die Gründung eines Joint Ventures oder die Übernahme einer unternehmensexternen Einheit bzw. eines Wettbewerbers und anschließende Integration in die eigene Unternehmensstruktur. Schließlich nimmt auch die Frage nach dem richtigen Markteintrittszeitpunkt viel Platz im Planungsprozess einer Diversifizierung ein. Insbesondere dann, wenn sog. *First-Mover*-Vorteile zu erwarten sind, kann die frühe Positionierung in einem Wachstumsmarkt sinnvoll sein.

Eine geringe oder niedrige Marktattraktivität bei einem ebenso geringen bzw. niedrigen Verbundenheitsgrad mit dem Kerngeschäft lässt keine allgemeingültigen Handlungsempfehlungen zu. Eine Konzentration auf die im Rahmen dieser Untersuchung als unattraktiv identifizierten Märkte Merchandising, Event Management und Corporate Publishing ermöglicht jedoch einen ersten Deutungsversuch. Während sich diese Märkte für einen Neueinstieg in aller Regel nicht eignen, schließlich wäre hier ein kostspieliger und zeitintensiver Aufbau benötigter Ressourcen und Kompetenzen notwendig, kann unter entsprechender Ressourcenausstattung eine Abschöpfung dieser Märkte grundsätzlich noch profitabel betrieben werden. Daher geht ein strategischer Planungsansatz hier eher von der Bedingung aus, dass diese Marktsegmente von eigener Seite bereits besetzt sind. Für diesen Fall ist ein differenziertes, an der Marktposition des Zeitschriftenverlages ausgerichtetes Vorgehen sinnvoll. Im Falle eines defizitären Ergebnisbeitrages sind grundsätzlich zwei Optionen denkbar: eine Suche nach potenziell interessierten Käufern oder ein mit strategischen Partnern initiiertes *Turn-Around*. Als breit aufgestelltes, diversifiziertes Verlagsunternehmen kann im Gegensatz dazu eine Überbrückungsstrategie sinnvoll sein, die bei niedrigen Investitionsanforderungen die Marktstellung untermauert und daher vorübergehend einen leicht defizitären Ergebnisbeitrag rechtfertigen könnte.

2. Herleitung spezifischer Handlungsoptionen im Diversifizierungsprozess

Die Ableitung der aufgeführten Normstrategien soll zunächst zu einer besseren Planbarkeit des Diversifizierungsprozesses beitragen. Weiterführend muss die Abwägung stehen, welche konkreten Maßnahmen zur strategischen Positionierung im Diversifizierungsgeschäft unter Berücksichtigung der Markt- und regulatorsichen Gegebenheiten ergriffen werden sollen. Mithilfe des qualitativen Teils der Experteninterviews sollte diese Frage näher beleuchtet werden. Nach Auffassung der befragten strategieverantwortlichen Entscheidungsträger spielt bei der Planung neuer Diversifizierungsfelder die Dimensionierung unternehmerischen Risikos in Bezug auf die Definition konkreter Handlungsoptionen eine herausragende Rolle. Unbestritten ist, dass für das Management deutscher Verlagsunternehmen bei der Formulierung konkreter Strategien zum Eintritt in neue Geschäftsfelder die Risikokalkulation in Abhängigkeit der zu erwartenden Rendite einen zentralen Entscheidungsparameter darstellt, eine Orientierung an politischen oder gar emotionalen Kriterien dagegen eher selten vorkommt.[393] Da im Rahmen der vorliegenden empirischen Untersuchung der Untersuchungsgegenstand des Diversifizierungsrisikos nur am Rande beleuchtet wurde, sollen sich die weiteren Ausführungen im Spezifischen auch dieser Thematik widmen. Im Folgenden soll neben der theoretisch-begrifflichen Verortung des Risikobegriffs eine dazu in Abhängigkeit stehende Herleitung strategischer Handlungsoptionen erfolgen.[394]

i) Dimensionierung des Diversifizierungsrisikos

Während sich die Integration von markt- und ressourcenorientiertem Ansatz sowie das vorliegende Untersuchungsdesign für eine Identifizierung und Bewertung der neun Diversifizierungsmärkte eignete, konnte die Abwägungsdimension des unternehmerischen Risikos auf Grundlage der strategischen Optionen und unternehmensinterner Entscheidungsparameter der strategischen Unternehmensführung nicht berücksichtigt werden. Auch wenn die Risikoanalyse bei der Markteintrittsentscheidung eine wichtige Rolle spielt, ist sie gleichzeitig vom generischen, marktorientierten Risikobegriff abzugrenzen. Der sinngemäße Zusammenhang zwischen dem Risiko bei der Erschließung eines Diversifizierungsmarktes und der zu erwartenden Rendite aus den Erlösen der Geschäftsfelderweiterung ist in Abb. 51 exemplarisch dargestellt. Hier ist Diversifizierungsoption 1 die bessere Alternative im Vergleich zu Diversifizierungsoption 2, da sie eine höhere Rendite bei identischem unternehmerischem Risiko verspricht.

---

393 Vgl. Dorenkamp, (2002), S. 78 ff.

394 Die Herleitung der strategischen Handlungsoptionen soll auch unter Zuhilfenahme geeigneter externer Daten empirisch untermauert werden.

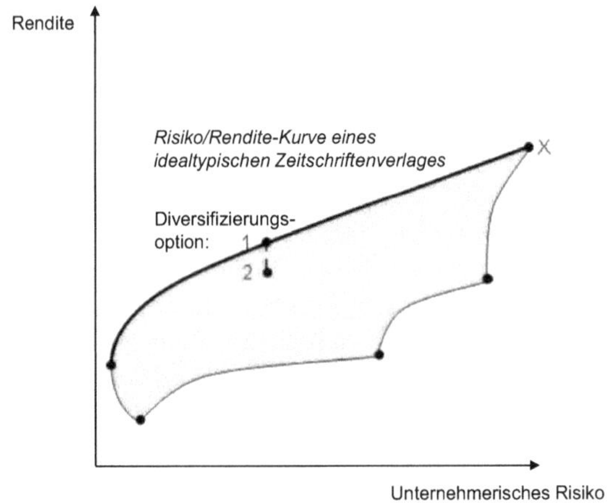

Abbildung 51: Risiko/Renidte-Verhältnis beim Diversifizierungsprozess von Zeitschriftenverlagen

Quelle: eigene Darstellung

Der Zusammenhang zwischen Risiko und Rendite ist eine ursprünglich aus dem Investmentbanking bekannte Bezugsgröße und findet in der Risiko/Rendite-Matrix seine numerische Verhältnismäßigkeit, indem das Anlagerisiko (Volatilität) und die Performance ins Verhältnis gesetzt werden.[395] Die Matrix zeigt, wie sich ein Papier im Verhältnis zu seiner Vergleichsgruppe (Peergroup) und seinem Vergleichsindex (Benchmark) entwickelt hat. Auf der Grundlage dieser Verhältnismäßigkeit, lässt sich das sog. Risiko-Rendite-Prinzip ableiten. Es besagt, dass Investoren bei steigendem Risiko eine Entschädigung in Form einer höheren Prämie, der sog. Risikoprämie, einfordern. Die von *Markowitz* begründete Portfolio-Theorie,[396] die das Investitionsverhalten an Kapitalmärkten untersuchte, baut auf ebendieser Erkenntnis auf. Ihr Ziel besteht in der Anweisung konkreter Handlungsalternativen zur bestmöglichen Kombination von Anlagestrategien und entsprechender Portfolio-Optimierung, wobei die Präferenzen des Investors bezüglich der Risikopositionierung, der zu erwartenden Rendite sowie der Liquidität berücksichtigt werden. Das Ziel der Risikominimierung bei gleich bleibender Rendite steht hierbei im Vordergrund.[397]

[395] Vgl. Romeike und Hager (2009), S. 167.

[396] Vgl. hierzu Markowitz (1952). In seiner Arbeit *Portfolio Selection* begründet und quantifiziert er die Entscheidung von Anlegern, ihr Portfolio zu diversifizieren und erbrachte den ersten wissenschaftlichen Nachweis über die positive Auswirkung von Diversifikation auf das Risiko und die mögliche Rendite des Gesamtportfolios.

[397] Vgl. Romeilke (2008), S. 74.

Indessen spielt dieser aus den Finanzwissenschaften vertraute Ansatz auch für das Diversifizierungsmanagement von Zeitschriftenverlagen eine zentrale Rolle und muss daher neben den Erkenntnissen aus den ressourcen- und marktorientierten Attraktivitätsbewertungen sowie der Ableitung generischer Normstrategien, in einen ganzheitlichen Modellversuch zur Diversifizierungsplanung integriert werden. Schließlich wirft der Eintritt in ein neues Geschäftsfeld die Frage auf, wie hoch die zu erwartende Rendite gemessen am unternehmerischen Risiko sein wird. Je höher der Grad der Unverbundenheit mit dem Kerngeschäft eines Zeitschriftenverlages, desto wichtiger ist es, das Risiko des Diversifizierungsportfolios vorab zu evaluieren. Für das nachhaltige Risikomanagement von Diversifizierungsaktivitäten ergeben sich daher zwei zentrale Leitlinien:

1. **Rendite/Risiko-Abwägung bei der Diversifizierungsentscheidung**. Geht man von der grundsätzlichen Risikoaversion eines Unternehmens bzw. Zeitschriftenverlages aus, so ist die Übernahme eines höheren Risikos nur dann vertretbar, wenn die erwartete Rendite entsprechend höher ausfällt.

2. **Nachhaltiger Umgang mit Risiken in der Portfolioverwaltung von Diversifizierungsaktivitäten.** Bei stark diversifizierten Unternehmensportfolios ist es sinnvoll, sich gegen eingegangene Risiken abzusichern (bspw. durch sog. *Hedging*-Strategien)[398] und mithilfe eines Risiko-*Monitoring* eingegangene Risiken zu kontrollieren. Zeitschriftenverlage führen aufgrund der spezifischen Industrie- und Branchencharakteristika eigene Parameter zur unternehmensinternen Risikokalkulation an. Ihre Bereitschaft, unternehmerisches Risiko einzugehen, ist im Vergleich zu anderen Industrien verhältnismäßig ausgeprägt.[399]

Da die Beurteilung des unternehmerischen Risikos sowie die damit verbundene Markteintrittsstrategie in einen neuen Diversifizierungsmarkt sowohl von spezifischen Marktcharakteristika als auch von unternehmensinternen Faktoren abhängt, soll sich die Herleitung konkreter Handlungsoptionen im Diversifizierungsprozess an der Überführung des Risikobegriffs in sog. Risikoparameter orientieren. Mit ihrer Hilfe können Verlagsmanager das Unternehmensrisiko genauer bewerten und entlang von drei, nach Meinung des Autors relevanten Strategieoptionen zur Gestaltung der Unternehmensaktivitäten beleuchten (siehe Abb. 52).[400] Demnach steht hier zunächst die Operationalisierung des Unternehmensrisikos aus der Sicht eines idealtypischen Zeitschriftenverla-

---

[398] Grundsätzlich bieten sich hierzu verschiedene Risikosteuerungsstrategien an: die Risikovermeidung, die Risikoverminderung, die Risikobegrenzung, die Risikoüberwälzung und die Risikoakzeptanz. Für eine ausführliche Betrachtung, vgl. Romeilke (2008), S. 76-80.

[399] Vgl. Chan-Olmsted und Chang (2003), S. 222.

[400] Die vorliegende Kategorisierung speist sich aus den qualitativen Befunden der Experteninterviews. Die hier angeführten Entscheidungskriterien zur Risikodimensionierung spiegeln somit die Einschätzungen wichtiger Entscheidungsträger in der deutschen Zeitschriftenbranche wieder.

ges im Vordergrund, aufgrund dessen ein Schema konkreter Handlungsoptionen entstehen soll, die die unterschiedlichen Expansionsstufen des Zeitschriftenverlages abbilden und sich hinsichtlich des Einsatzes von Kapital und Managementleistung, der unternehmerischen Eigenständigkeit und des regionalen Optionsraumes unterscheiden.

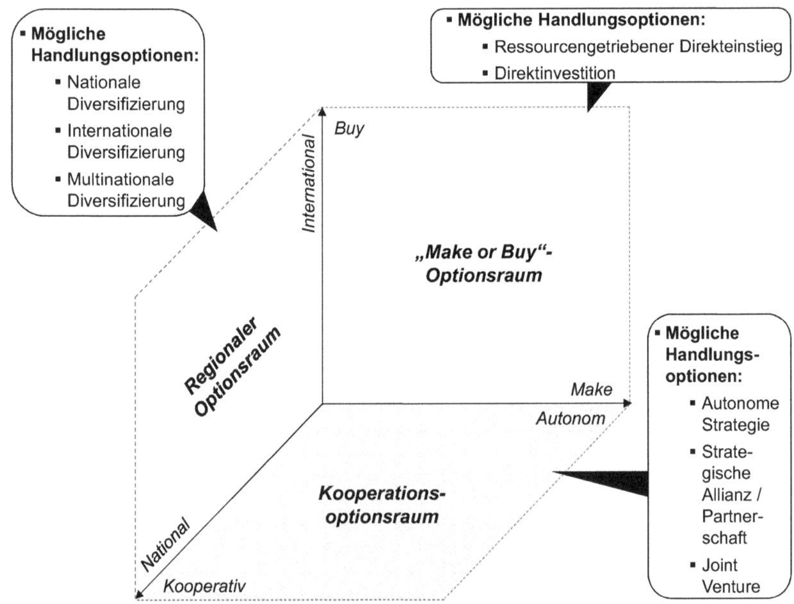

Abbildung 52: Drei Dimensionen des Diversifizierungsrisikos

Quelle: Experteninterviews, eigene Darstellung

Die gelb kaschierte Fläche des Koordinatensystems stellt hier den Optionsraum des Zeitschriftenverlages in Bezug auf die Frage nach der Verbundenheit mit dem Kerngeschäft dar. Je höher also das Synergiepotenzial zwischen Diversifizierungsmarkt und vorhandenen Kapazitäten, desto geringer das Unternehmensrisiko einer Diversifizierung, da die Mobilisierung der Ressourcen mit geringerem finanziellen Aufwand bestritten werden kann. Ist ein ressourcengetriebener Markteintritt nicht möglich, kann die Erschließung des neuen Geschäftsfeldes auch durch die Akquisition entsprechender Kapazitäten erfolgen. Die grüne Schattierung stellt den Optionsraum des Zeitschriftenverlages hinsichtlich der Überlegung dar, inwieweit eine Kooperation mit Partnerunternehmen sinnvoll ist. Im Falle einer Partnerschaft, strategischen Allianz oder gar eines Joint Ventures, verringert sich das Unternehmensrisiko entsprechend, da die finanzielle Realisierung des Vorhabens von mehreren, mindestens aber zwei Akteuren getragen wird. Die weiße Fläche stellt schließlich den Optionsraum des Zeitschriftenverlages hinsichtlich der Frage der regionalen Dimensionierung des

Diversifizierungsvorhabens dar. Der Eintritt in einen ausländischen Markt birgt i.d.R. auch ein größeres Risiko, da dortige Markt- und Regulierungsstrukturen mglw. nicht ausreichend bekannt sind und kulturelle Unterschiede überwunden werden müssen. Im Rahmen der hier skizzierten Risikoparameter wird der Diversifizierungsoptionsraum abgesteckt, d.h. jede grundsätzlich denkbare Handlungsoption könnte theoretisch mittels einer Koordinate in diesem dreidimensionalen System dargestellt werden. Alle Handlungsoptionen sind demnach auch miteinander kombinierbar. Auf der Grundlage dieses Modells können in einem nächsten Schritt konkrete Handlungsoptionen unter Berücksichtigung des unternehmerischen Risikos hergeleitet werden.

ii) Konzeptioneller Entwurf zur Skizzierung spezifischer Handlungsoptionen in Abhängigkeit des Diversifizierungsrisikos

(1) Make or Buy

Je höher der Verbundenheitsgrad mit dem Kerngeschäft, desto geringer das Diversifizierungsrisiko.[401] Bei denjenigen Diversifizierungsmärkten, die über ein hohes Verbundenheitsmaß zum Kerngeschäft verfügen, erscheint ein ressourcengetriebener, direkter Markteinstieg zunächst besonders erfolgversprechend.

Alternativ stellt hier auch die Vergabe entsprechender Lizenzen eine strategische Expansion dar. Wohingegen die aus dem Kerngeschäft heraus betriebene, verbundene Diversifizierung den direkten Markteintritt sowie die Eigenherstellung der Produkte voraussetzt, werden bei der Lizenzvergabe sog. Nutzungsrechte in Form von immateriellen Gütern[402] verteilt, so z.B. Patente, Urheberrechte oder spezifisches Know-How, und in Form von Produktions-, Vertriebs- oder Nutzungslizenzen ausgestellt.[403] Auch hier muss von einem vorhandenen Ressourcen- und Synergiepotenzial ausgegangen werden. Eine Lizenzstrategie bietet daher eine gute Ausgangsbasis zur Sondierung eines neuen Marktes. Während diese Expansionsform zwar das denkbar geringste Diversifizierungsrisiko darstellt, kann sie u.U. jedoch dazu führen, dass die Chance eines profitablen Direkteinstiegs übersehen wird.

Im Falle einer niedrigeren Verbundenheitsausprägung mit dem Kerngeschäft erhöht sich das unternehmerische Risiko, da für den Markteintritt (u.U. sehr hohe) Direktinvestitionen erforderlich sind. Die Investitionsoptionen decken von Minderheitsbeteiligungen bis hin zur Etablierung eigener Tochtergesellschaften durch Neugründung oder Akquisition ein sehr breites Spektrum mit jeweils unterschiedlicher Risiko-

[401] Da sich die ressourcenorientierte Bewertung der identifizierten Diversifizierungsmärkte am Synergiepotenzial zwischen verlagsinternen Kernressourcen bzw. -kompetenzen und den neuen Geschäftsfeldern orientiert, bietet sie eine denkbar gute Basis zur Kalkulation des unternehmerischen Risikos.

[402] Vgl. Stephan (2005), S. 11.

[403] Vgl. Perlitz (2004), S. 633.

ausprägung ab. Eine direkte Präsenz im Diversifizierungsmarkt trägt dabei sowohl zur unternehmensinternen als auch zur Kundenakzeptanz bei. Gleichzeitig binden Direktinvestitionen sowohl finanzielle als auch personelle Ressourcen und reduzieren die unternehmerische Flexibilität[404]. Gezielte Direktzukäufe können jedoch im Falle eines zu erwartenden Synergieeffektes zwischen Kerngeschäft und Diversifizierungsmarkt sehr sinnvoll sein und daher ein hohes Anfangsinvestment rechtfertigen.[405]

Eine vollständig unverbundene Diversifizierung befasst sich, wie bereits dargelegt, mit der Erschließung neuer, mit dem Kerngeschäft zunächst vollständig unverbundener Geschäftsfelder. Der Eintritt in diese Diversifizierungsmärkte stellt ein für Zeitschriftenverlage verhältnismäßig risikobehaftetes Geschäftsfeld dar und wird daher nicht systematisch betrieben – auch wenn bei vergleichsweise geringem Synergiepotenzial das Spektrum möglicher Geschäftsfelderweiterungen extrem breit ist. Hier besteht eine Fülle möglicher Handlungsoptionen. Der Eintritt in unverbundene Diversifizierungsmärkte setzt i.d.R. sehr hohe Anfangsinvestitionen voraus, da entweder ein vollständig neuer Geschäftsbereich innerhalb des Unternehmens geschaffen werden muss, oder alternativ die Geschäftsfelderweiterung durch aufwändige Zukäufe und Direktinvestitionen vorangetrieben werden muss. Die Mehrheit deutscher Zeitschriftenverlage ist daher aufgrund der eigenen Unternehmensgröße sowie eingeschränkter finanzieller Ressourcen eher selten imstande, derartige Vorhaben zu stemmen. Umsatzstärkere, breit diversifizierte Medienunternehmen dagegen sind in der Vergangenheit mehrfach dem Beispiel der unverbundenen Diversifizierung gefolgt indem sie neue Produktmärkte erschlossen und ihr Portfolio um weitere Unternehmensaktivitäten ergänzt haben.[406] Je größer das Unternehmen, desto eher lassen sich Produktionsprozesse mit vorhandnen Kapazitäten bestreiten. Des Weiteren ist auch der existierende Diversifizierungsgrad des Unternehmens zu berücksichtigen. Je breiter das Diversifizierungsportfolio ist, desto eher lassen sich die erforderlichen Prozesse organisatorisch verzahnen.

Wenn auch der Verwandtheitsgrad zwischen Kerngeschäft und neuem Geschäftsfeld gar nicht bzw. nur ansatzweise ausgeprägt ist, so bietet die unverbundene Diversifizierung dennoch spezifische Chancen für die im Markt agierenden Unternehmen. Diese Chancen ergeben sich aus der spezifischen Industriestruktur und den Charakteristiken der darin agierenden Unternehmen. Klassischerweise verwalten Zeitschriften-

---

404 In der Vergangenheit waren mehrere Markteintritte mittels Direktinvestition im Print-Sektor zu beobachten. Besonders auffällig agieren die großen, stark integrierten Medienkonzerne wie bspw. *News Corp.*, die mithilfe vom Transaktionsvolumen her großer Akquisitionen insbesondere ihre internationale Geschäftstätigkeit auszuweiten versuchen. Vgl. hierzu Wirtz (2009), S. 69 ff.

405 Vgl. Siegert, (2000), S. 71.

406 Hier dient der Konzern *Vivendi* als exemplarisches Beispiel, dessen Unternehmensaktivitäten sich sukzessive um den Musik- und Getränkehandel erweitert haben und schließlich auch einen Einstieg in den Energie-Markt beinhalteten. Vgl. in diesem Zusammenhang und für eine ganzheitliche Betrachtung der unverbundenen Diversifikation im Medienbereich auch Chan-Olmsted und Chang (2003), S. 251.

verlage bereits etablierte Kundenstämme aus dem Abonnement- bzw. Onlinegeschäft. Dadurch besitzen sie den Zugang zu denjenigen Zielgruppen, die für das Neugeschäft potenziell interessant sind und können ihre eigenen Vermarktungskanäle zur Bewerbung neuer Produkte nutzen. Ihre vergleichsweise dezentralistischen Organisationsstrukturen[407] ermöglichen eine effizientere Einbettung erworbener Unternehmen(steile) in die bestehende Verlags- bzw. Konzernstruktur.

Der Aufbau erforderlicher Diversifizierungsressourcen geht aber grundsätzlich auch mit einem hohen organisatorischen Aufwand einher. Die Schaffung neuer Unternehmensbereiche und die Integration neuer organisatorischer Einheiten in bestehende Strukturen stellen große operative Herausforderungen dar. Um konkrete Handlungsoptionen deutscher Zeitschriftenverlage in Bezug auf mögliche Risiken im Rahmen des Diversifizierungsprozesses besser abbilden zu können, muss der Einfluss einer Diversifizierung auf die unterschiedlichen organisatorischen Bereiche genau analysiert werden. Auch wenn die in der vorliegenden Untersuchung identifizierten Diversifizierungsmärkte einen per Definition verhältnismäßig hohen Verbundenheitsgrad mit dem Kerngeschäft aufweisen, so lassen sich unterschiedliche Ausprägungen erkennen. Es lässt sich in diesem Zusammenhang konstatieren, dass sich eine strategische Geschäftsfelderweiterung i.d.R. auf die meisten Stufen der Wertschöpfungskette eines Zeitschriftenverlages verlagert.

Es stellt sich daher schlussendlich die Frage, inwieweit der Diversifizierungsprozess mit den bestehenden Kapazitäten bestritten oder alternativ ausgelagert werden soll. Diese Entscheidungsproblematik wirft zwei Fragen in diesem konkreten Falle auf. Erstens, inwieweit können die bestehenden Ressourcen und Kompetenzen für das Diversifizierungsgeschäft genutzt werden? Zweitens, mit welchem finanziellen und organisatorischen Aufwand lassen sich die notwendigen Kapazitäten erwerben bzw. integrieren?

(2) Kooperationsmöglichkeiten mit Partnerunternehmen

Zeitschriftenverlage können mithilfe von Kooperationen das unternehmerische Risiko einer Diversifizierung mindern. Die Bandbreite möglicher Handlungsoptionen reicht hier von einfachen Partnerschaften und strategischen Allianzen zur effektiveren Abdeckung eines spezifischen Marktsegmentes bis zu Joint Ventures, die sogar die Gründung neuer operativer Unternehmenseinheiten beinhalten können.[408]

---

[407] Vgl. Mc Dowell, (2005). S. 44 f.

[408] Das Joint Venture zwischen der *Axel Springer AG* und der *Ringier AG* (neuer Name *Ringier Axel Springer AG*) ist bspw. seit Juli 2010 operativ tätig und plant einen gemeinsamen Börsengang innerhalb der nächsten fünf Jahre. Es ist das jüngste Beispiel für einen Zusammenschluss zweier unabhängiger Verlagsunternehmen zur besseren Abdeckung des osteuropäischen Marktes.

Auch wenn der verlagsinterne, personelle wie finanzielle Aufwand einer Unternehmenskooperation nicht unterschätzt werden darf und Reibungsverluste in der Schaffung entsprechender Kooperationsformen auftreten können, so wird das unternehmerische Risiko – ggf. auch zu unterschiedlichen Anteilen – von allen beteiligten Akteuren geschultert. Gleichzeitig ermöglichen ebendiese Kooperationsformen den Eintritt in abgeriegelte bzw. staatlich geschützte Märkte und tragen zur Erschließung neuer Kapital-, Personal- und Wissensmärkte bei.[409] Kooperationen von Zeitschriftenverlagen dienen daher einer Reduzierung des unternehmerischen Risikos auf allen Seiten.

Die Schaffung eines Joint Ventures ist immer dann besonders Erfolg versprechend, wenn beide Zeitschriftenverlage eine ähnliche Gesamtstrategie verfolgen und auf nachhaltiges Unternehmenswachstum durch Diversifizierung ausgerichtet sind. Die Realisierung von Skalen- und Synergieeffekten steht hierbei im Vordergrund.[410] Verfolgen die involvierten Zeitschriftenverlage unterschiedliche strategische Ziele, bleiben auch gelegentliche Koordinationsschwierigkeiten nicht aus, die wiederum zu Komplikationen im Rahmen des Managements führen können. Die regelmäßige Überprüfung der abgesteckten Unternehmensziele unter Berücksichtigung der dynamischen Rahmenbedingungen des unternehmerischen Umfeldes gilt hier als Kernvoraussetzung, um kurzfristige, notwendig erscheinende Anpassungen vornehmen zu können.

Ganz im Gegensatz zu Joint Ventures ist der Gestaltungsspielraum bei Partnerschaften und strategischen Allianzen ein sehr viel flexiblerer. Schließlich sieht dieser statt der gemeinsamen Unternehmensgründung nur die vertragliche Bindung vor, die wiederum weniger Unternehmensressourcen in Anspruch nimmt und den Akteuren eine größere Flexibilität einräumt.[411]

Da insbesondere regionale Kooperationsmodelle im Diversifizierungsprozess von Zeitschriftenverlagen eine wichtige Rolle spielen – schließlich ist die entsprechende Marktkenntnis der im Regionalmarkt verankerten Partnerunternehmen von hoher Bedeutung für den Anpassungs- bzw. Konzeptionsprozess neuer Produkte – steht die Frage der kooperativen Zusammenarbeit im Zentrum einer jeden Geschäftsfelderweiterung.

Bei Plänen zu Unternehmenskooperationen ist immer auch das regulatorische Umfeld zu beachten. Zum einen gilt es die lokalen Gesetze der Medienbranche zu res-

[409] Vgl. Macharzina und Wolf (2008), S. 970.
[410] Vgl. Wirtz (2009), S. 36.
[411] Vgl. Perlitz (2004), S. 637 ff.

pektieren,[412] des Weiteren spielen auch supranationale Regeln eine tragende Rolle, so z.B. mit Hinblick auf die vorliegende Untersuchung wettbewerbsrechtliche Gesetze auf der Ebene der Europäischen Union oder auch Richtlinien zur Etablierung einheitlicher, europäischer Standards, die zumeist eine in der Hierarchie höhere Stellung innehaben als Gesetze auf nationaler Ebene. In der Vergangenheit sind Verlagskooperationen des Öfteren auch an der Prüfung kartellrechtlicher Bedenken gescheitert. Selbst wenn ein Modell zur Unternehmenskooperation verglichen mit dem Zusammenschluss zweier Unternehmen einen sehr viel niedrigeren Konzentrationsfaktor ökonomischer Macht ausdrückt, so bleiben unter dem Gesichtspunkt der Gefährdung von Meinungsvielfalt und -freiheit auch bei Partnerschaften, strategischen Allianzen oder Joint Ventures berechtigte Bedenken bestehen. Eine vorangestellte, juristische Prüfung einer Kooperation von Zeitschriftenverlagen ist daher unabdingbar.

Die Frage nach der Sinnmäßigkeit einer Unternehmenskooperation muss sich zwangsläufig mit dem Ziel potenziell erreichbarer Synergien auseinandersetzen. Es stellt sich also die Frage, welche Wertschöpfungs- bzw. Funktionsbereiche potentiell von ihr profitieren können. Diejenigen Kapazitäten, die zu den Kernprozessen eines Zeitschriftenverlages zählen, scheinen sich in einem sehr viel geringeren Maße für Unternehmenskooperationen zu eignen als diejenigen Prozesse, die leichter imitierbar sind und mit einem vergleichsweise geringen Aufwand intern aufgebaut werden können. Je höher das funktionale Kooperationspotenzial zweier Zeitschriftenverlage, und je niedriger der Produktverwandtschaftsgrad, desto höher sind die potenziellen Synergien aus der Zusammenarbeit. Kooperationen können zwischen Akteuren unterschiedlichster Medienteilmärkte erwachsen. Solange sie ein hohes Kooperationspotenzial aufweisen, das sich in Form von Partnerschaften, strategischen Allianzen oder Joint Ventures materialisiert, ist eine Zusammenarbeit als grundsätzlich sinnvoll zu erachten. Sie müssen jedoch einen konkreten Zusatznutzen für das Verlagsunternehmen generieren, die Erschließung eines neuen Marktes bspw., und sollten nicht nur aufgrund eines hohen Synergiepotenzials erfolgen.

iii) Internationalisierung

Die Internationalisierung stellt eine Form der geografischen Diversifizierung dar und gewährleistet Zeitschriftenverlagen den Zugang zu neuen Märkten und Geschäftsfeldern.[413] Durch den Internationalisierungsprozess können Impulse für Umsatzwachstum geschaffen werden. Gleichzeitig wird die Abhängigkeit von der regional begrenzten Nachfrage des Heimatmarktes reduziert. In den letzten Jahren profitierte auch der deutsche Zeitschriftenmarkt von der Erweiterung des europäischen Binnenmarktes und

[412] Folgende in Deutschland geltende Gesetze sind in diesem Zusammenhang als besonders relevant einzustufen: das Presserecht, das Rundfunkrecht, das Teledienstgesetz, das Wettbewerbs- und Kartellrecht, die Persönlichkeitsrechte und der Jugendschutz. Vgl. hierzu Fechner (2006), S. 51 ff.

[413] Vgl. Dorenkamp (2002), S. 15.

der damit einhergehenden Schaffung neuer Absatzmöglichkeiten.[414] In den meisten Fällen war ein eher kerngeschäftgetriebener Internationalisierungsansatz zu erkennen, so z.B. bei der Verlängerung bestehender Zeitschriftenformate ins Ausland. Auch wenn man von pauschalisierten Gesamturteilen absehen sollte, so lässt sich doch konstatieren, dass Internationalisierungsvorhaben im Zeitschriftenmarkt i.d.R. mithilfe einer regional konzentrierten Ausweitung bestehender Unternehmensaktivitäten des Heimatmarktes getrieben werden.

Grundsätzlich werden demnach drei Strategietypen der Internationalisierung von Verlagsunternehmen unterschieden (internationale, multinationale und globale Strategien).[415] Die internationale Strategie treibt und steuert die Exportgeschäfte aus dem heimischen Marktumfeld heraus. Hier wird nur gelegentlich auf lokale Vertriebskompetenzen im Ausland ausgewichen. Die multinationale Strategie verfolgt eine lokale Differenzierung mit vergleichsweise autonomen Auslandsgesellschaften. Die globale Strategie kann als eine länderübergreifend identische Strategie beschrieben werden. Diese wird von der Unternehmensspitze gesteuert und beruht auf der Implementierung innerhalb der jeweiligen Tochterunternehmen.

Die technologische Konvergenz hat den ortsungebundenen Zugriff auf Inhalte ungeachtet der nationalen Grenzen vehement vereinfacht und dabei einerseits zu einer Erweiterung, andererseits zu einer Segmentierung der Leser- und Zielgruppen von Zeitschriftenverlagen geführt. Da die Produktion von Content ungeachtet kultureller bzw. länderspezifischer Einflussfaktoren organisiert wird, adressiert sie – abgesehen von reellen sprachlichen Barrieren – einen potenziell sehr großen Absatzmarkt. Inhalte sind als Produkt universell akzeptiert und nicht an völker- oder kulturspezifische Eigenschaften und Präferenzen gebunden.[416] Aufgrund geringer, lokaler Anpassungsnotwendigkeiten können somit erhebliche Kostenvorteile durch Fixkostendegression und Skaleneffekte realisiert werden. Das von *Hoskins und Mirus* begründete Phänomen des *Cultural Discount*, das den im Vergleich zum Kernmarkt geringeren Wert produzierter Güter und Dienstleistungen aufgrund kulturspezifischer Konsumgewohnheiten in fremden Märkten herausstellt,[417] gilt daher für die Produktion von Inhalten nur im begrenzten Maße.[418] Der internationale Vertrieb sowohl physischer als auch

---

414 Vgl. Wirtz (2009), S. 67 f.

415 Die Differenzierung der unterschiedlichen Strategietypen im Internationalisierungsprozess von Medienunternehmen findet in der Literatur eine breite Behandlung. Vgl. hierzu ausführlich Sjurts (2005), S. 21; Macharzina und Wolf (2008), S. 983; Apfelthaler (2000), S. 206.

416 Meffert weist im Vergleich zu anderen Industrien auch auf die Produktfelder der High-Tech-Industrie, der Prestigemarken und der standardisierten Investitionsgüter hin, deren Hersteller bei steigendem Absatz von Kostenvorteilen profitieren Vgl. Meffert (1986), S. 107.

417 Vgl. Hoskins und Mirus (1988), S. 499 ff.

418 Vgl. Heinrich (1994), S. 176, 332. Heinrich erklärt mithilfe des *Cultural Discount* Effektes, warum sich der internationale Handel von Medienprodukten insbesondere auf Print-Produkte, Musik, Spielfilme und Wis-

digitaler Zeitschriftenprodukte bietet sich sowohl in hochgradig sprach- und kulturindifferenten Ländern als auch bei im Ausland lebenden nationalen Zielgruppen an. Dennoch müssen sich Zeitschriftenverlage mit umfangreichen Anpassungsmaßnahmen ihrer Produkte im Sinne des *Think-global-Act-local*-Prinzips auseinandersetzen. Der Unterschied zu anderen Industriezweigen besteht hier in der Internalisierung einer fremden Kultur bzw. Mentalität zur internationalen Markterschließung, weniger in einer institutionellen Grenzüberschreitung. Da ein nachträglicher Akzeptanzgewinn bei diesen Zielgruppen nur schwer zu erreichen ist, unterliegen die Zeitschriftenverlage jenen Gesetzmäßigkeiten bei der Planung neuer Produkte.

Gleichzeitig existieren spezifische Hürden in Form regulatorischer Barrieren, die die Einhaltung sowohl supranationaler als auch der im Zielland geltenden Gesetze und Regeln voraussetzen und zwangsweise zu einem Anpassungsprozess in Bezug auf die vorherrschenden rechtlichen und politischen Rahmenbedingungen führen. Da die Medienbranche als ein vergleichsweise regulierter Industriezweig gilt und auch die Wahrung der Pressefreiheit als einer der zentralen Grundsätze in den meisten nationalen Grundgesetztexten verankert ist, unterliegen internationale Diversifizierungsvorhaben von Zeitschriftenverlagen einer besonders sorgfältigen kartell- und wettbewerbsrechtlichen Prüfung, die in der Folge ggf. mit aufwändigen Anpassungsmaßnahmen an die geltenden Gesetze im Zielland einhergeht.

Bei der Umsetzung einer Internationalisierungsstrategie, ungeachtet dessen ob der Zeitschriftenverlag diese mithilfe eigener, vorhandener Kapazitäten oder mit der Hilfe von Kooperationspartnern stemmt, spielt die effiziente Allokation der unternehmensinternen Ressourcen die wichtigste Rolle.[419] Geeignete Allokationsstrategien können entweder in Form sog. Konfigurationsstrategien in Erscheinung treten, die wiederum den Beitrag der individuellen Wertschöpfung am Internationalisierungsprozess herausstellen, oder in Form sog. Leistungsstrategien, die den Internationalisierungsprozess mithilfe idealtypischer Handlungsempfehlungen zu optimieren versuchen.[420] Der Allokationsprozess richtet sich sowohl an intrinsischen als auch extrinsischen Einflussfaktoren einer Unternehmung aus. Zur Planung einer internationalen Diversifizierungsstrategie muss daher die Frage der Ressourcenallokation im Vordergrund stehen. Aufgrund der räumlichen Entfernung und mangelnder Lokalisierungsmöglichkeiten ist die Reaktionsfähigkeit in der Bewältigung sich verändernder Marktbedingungen eingeschränkt. Notwendige Anpassungs- und Adaptionsprozesse sind mit aufwendigen Restrukturierungen verbunden. Um dieses Risiko bei der Planung von

senschafts- und Naturdokumentationen fokussiert hat und benennt die ansonsten national, regional bzw. lokal gebundene Nachfrage anderer Medienprodukte als Begründung für die begrenzte internationale Verbreitung.

419 Vgl. Kutschker und Schmid (2002), S. 962 ff.

420 Während Leistungsstrategien insbesondere bei der Produkt- bzw. Leistungserstellung und somit auf den vorgelagerten Stufen der Wertschöpfungskette zur Anwendung kommen, konzentrieren sich die Konfigurationsstrategien auf die nachgelagerten Wertschöpfungsstufen – vor allem in Bezug auf die geografische Diversifizierung der Aktivitäten. Vgl. Kutschker und Schmid (2002), S. 966 f.

Internationalisierungsaktivitäten zu minimieren, ist eine Flexibilisierung der Unternehmensstrategie ratsam. Des Weiteren kann ein erfolgreicher Kompetenztransfer in neue Märkte nur gelingen, wenn der Markt hinreichend analysiert, spezifische Marktcharakteristika beachtet und aggregiertes Wissen effektiv gemanagt wird.

3. Herleitung eines Rahmenmodells zur strategischen Diversifizierung

Die dieser Untersuchung zugrunde liegenden, empirischen Ergebnisse, die mit Hinblick auf die Marktattraktivität und den Verbundenheitsgrad mit dem Kerngeschäft ermittelten, attraktivsten Geschäftsfelder also, bilden den strategischen Ausgangspunkt des Diversifizierungsrahmenmodells. In der Folge wurden diese mit ersten Normstrategien verknüpft, auf deren Grundlage sich schließlich generische Handlungsempfehlungen zum Diversifizierungsmanagement unter Berücksichtigung ein effektives Risikomanagements ableiten ließen. Diese Herleitungsabfolge ist in Abb. 53 dokumentiert.

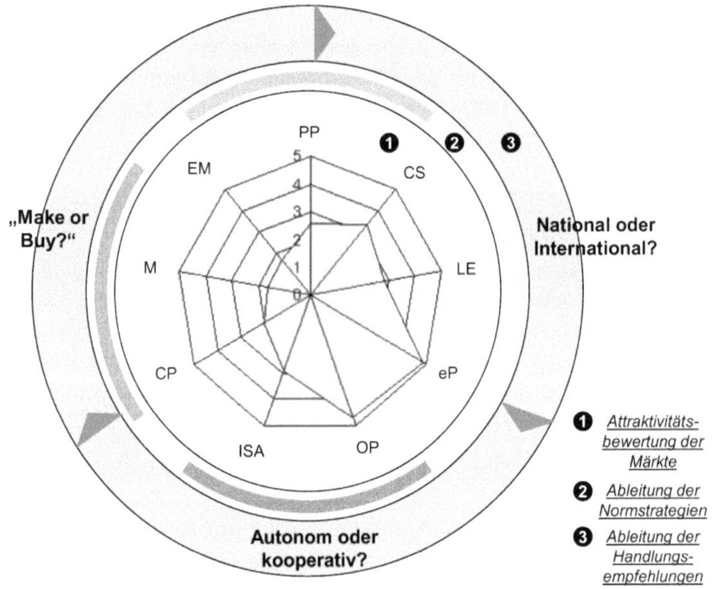

Abbildung 53: Strategischer Optionsraum für deutsche Zeitschriftenverlage im Diversifizierungsgeschäft

Quelle: eigene Darstellung

Mithilfe dieses Entwurfs zur Erstellung eines Diversifizierungsrahmenmodells sollte eine übersichtliche Absteckung des Diversifizierungsraums deutscher Zeitschriftenverlage erfolgen, auf deren Grundlage Verlagsmanagern die Möglichkeit zur Bewertung, Optimierung und mglw. Neuausrichtung ihrer Diversifizierungsstrategie eingeräumt wird. Der holistische Betrachtungsansatz spiegelt sich in der Dimensionierung der drei Ebenen wieder. Die erste Ebene bildet den Ausgangspunkt dieses Modells, da sie die ermittelte Gesamtattraktivität der neun Diversifizierungsmärkte darstellt, d.h. eine Kennziffer zur Messung der Marktattraktivität und des Ressourcen- und Synergiepotenzials abbildet. Die zweite Ebene beschäftigt sich mit der Konzipierung erster Normstrategien, die entlang der vier Diversifizierungscluster bereits ausführlich erläutert wurden. Schließlich werden auf der dritten Ebene konkrete Handlungsempfehlungen unter Einbeziehung des unternehmerischen Risikos und der Gegebenheiten von Markt und Industrie formuliert. Diese Vorgehenslogik bei der Diversifizierungsplanung entspricht auch dem explorativen Forschungsdesign der vorliegenden Arbeit.

Diversifizierungsprozesse sind grundsätzlich nur schlecht planbar. Trotz der wachsenden Notwendigkeit, neue Absatzmärkte zu erschließen, verhalten sich viele deutsche Zeitschriftenverlage noch eher verhalten bei der Erschließung neuer Geschäftsfelder. In einem Teil der an dieser Untersuchung teilnehmenden Zeitschriftenverlage existierten dagegen spezifische Abteilungen zur strategischen Diversifizierungsplanung, die die wirtschaftliche Notwendigkeit dieser Maßnahmen darlegen. Insbesondere diejenigen Unternehmen, die über ein entsprechend hohes Umsatzvolumen verfügten, wiesen ein sehr viel stärkeres Diversifizierungspotenzial auf als andere. Da eine erfolgreiche Diversifizierungsstrategie eines Zeitschriftenverlages jedoch mit der Identifizierung potenziell attraktiver Geschäftsfelder beginnt, muss eine Partizipation aller Unternehmenseinheiten an diesem Prozess sichergestellt werden. Zur Reduzierung der Planungskomplexität und Straffung der organisatorischen Strukturen, muss eine gewisse Planbarkeit im Diversifizierungsgeschäft sichergestellt werden. Die in der vorliegenden Arbeit dokumentierte Modellentwicklung soll einen ersten Ansatz zur verbesserten Planbarkeit und Entwicklung strategischer Diversifizierungsaktivitäten von Zeitschriftenverlagen darstellen.

4. Zusammenfassung und Ausblick

A. Ausgangspunkt und Fragestellung der Untersuchung

Das Diversifizierungsgeschäft nimmt eine für deutsche Zeitschriftenverlage immer wichtigere Erlösquelle ein. Dabei werden die Unternehmen vor planerische Herausforderungen gestellt. Die Prozesse einer Diversifizierung müssen nicht nur organisatorisch verzahnt, sondern auch auf diversen Unternehmensebenen umgesetzt werden. Die Bespielung neuer Geschäftsfelder setzt nicht nur Innovationskraft voraus sondern eine unternehmensübergreifende Struktur, die den Verlagsmitarbeitern die strategische Stoßrichtung vorgibt und nötige Freiheiten einräumt.

Das Ziel der vorliegenden Untersuchung war daher zweigeteilt. Zum einen bestand es in der Identifizierung attraktiver und strategisch geeigneter bzw. mit dem Kerngeschäft von Zeitschriftenverlagen verbundenen Diversifizierungsmärkte, die anhand spezifischer markt- und ressourcenorientierter Kriterien von branchenvertrauten Experten bewertet wurden. Alle dieser Untersuchung zugrunde liegenden Kriterien wurden mithilfe der einschlägigen, wirtschaftwissenschaftlichen Literatur hergeleitet, auf die Zeitschriftenbranche übertragen und ggf. von Experten validiert. Zur Herleitung der marktorientierten Kriterien griff der Autor auf das bewährte 5-Kräfte-Model von *Porter* zurück, die Identifizierung der ressourcenorientierten Kriterien orientierte sich im Kern an dem von *Wirtz* hergeleiteten *Core-Assets-* und Kernkompetenzen-Modell von Medienunternehmen. Die Bewertung der Marktattraktivität basiert auf den Einschätzungen der Mitarbeiter von *Solon Management Consulting*, die sich bereit erklärten, an der empirischen Befragung teilzunehmen. Das Ressourcen- und Synergiepotenzial wurde mithilfe von Tiefeninterviews ermittelt, die mit strategieverantwortlichen Verlagsmanagern geführt wurden. Bei der vorliegenden Untersuchung beteiligten sich insgesamt 17 Zeitschriftenverlage.

Die Ergebnisanalyse orientierte sich an beiden Bemessungsparametern, d.h. sowohl an den markt- als auch ressourcenorientierten Kriterien und maß die Gesamtattraktivität jedes einzelnen Diversifizierungsmarktes unter Berücksichtigung der Bewertungsergebnisse aus beiden empirischen Erhebungen. Daraus entstand ein Attraktivitätsportfolio zur Evaluation der Diversifizierungsmärkte, die schließlich entlang spezifischer Diversifizierungscluster kategorisiert und diskutiert werden konnten.

Zum anderen konnten konkrete Handlungsempfehlungen für strategieverantwortliche Verlagsmanager abgeleitet werden. Diese orientierten sich im Kern an den empirischen Befunden der Portfolio-Analyse zur Attraktivitätsmessung der Diversifizierungsmärkte sowie an den qualitativen Ergebnissen der ressourcenorientierten Bewertung, die zur Hinterlegung der für diesen Bewertungsteil relevanten Kernthesen herangezogen wurden und zur Festigung des inhaltlichen Verständnisses der unternehmensinternen, strategischen Kernprozesse dienten.

B. Ergebnisse und Implikationen der Untersuchung

Diese Arbeit stellt durch die Herleitung des vorliegenden Diversifizierungsrahmenmodells und mit Blick auf die verlagsgetriebene Diversifizierungsforschung verwertbare Untersuchungsergebnisse vor. Diese werden um die Erfahrungswerte und Ergebnisse aus der methodischen Untersuchung ergänzt.

Mithilfe der empirischen Modellbildung wurden insgesamt neun Diversifizierungsmärkte auf ihre Marktattraktivität sowie ihr Ressourcen- und Synergiepotenzial hin überprüft. Das erste Attraktivitätscluster bildete das hinsichtlich beider Kriterienparameter relevante Diversifizierungsfeld. Die Geschäftsfelder ePublishing und Online Portal wurden hier überdurchschnittlich hoch bewertet, das Geschäftsfeld Content Syndication bildete eine immer noch solide Bewertung. Das zweite Diversifizierungscluster, repräsnetiert durch die Geschäftsfelder Professional Publishing und Line Extension, wies zwar ein überdurchschnittlich hohes Synergiepotenzial, dafür aber eine leicht unterdurchschnittliche Marktattraktivität auf. Das Geschäftsfeld Internet Service Agency, das das dritte Diversifizierungscluster repräsentierte, war dagegen unter dem Gesichtspunkt des Marktpotenzials sehr hoch bewertet worden, wies jedoch ein leicht unterdurchschnittliches Ressourcen- und Synergiepotenzial auf. Das unattraktivste Diversifizierungscluster bildeten die Geschäftsfelder Merchandising, Event Management und Corporate Publishing, die sowohl aus markt- als auch ressourcenorientierter Sicht schwach abschnitten.

Die Planung und Umsetzung von Diversifizierungsstrategien wird sich in Zukunft zu einer für Zeitschriftenverlage noch wichtigeren Ertragssäule entwickeln, insbesondere mit Hinblick auf die Bespielung des digitalen Marktes. Sie stellen insofern eine strategisch sinnvolle Unternehmensaktivität dar, da sie die Abhängigkeit vom Kerngeschäft reduzieren. Aufgrund der hohen Bedeutung, die sowohl der Werbemarkt als auch der klassische Markt für Print-Erzeugnisse hinsichtlich der konjunkturellen Entwicklung aufweist, ist eine Abhängigkeitsreduzierung in jedem Falle wünschenswert. In den zwei zurückliegenden, wirtschaftskrisengeplagten Jahren unterwarfen sich viele Zeitschriftenverlage einerseits einer Doktrin des Sparens und restrukturierten bei der Gelegenheit ihre Organisationen neu, andererseits expandierten sie in eine Vielzahl vom Kerngeschäft losgelöster Wachstumsmärkte. Begünstigt durch die anhaltende Digitalisierung und der kontinuierlich steigenden Penetration leistungsfähiger, mobiler Endgeräte, wurde die Erschließung des digitalen Zusatzgeschäftes weiter begünstigt. Es ist nämlich offenkundig, dass die Monetarisierung digitaler Zeitschriftenprodukte primär über das Medium der mobilen Endgeräte erfolgt und somit auch in Abhängigkeit der Erschließung eines Nutzer-Massenmarktes zu sehen ist.

Es bleibt abzuwarten, inwieweit sich die Rollenverteilung von Zeitschriftenverlagen an den bereits etablierten Branchenstrukturen orientiert, bzw. durch die Schaffung eines digitalen Marktplatzes eine Umwälzung der Verlagsgeschäftsmodelle erfolgt. Die Zeitschriftenverlage sind jedenfalls mehr denn je gefährdet, als Aggregatoren von Content abgelöst zu werden. Der Wettbewerb in der Erstellung und Transmission digitaler Inhalte ist nicht mehr zu gewinnen. Umso mehr müssen sie ihr journalistisches Profil stärken und mithilfe ausgefeilter Geschäftsmodelle den Nutzer vom Mehrwert qualitativ hochwertigen Contents (in Abgrenzung zum Gut der reinen Information) überzeigen. Hier muss auch über mögliche Kooperationsmodelle der Verlagsunternehmen in der Paketierung und Vermarktung von Content nachgedacht werden. Die von dem *Deutschen Presse Vertrieb* (DPV) in Zusammenarbeit mit der *Bertelsmann Direct Group* gelaunchte *Pubbles*-Plattform, die auch Wettbewerbern die Vermarktungsleistung ihrer proprietären, digitalen Inhalte anbietet, ist ein erster Schritt in diese Richtung, trifft jedoch bislang auf ein sehr geteiltes Echo innerhalb der Branche.

Verbundene, am Kerngeschäft eines Zeitschriftenverlages ausgerichtete Diversifizierungsaktivitäten scheinen ein größeres Erfolgspotenzial aufzuweisen als unverbundene Geschäftsfelderweiterungen. Daher bildeten diese auch die Grundlage der vorliegenden Untersuchung. Es bleibt jedoch festzuhalten, dass eine Beschränkung auf den zu erzielenden Synergieeffekt nicht zielführend sein kann und daher um eine auf die Marktattraktivität ausgerichtete Dimension ergänzt werden muss. Die Symbiose beider Ansätze bildet eine fundierte Entscheidungsgrundlage für zukünftige Diversifizierungsentscheidungen. In diesem Zusammenhang ist nicht verwunderlich, dass eine auf das Kerngeschäft mit Inhalten ausgerichtete Diversifizierung am ehesten das Potenzial der Kernressourcenübertragung ausnutzt. Interessant ist, dass die Content-getriebenen Diversifizierungsfelder auch vergleichsweise hohe Marktattraktivitätskennziffern erhielten. Dieser Befund legt nahe, dass die Zeitschriftenverlage auch in Zukunft ihre Ressourcen nicht vernachlässigen dürfen, sondern in deren Aufbau investieren müssen. Während kapitalstärkere Verlagsunternehmen, die abseits des Zeitschriftengeschäftes auch noch in anderen Medienteilmärkten aktiv sind, eine breitere Diversifizierungsstrategie zu implementieren in der Lage sind, muss es kleineren Zeitschriftenverlagen zunächst um eine Festigung ihrer Stellung im Kernmarkt gehen, von der sie dann in kompetenzübergreifende Geschäftsfelder diversifizieren können. Die Verwandtschaft zum Kerngeschäft sowie die organisatorische Verzahnung spielen sind hier von elementarer Bedeutung, da sie erst die Gemeinsamkeiten zwischen Diversifizierungs- und Kerngeschäft aufweisen. Im Rahmen der Expertenbefragung fiel jedoch auf, dass sich die kleinerer Zeitschriftenverlage wie der *Ganske Verlagsgruppe*, die *Spiegel Gruppe* oder der *TIP Verlag* dieser Herausforderung sehr wohl bewusst sind.

Des Weiteren ging es in der vorliegenden Untersuchung auch darum, zwei methodische Konzepte der Entscheidungstheorie miteinander zu verbinden und zielgereicht einzusetzen: der AHP und die NWA. Die Kombination beider Methodiken wurde schließlich um ein qualitatives Forschungsdesign ergänzt.

Der Grund für die Anwendung dieses kombinationstheoretischen Ansatzes liegt in den individuellen Stärken beider Methodiken. Während der AHP die quantitative Erfassung subjektiver Einschätzungen mithilfe der Paarvergleichsmethodik in den Vordergrund stellt, die Daten in Form sog. Gewichtungsparameter aggregiert und eine Möglichkeit der Konsistenzüberprüfung einräumt, eignet sich die NWA eher für ein qualitativ ausgerichtetes Forschungsdesign. Letztere Methodik erwies sich als eine sehr intuitive Bewertungstechnik. Während der Durchführung der Interviews konnten aufgrund des offenen Befragungsdesigns sowohl Verständnisfragen adressiert als auch hilfreiche Anmerkungen abgegeben werden. Die Verwendung einer Skala von eins bis fünf überforderte den Interviewpartner nicht, ließ jedoch eine auf die (teilweise abstrakt verständliche und komplex messbare) Kriterienrelevanz differenzierte Bewertung zu. Der AHP stellte sich bereits während der Pretests als geeignete Methodik zur Aggregation subjektiver Bewertungen quantitativer Größen dar, da er die finale Hierarchie mithilfe von Vergleichspaaren bildet. Dem Befragten wurde die Gewichtung der Diversifizierungsmärkte entlang der marktorientierten Kriterien insofern erleichtert, als dass der direkte Vergleich zweier Diversifizierungsmärkte hinsichtlich eines Kriteriums einfacher ist als die absolute Schätzung eines Diversifizierungsmarktes hinsichtlich ebendieses Kriteriums. Das qualitative Forschungsdesign ergänzte die ressourcenorientierte Bewertung schließlich um weitere Erkenntnisse und diente dem besseren Verständnis des Diversifizierungsprozesses. Durch die Möglichkeit innerhalb der Interviews fachspezifische Nachfragen zu stellen und somit fachliche Unklarheiten aus dem Weg zu räumen, steigerte die Qualität der Bewertungsergebnisse außerdem nachhaltig.

Die vorliegende Arbeit soll daher als ein Beispiel für ein integratives Forschungsdesign gelten und anhand eines konkreten Beispiels vorführen, wie man unterschiedliche Methodiken unter Ausnutzung ihrer individuellen Stärken zur Erreichung eines wissenschaftlichen Erkenntnisziels einsetzen bzw. miteinander kombinieren kann. Sie soll daher dazu anregen, die hier angewendete Methodik auf weitere Teilgebiete der medienökonomischen Forschung zu übertragen.

C. Ausblick und Ansatzpunkte für die weitere Forschung

Im Zentrum der vorliegenden Arbeit stehen die Ergebnisse zum Diversifikationsmodus deutscher Zeitschriftenverlage. Darauf aufbauend wurden konkrete Handlungsempfehlungen abgeleitet, die den Verlagsmanagern bei der fundierten Entscheidungsfindung helfen sollen. Auf der Grundlage dieser Handlungsoptionen ergaben sich insgesamt drei Dimensionen des Diversifizierungsrisikos, die sich entlang des regionalen Optionsraumes (national vs. international), des *Make-or-Buy*-Optionsraumes (*Make* vs. *Buy*) und des Koopertaions-Optionsraumes (autonom vs. kooperativ) abbilden ließen.

Eine empirische Überprüfung dieser Dimensionen erfolgte bislang jedoch nicht. Daher ergeben sich hier Ansatzpunkte für weitere Vorhaben im Rahmen der medienökonomischen Diversifizierungsforschung. Da die Ausprägung der genannten Risikodimensionen den strategischen Optionsraum eines Zeitschriftenverlages stark beeinflusst, wären weiterführende Forschungen zum Diversifizierungsmodus von Interesse, so z.B. die Überprüfung der identifizierten Diversifizierungsmärkte in Bezug auf ihre Tauglichkeit hinsichtlich der aufgeführten Risikoparameter, oder die Überprüfung der Diversifizierungsmärkte in Abhängigkeit konkreter Handlungsoptionen. Die vorliegenden Ergebnisse geben zwar Hinweise auf einen grundsätzlich sinnvoll erscheinenden Diversifizierungsmodus, dürfen aber lediglich als eine erste Indikation gewertet werden. Weiterführende Untersuchungen könnten sich auch mit den implizierten (ggf. organisatorischen) Vernetzungspotenzialen im Rahmen der Implementierung von Diversifizierungsoptionen beschäftigen, die Kriterien aus der ressourcenorientierten als für das Diversifizierungsgeschäft relevante Erfolgsfaktoren validieren oder die unternehmensinternen Voraussetzungen für eine erfolgreiche Positionierung im Diversifizierungsgeschäft prüfen.

Da sich die vorliegende Untersuchung auf den Zusammenhang der horizontalen Diversifizierung konzentriert und damit einen weiteren Baustein der vergleichsweise jungen medienökonomischen Forschung zu schließen versucht, wäre ein weiterführender Forschungsansatz der vertikalen Diversifizierung als Ergänzung der vorliegenden Ergebnisse sicherlich relevant. Alternativ ließe sich auf der Grundlage der vorliegenden Resultate auch eine Verbundenheitsanalyse der Diversifizierungsmärkte durchführen, die als Ergänzung zu den geschäftsfeldübergreifenden Kriterienrelevanzen gedeutet werden und weitere, interessante Ergebnisse über die Synergie- und Kombinationsmöglichkeiten sowie die optimale zeitliche Abfolge der Diversifizierungsplanung liefern könnten.

Schließlich ließe sich darüber nachdenken, ob sich die Implikationen dieser Untersuchungsergebnisse mglw. auch auf andere Medienteilmärkte übertragen lassen, bzw. welche konkreten Anpassungsmaßnahmen aus markt- bzw. ressourcenorientierter Sicht notwendig sind, um das Diversifizierungsrahmenmodell zu übertragen.

Literaturverzeichnis

Aaker, D. A. (1989): Managing Assets and Skills: The Key to a Sustainable Competitive Advantage. California Management Review, 31 (2), 91-106.

AGOF e.V. (2010): Berichtsband Internet facts: Zusammenfassung zu den Internet facts 2010. Abgerufen am 1. Mai 2011 unter: http://www.agof.de/if-2008-i summaryneu.download.7e3c3680ce86406a54428b698878e24d.pdf

Agrawal, A., Jaffe, J. F. & Mandelker, G. N. (1992): The post-merger performance of acquirng firms: A re-examination of an anomaly. Journal of Finance, 47 (4), 1605-1621.

Albarran, A. B., Dimmick, J. (1996): Concentration and Economics of Multiformity in the Communication Industries. Journal of Media Economics, 9 (4), 41-52.

An, J.-H. (1997): Fernlesen im Vormarsch: Formen, Inhalte und Funktionen des Videotextes. Medien & Kommunikation: Bd. 26. Münster: LIT.

Anding, M. (2002): Online Content Syndication – a critical analysis from the perspective of transaction cost theory. ECIS München, 551-563.

Ansoff, H. Igor. (1965): Corporate strategy: An analytic approach to business policy for growth and expansion. New York, London. McGraw-Hill.

Apfelthaler, G. (2000): Medienmanagement als Internationales Management. In M. Karmasin, C. Winter (Hrsg.). Grundlagen des Medienmanagements. (S. 197-218). München: Wilhelm Fink Verlag.

Arnould, R. J. (1969): Conglomerate growth and profitability. Garoian, 72-80.

Attelsander, P., Cromm, J. (2003): Methoden der empirischen Sozialforschung (10. neu bearb. Und erw. Aufl.). Berlin: Walter de Gruyter.

Bain, J. S. (1956): Barriers to new competition (Ed. 1 Vol. 4). Cambridge, Mass.

Bain, J. S. (1968): Industrial organization. In Handbook of Econometrics (Ed. 2 Vol. 2). New York, 122-147.

Barney, J. B. (1986). Strategic factor markets. Expectations, luck, and business strategy. Management Science, 32 (10), 1231-1241.

Barney, J. B. (1991): Firm Resources and Sustained Competitive Advantage. Journal of Management, 17 (1), 99.

Bass, F., Cattin, P. J. & Wittink, D. R. (1977): Market structure and industry influence on profitaility. Thorelli, 181-201.

Batra, R., Myers, J. G. & Aaker, D. A. (1996): Advertising management (5. ed). Prentice Hall International Editions. Upper Saddle River, NJ: Prentice Hall Internat.

Bea, F. Xaver, Haas, J. (2005): Strategisches Management. Grundwissen der Ökonomik. Betriebswirtschaftslehre: Bd. 1458. Stuttgart: Lucius & Lucius.

Bechmann, A. (1978): Nutzwertanalyse, Bewertungstheorie und Planung. Beiträge zur Wirtschaftspolitik: Bd. 29. Bern: Haupt.

Beck, H. (2006): Medienökonomie – Märkte, Besonderheiten und Wettbewerb. In C. Scholz (Hrsg.). Handbuch Medienmanagement. (S. 223-237). Berlin u.a.: Springer Verl. und Heidelberg.

Bertelsmann AG. (2011): Investor Relations - Bertelsmann im Überblick. Abgerufen am 1. Mai 2011 unter: http://www.bertelsmann.de

Böll, K., Gottschalk, M. (1999): Merchandising und Licensing: Grundlagen, Beispiele, Management. München: Vahlen.

Bortz, J., Döring, N. (2005): Forschungsmethoden und Evaluation für Human- und Sozialwissenschaftler (3. Aufl.) Berlin u.a.: Springer Verl. und Heidelberg.

Brandenburger, A., Nalebuff, B. (1996): Coopetition: A Revolution Mindset That Combines Competition and Cooperation : The Game Theory Strategy That's Changing the Game of Business. New York: Doubleday.

Brealey, R. A., Myers, S. C. & Allen, F. (2005): Principles of corporate finance (8. ed.). Boston, Mass.: McGraw-Hill/Irwin.

Breyer-Mayländer, T. (2004): Einführung in das Medienmanagement: Grundlagen Strategie Führung Personal. München: Oldenbourg Wissenschaftsverlag.

Buchholz, W., Olemotz, T. (1995): Markt- vs. Ressourcenbasierter Ansatz – Konkurrierende oder komplementäre Konzepte im Strategischen Management? Arbeitspapiere: Bd. Nr. 1/95. Gießen.

Caves, R. E., Porter, M. E., Spence, A. Michael & Scott, J. T. (1980): Competition in the open economy: A model applied to Canada. Cambridge, Mass.: Harvard Univ. Pr.

Chalaby, J. K. (2005): From internationalization to transnationalization. Global Media and Communication, 1 (1), 28-33.

Chandler, A. Dupont. (1962): Strategy and structure: Chapters in the history of the American industrial enterprise. Cambridge, Mass.: MIT Pr.

Chang, Y., Thomas, H. (1989): The impact of diversification strategy on risk-return performance. Strategic Management Journal, 10 (3), 271-284.

Chan-Olmsted, S. M. (2005): Response to "Diversification Strategy of Global Media Conglomerates: A Comment". Journal of Media Economics, 18 (2), 105-107.

Chan-Olmsted, S.M., Chang, B. (2003): Diversification strategy of global media conglomerates: Examining its patterns and determinants. Journal of Media Economics, 16 (4), 213-233.

Chatterjee, S., Wernerfelt, B. (1991): The link between resources and type of diversification: Theory and evidence. Strategic Management Journal, 12 (1), 33-48.

Chatterjee, S. (1986): Types of synergy and economic value: The impact of acquisitions on merging and rival firms. Strategic Management Journal, 7 (2), 119-139.

Chatterjee, S., Lubatkin, M. H., Schweiger, D. H. & Weber, Y. (1992): Cultural differences and shareholder value in related mergers: Linking equity and human capital. Strategic Management Journal, 13 (5), 319-334.

Chatterjee, S., Wernerfelt, B. (1986): Related or unrelated diversification: A resource based approach. Paper Institute for Research in the Behavioral, Economic, and Management Sciences, Krannert Graduate School of Management, Purdue University: Bd. 902. West Lafayette, Indiana.

Christensen, H. Kurt, Montgomery, C. A. (1981): Corporate economic performance: Diversification strategy versus market structure. Strategic Management Journal, 2 (4), 327-343.

Ciscel, D. H., Evans, R. D. (1984): Returns to corporate diversification in the 1970s. Managerial & Decision Economics, 5 (2), 67-71.

Clemons, E. K. (2010): Business Models for Monetizing Internet Applications and Web Sites: Experience, Theory, and Predictions. Pennsylvania: Wharton Sch., Univ.of Pennsylvania.

Collis, D. J., Montgomery, C. A. (1995): Competing on Resources: Strategy in the 1990s. Harvard Business Review, 73 (4), 118-128.

Datta, D. K. (1986): Assimilation of acquired organizations: An empirical assessment of the impact of selected organizational and behavioral factors on acquisition performance, Univ. of Pittsburgh. Pittsburgh.

Datta, D. K., Rajagopalan, N. & Rasheed, A. M. A. (1991): Diversification and performance: Critical review and future directions. Journal of Management Studies, 28 (5), 529-558.

Dautwiz, J. M. (2006): Zentrale Fragen medienökonomischer Diversifikationsforschung. Bauhaus-Universität Weimar: Economedia Arbeitspapiere: Bd. Nr.01/2006.

D'Aveni, R. A., Ravenscraft, D. J. & Anderson, P. (2004): From Corporate Strategy to Business-level Advantage: Relatedness as Resource Congruence. Managerial & Decision Economics, 25 (6/7).

Deloitte & Touche GmbH. (2008): Web-to-go: Wachstumsmarkt Mobile Internet – auch für Deutschland? (Studie zur Zukunft des mobilen Internets). Abgerufen am 1. Mai 2011 unter: http://www.deloitte.com/dtt/cda/doc/content/de_TMT_R_Mobile_Internet_071008.pdf

Der Brockhaus. (2009): Kreativität (Permanent aktualisierte Online-Aufl.), F.A. Brockhaus. Abgerufen am 1. Mai 2011 unter: http://www.brockhaus suche.de/suche/abstract.php?shortname=b15&artikel_id=30610200&verweis=1

Diekmann, A. (1995): Empirische Sozialforschung: Grundlagen, Methoden, Anwendungen. Reinbek bei Hamburg: Rowohlt Taschenbuchverlag.

Dierickx, I., Cool, K. (1989): Asset stock accumulation and sustainability of competitive advantage. Management Science, 35 (12), 1504-1511.

Discherl, K. & Eichhorn, W. (2007): Online-Auftritte von Publikumszeitschriften im World Wide Web, 391-416. In: Friedrichsen, M. & Brunner, M. (Hrsg.) Perspektiven für die Publikumszeitschrift. Berlin/Heidelberg: Springer-Verlag.

Dorenkamp, A. (2002): Kombinationen aus Diversifikations- und Wachstumsstrategien im Lichte von Rendite, Risiko und Unternehmensgröße. Abgerufen am 1. Mai 2011 unter: http://www.gbv.de/dms/zbw/359554571.pdf

Doyle, G. (2002): Understanding media economics. London: SAGE.

Dubofsky, P., Varadarajan, P. (1987): Diversification and measures of performance: Additional empirical evidence. Academy of Management Journal, 30 (3), 597-608.

Ehrhardt, A., (2011): Studie zum deutschen Markt für Apps, Simon Kucher & Partner Strategy & Marketing Consultants.

Eisenhardt, K. M., Graebner, M. E. (2007): Theory building from cases: Opportunities and challenges. Academy of Management Journal, 50 (1), 25-32.

Ellert, J. C. (1976): Mergers, antitrust law enforcement and stockholder returns. Journal of Finance, 31 (2), 715-732.

Esch, F.-R. (2003): Strategie und Technik der Markenführung. München: Vahlen.

Eschenbach, R., Kunesch, H. (1996): Strategische Konzepte: Management-Ansätze von Ansoff bis Ulrich (3., völlig überarb. und wesentlich erw. Aufl). Stuttgart: Schäffer-Poeschel. Abgerufen am 1. Mai 2011 unter: http://www.gbv.de/du/services/agi/9BEAD711D4F4FCC1C125705A0051A9D5/000000667301

Fechner, F. (2006): Medienrecht – Rechtsgrundlagen für Medienmanager. In C. Scholz (Hrsg.). Handbuch Medienmanagement. (S. 239-260). Berlin, Heidelberg: Springer Verlag.

Feldmann, V. (2005): Leveraging Mobile Media: Cross-Media Strategy and Innovation Policy for Mobile Media Communication. Heidelberg: Physica-Verlag. Abgerufen am 1. Mai 2011 unter: http://dx.doi.org/10.1007/b139034

Fey, A. (2000): Diversifikation und Unternehmensstrategie: Zur Insuffizienz der Analyse des Diversifikationserfolges in der empirischen Diversifikationsforschung. Frankfurt: Lang, Peter.

Flick, U. (2004): Qualitative Sozialforschung: Eine Einführung (Orig.-Ausg., vollst. überarb. und erw. Neuausg., 2. Aufl.). Reinbek bei Hamburg: Rowohlt-Taschenbuch-Verl.

Förster, H., Schlereth D. (2009): Finanziellen Spielraum aktiv nutzen. Zeitungs- und Zeitschriftenverlage in konvergierenden Medienmärkten. Deloitte.

Forum Corporate Publishing (2010): Factbook des Branchenverbandes Forum Corporate Publishing (FCP). Abgerufen am 1. Mai 2011 unter: http://www.forum-corporate-publishing.de/index.php?id=20

Franz, W., Ramser H.-J. & Stadler, M. (2003): Empirische Wirtschaftsforschung: Methoden und Anwendungen, Wirtschaftswissenschaftliches Seminar Ottobeuren, Bd. 32. Tübingen: Mohr Siebeck.

Friedrichsen, M. (2004): Globale Krise der Medienwirtschaft?: Dimensionen, Ursachen und Folgen. Bd. 8. Baden-Baden: Nomos Verl.-Ges.

Gabler Wirtschafts-Lexikon. (1997): (14. vollst. überarb. und erw. Aufl.), Bd. 4. Wiesbaden: Gabler.

Gälweiler, A. (2005): Strategische Unternehmensführung (3. Aufl.). Frankfurt/Main: Campus Verlag.

Gephart, Jr. , Robert, P. (2004): Qualitative Research and the Academy of Management Journal. Academy of Management Journal, 4, 454-462.

Gerhards, M., Klingler, W. (2007b): Mediennutzung in der Zukunft, Media Perspektiven, 15(2), 295-309.

GfK (2011): GfK SirValUse Studie zur Usability vom eKiosk „Pubbles“ im Rahmen eines User Feedback Days. GfK SirValUse, Nürnberg. Abgerufen am 1. Mai 2011 unter: http://www.gfk.com/group/events_insights/studien/index.de.html

Golden, B. L., Wang, Q. (1989): An Alternate Measure of Consistency. In Golden, B.L., Wasil, E. A. & Harker, P. T. (Hrsg.) The Analytic Hierarchy Process: Applications and Studies. Springer, Berlin et al., 68-81.

Gomez-Mejia, L. R. (1992): Structure and process of diversification, compensation strategy, and firm performance. Strategic Management Journal, 13 (5), 381-397.

Gonzalez-Pachon, J., Romero, C. (2004): A method for dealing with inconsistencies in pairwise comparisons. EJOR 158, 351-361.

Grant, R. M., Jammine, A. P. (1988): Performance Differences between the Wrigley/Rumelt Strategic Categories. Strategic Management Journal, 9 (4), 333-346.

Gerhardts, M., Klingler, W. (2006): Mediennutzung in der Zukunft: Traditionelle Nutzungsmuster und innovative Zielgruppen, Media Perspektiven, 2, 75-90. Abgerufen am 1. Mai 2011 unter: http://www.media-perspektiven.de/uploads/tx_mppublications/02-2006_Gerhards.pdf

Habann, F. (1999): Kernressourcenmanagement in Medienunternehmen. Lohmar: Eul.

Hall, R. (1992): The strategic analysis of intangible resources. Strategic Management Journal, 13 (2), 135-144.

Hamel, G., Prahalad, C. K. (1994): Competing for the future. Boston, Mass: Harvard Business School Press.

Hamilton, R. T., Shergill, G. S. (1992): The relationship between strategy-structure fit and financial performance in New Zealand: Evidence of generality and validity with enhanced controls. Journal of Management Studies, 29 (1), 95-113.

Hass, B. (2004): Desintegration und Reintegration im Mediensektor: Wie sich Geschäftsmodelle durch Digitalisierung verändern. In A. Zerdick, A. Picot, K. Schrape, J.-C. Burgelmann & R. Silverstone (Hrsg.). E-Merging Media: Kommunikation und Medienwirtschaft der Zukunft. (S. 33-57). Berlin, Heidelberg: Springer-Verlag.

Hax, A. C., Majluf, N. S. (1991): Strategisches Management: Ein integratives Konzept aus dem MIT (überarb. Studienausg.). Frankfurt/Main, New York: Campus-Verl. Abgerufen am 1. Mai 2011 unter: http://www.gbv.de/dms/hebis-mainz/toc/017404622.pdf

Helfferich, C. (2005): Die Qualität qualitativer Daten. Manual für die Durchführung qualitativer Interviews (2. Aufl.), Wiesbaden: VS Verlag für Sozialwissenschaften.

Healy, P. M., Palepu, K. G. & Ruback, R. S. (1992): Does corporate performance improve after mergers? Journal of Financial Economics, 31 (2), 135-175.

Hill, Charles W. L., Hitt, M. A. & Hoskisson, R. E. (1992): Cooperative versus competitive structures in related and unrelated diversified firms. Organization Science, 3 (4), 501-521.

Hinterhuber, H. H. (1990): Wettbewerbsstrategie (2. völlig neubearb. Aufl). De Gruyter Lehrbuch. Berlin: de Gruyter. Abgerufen am 1. Mai 2011 unter: http://www.gbv.de/du/services/agi/0BAD61F5952E7FDDC125705A0051B884/000000215894

Holzmann, O. J., Copeland, R. M. & Hayya, J. (1975): Income measures of conglomerate performance. Quarterly Review of Economics and Business, 15 (3), 67-78.

Horizontstats (2010): Flop 25 Zeitschriften in Deutschland nach Reichweitenverlust von 2009 auf 2010. Abgerufen am 1. Mai 2011 unter: http://www.horizontstats.de/statistik/daten/studie/161070/umfrage/flop-25-zeitschriften-nach-reichweitenverlust-in-deutschland/

Horovitz, J. H., Thiétart, R. A. (1982): Strategy, management design and firm performance. Strategic Management Journal, 3 (1), 67-76.

Hoskisson, R. E. (1987): Multidivisional structure and performance: The contingency of diversification strategy. Academy of Management Journal, 30 (4), 625-644.

Hungenberg, H. (2000): Strategisches Management in Unternehmen: Ziele – Prozesse – Verfahren. Gabler-Lehrbuch. Wiesbaden: Gabler.

Hutzschenreuter, T. (2001): Wachstumsstrategien: Einsatz von Managementkapazitäten zur Wertsteigerung. Neue betriebswirtschaftliche Forschung: Bd. 270. Wiesbaden: Dt. Univ.-Verl.

Inden-Lohmar, T. (2007): Typische Probleme bei der Planung und Durchführung von Events. In O. Nickel (Hrsg.). Eventmarketing. Grundlagen und Erfolgsbeispiele. 2., vollst. überarb. Aufl. (S. 97–108). München: Vahlen.

Informationsgemeinschaft zur Feststellung der Verbreitung von Werbeträgern e.V. (IVW). (2010): Anlage 1-3 zu den IVW-Reichweiten: Definitionen und technische Erläuterungen.

Jacobs, S. (1992): Strategische Erfolgsfaktoren der Diversifikation. Wiesbaden: Gabler.

Jacquemin, A. P., Berry, C. H. (1979): Entropy measure of diversification and corporate growth. Journal of Industrial Economics, 27 (4), 359-369.

Jenkins, H. (2006): Convergence culture: where old and new media collide. New York, London: New York Univ. Press.

Jung, J., Chan-Olmsted, S. M. (2005): Impacts of Media Conglomerates' Dual Diversification on Financial Performance. Journal of Media Economics, 18 (3), 183-202.

Karmasin, M., Winter, C. (Hrsg.). (2000): Grundlagen des Medienmanagements. München: Fink.

Kinzler, P. (2005): Das Management strategischer Kerne: Wettbewerbsvorteile durch kohärente Geschäftssysteme. Gabler Edition Wissenschaft. Wiesbaden: Dt. Univ.-Verl.

Kirchgeorg, M., Springer, C. & Brühe, C. (2007): Effizienz und Effektivität der Live Communication im branchenübergreifenden Vergleich. In O. Nickel (Hrsg.). Eventmarketing. Grundlagen und Erfolgsbeispiele. 2., vollst. überarb. Aufl. (S. 17–36). München: Vahlen.

Kleinsteuber, H. J., & Thomaß, B. (1996): Konkurrenz versus Konzentration: Unternehmensverflechtungen im globalen Medienmarkt. In Meckel, M., Kriener M. (Hrsg.): Internationale Kommunikation. Eine Einführung. Opladen, 125-144.

Kloss, I. (2003): Werbung: Lehr-, Studien- und Nachschlagewerk / (3. völlig überarb. und stark erw. Aufl.). WiSo-Lehr- und Handbücher. München: Oldenbourg Wissenschaftsverlag. Abgerufen am 1. Mai 2011 unter: http://www.gbv.de/dms/ilmenau/toc/353821640.pdf

Knyphausen-Aufseß, D. zu. (1995): Theorie der strategischen Unternehmensführung: State-of-the-art und neue Perspektiven. Neue betriebswirtschaftliche Forschung: Bd. 152. Wiesbaden: Gabler.

Köhler, L., Hess, T. (2003): Produktinnovation in Medienunternehmen: Eine Fallstudienanalyse zur Organisation der Produktinnovation in Medienunternehmen verschiedener Sektoren. Arbeitspapiere des Instituts für Wirtschaftsinformatik und Neue Medien, LMU München (3).

Kohlschein, I. (2006): Experteninterviews: Anwendung einer empirischen Forschungsmethode im Medienmanagement. In Rott, A. (Hrsg.) Fallstudien zum Medienmanagement. Hamburg Media School.

Konrad, K. (2001): Mündliche und schriftliche Befragung: ein Lehrbuch (2. Aufl.). Landau.

Kor, Y. Y., Mahoney, J. T. (2004): Edith Penrose's (1959) Contributions to the Resource- based View of Strategic Management. Journal of Management Studies, 1, 183–191.

Kreikebaum, H. (1987): Strategische Unternehmensplanung (2. vollst. überarb. Aufl). Stuttgart: Kohlhammer.

Kreikebaum, H. (1997): Strategische Unternehmensplanung (6. vollst. überarb. und erw. Aufl). Stuttgart: Kohlhammer. Abgerufen am 1. Mai 2011 unter: http://www.gbv.de/du/services/agi/ AB2B8BBA7E420087C1256E5B0057FB66/420000052810

Krüger, W., Homp, C. (1996a): Kernkompetenzen: Charakteristik, Formen und Wirkungsweise. Arbeitspapiere des Lehrstuhls BWL II der Justus-Liebig-Universität Giesen: Bd. Nr. 2/96. Gießen

Krüger, W., Homp, C. (1996b): Marktorientierte Kernkompetenzen und ihr strategischer Einsatz. Arbeitspapiere des Lehrstuhls BWL II der Justus-Liebig-Universität Giesen: Bd. Nr. 4/96. Gießen

Lamont, B. T., Williams, R. J. & Hoffman, J. J. (1994): Performance during "MForm" reorganization and recovery time: The effects of prior strategy and implementation speed. Academy of Management Journal, 37 (1), 153-166.

Lasslop, I., Burmann, C. & Nitschke, A. (2007): Erfolgsbeurteilung von Events. In O. Nickel (Hrsg.). Eventmarketing. Grundlagen und Erfolgsbeispiele (2. vollst. überarb. Aufl.), 117-134. München: Vahlen.

Laux, H. (2003): Entscheidungstheorie (5. Aufl.). Berlin et al.: Springer.

Lehmann, R. (1993): Kann Diversifikation Wert schaffen? Schriftenreihe des Instituts für Betriebswirtschaftliche Forschung an der Universität Zürich: Bd. 72. Bern: Haupt.

Lindstädt, H. (2006a): Strategiefindung. Managementkompass, 2006 (1/2006), 16-18.

Lindstädt, H. (2006b): Wachstum: Die drei Strategien. Managementkompass, 2006 (1/2006), 8-10.

Lindstädt, H., Hauser, R. (2004): Strategische Wirkungsbereiche des Unternehmens: Spielräume und Integrationsgrenzen erkennen und gestalten. Wiesbaden: Gablcr.

Löbler, H. (1988): Diversifikation und Unternehmenserfolg: Diversifikationserfolge und -risiken bei unterschiedlichen Marktstrukturen und Wettbewerb. Oikos: Bd. 21. Wiesbaden: Gabler.

Lockett, A., Thompson, S. (2001): The resource-based view and economics. Journal of Management, 27 (6), 723.

Lubatkin, M., Chatterjee, S. (1991): The strategy-shareholder relationship: Testing temporal stability across market cycles. Strategic Management Journal, 12 (4), 251-270.

Luther, S., Broich, A. (2003): Diversifikation versus Fokussierung – Strategisches Portfoliomanagement am Beispiel der Bertelsmann AG. In H. Hungenberg & J. Meffert (Hrsg.). Handbuch Strategisches Management. (S. 105–123). Wiesbaden: Gabler.

Macharzina, K., Wolf, J. (2008): Unternehmensführung: Das internationale Managementwissen – Konzepte, Methoden, Praxis (5. Aufl.). Wiesbaden: Gabler.

Mahrdt, N. (2009): Crossmedia: Werbekampagnen erfolgreich planen und umsetzen. Wiesbaden: Gabler.

Maindok, H. (2003): Professionelle Interviewführung in der Sozialforschung. Bedarf, Stand und Perspektiven (2. Aufl.). Reihe Sozialwissenschaften Bd. 21. Pfaffenweiler: Centaurus-Verlags-Gesellschaft.

Malik, F. (2000): Strategie des Managements komplexer Systeme: Ein Beitrag zur Managements-Kybernetik evolutionärer Systeme. Haupt Verlag.

Marino, K. E. (1996): Developing consensus on firm competencies and capabilities. Academy of Management Executive, 10 (3), 40-51.

Markham, J. W. (1974): Conglomerate enterprise and public policy (2. pr.). Boston: Harvard Univ.

Markides, C. C. (1995): Diversification, restructuring and economic performance. Strategic Management Journal, 16 (2), 101-118.

Markides, C. C., Williamson Peter J. (1996): Corporate diversification and organizational structure: A resource-based view. Academy of Management Journal, 39 (2), 340-367.

Mayer, H. O. (2008):Interview und schriftliche Befragung: Entwicklung, Durchführung und Auswertung (2. Aufl.). München: Oldenbourg Wissenschaftsverlag.

Mayring, P. (2002): Einführung in die qualitative Sozialforschung: Eine Anleitung zu qualitativem Denken (5. überarb. und neu ausgestattete Aufl.). Weinheim: Beltz-Verl. Abgerufen am 1. Mai 2011 unter: http://ba-thueringen.ciando.com/shop/book/short/index.cfm/fuseaction/short/bok_ID/11998

Mc Dowell, W. (2005): Issues in Marketing and Branding. In A. B. Albarran, S. M. Chan-Olmsted & M. O. Wirth (Hrsg.). Handbook of Media Management and Economics. (S. 229-250). New York.

Meffert, H. (2000): Marketing: Grundlagen marktorientierter Unternehmensführung ; Konzepte - Instrumente - Praxisbeispiele ; mit neuer Fallstudie VW Golf / (9. überarb. und erw. Aufl.). Meffert-Marketing-Edition. Wiesbaden: Gabler.

Meixner, O., Haas, R. (2008): Wissensmanagement und Entscheidungsunterstützung. Wien: Eigenverlag Institut für Marketing & Innovation.

Meuser, M., Nagel, U. (2006). Das Experteninterview. In R. Bohnsack, W. Marotzki & M. Meuser (Hrsg.). Hauptbegriffe qualitativer Sozialforschung. Ein Wörterbuch (2. Aufl.). Opladen: Budrich.

Meyer, A. (1994): Dienstleistungsmarketing: Erkenntnisse und praktische Beispiele (6., unveränd. Aufl.). München: FGM-Verl.

Meyer, H. (2009): Internationalisierung des Media Business. Journal of Management Information Systems, 26 (2), 15-41.

Michel, A., Shaked, I. (1984): Does Business Diversification Affect Performance?. Financial Management, 13 (4), 18-25.

Middelweerd, J., van der Donk, M. (2008): The medium is the message. Outlook for Magazine Publishing in the Digital Age. PWC.

Montgomery, C. A. (1995): Of Diamonds and Rust: A New Look at Resources. In C. A. Montgomery (Hrsg.). Resource-based and evolutionary theories of the firm. Towards a synthesis, 251-268. Boston: Kluwer Acad. Publ.

Münchner Medientage (2010): Konferenzpanels und -präsentationen zu den Panels „Mit Tablets zur nächsten Medienrevolution?“ und „Alles iPad, oder was? Setzen Medien mit Tablets & Co. aufs richtige Pferd?“. Abgerufen am 1. Mai 2011 unter: http://www.medientage.de/kongress/archiv/archiv_2007.html?jahr=2010&archiv=2010

Nayyar, P. R. (1992): On the measurement of corporate diversification strategy: Evidence from large U.S. service firms. Strategic Management Journal, 13 (3), 219-235.

Neininger, K., (2007): Corporate Publishing: Eine vergleichende Untersuchung von Kundenzeitschriften von Consulting-Unternehmen für die Finanzindustrie. Diplomica Verl.

Neuberger, C., Nuernbergk, C. et al. (2009): Journalismus im Internet. Profession – Partizipation – Technisierung. Wiesbaden: VS Verlag für Sozialwissenschaften.

Neumann, J. von, Morgenstern, O. (1967): Spieltheorie und wirtschaftliches Verhalten (2. unveränd. Aufl). Würzburg: Physica-Verl.

O. V. (2008b): Eine Milliarde für Online-Werbung. Abgerufen am 1. Mai 2011 unter: http://www.handelsblatt.com/ technologie/it-internet/eine-milliarde-fuer-online-werbung;1373742

O. V. (2008f): Onlinewerbung überwindet 2007 die Milliardengrenze - Medien+ Internet. Abgerufen am 1. Mai 2011 unter: http://forum.ftd.de/technik/medien_internet/:Onlinewerbung%20Milliardengrenze/303732.html

OVK (2008): Online-Report 2008/01 u. 02. Abgerufen am 1. Mai 2011 unter: http://werbeformen.org/index.php?id=2582

Otten, C. (2008): EU kratzt am Lotto-Monopol. Abgerufen am 1. Mai 2011 unter: http://www.focus.de/finanzen/news/marktplatz-eu-kratzt-am-lotto-monopol_aid_333161.html

Palepu, K. (1985): Diversification strategy, profit performance and the entropy measure. (Band 6), 239-255.

Palich, L. E., Cardinal, L. B. & Miller, C. C. (2000): Curvilinearity in the diversification-performance linkage: an examination of over three decades of research. Strategic Management Journal, vol. 21 (2), 155-174.

Pauls, S. (1998): Business Migration – eine strategische Option. Wiesbaden: Dt. Univ.-Verl.

Pellikan, L. (2007): Lahmer Faustkeil. W & V, 2007 (26/2007), 54-55.

Penrose, E. Tilton. (1959): The theory of the growth of the firm (1. Aufl.). Oxford: Blackwell.

Peters, M. L., Zelewski, S. (2004): Möglichkeiten und Grenzen des "Analytic Hierarchy Process" (AHP) als Verfahren zur Wirtschaftlichkeitsanalyse. Zeitschrift für Planung & Untemehmenssteuerung 15 (3), 295-324.

Pfähler, W., Wiese, H. (2006): Unternehmensstrategien im Wettbewerb - Eine spieltheoretische Analyse (2. Aufl.). Heidelberg: Spinger Verlag.

Pfeffer, J., Salancik, G. (1978): The external control of organizations: a resource dependence perspective. New York: Harper & Row.

Picard, R. G. (1996): The Rise and Fall of Communication Empires. Journal of Media Economics, 9 (4), 23.

Picard, R. G., Rimmer, T. (1999): Weathering A Recession: Effects of Size and Diversification on Newspaper Companies. Journal of Media Economics, 12 (1), 1.

Pimpl, R. (2011): Suche nach der neuen Freiheit, Horizont, 24, 13.

Pointner, N. (2010): Die Medienbranche im Wandel. In : In den Fängen der Ökonomie. Wiesbaden: GWV Fachverlage, 41-58.

Porter, M. E. (1990): Wettbewerbsstrategie: Methoden zur Analyse von Branchen und Konkurrenten (6. Aufl.). Frankfurt/Main: Campus-Verlag.

Prahalad, C. K., Hamel, G. (1990): The Core Competence of the Corporation. Harvard Business Review, 68 (3), 79-91.

PricewaterhouseCoopers AG. (2009): German entertainment and media outlook 2009-2013: Die Entwicklung des deutschen Unterhaltungs- und Medienmarktes. Frankfurt: Fachverl. Moderne Wirtschaft.

Pricken, M. (2005): Kribbeln im Kopf: Kreativitätstechniken & Brain-Tools für Werbung & Design / 2. Softcover-Ausg. Mainz: Schmidt.

Proff, H. (2002): Konsistente Gesamtunternehmensstrategien. Neue betriebswirtschaftliche Forschung. Wiesbaden: Dt. Univ.-Verl.

Ramanujam, V., Varadarajan, P. (1989): Reasearch on corporate diversification: A synthesis. Strategic Management Journal, 10 (6), 523-551.

Rappaport, A. (1999): Shareholder Value. Stuttgart: Schäffer-Poeschel Verl.

Rasche, C. (1994): Wettbewerbsvorteile durch Kernkompetenzen: Ein ressourcenorientierter Ansatz. Wiesbaden: Dt. Univ.-Verl.

Reichert, R. (1984): Entwurf und Bewertung von Strategien. Planungs- und Organisationswissenschaftliche Schriften: Bd. 37. München: Planungs- und Organisationswissenschaftliche Schriften.

Romeike, F., Hager, P. (2009): Erfolgsfaktor Risiko-Management 2.0 (2. Aufl.). Wiesbaden: Gabler.

Rott, A. (2003): Werbefinanzierung und Wettbewerb auf dem deutschen Fernsehmarkt. Berlin: Duncker & Humblot.

Rubin, P. H. (1973): The Expansion of Firms. Journal of Political Economy, 81 (4), 936.

Rumelt, R. P. (1974): Strategy, structure, and economic performance. Boston: Div. of Research Grad. School of Business Administration Harvard Univ.

Rumelt, R. P. (1982): Diversification Strategy and Profitability. Strategic Management Journal, 3 (4), 359-369.

Saal, M. (2011): IPad bleibt Hoffnungsträger. Horizont, 21, 13.

Saaty, T. L. (1980): The Analytic Hierarchy Process: Planning, Priority Setting, Resource Allocation. New York: McGraw-Hill.

Saaty, T. L. (2003): Decision-making with the AHP: Why is the principal eigenvector necessary?, European Journal of Operational Research, 145 (1), 85-91.

Sal.Oppenheim. (2008): Media/Internet: Structural and economic risks for traditional media. Köln

Scharrer, J. (2010): Keine Scheu vor großen Namen. Horizont, 17, 13.

Schertz, C. (1997): Merchandising: Rechtsgrundlagen und Rechtspraxis. München: Beck.

Schlautmann, C. (2008): Internet überholt den Katalog. Abgerufen am 1.Mai 2011 unter: http://www.handelsblatt.com/unternehmen/handel-dienstleister/internet-ueberholtden katalog;2081815

Schnell, R. Hill, P. B., Esser, E. (2005): Methoden der empirischen Sozialforschung (7. Aufl.). München: Oldenbourg Wissenschaftsverlag.

Schrag, W. (2007): Medienlandschaft Deutschland (1. Aufl.). Konstanz: UVK Verlagsgesellschaft

Schreyögg, G. (1984): Unternehmensstrategie: Grundfragen einer Theorie strategischer Unternehmensführung. Berlin: de Gruyter.

Schulte-Hillen, G., Ganz, A., Althans, J. (2001): Strategien im internationalen Verlagsmarketing. Internationale Markteintrittsstrategien; Internationale Marktwahl; Internationalisierungsstrategien; Länderanalyse; Verlagsmarketing; Zeitschriftengeschäft. Die Betriebswirtschaft, 61, 478-492.

Schwalbach, J. (1987): Diversifizierung, Risiko und Erfolg industrieller Unternehmen. Koblenz.

Sharma, A., Kesner, I. F. (1996): Diversification entry: Some ex-ante explanations for postentry survival and growth. Academy of Management Journal, 39 (3), 635-677.

Siegert, G. (2000): Medienmanagement als Marketingmanagement. In M. Karmasin & C. Winter (Hrsg.). Grundlagen des Medienmanagements, 173-195. München: Fink.

Silverman, B. S. (1999): Technological Resources and the Direction of Corporate Diversification: Toward an Integration of the Resource-Based View and Transaction Cost Economics. Management Science, 45 (8), 1109-1124.

Singh, H., Montgomery, C. A. (1987): Corporate acquisition strategies and economic performance. Strategic Management Journal, 8 (4), 377-386.

Sjurts, I. (2010): Lexikon der Medienwirtschaft - Ökonomische, kommunikationswissenschaftliche, juristische und technische Grundbegriffe (2. Aufl.), Wiesbaden: Gabler.

Sjurts, I. (2005): Strategien in der Medienbranche: Grundlagen und Fallbeispiele. Wiesbaden: Gabler.

Solon Management Consulting GmbH & Co. KG. (2008): Mobile Media – Wann kommt der Durchbruch? (Präsentation auf den Medientagen am 7. November 2007). Abgerufen am 1. Mai 2011 unter: http://www.medientage.de/mediathek/archiv/2007/Caspar_Schauseil.pdf

Spindler, H.-J. (1988): Risiko- und Renditeeffekte der Diversifikation in Konjunkturkrisen. Zeitschrift für Betriebswirtschaft, 58 (8), 858-875.

Steingart, G., Siebenhaar, H.-P. (2010): Interview mit Mathias Döpfner „Depression ist völlig unangebracht". Handelsblatt, 216, S. 8.

Steinmann, H., Schreyögg, G. (1991): Management: Grundlagen der Unternehmensführung: Konzepte Funktionen Fallstudien (2. Aufl.), Wiesbaden.

Städele, K. (2008a): Beachtliche Reichweite. W & V, 2008 (26/2008), 6.

Stephan, M. (2005): Diversification Strategy of Global Media Conglomerates: A Comment. Journal of Media Economics, 18 (2), 85-103.

Strauss, A. L. (1998): Grundlagen qualitativer Sozialforschung: Datenanalyse und Theoriebildung in der empirischen soziologischen Forschung (2. Aufl.). München: Wilhelm Fink Verl.

Schwaiger, M. & Kreher, M. et al. (2008): Digitale Erlösquellen für Verlage. Ergebnisse einer empirischen Studie. Berlin: VDZ.

Thielmann, B. (2000): Strategisches Innovations-Management in konvergierenden Märkten. Wiesbaden: Dt. Univ.-Verl.

Trappel, J. (2007): Online-Medien. Leistungsprofil eines neuen Massenmediums. Konstanz: UVK Verl.-Ges.

Uhl, C. (2007): Erlösoptimierung im Free TV: Ziele, Ansätze und Probleme: VDM Verlag Dr. Müller.

Urbe, W. (2005b): Nur noch echte Originale, taz, die tageszeitung. Abgerufen am 1. Mai 2011 unter: http://www.taz.de/pt/2005/04/13/a0191.1/text

van Eimeren, B., Frees, B. (2008): Bewegtbildnutzung im Internet. Media Perspektiven, 2008 (7/2008), 350-355. Ergebnisse der ARD/ZDF-Onlinestudie 2008.

van Kranenburg, H., Cloodt, M. & Hagedoorn, J. (2001): An Exploratory Study of Recent Trends in the Diversification of Dutch Publishing Companies in the Multimedia and Information Industries. International Studies of Management & Organisation, 31 (1), 64-86.

van Kranenburg, H., Hagedoorn, J. & Pennings, J. (2004): Measurement of International and Product Diversification in the Publishing Industry. Journal of Media Economics, 17 (2), 87-104.

Varadarajan, P. Rajan, Ramanujam, V. (1987): Diversification and performance: A re-examination using a new two-dimensional conceptualization of diversity in firms. Academy of Management Journal, 30 (3), 380-393.

VDZ (2011): Das Jahrbuch des Verbandes der deutschen Zeitschriftenverleger. Abgerufen am 1. Mai 2011 unter: http://www.vdz.de/publikationen-ueberblick

Voigt, K.-I. (1993) : Strategische Unternehmensplanung: Grundlagen - Konzepte - Anwendung. Edition internationale betriebswirtschaftliche Forschung. Wiesbaden: Gabler.

Weber, Y. (1996): Corporate cultural fit and performance in mergers and acquisitions. Human Relations, 49 (9), 1081-1202.

Weil, S. (2011): Strategisches TV-Management: Erlösdiversifizierung privater deutscher Free-TV-Unternehmen. Abgerufen am 1. Mai 2011 unter: http://ubm.opus.hbz-nrw.de/volltexte/2011/2757/pdf/doc.pdf

Welge, M. K., Al-Laham, A. (1999): Strategisches Management: Grundlagen Prozess Implementierung. Wiesbaden: Gabler. Abgerufen am 1. Mai 2011 unter: http://www.gbv.de/du/services/agi/C1EB1EF6C294A078C1256D48002512B7/420000058231

Wengenroth, K. (2006): Neue Erlösformen im deutschen Fernsehen: Entwicklung und Zukunft der Fernsehfinanzierung: VDM Verlag Dr. Müller.

Wernerfelt, B. (1984): A Resource-based View of the Firm. Strategic Management Journal, 5 (2), 171-180.

Wernerfelt, B., Montgomery, C. A. (1986): What is an attractive industry? Management Science, 32 (10), 1223-1230.

Wernerfelt, B., Montgomery, C. A. (1988): Tobin's q and the Importance of Focus in Firm Performance. American Economic Review, 78 (1), 246.

Weston, J. Fred, Mansinghka, S. K. (1971): Tests of the efficiency performance of conglomerate firms. Journal of Finance, 26 (4), 919-936.

Wilde, K. D. (1989): Bewertung von Produkt-Markt-Strategien: Theorie und Methoden. Betriebswirtschaftliche Schriften: Bd. 127. Berlin: Duncker & Humblot.

Winkelmann, B. (2008): Konvergenz von Mobilfunk- und Internetdiensten: Auswirkungen auf Wertschöpfungskette und Geschäftsmodelle des Mobilfunks. Köln: Inst. für Rundfunkökonomie. Abgerufen am 1. Mai 2011 unter: http://www.gbv.de/dms/zbw/570148669.pdf

Winseck, D. R., Pike, R. M. (2008): Communication and empire: Media markets, power and globalization, 1860-1910. Global Media and Communication, 4 (1), 7-36.

Winter, M.-A. (2008): Das iPhone und die Konkurrenten im Vergleich: Wenn man Apple mit Birnen vergleicht, bleibt alles Geschmackssache. Abgerufen am 1. Mai 2011 unter: http://www.teltarif.de/arch/2008/kw27/s30462.html

Wirtz, B. W. (2009): Medien- und Internetmanagement (5. überarb. Aufl.). Wiesbaden: Gabler. Abgerufen am 1. Mai 2011 unter: http://deposit.ddb.de/cgi-bin/dokserv ?id=2606616&prov=M&dok_var=1&dok_ext=htm

Yin, R. K. (1981): The Case Study Crisis: Some Answers. Administrative Science Quarterly, 26 (1), 58-65.

Zangenmeister, C. (1971): Nutzwertanalyse in der Systemtechnik: Eine Methodik zur multidimensionalen Bewertung und Auswahl von Projektalternativen (2. Aufl.). München: Wittemann.

Zanger, C. (2007): Eventmarketing als Kommunikationsinstrument – Entwicklungsstand in Wissenschaft und Praxis (2. vollst. überarb. Aufl.). In O. Nickel (Hrsg.) Eventmarketing. Grundlagen und Erfolgsbeispiele, 3-16. München: Vahlen.

Zenith Optimedia. (2010): Advertising Expenditure Forecasts: October 2010.

ZAW e.V. (2010): „Allmählich aufwärts." Der deutsche Werbemarkt 2010.